JOURNAL

DU

MARQUIS DE DANGEAU

AVEC LES ADDITIONS

DU DUC DE SAINT-SIMON

TYPOGRAPHIE DE H. FIRMIN DIDOT. — MESNIL (EURE).

JOURNAL

DU

MARQUIS DE DANGEAU

PUBLIÉ EN ENTIER POUR LA PREMIÈRE FOIS

PAR

MM. SOULIÉ, DUSSIEUX, DE CHENNEVIÈRES, MANTZ,
DE MONTAIGLON

AVEC LES

ADDITIONS INÉDITES

DU

DUC DE SAINT-SIMON

PUBLIÉES

PAR M. FEUILLET DE CONCHES

TOME TROISIEME
1689. — 1690. — 1691

PARIS

FIRMIN DIDOT FRÈRES, LIBRAIRES
IMPRIMEURS DE L'INSTITUT DE FRANCE
RUE JACOB, N° 56

1854

JOURNAL

DU

MARQUIS DE DANGEAU

AVEC LES ADDITIONS

DU DUC DE SAINT-SIMON.

ANNÉE 1689.

Samedi 1ᵉʳ octobre, à Versailles. — Le roi et Monseigneur s'amusèrent le matin à faire tailler les arbres verts de Marly; ils en partirent l'après-dînée, après avoir joué aux portiques. Monseigneur vint droit ici avec madame la princesse de Conty, et descendit chez madame la Dauphine. Son crachement de sang est entièrement cessé. Le roi revint en chassant, et, dès qu'il fut débotté, alla chez madame la Dauphine, qui lui dit qu'elle étoit résolue de ne se plus servir que des médecins ordinaires. Ensuite le roi alla chez monseigneur le duc de Bourgogne, qui entroit dans son cinquième accès; le roi voulut voir les appartements de M. et de madame de Beauvilliers. — Avant que de partir de Marly, le roi apprit par M. de Croissy que deux ou trois mille Vaudois, voulant entrer en Savoie, avoient trouvé tous les passages si bien fermés qu'ils s'étoient dissipés mourant de faim et de misère. Quelques-uns ont voulu se retirer à Genève, mais les magistrats n'ont osé les recevoir. Ils leur ont fait donner quelques bateaux pour passer le lac et retourner en Suisse. — Le roi a donné le gouvernement de Saint-Valery au fils aîné de M. de Gamaches; madame d'Arpajon l'a demandé pour lui.

Dimanche 2, à Versailles. — Le roi a donné le gouvernement de Narbonne au sieur de Mérinville, mestre de camp de cavalerie, à condition de payer 2,000 francs de pension que feu M. de Mérinville payoit à sa mère, qui n'a que cela pour vivre; ce gouvernement vaut 12,000 livres, payées par la province. — Le président de Mesmes fut reçu, ces jours passés, à la chambre des vacations. Ainsi il sera avant le président de Novion. On croit aussi que le président le Bailleul se défera entre les mains de M. de Château-Gontier, son fils, afin qu'il soit devant le président de Novion. Il y a déjà longtemps que M. de Château-Gontier a la survivance de son père. — On a eu des nouvelles de Bonn du 23. M. d'Asfeld mande au roi qu'il espère pouvoir tenir jusqu'à la fin d'octobre. M. de Lorraine est présentement au siége; M. l'électeur de Brandebourg est mécontent de son général Schoning, et lui a donné ordre de se retirer. — Monseigneur le duc de Bourgogne continue à avoir la fièvre; on ne doute pas que le quinquina ne la lui ôte.

Lundi 3, à Versailles. — Le roi dîna à son petit couvert avec Monseigneur; sur les cinq heures, il alla faire la revue de ses mousquetaires, et puis se promener dans le potager; Monseigneur fut toujours avec lui. — On a donné ordre à M. de Rebenac de venir ici; c'est apparemment pour l'envoyer à Turin en la place de M. d'Arcy. — M. de Harlay a prêté serment ce matin pour la charge de premier président. — M. d'Aligre, gendre de M. Pelletier, a eu la place de conseiller honoraire du parlement qu'avoit M. de la Briffe, nouveau procureur général. — On parle fort de faire une tontine. Il y a encore quelques difficultés pour régler cette affaire-là; mais on espère les surmonter, et que le roi trouvera par là 15 ou 20,000,000 d'argent comptant.

Mardi 4, à Versailles. — Le roi alla à Saint-Germain

dire adieu à la reine d'Angleterre. — M. de Seignelay a été ce matin déclaré ministre d'État. — M. le président le Bailleul s'est démis de sa charge entre les mains de son fils, qui sera reçu devant le président de Novion. — Le roi a donné le régiment qu'avoit le comte de Luxe à M. de Belzen, qui en étoit lieutenant-colonel, et celui qu'avoit M. de Blainville au prince d'Henrichemont, qui étoit capitaine dans le régiment du roi. — M. le maréchal d'Humières a quitté le camp de Lessines, et est campé à Leuse présentement. M. de Calvo l'a joint avec quarante escadrons; les ennemis sont à trois lieues de nous. M. de Castanaga et M. de Vaudemont ont joint M. de Valdeck. — M. de Flodorf a amené quelques troupes de Hollande, et les 6,000 hommes des troupes d'Hanovre y sont arrivés aussi. — On croit que cette armée-là est présentement de 40,000 hommes.

Mercredi 5, à Versailles. — Le roi dîna à son petit couvert et alla tirer; Monseigneur alla coucher à Frémont; Monsieur et Madame allèrent du côté de Saint-Cloud, où ils passèrent le soir à jouer au hoca (1). Monseigneur compte d'être demain de bon matin à Fontainebleau, où il veut courre le loup. — Il y a quelque jours que M. le marquis de Vins est parti pour aller commander à Bourg-en-Bresse; on lui donne quelques troupes avec lesquelles il contiendra les mauvais convertis, et empêchera qu'on n'entre dans le pays. — Le roi a donné une pension à mademoiselle de Lestranges, qui demeurera chez madame de Miramion. — M. le maréchal d'Humières a détaché huit bataillons de son armée pour se rendre à l'armée qu'assemble M. le maréchal de Lorges. Ces bataillons sont quatre des gardes, un de Soissons, un de la Fère, un de Clérembault, un de Languedoc; M. le comte de Soissons marche avec eux, et les commandera comme brigadier.

---

(1) *Hoca* ou *hoc*, jeu de cartes qui se jouait avec un jeu entier entre deux ou trois personnes. Voir l'*Académie des jeux*, 1725, pages 97 et suiv.

VOYAGE DE FONTAINEBLEAU.

Jeudi 6. — Le roi partit de Versailles avec mesdames les princesses, alla dîner à Frémont, où il prit Monsieur et Madame, et fit mettre madame de Ventadour dans son carrosse. Monseigneur étoit parti de Frémont dès le matin, et avoit pris son loup avant que le roi arrivât, et alla au-devant de lui. Le roi et Monseigneur tiennent ici chacun une table de dix-sept couverts dans la même chambre. Il y aura tous les soirs appartement ou comédie. Le roi, après son souper, a joué à un petit portique rond qu'il a fait apporter ici. — On commence à dire que M. de Lauzun va en Irlande, et qu'il y commandera les troupes que le roi y doit envoyer; mais on ne sait qu'elles troupes ce sont.

Vendredi 7, *à Fontainebleau.* — Le roi alla après son lever courre le cerf, et revint dîner ici. Monseigneur, Madame et les princesses étoient de la chasse. Après dîner, ils allèrent voir jouer les bons joueurs de paume; toutes les dames y allèrent avec eux; le soir il y eut comédie, où le roi ne va point, et après souper il joua aux portiques. — M. de Louvois a mandé au roi que des patrons de barque arrivés à Brest assuroient que le roi d'Angleterre avoit battu M. de Schomberg en Irlande. M. de Seignelay n'a point eu ces nouvelles-là; et, comme les patrons de barque disent souvent de ces faussetés, on n'ose croire cette bonne nouvelle. — M. le prince d'Elbeuf et M. de Marsan sont revenus de l'armée d'Allemagne, où ils étoient allés volontaires, l'un au commencement de la campagne, et l'autre sur le bruit qu'on alloit secourir Mayence.

Samedi 8, *à Fontainebleau.* — Le roi et Monseigneur allèrent courre le loup avec Madame et les princesses; le roi revint à une heure pour dîner; Monseigneur demeura et prit son loup. Le soir il y eut appartement; le roi y joua au brelan avec M. le chevalier de Lorraine, M. le Premier, M. de Lauzun et moi; après souper il y eut portique. — M. de Seignelay a eu la confirmation de la nouvelle d'Irlande que M. de Louvois manda hier au roi. Il est arrivé à Saint-Malo un officier françois qui étoit à ce combat-là, et qui dit que le roi d'Angleterre a battu l'arrière-garde de M. de Schomberg; qu'il lui a tué cinq ou six cents hommes, et en a fait autant de prisonniers; que M. de Schomberg avoit fait rompre un pont derrière lui pour empêcher le roi d'Angleterre de le suivre, et qu'il s'étoit retiré à Carick-Fergus, où il débarqua en arrivant en Irlande.

Dimanche 9, à Fontainebleau. — Après dîner, le roi, Monseigneur, Monsieur, Madame, les princesses et les dames sont allés aux toiles où M. d'Ecquevilly avoit enfermé six loups qu'on a pris aux lévriers avec beaucoup de plaisir; le soir on a eu comédie, et après souper portique. — M. de Seignelay a apporté ce soir nouvelles qu'on avoit signé la paix avec les Algériens, qui envoient à Marseille deux des principaux de leur Divan, qui y demeureront. Par le traité il nous est permis d'acheter leurs esclaves qui n'auront plus la liberté comme autrefois; ils l'avoient dès qu'ils entroient en France; mais les Algériens les pourront racheter de nous, pour un prix dont ils sont convenus; ils feront entrer dans l'Océan quinze vaisseaux qui courront sus aux Hollandois et aux Anglois; et outre cela ils en arment encore cinq à Alger. Nous leur donnerons retraite dans tous nos ports, et nous leur fournirons des vivres et des agrès au même prix qu'on les fournit au roi. M. de Seignelay a envoyé un courrier en Provence pour donner ordre aux marchands de recommencer à mettre à la mer pour leur commerce, n'y ayant plus rien à craindre dans cette mer-là. Une circonstance étonnante de cette paix, c'est que nous l'avons conclue dans un temps où nous n'avons pas le moindre petit bâtiment dans la Méditerranée.

Lundi 10, à Fontainebleau. — Le roi a couru le cerf et revint dîner, puis alla tirer. — Le soir il y eut appartement; le roi joua aux portiques, et alla à la musique; durant la musique, Monseigneur joua à culbas. — On a eu des nouvelles de Bonn du 5 de ce mois; les assiégeants sont sur le glacis. — Les assiégés défendent toujours; et on croit qu'ils se feront donner une bonne capitulation, quoique les ennemis disent toujours qu'ils ne leur en donneront point. — On a eu nouvelles que nos galères sont arrivées à Civita-Vecchia du 23 du mois passé. M. de Torcy prit la poste à Porto-Venere, et étoit déjà à Rome, d'où il mande qu'on parle fort des cardinaux Ottoboni et Barbarigo pour faire pape. Ils sont tous deux Vénitiens; mais on croit que la république ne s'opposera point à leur élévation, quoique ce soit leur coutume.

Mardi 11, à Fontainebleau. — Le roi et Monseigneur allèrent courre le loup; Madame et les princesses étoient à la chasse; le soir il y eut comédie. — On a travaillé aujourd'hui aux quartiers qu'on destine à notre cavalerie pour cet hiver; nous avons quatorze cent quarante compagnies de cavalerie. Il n'y en aura que deux cents en garnison dans le dedans du royaume. — On a donné un régiment (1) de dragons à M. du Héron, qui étoit envoyé à Cologne; on lui donne six vieilles compagnies; on a donné encore six autres régiments de dragons à qui on fera le même traitement. — Le roi fait lever aussi cinq régiments de cavalerie de douze compagnies; les colonels sont MM. de Ligondez, de Lugny, de Presle, de Vaillac et de Blezy.

Mercredi 12, à Fontainebleau. — Le roi, Monseigneur et Madame coururent le cerf avec les chiens de M. le chevalier de Lorraine; le roi le courut en calèche avec madame de Maintenon et madame la princesse d'Harcourt. — Le soir il y eut appartement; le roi joua aux portiques

---

(1) C'est celui qui est aujourd'hui (1740) Vibrais, et à la tête duquel M. le chevalier d'Albret, fils de M. de Chevreuse, a été tué à Carpi en 1701. (*Note du duc de Luynes.*)

et en sortit de bonne heure. Madame tint la musique, et Monseigneur joua à culbas. — Les six régiments de dragons qu'on a donnés, c'est à MM. de Bretoncelle, de Goais, de Ouartigny, de Gévaudan, du Héron, et de Breuil, frère de mademoiselle de la Rochechenard; tous ces colonels-là, hormis M. du Héron, ont longtemps servi dans les dragons; on leur donne à chacun six compagnies qui sont déjà sur pied. On donne pour la levée 40 écus par dragon. — On mande de Versailles que les bouillons que prend madame la Dauphine commencent à lui faire beaucoup de bien et qu'elle se porte beaucoup mieux.

Jeudi 13, à Fontainebleau. — Le roi ne sortit point le matin, et l'après-dînée il alla tirer. — Le soir il y eut comédie. — Monseigneur prit deux cerfs avant dîner, et l'après-dînée en retourna prendre un troisième. — On a eu ce matin nouvelles de Rome que nos cardinaux sont entrés au conclave, et écrivent du 3 de ce mois qu'apparemment le conclave sera fort long, à cause du grand nombre des prétendants. On y a délibéré si l'on y recevroit M. de Chaulnes comme ambassadeur, sans lui parler de la restitution d'Avignon ni des franchises. On a été au scrutin pour cela, et de cinquante-six boules il y en a eu cinquante blanches, et ainsi il est reçu, et a harangué le sacré collége; le cardinal Ottoboni lui a répondu, et dans sa réponse il a mis beaucoup de louanges pour le roi. — Le cardinal Ranuzzi, qui étoit nonce ici, est mort à Fano, dont il avoit été autrefois évêque; le pape aura douze chapeaux à donner. M. de Chaulnes demeurera chez M. le cardinal d'Estrées, et en prendra la livrée.

Vendredi 14, à Fontainebleau. — Le roi ne sortit point le matin. Il alla l'après-dînée prendre des sangliers dans les toiles. Monseigneur courut le loup le matin, et retourna ensuite au sanglier. — Le soir il y eut appartement, et après souper portique à l'ordinaire. — On a eu des nouvelles de Cologne qui disent que les assiégeants attaquèrent, le 8 de ce mois, un ouvrage à cornes à Bonn, et qu'ils y perdirent beaucoup de monde. Ces mêmes lettres portent aussi qu'on croyoit que la garnison capituloit, et qu'on lui accorderoit une capitulation honorable. On a eu les mêmes avis de Liége et de Dinan — M. le maréchal de Lorges assemble son armée dans le comté de Chiny. Tallard, maréchal de camp, lui mène douze bataillons, et Tessé, mestre de camp, trente escadrons qui servoient dans l'armée de M. de Duras, qui est toujours campé à Vissembourg. — M. l'électeur de Bavière est revenu à Heidelberg, et on parle dans son armée qu'il fera un pont à Manheim pour passer le Rhin; mais nous ne croyons pas cela praticable, M. de Duras en étant si près.

Samedi 15, *à Fontainebleau.* — Le roi, après la chasse, revint dîner et retourna ensuite tirer. — Monseigneur, Madame et les princesses ne revinrent qu'à trois heures. — Le soir il y eut comédie. — On a eu nouvelles que M. le prince Louis de Bade avoit encore battu les Turcs. — On dit aussi que Canise capitule, et on croit que les Turcs seront obligés à faire la paix. — Les Polonois, sans la participation de leur roi, avoient assiégé Kaminiek. Les grands généraux de Pologne et de Lithuanie y étoient; le siége n'a jamais été fort avancé, et ils ont été obligés de le lever. — Les Espagnols assemblent des troupes en Italie, et ont fait embarquer sur le Pô des canons et des mortiers. On ne sait point quel est leur dessein. On croit qu'ils veulent se rendre maîtres de Guastalla, dont le duc de Mantoue étoit en possession. On dit que le marquis de Guastalla, qui prétend que la place est à lui, la leur cédera.

Dimanche 16, *à Fontainebleau.* — Le roi, Monseigneur et les princesses allèrent après dîner à Franchard se promener à cheval; les jeunes dames étoient toutes à cheval. — On a envoyé ordre aux maréchaux de camp qui ont des régiments de cavalerie de s'en défaire. Ils sont quatre : Bertillac, qui apparemment donnera le sien à son fils, et

Grignan, le sien à son neveu (1); les deux autres, c'est Grillon et Rivarolles, qui les vendront 2,000 louis d'or, comme le roi les a réglés. — La ville d'Angoulême lève un régiment d'infanterie de quinze compagnies; elle l'habillera et l'armera. M. de Brossac en sera colonel. La ville de Limoges en lève un de même; le colonel n'est pas encore nommé; et les villes de Brives-la-Gaillarde et de Tulle se joignent ensemble pour en lever un troisième. — On donne un régiment nouveau de dragons à M. de Montalais, celui qui commandoit les mousquetaires en Flandre. — Nous avons présentement sur pied cent deux régiments de cavalerie, dont il y en a soixante-dix de douze compagnies; les trente-deux autres régiments ne sont que de huit compagnies, et nous avons trente-trois régiments de dragons de douze compagnies chacun.

Lundi 17, *à Fontainebleau.* — Le roi ne sortit point le matin, et l'après-dînée il alla tirer; Monseigneur courut le loup. Le soir il y eut comédie. — L'armée de M. de Noailles s'est séparée; les troupes sont en quartier, et lui il va tenir les États de Languedoc. L'armée des Espagnols dans ce pays-là est aussi rentrée dans leur quartier. — M. de Tessé, mestre de camp général des dragons, a demandé de lever un régiment d'infanterie; le roi lui a accordé. — Par les avis qu'on a de Rome, il paroît que M. de Chaulnes et M. le cardinal d'Estrées ne sont pas de même sentiment; M. de Chaulnes voudroit qu'on fît pape Ottoboni, et le cardinal d'Estrées dit que c'est le plus

---

(1) Ce régiment passa en effet à M. le marquis de Grignan, neveu du chevalier, ensuite à M. de Flèche, qui en étoit major, et de Flèche le vendit en 1717, à M. le duc de Luynes, 30,000 livres argent comptant, et 1,200 livres de pension viagère. M. le duc de Luynes s'en démit en 1732, avec l'agrément du roi, en faveur de M. le duc de Chevreuse, son fils, lequel ayant acheté la charge de mestre de camp général des dragons, le régiment fut donné à M. le duc d'Ancenis, à sa mort à M. le marquis de Brancas, et celui-ci ayant été fait maréchal de camp, il a passé à M. des Salles, petit-fils par sa mère de M. le duc de Brancas; M. des Salles en est actuellement colonel (1753). (*Note du duc de Luynes.*)

mauvais qu'on puisse faire pour la France. — M. le duc
de Villeroy a été détaché de l'armée de M. de Duras avec
de l'infanterie, de la cavalerie et du canon pour aller
prendre Altzey, où les ennemis ont mis garnison.

Mardi 18, *à Fontainebleau.* — Le roi alla tirer l'après-
dînée; Monseigneur courut le cerf devant et après dîner.
— Le soir il y eut appartement — Le signor Ini, gentilhomme de M. de Chaulnes, apporta la nouvelle que le
cardinal Ottoboni avoit été élu pape, le 6 de ce mois; le
courrier n'est parti que du 9. — Le pape, le lendemain de
son élection, envoya des présents de fruits et de poisson à
M. de Chaulnes. Outre cela, il lui envoya son propre neveu
pour lui témoigner qu'il savoit les obligations qu'il avoit
à la France dans cette affaire-ci. Tous nos cardinaux lui
ont donné leurs voix; il a pris le nom d'Alexandre VIII
pour faire plaisir au cardinal Chigi, dont toute la faction
étoit pour lui. Ce pape-ci est d'une famille de Venise qui
ont acheté leur noblesse il y a environ quarante ans; il
a quatre-vingts ans passés. Il a déjà pris son neveu avec
lui et l'a fait secrétaire d'État, en attendant qu'il le fasse
cardinal. M. de Chaulnes lui a dit, de la part du roi, que
S. M. restituoit Avignon au Saint-Siége. Ce pape-ci a
beaucoup d'esprit : ainsi on espère qu'il songera à donner
la paix à l'Europe et à soutenir la religion catholique.

Mercredi 19, *à Fontainebleau.* — Le roi alla tirer après
son dîner. Monseigneur courut le loup. Le soir il y eut
comédie. — On a eu nouvelles que Bonn s'étoit rendu, et
que la garnison en étoit sortie le 13 de ce mois. Les ennemis ont voulu que l'intendant et les commissaires demeurassent prisonniers de guerre. L'intendant s'appelle Heys.
Nous ne savons pas encore tout le détail de la capitulation,
car il n'est encore venu personne de la garnison. On assure que Raousset, qui commandoit dans la place sous d'Asfeld, y est mort de la dissenterie. — Les nouvelles d'Angleterre confirment le combat en Irlande. M. de Schomberg
écrit au prince d'Orange de lui envoyer des troupes et des

vivres, qu'il manquoit des uns et des autres, qu'il avoit beaucoup de peine à faire subsister son armée, et que la maladie s'y étoit mise. On prétend que M. de Schomberg a perdu plus de 4,000 hommes à ce combat-là.

Jeudi 20, *à Fontainebleau.* — Le roi, après dîner, alla prendre des sangliers et courir le cerf. Monseigneur, Madame et les princesses étoient à ces chasses-là. Le soir il y eut appartement. — Madame de Saint-Géran a paru, et a mangé avec le roi, comme toutes les dames qu'on a amenées ici. — Madame la Dauphine a été saignée du pied à Versailles. Elle continue à se porter mieux. — La reine d'Espagne est encore à Dusseldorf; on ne croit pas qu'elle passe la mer cet hiver. Le comte de Mansfeld fait auprès d'elle les fonctions de grand-maître et madame de Staremberg de dame d'honneur. — Artagnan, major des gardes, a été dans l'armée de M. de Castanaga pour régler quelque chose sur les contributions. Les Hollandois nous en demandent comme les Espagnols, et nous ne pouvons payer qu'une fois. M. de Castanaga l'a reçu très-honnêtement et trouve ce que nous demandons raisonnable. Il va travailler à régler cela avec les Hollandois, à moins de quoi nous demanderons aux Pays-Bas espagnols le double de ce qu'ils nous payent; et on les mettroit hors d'état de payer.

Vendredi 21, *à Fontainebleau.* — Le roi, après son dîner, alla tirer. Monseigneur courut le loup. Le soir il y eut comédie. — On a la confirmation du dernier combat qu'a gagné le prince de Bade contre les Turcs. Il a pris Nissa depuis, où il a trouvé de grands magasins de vivres et de munitions. — Le duc de Saxe-Lawembourg est mort. L'électeur de Saxe prétend que tous ses États lui doivent revenir, par un traité nouvellement fait entre eux; mais les princes d'Anhalt, qui sont les héritiers naturels, s'y opposent. L'électeur de Brandebourg soutient les intérêts des princes d'Anhalt. — Le roi envoie six vaisseaux à Siam. M. de Ragny s'y en va; il y mène 400 hommes qui seront gardes du roi de Siam. — Le père Taschard y retourne. Toutes les nouvelles que les Hollandois avoient débitées des changements arrivés en ce pays-là sont apparemment toutes fausses.

Samedi 22, *à Versailles.* — Le roi partit de Fontainebleau à neuf heures; il avoit dans son carrosse Monsieur et Madame, les princesses et madame de Ventadour. Monseigneur prit deux cerfs, et puis revint en poste ici, où il arriva sur les cinq heures, une heure après le roi. — Madame la Dauphine se porte un peu mieux : le roi a été longtemps chez elle en arrivant. — On a eu nouvelles que d'Asfeld, après être sorti de Bonn, dont il avoit signé la capitulation, s'est fait conduire à Aix-la-Chapelle, et y est mort en arrivant; il avoit été blessé à la cuisse; mais on croyoit sa blessure très-légère. Le roi l'a fort regretté, et en a parlé très-honorablement; notre garnison de Bonn va à Thionville; mais les trois compagnies du régiment du comte Ferdinand, qui étoient composées d'Allemands, n'ont point eu la permission de sortir. Les officiers et les soldats apparemment prendront tous parti parmi les ennemis.

Dimanche 23, *à Versailles.* — Le roi et Monseigneur ne sortirent point; ils allèrent au salut. Monseigneur joua le soir à culbas chez madame la princesse de Conty. — Les nouvelles de Flandre portent que M. de Valdeck et M. de Castanaga séparent leurs troupes, et les vont envoyer dans leurs quartiers d'hiver. Dès que l'on les y verra établies, M. le maréchal d'Humières a ordre de séparer aussi son armée; le roi lui a mandé, quand cela seroit fait, de renvoyer M. le duc du Maine, et on l'attend ici incessamment. — On assure que M. de Lorraine remonte le Rhin et marche vers Coblentz. — M. le prince de Conty a quitté l'armée de M. de Duras, et vient servir dans l'armée de M. le maréchal de Lorges. — M. de Brégis est mort à Paris; il étoit brouillé depuis longtemps avec sa femme, qui ne l'a point quitté depuis qu'il a été en danger.

Lundi 24, *à Versailles.* — Le roi, Monseigneur et Monsieur allèrent tous trois séparément voir la reine d'Angleterre à Saint-Germain. — MM. les électeurs commencent d'arriver à Augsbourg. On ne doute point que bientôt le roi de Hongrie ne soit déclaré roi des Romains. — Le roi a donné le régiment de dragons qu'avoit d'Asfeld au chevalier son frère, qui y étoit capitaine; il a encore un autre frère qui est colonel d'un régiment de dragons-allemand. — Les états de Bretagne ont accordé au roi un don gratuit de 3,000,000. — On mande d'Édimbourg que le colonel Canon, qui a relevé le parti de milord Dundée, a rassemblé environ 8,000 hommes qui incommodent fort les troupes que le prince d'Orange a mises en quartier en différents endroits de ce pays-là.

Mardi 25, *à Versailles.* — Le roi, Monseigneur, Monsieur, Madame, les princesses et les dames allèrent dîner à Marly. Après dîner, le roi alla tirer; Madame et les princesses montèrent à cheval. Le soir il y eut comédie. — Le roi a fait le chevalier de Tourville vice-amiral du Levant, Gabaret et le marquis de Villette, lieutenants généraux, Pannetier, Langeron, de Relingue, le marquis de la Porte et Coetlogon, chefs d'escadre. On a fait plusieurs capitaines de vaisseau, et on augmente la marine considérablement. On a fait Raimondi major général, le chevalier de Beaujeu major du Ponant, et le marquis de Blénac major du Levant. On a fait aussi dix-neuf capitaines de vaisseau et douze capitaines de frégates.

Mercredi 26, *à Versailles.* — Le roi dîna à son petit couvert et alla tirer. Monseigneur prit médecine, et joua le soir à culbas chez madame la princesse de Conty. — Il arriva ici un ingénieur de la garnison de Bonn, qui rendit compte de tout le siége et du détail de la capitulation. — M. de Thianges a été blessé légèrement, et est demeuré otage jusqu'à ce que les troupes qui escortent la garnison soient revenues. M. de Médavy a été blessé aussi, et est entièrement guéri de sa blessure; Villandry, colonel du régiment de Bourbon, a été blessé à mort et est demeuré dans la place; Biville, colonel de Poitou, a été légèrement blessé, et Guénégaud, son frère, a été tué. Cet ingénieur assure que les ennemis perdirent plus de 2,000 hommes à la dernière attaque. Il est sorti de la place 1,800 hommes sous les armes, et 1,000 ou 1,200 hommes blessés ou malades, à qui on a donné des chariots pour les porter à Thionville, où la garnison sera conduite.

Jeudi 27, *à Versailles.* — Le roi dîna à son petit couvert, et alla tirer. Monseigneur alla se promener à Trianon avec madame la princesse de Conty, et le soir il y eut comédie. — M. de Rebenac est arrivé. On lui avoit mandé de revenir de chez lui pour l'ambassade de Turin. Cependant il avoit eu quelques difficultés depuis à cause qu'il est marié, et qu'il y a de l'embarras en Savoie pour les femmes des ambassadeurs; mais il n'y mènera point sa femme, et ainsi toutes les difficultés sont levées, et il partira incessamment. — On a nouvelles que M. de Lorraine a repassé le Rhin avec les troupes qu'il commandoit. Elles vont en quartier d'hiver dans la Franconie et la Souabe; toutes nos troupes se sépareront incessamment, et iront aussi dans leurs quartiers.

Vendredi 28, *à Versailles.* — Le roi dîna à son petit couvert, et alla tirer. Monseigneur se promena en carrosse avec madame la princesse de Conty, et revint le soir jouer chez elle à culbas. — On a eu des lettres d'Irlande. M. d'Avaux mande au roi que l'armée du roi d'Angleterre est en très-bon état; qu'il a vingt-huit bataillons de 600 hommes; il a dix-huit escadrons de cavalerie et dix de dragons; qu'il paroît beaucoup de bonne volonté et de fidélité dans toutes ces troupes-là. M. d'Avaux a envoyé l'ordre de bataille. Le roi d'Angleterre est au corps de bataille, milord duc de Tyrconnel a l'aile droite et a Gacé sous lui; M. Rose commande l'aile gauche. On a fait quelques Irlandois officiers généraux; et cela a fort réjoui la nation, voyant qu'on se confioit en eux. Il n'y a point eu de combat, comme le bruit en avoit couru; mais l'armée de M. de Schomberg est fort près de celle du roi, et on assure qu'il manque de vivres, et que même il a 6 ou 7,000 hommes moins que le roi d'Angleterre.

Samedi 29, *à Versailles.* — Le roi dîna à son petit couvert, et alla tirer. Monseigneur courut le loup; Madame étoit à la chasse; ils en revinrent fort tard, et Madame s'en alla à Saint-Cloud, où Monsieur va passer quelques jours. — Le roi envoie 7,000 hommes de pied en Irlande. M. de Lauzun y va commander les troupes du roi; il aura le titre de capitaine général, qui est au-dessus des lieutenants généraux : il compte avoir quatorze bataillons, et qu'outre cela il mènera 15 ou 1,600 Anglois, Écossois ou Irlandois dont une partie est à Lille; les autres avoient pris parti en différents corps d'où on les tirera. M. Rose, qui servoit de lieutenant général en Irlande, reviendra; les autres officiers généraux françois qui y sont y demeureront.

Dimanche 30, *à Versailles.* — Le roi, après son dîner, alla à Saint-Germain voir la reine d'Angleterre, qui est fort aise de voir qu'on envoie un secours considérable en Irlande. On ne dit point encore quels sont les bataillons qu'on envoie en ce pays-là; mais les ordres sont partis pour les faire marcher. — Il est venu cette nuit un courrier de Rome, que M. de Chaulnes a envoyé au roi; il paroît jusqu'ici que le pape a de bonnes intentions. Il souhaite que les cardinaux françois demeurent quelque temps encore à Rome : il témoigne fort désirer la paix, et dit qu'il se mettroit à genoux devant le roi, s'il étoit nécessaire, pour le prier de se relâcher sur les franchises; le courrier repartira dès demain, pour porter à M. de Chaulnes les ordres que le roi lui envoie sur cela et sur toutes les autres affaires que nous avons à Rome.

Lundi 31, *à Versailles.* — Le roi fut à vêpres l'après-dînée, et fera demain ses dévotions. — Monseigneur fut longtemps enfermé le soir avec le P. de la Chaise pour faire aussi demain ses dévotions. — Les ordres sont partis pour faire revenir tous les officiers généraux d'Allemagne. Les quartiers d'hiver sont partis pour toutes les troupes. — Madame la Duchesse et madame de Montespan sont allés au-devant de M. du Maine, qui doit arriver incessamment. Le roi dit pourtant qu'il n'arrivera que dans deux jours; car il ne partira point que M. maréchal d'Humières n'ait su que l'armée de M. de Valdeck est entièrement séparée. — On laisse M. de Nangis pour commander cet hiver dans Trèves, où l'on mettra 6,000 hommes de pied en garnison. — On a donné une compagnie de grenadiers au second bataillon de Bourbonnois, et cela fait croire qu'on en mettra encore dans des seconds bataillons de quelques autres régiments.

Mardi 1er novembre, à Versailles. — Le roi et Monseigneur firent leurs dévotions; ils entendirent le sermon du P. Bourdaloue et demeurèrent à vêpres. — Le soir Monseigneur joua chez madame la princesse de Conty. — Le roi a donné à M. de Luxembourg, pour son fils, l'abbaye de Saint-Mihiel, qui vaut 15,000 livres de rente du moins; l'abbé est seigneur spirituel et temporel de la ville. On prétendoit que cette abbaye étoit régulière; mais, comme elle a passé par les mains d'un cardinal, nous la tenons sécularisée : c'étoit le cardinal Bichi, je crois, qui en étoit abbé avant le dernier qui est mort le mois passé. L'abbé Benard de Rezé, fils du conseiller d'État, a eu l'évêché d'Angoulême qui vaut 12 ou 15,000 livres de rente.

Mercredi 2, à Marly. — Le roi, après son dîner, alla tirer, et sur les cinq heures arriva à Marly. — Monseigneur vint ici avec madame la princesse de Conty. M. le duc du Maine arriva ici sur les neuf heures; mademoiselle de Blois et madame de Montespan l'avoient été prendre par delà Paris, et l'amenèrent ici. Le roi les retint à souper; il y eut portiques avant et après souper, et musique comme à l'ordinaire. Monseigneur, après la première reprise de portiques, joua à la bête avec madame de Mortemart et moi. — L'Empereur a refusé au duc d'Hanovre le neuvième électorat qu'il lui avoit fait espérer, sous prétexte que le landgrave de Hesse et le duc de Wurtemberg ont la même prétention.

Jeudi 3, à Marly. — Le roi et Monseigneur coururent le cerf, et puis le roi revint dîner ici, et Monseigneur alla courre le loup à Saint-Germain; Madame vint de Saint-Cloud pour la chasse. — On a fait une opération cruelle à M. le prince de Rohan, qu'on avoit transporté de Maubeuge à Paris; on ne croit pas qu'il puisse en réchapper. — Le différend qu'il y avoit entre les Espagnols et les Hollandois pour les contributions que payent les sujets de France fut accommodé le 24 du mois passé; les Hollandois n'en auront qu'un tiers. — M. le maréchal d'Humières, après avoir séparé son armée, s'en va à Lille. M. de Maulevrier commandera à Dunkerque; Vauban, qui y étoit, revient aux places de la Meuse; Calvo demeure à Tournay et la Valette avec lui; il commandera à toutes nos places qui sont sur la Lys, et dans tout le pays d'entre la Lys et l'Escaut.

Vendredi 4, à Marly. — Le roi, après son dîner, alla tirer et revint de bonne heure; en arrivant, il alla trouver Monseigneur qui étoit demeuré ici tout le jour pour faire planter des palissades de charme. — On a eu nouvelles que nous avons pris sur les Anglois un fort qu'ils avoient dans l'île de Saint-Christophe, et que M. le marquis de Blénac, qui commande dans ce pays-là pour le roi, a chassé tous les Anglois de leurs habitations; l'île est présentement toute françoise. — M. Gabaret, lieutenant général de la marine, a repris sur les Anglois un vaisseau du roi qu'on appelle *l'Éveillé*, qui avoit porté en Irlande le sieur Porter, et qui, à son retour, avoit été pris par les flottes angloises et hollandoises. — Les sept mille Danois qui doivent passer en Écosse, s'assemblent dans le Jutland;

mais ils ne sont pas encore partis, et l'on espère que les troupes que le roi y envoie y arriveront avant eux.

Samedi 5, *à Versailles.* — Le roi demeura à Marly jusqu'à sept heures du soir; il s'amusa à faire planter des arbres. Monseigneur courut le loup et revint trouver le roi. — M. le prince de Rohan (1) mourut à Paris de la blessure qu'il avoit eu cette campagne en Flandre. — On a eu nouvelles que le roi de Siam étoit mort de maladie, et qu'après sa mort on avoit déchiré la princesse-reine, sa fille, et le sieur Constance, son premier ministre et son favori. On a assiégé les François qui étoient demeurés dans ce pays-là; et, au bout de trois mois, ils se sont fait doncer une capitulation fort honorable. Ils sont embarqués présentement pour revenir en France. Le premier des trois ambassadeurs qui étoient dans ce pays-ci a été fait *barcalon* dans la place de M. Constance. — M. de Villandry est mort, à Bonn, des blessures qu'il avoit reçues pendant le siége. Il étoit colonel du régiment d'infanterie de Bourbon.

Dimanche 6, *à Versailles.* — Le roi dîna à son petit couvert, alla tirer, et puis revint ici au salut. — Monseigneur alla à Paris à l'Opéra; il y mena madame la princesse de Conty, mesdames de Mortemart, de Beringhen, d'Urfé et de Nangis. Mesdemoiselles de Lislebonne l'attendoient dans sa loge. — Le roi a permis à M. le marquis de Créqui de revenir à la cour. — M. de Biville, fils de madame de Guénégaud, est mort à Thionville de la blessure qu'il avoit reçue à Bonn, qu'on croyoit fort légère. Il étoit colonel du régiment de Poitou. — M. de Torcy, fils de M. de Croissy, est revenu de Rome; on assure toujours que ce pape-ci est fort bien intentionné pour la paix; il a fait une congrégation de huit cardinaux, qui

---

(1) C'étoit le frère aîné de M. le prince de Rohan d'aujourd'hui (1740). (*Note du duc de Luynes.*)

sont Cibo, Chigi, Altieri, Delfini, Bouillon, Colonne, Médicis et d'Este, et dit, en présence de tous les cardinaux, au cardinal de Bouillon, qu'il le chargeoit de supplier M. de Chaulnes d'écrire au roi pour lui demander en grâce de lui donner les franchises, afin qu'il pût jouir en paix du pontificat que S. M. lui a procuré, et qu'il se mettroit à genoux pour obtenir cette faveur du roi, s'il étoit nécessaire.

Lundi 7, à Versailles. — Le roi dîna à son petit couvert, et alla tirer. Monseigneur courut le cerf à Saint-Germain avec les chiens de M. du Maine. — M. le Duc est revenu de l'armée d'Allemagne; beaucoup d'officiers sont déjà revenus ici. — Amfreville et Gabaret commanderont les vaisseaux que nous envoyons porter les troupes en Irlande. Il y aura quatre chefs d'escadre avec eux : ...., Flacourt, Pannetier et de Relingue. Le roi, avec les troupes que l'on envoie en ce pays-là, aura un gros équipage d'artillerie et de vivres. — Le chevalier de Sourdis demeurera dans la basse Alsace, et Tallard avec lui.

Mardi 8, à Versailles. — Le roi, Monseigneur, Monsieur, Madame, les princesses et les dames allèrent à Trianon sur les cinq heures. Le roi joua aux portiques, et s'en retourna sur les sept heures. — Monseigneur et les princesses y demeurèrent; il y eut comédie. — M. de Torcy a prêté serment de secrétaire d'État comme survivancier de M. son père. — Madame d'Arpajon a obtenu pour le comte de Roucy, son gendre, les entrées chez Monseigneur; c'est madame la Dauphine qui les a demandées. — L'ancien évêque de Nîmes est mort; il étoit Séguier; il avoit deux abbayes, l'une qui s'appelle Lire, qui vaut 20,000 livres de rente, et l'autre, qui est Livry auprès de Paris, ne vaut pas plus de 1,000 écus; mais elle est fort jolie. M. de Livry l'a demandée au roi, parce qu'elle lui conviendroit fort. — Madame la Dauphine a commencé à se baigner dans un demi-bain; mais on ne croit pas qu'elle continue, parce qu'elle ne s'en trouve pas bien.

Mercredi 9, à Versailles. — Monseigneur courut le loup et revint de bonne heure à Marly faire planter des palissades de charme. — Le roi alla, après son dîner, à Marly; il y demeura quelque temps à voir planter, puis il alla à Saint-Germain voir la reine d'Angleterre. — On a eu nouvelles que la reine d'Espagne est en Hollande, et prête à s'embarquer pour passer en Angleterre et de là en Espagne. — M. le comte d'Auvergne est arrivé; tous les autres lieutenants généraux qui ne sont point demeurés à commander dans quelque poste reviennent. — Madame la Dauphine n'a pas continué ses bains. — Le roi a donné à M. de Soubise (1) le régiment de cavalerie qu'avoit M. le duc de Rohan, son fils; l'abbé de Soubise va quitter l'église, et va entrer dans les mousquetaires. Le roi n'a point voulu lui donner le régiment qu'il n'ait servi auparavant. — Le roi n'a pas voulu aussi donner l'abbaye à M. de Soubise, parce que celui (2) de ses enfants qu'il destine à l'Église est trop jeune. Il lui a seulement donné 1,000 écus de pension là-dessus.

Jeudi 10, à Versailles. — Le roi dîna à son petit couvert, et alla tirer. Monseigneur alla à Marly faire planter de nouvelles palissades. — Le soir, les appartements commencèrent. Ils seront cet hiver dans le grand appartement. D'abord il y eut portique, et puis le roi et Monseigneur allèrent à la musique, où ils demeurèrent jusqu'à la fin; après la musique, le roi s'en alla, et Monseigneur demeura dans les appartements jusqu'au souper. — Le roi a donné à M. de Livry pour son oncle, M. l'évêque de Senlis, l'abbaye de Livry; ses enfants sont trop jeunes pour l'avoir. Le roi s'est fait une loi de ne point donner de bénéfices à personne qui n'eût au moins dix-

---

(1) C'est M. le prince de Rohan d'aujourd'hui (1740). (*Note du duc de Luynes.*)

(2) C'est M. le cardinal de Rohan d'aujourd'hui (1740). (*Note du duc de Luynes.*)

huit ans. — M. de Vendôme est revenu, et le roi l'a fait entrer chez madame de Maintenon, où il étoit.

Vendredi 11, *à Versailles.* — Le roi dîna à son petit couvert, et alla tirer. — Monseigneur alla faire des battues. Le soir il y eut comédie. — Le roi a donné l'abbaye qu'avoit M. l'abbé de Soubise à M. l'archevêque d'Aix : le roi lui en avoit promis une bonne pour le dédommager de ce qu'il avoit perdu en quittant son évêché; car Valence vaut 10 ou 12,000 francs plus qu'Aix. Cette abbaye qu'on lui donne est dans Évreux, et vaut 12 ou 15,000 francs. — Le roi a donné l'abbaye de Lire à l'abbé de [Calvières], qui cède son abbaye dans Aigues-Mortes. On prend cette abbaye-là pour en composer l'évêché d'Alais.

Voici l'ordre de bataille de l'armée du roi d'Angleterre, en Irlande, que M. d'Avaux envoya ces jours passés au roi :

1. 2. 3....... Cotter.	31. 32. 33. Parker.
4............ Luttrel.	34........ Grand prieur et Tho. Buttler.
5............ Tyrconnel.	
6. 7. 8. 9..... Galmoy.	35. 36.... Dillon.
10........... Montcassel.	37........ Haoray.
11........... Neugent.	38........ Galloway.
12........... Belleir.	39........ Antrim.
13........... Slaine.	40........ Kilmaloc.
14........... Ed. et Rich. Buttler.	41........ Grace.
15. 16....... Boisseleau.	42........ Eustace.
17.......... Clancarty et Oxburg.	43........ Hamilton et Pagnel.
	44. 45. 46. Sarsfield.
18........... Crean.	47. 48.... Luttrel.
19........... Gormonston.	49........ Louth.
20. 21....... Gardes.	50. 51.... Corm. Oneil.
22. 23. 24.... Tyrconnel.	52........ Clanricarde.
25........... Corps.	53........ Abercorn.
26........... Purcel.	54........ Sutherland.
27. 28. 29. 30. D'Ungan.	

LE ROI.

Rosen.   M. Hamilton.   Le duc de Tyrconnel.
Le marquis de Girardin.   M. Buchan.   M. Boisseleau.   Le comte de Gacé.
Galmoy.   M. Wachop.   M. Damanzé Dorington.   Scheldon.

○ ○ ○ ○ ○ ○ ○ ○ ○   □ □ □ □ □ □ □ □ □ □ □ □   ○ ○ ○ ○ ○ ○ ○ ○ ○
1 2 3 4 5 6 7 8 9   10 11 12 13 14 15 16 17 18 19 20 21   22 23 24 25 26 27 28 29 30

NOVEMBRE 1689.

Le duc de Berwick.
M. d'Escos.
M. Carney.   Saint-Pater.   M. Maxwell.   Sarsfield.

○ ○ ○   □ □   □ □ □   □ □   □ □   ○ ○ ○
31 32 33   34 35   36 37 38   39 40   41 42 43   44 45 46

M. Sutherland.

○   ○   □   □   □   □   ○   ○
47   48   49   50   51   52   53   54

○ indique la cavalerie.   □ indique l'infanterie.

Samedi 12, *à Versailles*. — Le roi, après son dîner, alla à Marly, où il s'amusa à faire planter. Monseigneur l'y vint trouver, après avoir couru le cerf avec les chiens de M. du Maine à Saint-Germain. Le soir il n'y eut ni comédie ni appartement. Monseigneur joua chez madame la princesse de Conty à culbas. — M. le prince de Conty arriva de l'armée de M. le maréchal de Lorges. — M. de Louvois acheta ces jours passés le régiment de cavalerie du chevalier Duc, et il l'a donné à Roquépine, neveu de Tilladet; Roquépine étoit capitaine il y a longtemps dans le régiment que Tilladet a vendu à M. de Souvré. — On a eu nouvelles de Hongrie que le prince Louis de Bade avoit battu Tekéli, et pris Widdin et Orsova. Il y a eu un comte de Furstemberg tué à cette affaire-là. — Monsieur et Madame sont allés à Paris pour huit jours. M. de Harlay a pris aujourd'hui possession de la charge de premier président, toutes les chambres assemblées.

Dimanche 13, *à Versailles*. — Le roi, après dîner, s'alla promener à pied dans ses jardins avec Monseigneur, et puis revinrent au salut. Le soir il y eut appartement; le roi et Monseigneur jouèrent aux portiques; puis le roi alla à la musique, et Monseigneur demeura à jouer à culbas avec M. de Vendôme et moi. — Le roi a donné à M. de Mornay, fils de M. de Montchevreuil, le régiment de Poitou qu'avoit M. de Biville. Ce régiment est le premier après les petits vieux. — Les Espagnols, en Italie, ont pris Guastalla, et M. de Mantoue a consenti qu'il fût démoli; ensuite ils ont marché à Bercello, qui est de l'autre côté du Pô, et qui est à M. de Modène, qu'ils veulent aussi faire raser.

Lundi 14, *à Versailles*. — Le roi alla dîner à Marly, et y fit planter. Monseigneur l'y vint trouver, après avoir couru le loup. Il n'y eut le soir ni comédie ni appartement. Monseigneur joua à culbas avec moi chez madame la princesse de Conty. — Le roi a donné, ces jours passés, le régiment de cavalerie qu'avoit Fontet, qui mourut le mois passé, à M. de Bachevilliers, brigadier de cavalerie, qui commande en Dauphiné depuis la blessure de M. de Larrey. — M. de Seppeville commandera cet hiver dans Ypres, et sera sous les ordres de M. de Calvo, qui commande à Tournay et à toutes les troupes qui sont derrière le retranchement qu'on rétablit.

Mardi 15, *à Versailles.* — Le roi dîna à son petit couvert et alla tirer. Monseigneur alla à Paris, et vit l'opéra dans la loge de Monsieur; il n'avoit point mené de dames avec lui. — M. de Tessé demeure cet hiver seul maréchal de camp en Lorraine et en Luxembourg; il sera aux ordres de MM. de Boufflers et de Catinat. Nous travaillons à raccommoder un peu Trèves, où nous avons laissé 5 ou 6,000 hommes. Le roi a donné un régiment d'infanterie à Cormaillon, celui qui fut pris en se voulant jeter dans Mayence au commencement du siége. — Monseigneur a donné les entrées chez lui au marquis de Rochefort, qui n'est pas encore arrivé de l'armée.

Mercredi 16, *à Marly.* — Le roi vint ici en tirant; il y arriva de fort bonne heure, et y joua au trou-madame à terre avec Monseigneur, M. le prince de Conty et MM. de Vendôme; ensuite il joua aux portiques devant et après souper. — M. le grand prieur a eu une chambre ici pour la première fois. — Ce matin, avant que de partir de Versailles, on a eu nouvelles que M. l'évêque de Châlons se meurt; il avoit reçu l'extrême-onction. Il meurt du pourpre qu'il a gagné en allant voir les prisonniers des troupes de Bavière qui sont dans Châlons, et parmi lesquels cette maladie-là règne fort.

Jeudi 17, *à Marly.* — Le roi et Monseigneur s'amusèrent le matin à faire planter. L'après-dînée le roi alla tirer, et puis revint jouer aux portiques et au trou-madame à terre. Le soir il y eut musique comme à l'ordinaire et portique après souper. — M. le Grand a acheté le régiment de cavalerie qu'avoit la Valette pour le prince Camille son fils. — Le chevalier de Grignan a eu l'agrément pour donner le sien au marquis de Grignan, son neveu. Bertillac a eu l'agrément du sien pour son fils, et Rivarolles pour son frère; ainsi voilà tous les régiments qu'avoient les maréchaux de camp vendus. — M. le prince d'Elbeuf a le justaucorps bleu qu'avoit M. le duc d'Elbeuf; le roi a consenti que le père s'en démît en faveur de son fils.

Vendredi 18, à Marly. — Le roi ne sortit point de tout le jour. Il joua à plusieurs jeux différents, aux portiques, au trente et quarante, au brelan et au trou-madame à terre. Monseigneur courut le cerf le matin avec Madame, qui vint de Saint-Cloud pour la chasse, et au retour il joua à tous les jeux avec le roi. — On a eu nouvelles que la reine de Portugal étoit accouchée d'un fils qui s'appellera le prince de Brésil, comme son aîné qui mourut l'année passée. — Les troupes de MM. d'Hanovre ont chassé de Ratzebourg les troupes de l'électeur de Saxe, qui s'en étoient saisies depuis la mort du duc de Saxe-Lawembourg. L'Empereur prétendoit que tous ces biens-là devoient demeurer en séquestre, mais MM. d'Hanovre ne se sont pas contentés de s'en être rendus maîtres, ils font fortifier la place, et y ont mis une grosse garnison que commande Bois-David, sans avoir égard aux instances de l'Empereur. — Madame de Guise, qui est de retour d'Alençon, est venue ici aujourd'hui dîner avec le roi, et s'en retourne ce soir à Versailles.

Samedi 19, à Versailles. — Le roi revint ici après avoir été à Saint-Germain voir la reine d'Angleterre. Il y a longtemps qu'on n'a nulles nouvelles d'Angleterre; on croit que le mauvais temps empêche les paquebots de passer. — Le soir il y eut comédie. — Monsieur et Madame sont revenus de Paris. — Les États de Languedoc ont accordé au roi 3,000,000; ils ne donnoient d'ordinaire que 2,000,000 ou environ. — Madame la Dauphine voit tous les officiers considérables qui reviennent de l'armée; ils ont permission de la venir saluer; mais elle ne voit point encore les courtisans ni même les dames. — M. l'électeur de Brandebourg est retourné à Berlin, et ne veut point aller à Augsbourg pour faire déclarer le roi de Hongrie roi des Romains. Il est très-mécontent de l'Empereur sur les quartiers d'hiver pour ses troupes. — L'électeur de Saxe est retourné aussi à Dresde.

Dimanche 20, *à Versailles.* — Le roi ne sortit point de tout le jour. Il alla au salut, et à sept heures il y eut appartement, où le roi et Monseigneur jouèrent aux portiques et au trente et quarante. Monseigneur et Madame tinrent la musique. — M. le duc de Chartres a la fièvre. — M. le comte de Brionne doit sortir de la Bastille cette semaine; on croit qu'il y a quelques difficultés à son mariage avec mademoiselle d'Espinay et qu'il pourroit bien ne se pas achever. — M. l'archevêque de Reims a troqué son appartement dans l'aile nouvelle, pour se rapprocher de M. de Louvois, contre M. et madame de Chevreuse, qui ont été bien aises de se rapprocher de M. de Beauvilliers, et madame de Montmorency, pour suivre sa mère, a troqué le sien contre madame de Châtillon, qui par-là se trouve à portée de servir Madame très-commodément. Ils sont tous contents de leurs nouveaux logements.

Lundi 21, *à Versailles.* — Le roi alla tirer l'après-dînée; Monseigneur devoit courre le loup, la gelée l'en empêcha. Il joua le soir chez lui à culbas avec M. le prince de Conty et moi, et puis alla à la Comédie-Italienne, où il vit un arlequin nouveau assez bon comédien. — On a eu un courrier de Rome; mais il a fait fort peu de diligence; car il en est parti le 7 de ce mois. Le pape a fait son neveu Pietro Ottoboni cardinal; il n'a que vingt-deux ans; il lui a déjà donné 80,000 écus de rente. S. S. a écrit un bref fort favorable à M. de Beauvais, et c'est une manière d'engagement de le faire cardinal à la première promotion. — M. de Duras est arrivé ce soir; M. de Louvois l'a mené chez madame de Maintenon, où il a salué S. M.

Mardi 22, *à Versailles*. — Le roi se promena à pied dans ses jardins. Monseigneur alla faire des battues dans le parc. Le soir il y eut comédie françoise. — La tontine est entièrement résolue. L'arrêt en sera publié au premier jour; il y aura différentes classes et toutes les parts seront de 100 écus. Les intérêts seront réglés selon l'âge de ceux qui y mettront. On ne doute point que le roi ne tire 12 ou 15,000,000 de cette affaire-là. Après la mort du dernier de chaque classe, le fond demeurera au roi ou à ses successeurs. — Un vaisseau espagnol de cinquante pièces de canon a fait naufrage à la vue de Calais et durant la marée basse. M. de Touy a marché avec deux ou trois compagnies de son régiment, et a pris tout ce qui étoit dans le vaisseau. Il y avoit plus de 50,000 écus en lingots et en barres d'argent; on tirera encore plus de 50,000 écus de ce que l'on a pu sauver du vaisseau

Mercredi 23, *à Versailles*. — Le roi et Monseigneur allèrent à Trianon sur les quatre heures; le roi mena avec lui madame d'Arpajon, et a dit qu'il vouloit que les dames de madame la Dauphine ne fussent pas toujours, durant sa maladie, hors de tous les plaisirs; ainsi il les mènera tour à tour. Il y eut l'opéra d'*Atys*, grand jeu aux portiques et au trente et quarante, et quatre tables pour les dames tenues par le roi, Monseigneur, Monsieur et Madame, et une autre grande table pour les seigneurs. — Le régiment de cavalerie de M. le cardinal de Furstemberg, qu'avoit Longueval, a été donné au lieutenant-colonel, le comte Ferdinand n'ayant pas voulu passer de l'infanterie, où il est brigadier, à la cavalerie, où il n'auroit été que colonel.

Jeudi 24, *à Versailles*. — Le roi alla tirer après dîner. Monseigneur alla faire des battues. Le soir il y eut comédie. — Le roi a donné l'agrément de la compagnie aux gardes qu'avoit feu Montmont à Maupeou, qui n'étoit que sous-lieutenant, et il lui a dit ce soir : « Je fais un passe-droit en votre faveur; mais vous portez un nom qui mérite de la distinction dans les gardes. » Il y a encore une compagnie aux gardes vacante et à vendre, qui est celle de Boisseleau, qui a eu la permission de s'en défaire depuis qu'il est en Irlande. Le roi a donné le régiment qu'avoit M. de Mornay à M. le chevalier de Chamilly, neveu du gouverneur de Strasbourg. Tous les régiments nouveaux font des compagnies de grenadiers et auront des piques.

Vendredi 25, *à Versailles.* — Le roi mangea à son petit couvert, et alla tirer. Monseigneur courut le loup. Le soir il y eut comédie. — On a eu des nouvelles d'Irlande; le courrier est parti de Kingsale le 17 de ce mois; il dit que le roi d'Angleterre va mettre ses troupes en quartier d'hiver, et qu'elles sont en très-bon état; qu'il a plus de 20,000 bons hommes; que M. de Schomberg est retranché et a des marais devant lui qui le couvrent; qu'il n'a pas plus de 7 ou 8,000 hommes qui pâtissent beaucoup, et que cette armée diminue tous les jours. — On a nouvelles que les troupes danoises n'ont pas encore mis à la voile. — Nos troupes marchent toujours vers Brest.
— L'édit que le roi avoit envoyé à la cour des aides pour le retranchement des priviléges des maîtres de poste et des chevaux de louage et haras, et pour les priviléges de quelque gens dépendants du grand écuyer et du grand maître de la garde-robe, a été changé. L'édit étoit déjà scellé; il est passé présentement; mais on n'a point touché aux priviléges des maîtres de postes et des loueurs de chevaux.

Samedi 26, *à Versailles.* — Le roi alla, après dîner, se promener à Marly et voir ses nouveaux plants. Monseigneur alla à Saint-Germain voir la reine d'Angleterre. Monsieur y alla aussi, et y mena Mademoiselle, madame de Guise et madame la grande Duchesse. Les princesses n'y vont jamais sans Monsieur ou Madame, parce que la reine d'Angleterre ne leur donne qu'un tabouret. — M. le comte de Brionne et M. de Hautefort sont sortis de prison;

le mariage de M. de Brionne se refait; il se mariera dans huit jours. M. le Grand a représenté au roi les raisons qu'il avoit pour faire ce mariage-là, que S. M. a approuvées. — Saint-Frémont, colonel de dragons, a été fait inspecteur de la cavalerie dans la généralité de Paris et celle de Châlons; il a eu une pension de 4,000 livres l'année passée. C'est l'aîné des frères d'Asfeld qui a eu son régiment de dragons; et il a cédé pour cela au chevalier son frère, un autre régiment de dragons-allemand qui valoit mieux; mais il a mieux aimé le régiment le plus ancien, parce qu'on marche parmi les dragons par l'ancienneté des régiments, au lieu qu'on marche dans la cavalerie par l'ancienneté des colonels.

Dimanche 27, *à Versailles.* — Le roi et toute la cour allèrent au sermon du P. Bourdaloue et au salut. Le soir il n'y eut ni comédie ni appartement. Monseigneur joua le soir chez madame la princesse de Conty. — On a eu nouvelles qu'un de nos armateurs avoit pris un vaisseau espagnol revenant des Indes, et qui étoit chargé de vif-argent et de 400,000 piastres en espèces, et le roi a dit, à son souper, que l'armateur n'avoit point d'associés. — M. l'amiral a déjà eu, depuis la déclaration de la guerre, 500,000 écus pour sa part des prises. C'est la seule charge qui n'ait point d'appointements du roi. — M. Porter est revenu d'Irlande; il est arrivé à Brest et sera ici au premier jour, on saura par lui tout le détail des affaires de ce pays-là. Le roi d'Angleterre n'écrit que trois mots, et s'en rapporte à ce que dira M. Porter. Milord Douvre étoit arrivé à Kingsale avant que M. Porter en partît; il a perdu un brûlot qui l'accompagnoit, et qui étoit chargé de poudre et de mousquets; il a été pris par les Anglois, et milord Douvre a eu beaucoup de peine à se sauver.

Lundi 28, *à Versailles.* — Le roi dîna à son petit couvert, et alla tirer. Monseigneur courut le loup. — Le soir il y eut comédie. — M. de la Hoguette a eu ordre de revenir de Normandie, où il servoit de maréchal de camp sous les ordres des lieutenants généraux de cette province. Le roi l'envoie en Irlande, où il servira de maréchal de camp. Le roi d'Angleterre nous renverra autant de troupes irlandoises pour servir en ce pays-ci que nous lui en envoyons de françoises. — La chambre basse a accordé au prince d'Orange 2,000,000 de livres sterling d'extraordinaire, et 100,000 livres sterling sur les juifs établis en Angleterre. — La reine d'Espagne est arrivée auprès de Dort (1), dans un yacht dont elle ne sort point; on croit que c'est le comte de Mansfeld qui a entrepris à forfait la dépense de ce voyage, et qui par épargne veut que la reine demeure là, malgré la rigueur de la saison. Le gouverneur des Pays-Bas avoit offert de la faire loger et défrayer à Anvers; mais le comte de Mansfeld n'y veut pas consentir, de peur que la reine ne s'aperçût de la différence des traitements qu'elle auroit reçus à ceux qu'elle reçoit.

Mardi 29, *à Versailles.* — Le roi et Monseigneur allèrent dîner à Marly avec les dames; les princesses n'y furent point. Le soir il y eut appartement. — Le marquis de Leganès, grand d'Espagne, a un passe-port pour repasser en Espagne. Il a paru aujourd'hui dans la galerie incognito. Il n'a point voulu voir le gouverneur de Flandre en passant à Bruxelles. — Madame la duchesse d'Arpajon a demandé à madame la Dauphine les entrées chez elle pour le comte de Roucy, son gendre, et les a obtenues. Madame de Mortemart, pour suivre sa famille, passe dans l'aile neuve, et a troqué son logement contre madame d'Antin.

Mercredi 30, *à Versailles.* — Le roi a fait donner à M. de Lauzun 10,000 écus pour son équipage, et outre cela il aura 50,000 francs par an. Les généraux qui commandent les armées du roi en France ont 2,000

---

(1) Dordrecht.

écus tous les quarante-cinq jours ; ainsi M. de Lauzun aura encore plus qu'eux. — Le roi augmente ses gardes du corps de cinq hommes par brigade, et donne à chaque commandant de brigade 500 écus pour cette augmentation, et 500 autres écus encore pour la remonte. Les gardes auront pendant le quartier d'hiver quarante sols par jours. Ils avoient accoutumé de n'en avoir que trente. Le roi veut leur donner le moyen de nourrir des bidets. Il y a présentement avec cette augmentation-ci soixante-six gardes par brigade, sans compter les brigadiers et les sous-brigadiers.

Jeudi 1ᵉʳ décembre, à Versailles. — Le roi dîna à son petit couvert, et alla tirer. Le soir il y eut comédie. — On a publié et imprimé l'édit du roi portant création de 1,400,000 livres de rentes viagères sur l'Hôtel de ville de Paris, qui seront acquises selon les différents âges avec accroissement de l'intérêt des mourants au profit des survivants. Il y a quatorze classes : la première, des enfants jusqu'à cinq ans; la seconde, depuis cinq jusqu'à dix ; la troisième, de dix jusqu'à quinze ; et ainsi des autres de cinq ans en cinq ans. Jusqu'à dix ans l'intérêt sera payé au denier vingt ; depuis dix ans jusqu'à vingt ans, au denier dix-huit ; depuis vingt ans jusqu'à trente ans, au denier seize ; depuis trente ans jusqu'à quarante ans, au denier quatorze ; depuis quarante ans jusqu'à cinquante, au denier douze ; depuis cinquante ans jusqu'à soixante, au denier dix ; et par delà soixante ans, au denier huit. On recevra l'argent jusqu'à la fin du mois d'avril.

Vendredi 2, à Versailles. — On a eu des nouvelles de Rome par l'ordinaire ; elles sont du 15 du mois passé. Le cardinal de Furstemberg prit le chapeau le 10. — Il y eut le soir appartement, où le roi joua aux portiques et au trente et quarante. — Le roi retranche beaucoup de chevaux de la grande et de la petite écurie ; ce retranchement ira à 100,000 écus par an.

Voici les régiments commandés pour aller en Irlande :

Zurlauben................	2 bataillons.
Le régiment que commande M. de Biron..	1 —
Le régiment que commande M. de Brouilly..	1 —
Le régiment de Terlon............	1 —
Le régiment de Chémerault.........	1 —

On croit que M. de Chémerault n'ira pas en Irlande, parce que M. le Duc le veut demander au roi pour le faire colonel du régiment de Bourbon.

Samedi 3, à Versailles. — Le roi dîna à son petit couvert et alla tirer. Monseigneur courut le loup dans la forêt de Saint-Germain. Le soir il y eut comédie. — Le roi veut que dans tout son royaume on fasse fondre et porter à la Monnoie toute l'argenterie qui servoit dans les chambres, comme miroirs, chenets, girandoles, et toutes sortes de vases, et pour en donner l'exemple il fait fondre toute sa belle argenterie, malgré la richesse du travail (1), fait fondre même les filigranes ; les toi-

---

(1) On trouve aux Archives Impériales, sous le n° KK 362, un *Inventaire général des meubles de la couronne* dressé en 1706, sur lequel sont portées toutes les pièces d'argenterie fondues par ordre de Louis XIV en 1689 et 1690. La pièce fondue est rayée sur ce manuscrit, avec cette mention en marge : « Déchargé, ayant été porté à la Monnoie suivant le récépissé du sieur Rousseau, directeur général des monnoies. » La date la plus ancienne de ces récépissés est du 12 décembre 1689, et la plus récente, du 19 mai 1690. Les articles rayés montent à près de 1200, qui représentent au moins le double d'objets détruits, tous plus précieux encore par l'art et le travail que par la matière. Les chapitres Argent vermeil doré et Argent blanc signalent à la fois l'existence et la destruction du mobilier le plus somptueux qui ait jamais existé : cabinets, tables, guéridons, coffres, fauteuils, siéges, tabourets, bancelles à dossier, deux balustrades d'alcôve (pesant ensemble 7185 marcs 9 onces), garnitures de cheminées, bordures de miroirs, torchères, girandoles, bras, chandeliers, nefs, bassins, vases, urnes, aiguières, buires, flacons, cuvettes, plateaux, salières, pots à fleurs, cassolettes, caisses d'orangers, brancards, seaux, cages, écritoires, gantières, alambic, crachoir, etc. Le nombre des figurines et des bas-reliefs en vermeil et en argent ciselé est considérable; on fond même une figure de Louis XIII à cheval. Le chapitre des filigranes d'ar-

lettes de toutes les dames seront fondues aussi, sans en excepter celle de madame la Dauphine. — Les Maures ont pris sur les Espagnols la ville de Larache; le château se défend encore, parce qu'on n'a pas voulu donner au commandant la capitulation qu'il demandoit.

Dimanche 4, à Versailles. — Le roi alla à la messe dans la tribune, et y entendit le sermon l'après-dînée. Il se fait traîner en roulette, parce qu'il a eu cette nuit une petite attaque de goutte. Monseigneur alla l'après-dînée tirer dans le parc. Le soir il n'y eut ni comédie ni appartement. Monseigneur joua chez madame la princesse de Conty à culbas. — On a par l'Angleterre des nouvelles d'Irlande, qui portent que M. de Schomberg revient à Londres, et que son arrière-garde a été battue par les troupes du roi. Cette nouvelle a besoin de confirmation. — M. de Lamoignon a traité avec M. le président de Nesmond pour sa charge de président à mortier, et le roi a consenti qu'il en ait la survivance.

Lundi 5, à Versailles. — Le roi continue à se trouver un peu incommodé de la goutte; il n'a pas laissé d'aller à la chapelle dans la tribune, et ce soir à l'appartement; on l'a traîné en roulette. Monseigneur courut le loup. Le soir il y eut grand appartement; le roi y joua aux portiques, et, après les portiques, Monseigneur alla tenir la musique. — On a appris ces jours passés la mort de M. de Vandis; il étoit gouverneur de Montmédy. Ce gouvernement vaut 12 ou 15,000 livres de rente. — M. Porter est arrivé à Saint-Germain. Le roi d'Angleterre l'avoit fait partir d'Irlande pour aller de sa part à Rome; mais le roi, ayant jugé à

---

gent est rayé en entier, avec cette note : « Le présent chapitre des filigranes d'argent, composé de six cent soixante-huit numéros, est déchargé en entier, attendu que du contenu en iceluy il en a été fondu par ordre du roy 2167 marcs 5 onces 4 gros, suivant le récépissé du sieur Rousseau, directeur général des monnoies du 17 mars 1690. » Ce chapitre se composait de coffres, bahuts, boîtes, vases, saluts, chandeliers, aiguières, siéges, cabinets, etc.

propos ici qu'il y eût à Rome un ministre du roi d'Angleterre, y avoit déjà envoyé milord Melford. Ainsi M. Porter demeurera en France, et se tiendra auprès de la reine d'Angleterre.

Mardi 6, à Versailles. — Le roi garda le lit tout le jour. Il y tint conseil le matin à son ordinaire, et a réglé qu'on rendroit aux héritiers les plus proches le bien des huguenots sortis du royaume. Il y a longtemps que cela étoit proposé; mais jusqu'ici tout avoit été suspendu. — Monseigneur alla l'après-dînée à Saint-Germain voir la reine d'Angleterre. — Le soir, à six heures, les princesses et les dames entrèrent chez le roi; il y eut aussi quelques courtisans qui y entrèrent. Le roi, dans son lit, joua aux portiques, et ensuite nous demeurâmes avec Monseigneur et Monsieur à jouer dans le salon, pendant que le roi travailla avec M. de Louvois. Sur les huit heures, Monseigneur descendit et alla à la Comédie italienne. Le roi vit tout le monde à son souper, puis s'est enfermé après son souper à l'ordinaire, et il y eut petit coucher. Ses douleurs sont fort médiocres, mais il ne sauroit encore marcher.

Mercredi 7, à Versailles. — Le roi garda le lit presque tout le jour. Il y tint ses conseils à l'ordinaire, et sur le soir, à six heures, fit entrer les courtisans privilégiés et les joueurs; les princesses et les dames y étoient; il joua aux portiques et au trente et quarante. Monseigneur en sortit à sept heures pour aller à la comédie. Le roi soupa debout et vit tout le monde à son souper, et il n'y eut que petit coucher. — Le roi a donné à d'Espérou, qui étoit lieutenant de roi de Mayence, le gouvernement de Kirn. — Le marquis de Villars, le fils, partit samedi passé en poste. On croit qu'il va dans quelque cour étrangère pour quelque négociation. — Comme les ennemis de Flandre ont mis de grosses garnisons dans Namur et dans Charleroy, le roi a fait fortifier la garnison de Maubeuge, et y a envoyé trois cents gardes du corps qui seront commandés par MM. de Saint-Vians et de Saint-Sans (1).

Jeudi 8, à Versailles. — Le roi se leva et entendit la messe dans la tribune, où il se fit traîner en roulette. Il n'alla point au sermon; Monseigneur y alla. Le oir, il y eut grand appartement; le roi et Monseigneur y jouèrent aux portiques et au trente et quarante; et Monsieur tint la musique. — Le prince d'Orange a demandé qu'on échangeât milord Montjoie, qui est prisonnier dans la Bastille, contre Maccarthy, qui a été pris en Irlande. Le roi d'Angleterre a prié le roi d'y consentir; ainsi l'échange va être fait, et Maccarthy, que nous avons longtemps vu en France servir sous le nom de Monsery, commandera 7 ou 8,000 Irlandois que le roi d'Angleterre renvoie ici en la place des François que nous envoyons en Irlande; ils viendront ici sur les vaisseaux qui passeront M. de Lauzun et les troupes qu'il mène en ce pays-là.

Vendredi 9, à Versailles. — Le roi entendit la messe dans la tribune, où il se fit traîner en roulette; il dîna chez lui, mais il soupa à son ordinaire en public dans l'appartement de madame la Dauphine. Il n'a quasi plus de douleur, et commence à s'appuyer sur son pied. Monseigneur courut le loup. L'après-dînée, sur les cinq heures, le roi fit entrer chez madame de Maintenon les joueurs, et y joua aux portiques. — Le matin, le roi avoit longtemps entretenu M. Porter, qui revient d'Irlande, et qui assure que le roi d'Angleterre a 28,000 hommes de bonnes troupes et très-bien disposés. Il a trouvé les affaires de ce pays-là beaucoup meilleures qu'il n'espéroit; et il ne doute point que le roi son maître ne soit en état, au printemps, de passer en Écosse ou en Angleterre avec une armée considérable. Il ne compte pas que M. de Schom-

---

(1) Ou Saint-Jean, ajoute en note le manuscrit de la Bibliothèque de l'Arsenal. Le manuscrit des affaires étrangères porte Saint-Vien et Saint-Estève; notre copie donne les noms impossibles de Janiczuien et de Janick. Nous n'avons pu trouver l'exacte indication de ces noms dans les gazettes de 1689.

berg puisse l'empêcher de réduire entièrement l'Irlande avant ce temps-là.

Samedi 10, *à Versailles.* — Le roi dîna à son petit couvert et alla se promener à Marly pour voir ses plants. Monseigneur courut le loup. — Le roi a donné le gouvernement de Montmédy à M. d'Imecourt, vieux colonel de cavalerie et nouveau converti; le régiment de cavalerie qu'il avoit a été donné à son fils, qui en étoit lieutenant-colonel, et la lieutenance-colonelle à un autre de ses enfants. Il en a huit ou dix qui servent tous dans la cavalerie. — M. de Vitry, qui avoit été fait capitaine aux gardes depuis trois mois, est mort de maladie à Maubeuge. — M. le cardinal de Furstemberg est arrivé en bonne santé à Cannes, en Provence, d'où il a envoyé ici le courrier Manchini qu'il avoit amené de Rome. M. le Grand-Duc ne lui a pas voulu donner une galère pour l'amener en France. Il s'est embarqué sur un vaisseau chargé d'huile pour l'Angleterre. M. le Grand-Duc a dit pour se justifier auprès du roi, que madame la Grande-Princesse, sa belle-fille, sœur de M. l'électeur de Bavière, lui avoit demandé comme la dernière grâce de ne point donner de galère à M. le cardinal de Furstemberg, et qu'il n'avoit pu la refuser.

Dimanche 11, *à Versailles.* — Le roi entendit la messe à son ordinaire en bas; il alla au sermon et au salut. Il n'a plus du tout de goutte. Le soir il y eut appartement; le roi et Monseigneur y jouèrent aux portiques, et puis le roi sortit de l'appartement, et Monseigneur alla tenir la musique. — Le fils unique de Brissac, major des gardes du corps, est mort à Artel de la petite vérole. — Le roi s'est fait lire ce matin les nouvelles de ce qui s'est passé en Moscovie. — Le knez Galitzin et la princesse Sophie avoient conspiré contre les czars; la conspiration a été découverte; le knez Galitzin a été exilé en Sibérie, et on l'a tué en chemin; la princesse Sophie a été mise en un couvent, et on a fait mourir beaucoup de boyards. Il y en avoit plus de six cents qui étoient de la conspiration. — Le roi a fait emporter toute son argenterie qui étoit chez Monseigneur et chez madame la Dauphine, à Paris; il n'y en a plus du tout dans tous les appartements, et on travaille à la faire fondre.

Lundi 12, *à Versailles*. — Le roi dîna à son petit couvert et alla tirer. Monseigneur courut le cerf. — Le soir il y eut une comédie nouvelle de Baron, intitulée *le Débauché*, qu'on a trouvée très-mauvaise. — Le roi nous a dit ce soir qu'il avoit cru tirer plus de 6,000,000 de l'argenterie qu'il fait fondre, mais qu'il n'en auroit guère plus de 3,000,000. — Les nouvelles de la défaite de l'arrière-garde de M. de Schomberg par l'armée du roi d'Angleterre se confirment de plusieurs endroits. — Les troupes de Danemark sont arrivées en Angleterre, et le prince d'Orange donne tous les ordres nécessaires pour les faire passer incessamment en Irlande. Les troupes que nous y envoyons n'y sauroient être qu'à la fin de janvier. — On a publié un édit pour la monnoie; les écus sont augmentés de deux sols, et les pistoles de sept; si bien qu'elles sont présentement à 11 livres 12 sols.

Mardi 13, *à Versailles*. — Le roi dîna à son petit couvert et alla tirer. Monseigneur ne sortit point de tout le jour. Le soir il y eut comédie. — Madame la duchesse de Portsmouth, à qui le roi avoit donné une pension de 12,000 livres, il y a six mois, a prié S. M. de vouloir bien que la pension passât sur la tête du duc de Richemont son fils, et de vouloir l'augmenter de quelque chose. Le roi y a consenti et l'a augmentée de 8,000 livres; si bien qu'il a à présent 20,000 livres. — Les troupes de M. l'électeur de Saxe n'étoient pas contentes de leur quartier d'hiver; elles sont retournées en leur pays, et on prétend que cet électeur n'est pas content de la cour impériale. — Madame la Dauphine commença hier à voir les dames; elles les verra présentement tous les jours.

Mercredi 14, *à Marly*. — Le roi, après son dîner, alla à Saint-Germain voir la reine d'Angleterre et arriva à

Marly de bonne heure. Monseigneur y étoit déjà arrivé.
On y joua aux portiques, au brelan et au lansquenet. Il
y des a gens nouveaux à ce voyage-ci : M. de Thianges et
Langlée, qui n'y étoient pas venus depuis près de deux
ans. — Le roi fait changer toute la monnoie du royaume.
Il laisse toujours sa figure d'un côté; et sur l'autre,
aux louis d'or, il y fait mettre la marque qui étoit aux
louis d'argent; et aux louis d'argent il y fait mettre la
marque qui étoit aux louis d'or. Quand cette monnoie nouvelle sera faite, l'écu vaudra 3 livres 6 sols, et le louis
d'or 12 livres 10 sols; et comme présentement le louis d'or
ne vaut que 11 livres 12 sols, le roi gagnera 18 livres sur
chaque pistole, et 4 sols sur chaque écu blanc.

Jeudi 15, *à Marly*. — Le roi et Monseigneur ne sortirent
point. L'après-dînée ils jouèrent à toutes sortes de jeux,
aux portiques, au lansquenet et au trente et quarante.
— Monsieur et Madame sont de ce voyage-ci, et il n'y eut
jamais tant de monde à Marly. — Madame de Guise vint
de Versailles dîner avec le roi. — Madame la Dauphine
s'est trouvée un peu mal cette nuit; mais, Dieu merci, cela
n'a pas eu de suite. — Mademoiselle Moreau, fille de la
nourrice de Monseigneur, et sa première femme de
chambre, est sortie de Versailles sans rien dire à personne,
a pris une carriole de louage, et s'en est allée à Saint-Germain se jeter dans les Ursulines, disant qu'elle vouloit
s'y faire religieuse.

Vendredi 16, *à Marly*. — Le roi et Monseigneur ne
sortirent point de Marly; le roi alla seulement en chaise
faire un tour à ses plants. On joua dès le matin, toute
l'après-dînée et tout le soir au lansquenet, aux portiques
et au trente et quarante. — Le roi n'a pas voulu que M. de
Chémerault fût colonel du régiment de Bourbon, comme
M. le Duc le souhaitoit; ainsi il demeurera toujours colonel du régiment qu'il avoit et qui est destiné pour passer
en Irlande. — Madame la Dauphine avoit envoyé quérir
la petite Moreau, et a promis de lui pardonner; elle a

servi ce soir madame la Dauphine comme à l'ordinaire.

Samedi 17, *à Versailles.* — Le roi demeura à Marly jusqu'à six heures, et revint ici fort tard. Monseigneur y demeura encore à jouer après le roi. Le soir il n'y eut point ici de comédie. — Le roi a ordonné à M. de Roussillon, lieutenant de roi de Bourgogne, de se défaire de sa charge. — Le marquis de Villars est revenu; on ne sait point où il étoit allé; on croit qu'il a trouvé de grandes difficultés, malaisées à surmonter, et qui l'ont obligé de ne pas pousser son voyage plus loin.

Dimanche 18, *à Versailles.* — Le roi entendit le sermon et le salut, et ne sortit point de tout le jour. Monseigneur alla tirer l'après-dînée dans le parc. Le soir, il y eut appartement. — On a eu des nouvelles de Rome du 29. M. de Chaulnes a déclaré au pape que le roi lui abandonnoit les franchises pour lui faire plaisir, et l'on ne sait point encore ce que le pape fera pour la France.

Lundi 19, *à Versailles.* — Le roi et Monseigneur ne sortirent point de toute la journée. L'après-dînée, on entra à quatre heures dans le grand appartement du roi, où il n'y eut que les dames qu'on avoit averties et les joueurs; on y joua aux portiques et au lansquenet; et puis à huit heures, Monseigneur descendit avec les princesses à la comédie. — M. le cardinal de Furstemberg arriva à Paris. — Le feu a pris cette nuit à l'hôtel de Liancourt, à Paris, et en a brûlé les deux tiers de la maison. — Le roi et toute la maison royale ont signé le contrat de mariage de M. le comte de Brionne avec mademoiselle d'Espinay; il n'y a que la grande Mademoiselle et M. le Prince qui n'aient point signé, parce que cela auroit pu nuire aux affaires qu'ils ont contre M. le Grand.

Mardi 20, *à Versailles.* — Le roi et Monseigneur ne sortirent point de tout le jour. Le soir il y eut comédie. — Il est arrivé un courrier de M. de Chaulnes, qui est parti du 5 de Rome. Le pape a donné au roi le gratis pour la réunion de l'abbaye de Saint-Denis à Saint-Cyr; le pape a encore donné de nouvelles assurances, pour le chapeau de cardinal, à M. de Beauvais; mais il n'y a rien encore de fait pour la régale ni pour les bulles.

Mercredi 21, *à Versailles*. — Le roi et Monseigneur ne sortirent point de tout le jour, parce qu'ils ne peuvent chasser à cause de la gelée. Le soir, il y eut appartement; on y joua aux portiques. Les banques depuis huit jours ont perdu 10,000 pistoles. — M. le cardinal de Furstemberg a salué le roi ce matin. — M. le comte de Château-Renaud va dans la Méditerranée commander une escadre de dix gros vaisseaux; le vaisseau qu'il montera est percé pour cent dix pièces de canon.

Jeudi 22, *à Versailles*. — Le roi et Monseigneur ne sortirent point de tout le jour. Le roi a encore un peu de foiblesse au pied, et entend la messe dans la tribune. Le soir, il y eut comédie italienne, et, avant la comédie italienne, Monseigneur joua à culbas chez madame la princesse de Conty. — M. le comte de Brionne a épousé aujourd'hui, à Paris, mademoiselle d'Espinay. — Le roi a eu nouvelles que Lauzier étoit mort. Il étoit brigadier d'infanterie et gouverneur de Nîmes; il servoit de brigadier à Mayence durant le siége et s'étoit jeté dans la place avec Barbezières.

Vendredi 23, *à Versailles*. — Le roi et Monseigneur ne sortirent point de tout le jour. Le soir il n'y eut ni comédie ni appartement. Monseigneur joua chez madame la princesse de Conty au lansquenet et à un portique nouveau qu'il y a fait porter. — Monsieur et Madame allèrent hier à Paris passer les fêtes. — M. le maréchal d'Humières avoit fait proposer à M. de Castanaga de rétablir le commerce entre les villes de Flandre, sujettes de l'Espagne ou de la France. M. de Castanaga a répondu à M. Phélypeaux, qui y étoit allé de la part de M. le maréchal d'Humières, qu'il ne croyoit pas que cela convînt au service du roi son maître. On croit que cela pourra faire rompre les contributions de part et d'autre.

Samedi 24, *à Versailles.* — Le roi a donné ordre aujourd'hui à M. de Livry de faire tenir un équipage prêt pour marcher, parce que sûrement S. M. ou monseigneur le Dauphin se mettront à la tête de l'armée. Le roi veut bien que cette nouvelle soit sue, afin que chacun prenne ses mesures là-dessus. — Le roi et Monseigneur ont assisté aux dévotions de la messe de minuit, à l'ordinaire ; le roi a communié ce matin, et a touché les malades. Monseigneur ne communiera qu'au premier jour de l'an.

Dimanche 25, *jour de Noël, à Versailles.* — Le roi et Monseigneur ont assisté à la grand'messe, au sermon du P. Bourdaloue et à toutes les dévotions de la journée. — Le soir, il n'y a eu ni comédie ni appartement. — M. le marquis d'Hocquincourt est mort aujourd'hui à Paris. Son fils l'abbé est venu ce soir au coucher du roi se jeter à ses pieds, et le prier d'avoir pitié de sa famille. Le roi sur-le-champ lui a dit qu'il se souvenoit du service que lui avoit rendu son père, et qu'il donnoit le gouvernement de Péronne au marquis d'Hocquincourt, qui sert présentement de brigadier en Irlande ; outre ce gouvernement, M. le marquis d'Hocquincourt avoit une pension et étoit chevalier de l'ordre. Voilà présentement une place à remplir dans l'ordre.

Lundi 26, *à Versailles.* — Le roi, après son dîner, a été tirer. Monseigneur a chassé de son côté. Le soir, on a eu appartement. — Les nouvelles qu'on a reçues d'Angleterre portent que les affaires s'y brouillent ; qu'il y a de grandes oppositions à la levée de l'argent ; que le prince d'Orange ne veut point se défaire des troupes danoises qui sont arrivées à Hull. Il n'ose les envoyer, quoi qu'il en ait un très-grand besoin, en Irlande, et même en Écosse, où le parti du roi se fortifie. Le comte d'Harram y est allé depuis qu'il est sorti de la tour de Londres ; il est demeuré fidèle au roi son maître, et on espère qu'il ramènera le duc d'Hamilton son père.

Mardi 27, *à Versailles*. — Le roi a dîné à son petit couvert et a tiré l'après-dînée. Monseigneur a joué ce soir chez madame la princesse de Conty. — On a nouvelle que la reine d'Espagne est toujours à Dort ; la flotte qui la doit escorter n'est point encore prête. — Le roi mettra, ce printemps, à la mer quatre-vingts dix gros vaisseaux, sur lesquels il y aura 50,000 soldats. Les plus gros vaisseaux que nous eussions à la mer cette année ne seront que les vaisseaux du second rang, les moindres seront de plus de cinquante pièces de canon. Les Anglois et les Hollandois, joints ensemble, ne sauroient en mettre tant ; ainsi apparemment nous serons les maîtres de la mer.

Mercredi 28, *à Versailles*. — Le roi dîna à son petit couvert et alla tirer. Monseigneur alla à Saint-Germain voir la reine d'Angleterre, qui a passé les fêtes à Chaillot. Le soir, il y eut comédie. — M. de Feuquières est revenu de Bordeaux, où il a commandé cet été ; mais son commandement est fini ; car on n'a plus besoin là de personne, n'y ayant point de descente d'Anglois à craindre. — On bâtit un fort dans le Médoc, vis-à-vis de Blaye. Les nouvelles galères qu'on construit à Rochefort, pour servir dans l'Océan, seront prêtes au mois d'avril ; il y en aura quinze. Comme elles ne prennent que sept pieds d'eau, elles pourront approcher si près de nos côtes, qu'il ne faut plus craindre qu'aucun bateau plat puisse approcher pour faire des descentes. Sur chacune de ces galères il y aura dix pièces de canon. Ces galères-là sont d'une construction nouvelle. — Le roi a signé le contrat de mariage du marquis de Viriville, beau-frère du comte de Tallard, avec mademoiselle de Gouvernet.

Jeudi 29, *à Versailles*. — Le roi alla dîner à Marly avec les dames. Monseigneur courut le loup. Le soir il y eut appartement. — Il est arrivé un courrier d'Irlande, par lequel on apprend que M. de Schomberg est fort malade de la dissenterie, et que son armée est considérablement dépérie par la maladie et par la désertion. — Le roi a réglé qu'on payeroit les quarante premiers chevaliers de l'ordre, sans compter le roi de Pologne et M. de Mecklembourg. — On attend un courrier qui porte des lettres du roi d'Angleterre à la reine, par lequel on saura tout le détail des affaires d'Irlande; notre courrier l'a passé en chemin, et n'est pas assez bien instruit, et n'a apporté ni lettres de l'ambassadeur ni du roi d'Angleterre.

Vendredi 30, *à Versailles.* — Le roi alla à Saint-Germain voir la reine d'Angleterre. Le courrier qu'elle attendoit n'est point encore arrivé. — Monseigneur ne sortit point de tout le jour. Le soir il joua au lansquenet chez madame la princesse de Conty, et puis alla à la comédie italienne. — M. l'évêque de Tournay est à l'extrémité, à Paris; il a quatre-vingts ans passés. — M. Phélypeaux, que M. le maréchal d'Humières avait envoyé pour la seconde fois à M. de Castanaga, à Bruxelles, n'a rien pu régler avec lui; les troupes de Hollande et les allemandes nous demandent des contributions comme les troupes d'Espagne; les demandes sont si injustes que nous aimons mieux que de part et d'autre les contributions soient remplies.

Samedi 31, *à Versailles.* — Le roi, après son lever, fit chevaliers de Saint-Michel le duc d'Aumont, Beuvron, Matignon, Lavardin et le marquis d'Huxelles. M. de Monaco y devoit être; mais il s'est trouvé fort mal. Ces six Messieurs seront reçus demain chevaliers de l'ordre; depuis qu'ils avoient été nommés ils n'avoient pu être reçus. — L'après-dînée le roi alla à des traîneaux d'une façon nouvelle; la glace étoit diminuée; il arriva beaucoup d'accidents. M. le Prince fut dans l'eau jusqu'au cou, et les princesses renversées. — M. l'évêque de Tournay est mort aujourd'hui à Paris; il étoit frère du feu maréchal du Plessis, avoit été évêque de Comminges, et étoit sous-doyen des évêques de France. Il n'avoit point d'autres bénéfices. — Monseigneur joua au lansquenet chez madame la princesse de Conty. — Le soir, il n'y eut point de comédie, parce que Monseigneur fait demain ses dévotions. — Le courrier que la reine d'Angleterre attendoit est arrivé ce matin, à dix heures, à Saint-Germain, et a apporté des lettres du roi d'Angleterre, qui confirment et augmentent la nouvelle qu'on eut avant-hier. Boisseleau a battu un parti considérable du prince d'Orange, a pris le milord qui le commandoit et a tué six capitaines. Les troupes de M. de Schomberg ne sont plus que de 5,000 hommes, et se sont retirées dans Londonderry et dans Carick-Fergus. Le roi d'Angleterre croit M. de Schomberg mort ou mourant.

ANNÉE 1690.

Dimanche 1ᵉʳ janvier, à Versailles. — Le roi, après son lever, fit M. de Monaco chevalier de Saint-Michel; il ne l'avoit pas pu être hier, parce qu'il étoit malade. Après la messe, où officia M. de Beauvais, le roi fit chevaliers de l'ordre M. de Monaco et M. le duc d'Aumont, MM. de Beuvron, de Matignon, de Lavardin et d'Huxelles; M. de la Feuillade et M. le maréchal de Bellefonds furent parrains des trois premiers; M. de Duras et M. de Charost des trois autres. — Le soir il y eut appartement. — Le roi a consenti que M. de Charlus (1) se défît de son régiment en faveur de son fils, qui y étoit capitaine; M. de Charlus se retire chez lui. — Il y a des contestations sur les quarante premiers chevaliers qui doivent être payés; on prétend que MM. de Richelieu et de Monaco, dont l'un n'est point encore reçu, et dont l'autre ne l'est que d'aujourd'hui, ne doivent point être payés de l'année passée; d'un autre côté, on croit aussi que M. de Beauvais, n'étant que d'une promotion postérieure, quoiqu'il soit des ecclésiastiques, et par conséquent des premiers, ne doit pas être payé.

---

(1) « C'est M. de Lévy, mort en 1734. Il étoit lieutenant général et avoit épousé madame de Chevreuse, ma tante. Il en avoit eu trois garçons et deux filles. Il ne reste plus qu'une fille religieuse; l'autre avoit épousé feu M. le marquis de Castries, dont il reste deux garçons. » (*Note du duc de Luynes.*)

Le copiste du manuscrit de la Bibliothèque de l'Arsenal s'est trompé en reproduisant cette note écrite au crayon sur l'original; il a lu M. de Livry au lieu de M. de Lévy.

JANVIER 1690.

Lundi 2, *à Versailles*. — Le roi dîna à son petit couvert, et alla dans la cour faire la revue des gardes du corps qui sont habillés de neuf; Monseigneur ne sortit point, joua chez madame la princesse de Conty, et alla à la comédie. — M. le comte d'Estrées servira de vice-amiral; et comme il est plus ancien que M. de Tourville et qu'il a la vice-amirauté de Ponant, où serviront les armées, on donne à M. de Tourville une patente de général, parce que M. le comte d'Estrées est trop jeune pour commander en chef. — Le marquis de Viriville a épousé cette nuit mademoiselle de Gouvernet. — Par les nouvelles que l'on reçoit d'Augsbourg, on ne peut plus douter que le roi de Hongrie ne soit incessamment élu roi des Romains; les ambassadeurs des électeurs de Saxe et de Brandebourg ont les pleins pouvoirs de leurs maîtres pour lui donner leurs voix; tous les autres électeurs y sont en personne.

Mardi 3, *à Versailles*. — Le roi dîna à son petit couvert, et alla à la chasse. — Monseigneur alla à Paris à l'Opéra avec madame la princesse de Conty. — Il est arrivé un courrier de Rome de M. de Chaulnes; les lettres ne sont pas encore déchiffrées; on sait seulement par les lettres des particuliers que M. de Turenne a eu audience du pape, qui l'a fait asseoir*; que le cardinal patron l'avoit traité d'Altesse; ces traitements lui ont été faits parce qu'on a trouvé sur les registres que l'on avoit fait à son grand-père les mêmes honneurs. — Le roi aura cette année en campagne cent quarante bataillons, qui doivent être de 800 hommes, et deux cent quatre-vingt escadrons de 160 maîtres chacun, sans compter les troupes qu'on laissera dans le dedans du royaume, les garnisons et l'armée de Catalogne.

---

* Les grands d'Espagne sont assis à l'audience du pape; et les ducs, à cause de cela, ne le voient point. Pour M. de Bouillon dont il s'agit, jamais seigneur de Sédan, Bouillon, etc., ni la Marck, ni le maréchal de Bouillon, son père, n'ont eu de rang nulle part en Europe; et il seroit surprenant que Rome, si lente, eût commencé sans depuis avoir été suivie, et le rang que ce duc de Bouillon obtint ici par le cardinal Mazarin, à l'occasion de son échange, fut tout à la fin de sa vie, sans être sorti de France depuis, ni avoir eu jusqu'alors aucun rang depuis son retour de Rome, et leur prétention d'être princes, indépendamment de Sédan, est bien postérieure à ce grand père. Le cardinal de Bouillon escroqua cela du pape Ottobon, qu'il avoit eu grand part à faire et qui étoit grand pantalon.

Mercredi 4, à Versailles. — Le roi dîna à son petit couvert et alla tirer. Monseigneur courut le loup. Le soir il y eut appartement. — Madame la Dauphine eut hier la fièvre assez violente, mais elle n'en a point eu aujourd'hui. — Le marquis de Saint-Simon est mort; il étoit chevalier de l'ordre du feu roi, de la promotion de 1633; il avoit le gouvernement et le bailliage de Senlis; il y avoit vingt ans qu'il ne venoit plus à la cour. Il y a présentement deux places à remplir dans l'ordre. — Le roi a donné à Monseigneur 2,000 pistoles pour les étrennes, autant à madame la Dauphine et à Monsieur; en temps de paix il leur en donnoit le double; Madame n'en a point eu du tout.

Jeudi 5, à Versailles. — Le roi dîna à son petit couvert, et alla à Saint-Cyr, où l'on rejoua *Esther*. — Monseigneur voulut aller courre le loup avec les chiens de M. Vendôme; mais, quand il fut à trois lieues d'ici, le vilain temps l'en empêcha. — Le soir, à huit heures, on entra dans le grand appartement; on y joua jusqu'au souper, et on rejoua encore après souper jusqu'à deux heures. Il y avoit cinq tables pour les dames et une pour les seigneurs. Les tables étoient tenues par le roi, par Monseigneur, par Monsieur, par Madame et par Mademoiselle; M. de Chartres étoit à la table de Monseigneur. Le roi, Monseigneur et Monsieur furent rois chacun à leur table. — Voici le nom des dames qui étoient au souper. La grande Mademoiselle, madame la Princesse et ses deux filles, madame la Duchesse, les deux princesses de Conty, mesdames d'Armagnac, de Brionne, de Valentinois, de

Lislebonne et ses deux filles, de Soubise, d'Espinoy, de Coetquen, de Bracciano, princesse et comtesse de Furstemberg, duchesse et comtesse de Grammont, du Lude, de Mortemart, de Ventadour, de la Ferté, d'Arpajon, de Roucy, les maréchales de la Motte, de Rochefort et d'Estrées avec sa fille, d'Humières avec sa fille, mesdames de Foix, de Saint-Géran, de Mailly, de Caylus, d'Heudicourt, de Montgon, de Nogaret, d'Urfé, de Châteauneuf et sa fille, de Croissy et sa fille, de Sourches et sa fille, de Tingry, de Maré, de Grancey, de Châtillon, de Château-Thiers, de Moreuil, de Bury, de Nangis, d'Uzès et sa fille, de Menessere, mesdemoiselles de Montmorency, de Rouvroy, de Soucelles, de Liscouet, de Clisson, du Cambout, la duchesse Sforce, la maréchale de Clérembault, mesdames de Vitry, de Dangeau et de Beringhen*.

* Il faut se souvenir que les dames sont nommées sans rang ni suivant qu'elles ont été placées, mais suivant que M. de Dangeau s'en est souvenu, comme il en avertit plus d'une fois.

Vendredi 6, à Versailles. — Le roi dîna à son petit couvert, et alla tirer. Monseigneur courut le cerf; le soir il y eut comédie, et, avant que d'y aller, Monseigneur joua chez madame la princesse de Conty. — M. le marquis d'Alluye est mort cette nuit à Paris. Il y avoit longtemps qu'il n'avoit pas la permission de paroître à la cour; il laisse le gouvernement d'Orléanois vacant. Outre cela, il étoit gouverneur des ville et château d'Amboise qui sont en Touraine. M. le marquis de Saint-Simon, que le duc son frère avoit mandé au roi qui étoit mort, est revenu d'un long assoupissement dans lequel il n'avoit plus aucun signe de vie. Le roi avoit déjà donné le gouvernement et le bailliage de Senlis au duc son frère; mais, comme il a quatre-vingt-dix ans, on ne croit pas qu'il puisse revenir de cette maladie-ci.

Samedi 7, à Versailles. — Le roi alla dîner à Marly avec les dames. Monseigneur courut le loup. Le soir il y eut appartement. — M. de Béthune, chef d'escadre, fâché de ce que le roi a fait M. de Villette lieutenant général, qui n'étoit que chef d'escadre après lui, a dit et écrit qu'il quittoit le service, et a remis sa cornette. Il a voulu ces jours-ci se raccommoder, et s'est offert à la reprendre et à resservir; mais le roi ne l'a jamais voulu, disant qu'il ne donneroit jamais de pareils exemples; ainsi le voilà tout à fait hors du service. — Il y a des Hollandois qui ont bu publiquement à la santé du stathouder d'Angleterre et du roi de Hollande; cette plaisanterie-là a fort déplu au prince d'Orange, et ce qui le fâche fort, c'est que les bourguemestres d'Amsterdam ont résolu de ne plus envoyer en Angleterre pour le consulter sur les magistrats qu'ils auront à faire à l'avenir.

Dimanche 8, à Versailles. — Le roi ne sortit point de tout le jour, il alla au salut; Monseigneur joua chez madame la princesse de Conty et puis alla à la comédie. — M. l'évêque de Chartres est mort aujourd'hui à Paris. Il avoit quatre-vingt-deux ans; il étoit frère du feu maréchal de Villeroy et de l'archevêque de Lyon; il étoit conseiller d'État et abbé de Saint-Vandrille, qui vaut près de 10,000 écus de rente; il avoit outre cela deux bénéfices, dont l'un dépend de l'archevêque de Lyon. Il a fait le marquis d'Alincourt, son petit neveu, son légataire universel; mais il a tant fait de legs que cela consommera toute la succession; cependant on croit qu'il a considérablement d'argent à Chartres; on n'en a point trouvé dans sa maison.

Lundi 9, à Versailles. — Le roi dîna à son petit couvert et alla tirer; il revint de Trianon sur les quatre heures. Monseigneur y alla à la même heure, et on y joua au lansquenet et aux portiques jusqu'à sept heures, que l'opéra commença. Le roi le vit de la tribune, à l'ordinaire; c'étoit l'opéra de *Roland*. — Le roi donna le matin, à son lever, la place du conseil qu'avoit M. de Chartres à M. de Metz. Après son dîner, le roi donna l'abbaye de Saint-Germaindes-Prés à M. le cardinal de Furstemberg; elle vaut 80,000 livres de rente, une belle maison dans Paris, et une belle maison à la campagne, qui est Berny, qu'on y a réunie depuis cinq ou six ans. — Deux petits vaisseaux du roi, commandés par Forbin et par Bart, ont pris deux vaisseaux qui portoient la bannière d'Angleterre, et qui étoient chargés de 500 hommes des troupes de Danemark. On les a amenés à Dunkerque, et tous les prisonniers ont demandé à prendre parti dans les régiments allemands qui sont au service du roi.

Mardi 10, *à Versailles.* — Le roi dîna à son petit couvert, et alla tirer. Monseigneur courut le cerf. Le soir, il y eut appartement. — Le roi a signé le contrat de mariage de M. de Tourville avec madame de la Popelinière, et a recommandé à M. de Laugeois, son père, d'avoir bien soin de son gendre. — Le roi a donné le gouvernement d'Orléanois à M. de Sourdis, frère du feu marquis d'Alluye. — La reine d'Espagne est passée de Dort en Zélande, où quelques vaisseaux anglois sont venus pour l'escorter; mais le mauvais temps l'a empêchée jusqu'ici de se mettre à la mer; elle ne sort pas de son yacht. — Madame de Savoie a mandé au cardinal de Furstemberg que les Espagnols avoient refusé passe-port à M. le cardinal d'Estrées, qui vouloit revenir de Rome par Turin. — On joua pour la seconde fois de cette année *Esther* à Saint-Cyr.

Mercredi 11, *à Marly.* — Le roi dîna à son petit couvert, et vint ici en chassant. — Monseigneur courut le loup avec Madame, et arriva ici à quatre heures. On y joua fort gros jeu aux portiques et au lansquenet. — Le roi a dit à M. de Chevreuse et à M. de Charost, qui lui avoient demandé pour venir à Marly, que ce voyage-ci il n'y vouloit mener que des joueurs. — Le roi a eu ce soir un peu de goutte au pied; il se fait traîner en chaise. — Monsieur et Madame sont du voyage de Marly. — M. de Liscouet a eu une chambre ici. — On a pris jour à Augsbourg pour l'élection du roi des Romains; ce doit être le 18 de ce mois, et le couronnement peu de jours après.

Jeudi 12, *à Marly.* — Le roi et Monseigneur ne sortirent point de tout le jour, à cause du vilain temps; on joua gros jeu aux portiques et au lansquenet. — Madame la connétable Colonne, qui est en Espagne et qui doit retourner à Rome, a obtenu un passe-port pour passer par la France; elle n'approchera pas de Paris ni de la cour. — Madame de la Fayette la jeune parut ces jours passés à la cour pour la première fois; il y a un mois que ce mariage est fait; elle est fille de M. de Marillac, et a eu 200,000 francs. — M. de Boufflers a donné son régiment d'infanterie à son neveu, fils de son frère aîné; le roi l'a agréé.

Vendredi 13, *à Marly.* — Le roi alla, l'après-dînée, en chaise voir travailler à un parterre de gazon qu'il fait faire; et, après la promenade, il vint jouer au lansquenet et aux portiques. — La reine d'Angleterre est venue ici, et a été longtemps enfermée avec le roi, et ensuite est venue voir jouer. — Il y a deux vaisseaux de guerre anglois et hollandois qui ont péri par la tempête auprès de Plymouth. — J'ai appris que l'abbé de Sillery, nommé évêque d'Avranches, avoit permuté son évêché contre l'abbé Huet, nommé évêque de Soissons, et qu'il lui donne 4,000 francs de pension, quoique l'évêché d'Avranches vaille le double du revenu de celui de Soissons.

Samedi 14, *à Versailles.* — Le roi, après son dîner, se promena en chaise pour voir travailler à son parterre nouveau de Marly; il joua au lansquenet et aux portiques, et sur les cinq heures il revint coucher ici. — Il n'y eut le soir ni appartement ni comédie. — M. de Dénonville, qui est revenu depuis peu de jours de Canada, dont il étoit gouverneur, a prêté aujourd'hui serment entre les mains de M. de Beauvilliers de la charge de sous-gouverneur de Monseigneur le duc de Bourgogne, et dès le soir M. de Beauvilliers l'a installé. Cette charge ne vaut que 7,500 livres d'appointements; il marche après le précepteur, qui a 12,000 francs d'appointements et qui prête serment entre les mains du roi, comme le gouverneur; on croit que M. de Dénonville aura les entrées chez le roi, parce que M. Millet, qui étoit sous-gouverneur de Monseigneur, les a eues.

Dimanche 15, *à Versailles.* — Le roi ne sortit point. Il se sent encore de sa goutte; il entendit la messe dans la tribune. Le soir il y eut appartement. — M. le comte de Saulx, frère du comte de Tavannes, qui est sous-lieutenant des chevau-légers de la reine, achète le régiment d'Orléans de cavalerie que commandoit Vatteville; il lui en donne 10,000 écus, et tirera davantage de sa charge. — M. le comte Charles de Schomberg, le cadet de tous, est celui que M. de Schomberg a choisi dans sa famille pour lui succéder au titre de duc de Schomberg qu'il a pris en Angleterre, et on l'appelle présentement le comte d'Harwick. — M. le comte de Tourville a épousé ce soir madame de la Popelinière, qui, outre ce qu'elle avoit eu à son premier mariage, a encore eu 200,000 francs de M. de Laugeois son père; elle a outre cela 50,000 écus qu'elle a épargnés sur ses revenus; on assure ces 350,000 livres-là aux enfants qui viendront de ce mariage-ci.

Lundi 16, *à Versailles.* — Le roi dîna à son petit couvert, et alla tirer. Monseigneur tint appartement chez lui tout le jour jusqu'à dix heures; les princesses y vinrent avec beaucoup de dames; et après souper il y eut grand bal chez madame la princesse de Conty, à la ville, où Monseigneur alla en masque. — Le roi a permis à M. Bartet* de reparoître à la cour; il y a plus de trente ans qu'il est exilé; il a été secrétaire du cabinet; on croit que c'est le duc de Villeroy qui a demandé son retour au roi. — Le roi donna les entrées chez lui à M. de Dénonville, sous-gouverneur de Monseigneur le duc de Bourgogne. M. Millet, sous-gouverneur de Monseigneur le Dauphin, les avoit eues, et cet exemple-là a fait déterminer le roi.

* Ce Bartet avoit fait figure à la cour par ses intrigues, et depuis encore dans le grand monde par son esprit qui étoit plaisant, mais audacieux. Il s'avisa de s'attaquer aux modes et à la galanterie de M. de Candale, qui avoit usurpé l'autorité de leur donner le ton. Il menaça Bartet s'en moqua et s'attira force de coups de bâton de gens nommés de M. de Candale, qui lui coupèrent de plus les moustaches qu'on portoit fort en ces temps-là. Bartet fut enragé ; mais il n'en fut autre chose que d'être blâmé encore de se l'être attiré. Ses insolences, dont il ne se pouvoit défaire, et les intrigues où il s'étoit plongé attirèrent sa disgrâce. Il eut ordre de se défaire de sa charge ; et il obtint de passer son exil à Lyon, parce qu'il se trouvoit protégé de MM. de Villeroy.

Mardi 17, *à Versailles.* — Le roi dîna de fort bonne heure à son petit couvert, et alla tirer. Il entend encore la messe dans la tribune, parce qu'il a toujours un peu de foiblesse au pied. Monseigneur alla à Saint-Germain voir la reine d'Angleterre. Le soir il y eut comédie. — Les nouvelles de Hollande confirment le bruit qui couroit que la ville d'Amsterdam ne vouloit plus reconnoître l'autorité du stathouder dans son absence; Utrecht et quelques autres villes se sont jointes à Amsterdam. Ces nouveautés ont obligé le prince d'Orange à envoyer M. de Bentinck en Hollande pour tâcher de remédier à ces affaires-là.

Mercredi 18, *à Versailles.* — Le roi dîna à son petit couvert et alla tirer. Le soir il y eut appartement. — Il y a eu un petit démêlé entre M. le chancelier et M. Pelletier, sur ce que M. le chancelier, en lui demandant son avis, ne lui ôtoit plus son chapeau*, comme il le lui ôtoit pendant qu'il étoit contrôleur général. M. le chancelier soutenoit qu'il ne lui devoit plus ôter, parce qu'il ne l'ôtoit ni aux conseillers d'État ni aux ministres mêmes. M. Pelletier prétendoit, lui, qu'il lui devoit toujours ôter le chapeau, et qu'il devoit jouir des mêmes honneurs qu'il avoit eus. Pour finir cette affaire, le roi a donné de nouvelles

JANVIER 1690.

lettres à M. Pelletier, par lesquelles il veut qu'il jouisse de toutes les prérogatives dont il jouissoit étant contrôleur général. M. le chancelier n'en peut plus faire aucunes difficultés présentement, parce qu'il a toujours ôté le chapeau aux contrôleurs généraux en leur demandant leur avis, et à M. de Ponchartrain, depuis qu'il l'est.

* Le chancelier, au conseil des parties et à la direction, ne se découvre que pour les ducs-pairs vérifiés à brevet, les officiers de la couronne, le doyen des conseillers d'Etat, et le contrôleur général des finances.

Jeudi 19, à Versailles. — Le roi, après son dîner, alla à Saint-Cyr voir représenter *Esther;* la reine d'Angleterre y vint de Saint-Germain. Elle versa en carrosse; son cocher qui la menoit avoit été cocher de Cromwell. — Monseigneur alla courre le loup à la forêt de Saint-Léger, et y coucha au retour de la chasse; il passa la soirée à jouer au lansquenet et à culbas. — M. du Gua, brigadier de cavalerie, qui a commandé longtemps le régiment de M. le Prince, a eu le gouvernement de Nîmes, qui vaut 12,000 livres de rente, et qui étoit vacant par la mort de Lauzier, brigadier d'infanterie. — J'ai appris que c'est M. de Langalerie, maréchal de camp, qui commande présentement en Dauphiné en la place de M. de Larrey, qui est toujours fort incommodé de sa blessure.

Vendredi 20, à Versailles. — Le roi dîna à son petit couvert, et alla tirer, et puis voir voler ses oiseaux pour la première fois de cette année. Monseigneur courut le cerf à Saint-Léger avec les chiens de M. du Maine, et puis revint ici, où il y eut appartement chez lui. Madame de Guise et toutes les princesses y vinrent; on y joua aux portiques et au lansquenet. — Le roi a donné l'abbaye de Saint-Vandrille, qu'avoit M. l'évêque de Chartres, à l'abbé de Fourcy, petit-fils de M. le chancelier et fils du prévôt des marchands; cette abbaye vaut encore 25,000 livres de rente; il en rend une petite qui en vaut 5 ou 6,000.

— Madame la duchesse de Beauvilliers est accouchée ce matin d'un garçon (1); elle avoit eu neuf filles tout de suite. — Le roi a donné aussi une petite abbaye sur la Sarre au frère de M. Bergeret, secrétaire du cabinet.

Samedi 21, à Versailles. — Le roi dîna à son petit couvert, et alla tirer. Monseigneur ne sortit point. Le soir, il y eut appartement. — Le roi a donné au chevalier de Lusancy une compagnie aux gardes, qui étoit vacante par la mort de Vitry; le chevalier de Lusancy y étoit aide-major; il est frère de feu Lusancy, qui étoit aussi capitaine aux gardes. — Les quarante chevaliers de l'ordre qui ont été payés (2), sont Monseigneur, Monsieur, M. de Chartres, M. le Prince, M. le Duc, M. le prince de Conty, M. du Maine, M. de Vendôme, M. le Grand, M. le comte de Brionne, M. le prince de Lorraine, M. de Marsan, M. de la Trémouille, M. d'Uzès, M. de Chevreuse, M. de Luynes, M. de Chaulnes, M. de Sully, M. de la Rochefoucauld, M. de Luxembourg, M. de Montauzier, M. de Nevers, MM. de Saint-Simon, duc et marquis, M. de Beauvilliers (3), M. le duc de Grammont, M. le duc de Villeroy, M. le duc d'Estrées, M. le Premier le père, M. de Polignac, M. de Béthune, M. de Foix, M. le cardinal de Bonzy, M. de Metz, M. de Paris, M. de Reims, M. d'Orléans, M. de Lyon, M. de Mazarin,

---

(1) C'est celui qu'on appelle le comte de Saint-Aignan. Il eut un frère qui étoit le marquis de Beauvilliers, qui étoit colonel de cavalerie. Ils moururent tous deux en huit jours de temps, de la petite vérole, à Versailles, dans la maison qu'occupe aujourd'hui le contrôleur général, qui étoit l'hôtel de Beauvilliers; le cadet avoit dix ans. (*Note du duc de Luynes.*)

(2) M. le cardinal d'Estrées et M. de Richelieu ne sont point payés, parce qu'ils n'ont pas encore été reçus; M. de Monaco ne l'est point, parce qu'il n'est reçu que du premier jour de l'an, et que c'est l'année passée que l'on paye, et M. de Beauvais ne l'est point, parce qu'il est d'une promotion postérieure. Le roi de Pologne et M. de Mecklembourg ne sont jamais payés. (*Note de Dangeau.*)

(3) Les chevaliers qu'on nomme là ne sont pas tous dans leur rangs. (*Note de Dangeau.*)

et les héritiers de M. de Gamaches, mort à la fin de l'année passée.

Dimanche 22, *à Versailles.* — Le roi ne sortit point de tout le jour; il alla au salut. Monseigneur joua l'après-dînée chez lui, où il n'y eut point de dames. Le soir il y eut comédie. — On a eu des nouvelles de Rome par l'ordinaire, qui sont du 3 de ce mois, qui portent que le pape a une grande foiblesse qui alarme fort sa famille. M. le cardinal d'Estrées est parti de Rome le 2 de ce mois; il doit arriver le 8 à Florence; il s'embarquera à Livourne sur une galère du Grand-Duc, ou sur un vaisseau du roi qui doit y être présentement; il débarquera à Villefranche pour aller de là à Turin. — Le cardinal de Bonzy est encore à Rome. — M. de Varennes, capitaine aux gardes, donne 50,000 francs à M. de Lignières, gouverneur de Landrecies. Le roi a voulu qu'il se défît de son gouvernement et l'a taxé à cette somme-là; Varennes vendra sa compagnie 20,000 francs, si bien qu'il aura 30,000 francs de reste (1).

Lundi 23, *à Versailles.* — Le roi, après son dîner, alla à Saint-Cyr voir jouer *Esther*. Monseigneur alla à Paris à l'Opéra avec les princesses. Il entendit l'opéra de la loge de Monsieur. Ensuite il y eut grand jeu jusqu'au souper et puis un bal. Il y eut tant de masques que plusieurs personnes s'y évanouirent. Monseigneur et les princesses s'en revinrent à sept heures du matin, et il faisoit si mauvais marcher, que Monseigneur et les princesses firent une partie du chemin à pied. Monseigneur étoit si bien masqué qu'il ne fut point reconnu dans tout le bal. — Les nouvelles de Hollande marquent toujours que la ville d'Amsterdam veut faire ses magistrats sans la participation du prince d'Orange, prétendant que le sta-

---

(1) Est écrit en marge à l'original : il est vraisemblable qu'il y a faute, et que c'est quatre-vingt mille livres, au lieu de vingt mille livres. (*Note du manuscrit de la bibl. de l'Arsenal.*)

thouder absent n'a point d'autorité. On assure que plusieurs villes se joignent à celle d'Amsterdam. — Les troupes de Hesse ont eu ordre de se joindre à celles de l'Empereur pour chasser du territoire de l'abbaye de Fulde les troupes de MM. d'Hanovre qui y avoient pris leurs quartiers d'hiver; les troupes se sont retirées dans leur pays, dont ces princes sont fort mécontents.

Mardi 24, *à Versailles.* — Le roi dîna à son petit couvert, et alla tirer. Monseigneur ne sortit point de tout le jour. Le soir, il y eut appartement. Milord Waldegrave est mort à Saint-Germain; il avoit épousé une fille du roi d'Angleterre et de mademoiselle Churchill, et c'est lui que le roi d'Angleterre avoit laissé auprès de la reine sa femme, avec toute sa confiance en ses affaires. — On a nouvelles que le prince Jacques, fils aîné du roi de Pologne, épouse la princesse Élisabeth de Neubourg; les ambassadeurs sont déjà partis pour aller quérir la princesse. — On porte tant d'argenterie à la Monnoie que l'on n'a pas pu, dans le mois de janvier, faire fondre tout ce qu'on y portoit. — Le roi a donné un arrêt pour prolonger le temps jusqu'à la fin de février.

Mercredi 25, *à Marly.* — Le roi, après son dîner, partit de Versailles, et alla à Saint-Germain voir la reine d'Angleterre; il revint sur les six heures à Marly. Monseigneur y alla tout droit avec les princesses. Monsieur et Madame y vinrent de Saint-Cloud, et seront de ce voyage-ci. Le comte de Tourville, vice-amiral, y a eu une chambre pour la première fois. — On a eu nouvelles que la dernière tempête a fait périr un grand nombre de vaisseaux anglois et hollandois. Il y en a quatre qui ont échoué à Boulogne; la reine d'Espagne, qui étoit embarquée, a été obligée de relâcher en Zélande. — On assure que les troupes danoises qui ont passé en Angleterre seront employées en Écosse et ne passeront point en Irlande. — Le prince d'Orange a fait tenir un chapitre de l'ordre de la Jarretière, où il a fait déclarer la place du duc de

Berwick vacante, pour ne s'être point fait installer à Windsor dans le temps prescrit par les statuts, et a fait élire en sa place l'électeur de Brandebourg.

Jeudi 26, *à Marly*. — Le roi, après son dîner, alla tirer et revint de fort bonne heure, voulant être de retour à Marly avant que la reine d'Angleterre y arrivât; la reine y arriva sur les quatre heures. Le roi, Monseigneur, Madame et les princesses, et toutes les dames, l'allèrent recevoir sur le perron; ensuite elle alla jouer aux portiques et au lansquenet. — M. le marquis de Saint-Simon *, chevalier de l'ordre, gouverneur et bailli de Senlis, mourut hier chez lui, à la campagne, âgé de quatre-vingt-dix ans; il étoit chevalier de l'ordre de la promotion du feu roi en 1633. Par sa mort il vaque une seconde place à remplir dans l'ordre. — Le chevalier de Sainte-Maure, capitaine de vaisseau, frère de Sainte-Maure, menin de Monseigneur, a eu une pension du roi de 500 écus.

* Le marquis de Saint-Simon avoit eu le régiment de Navarre en 1630, et fut, en 1642, lieutenant général des armées du roi, et gouverneur de Pecquais. Son père, qui mourut l'année suivante, lui remit aussi le gouvernement de Senlis, et il eut la capitainerie de Chantilly, tant que ce lieu fut au roi, et des forêts d'Hallatte et de Senlis. Il avait eu l'ordre, à trente-cinq ans, en 1633, à la place de son père qui avoit été nommé, et qui aima mieux que son fils aîné fût chevalier de l'ordre avec son frère cadet qui n'avoit que vingt-sept ans, et qui étoit déjà premier écuyer et premier gentilhomme de la chambre du roi, et grand louvetier. Le marquis de Saint-Simon avoit épousé la sœur du duc d'Uzès, chevalier d'honneur de la reine Anne d'Autriche, dont il n'eut point d'enfants, et qui étoit veuve du marquis de Portes-Budos, frère de la connétable de Montmorency, mère de madame la princesse et du dernier duc de Montmorency, décapité à Toulouse. De ce marquis de Portes, qui étoit chevalier de l'ordre et vice-amiral, elle eut deux filles. L'aînée ne se maria point et mourut fort vieille, ayant fait M. le prince de Conty son héritier, et force legs. La cadette fut la première femme du duc de Saint-Simon, beau-frère de sa mère, et n'en eut que la première femme du duc de Brissac, frère de la seconde maréchale de Villeroy sans enfants. Le marquis de Saint-Simon avoit huit ans plus que

le duc son frère. La marquise de Saint-Simon le survécut jusqu'en avril 1695. Elle avoit quatre-vingt-onze ans, et donna tout son bien au duc d'Uzès, petit-fils de son frère.

Vendredi 27, *à Marly*. — Le roi et Monsieur vouloient aller courre le cerf, mais le vilain temps les en a empêchés. Ils ne sortirent point de tout le jour; on joua aux portiques et au lansquenet. — Il arriva un courrier d'Irlande à la reine d'Angleterre; il n'est point vrai que M. de Schomberg soit mort ni retourné en Angleterre; mais il est vrai que ses troupes sont diminuées considérablement.

Samedi 28, *à Versailles*. — Le roi, après son dîner à Marly, y joua aux portiques et au lansquenet jusqu'à six heures. Madame de Montespan y vint passer l'après-dînée et joua avec le roi. — Le soir, en arrivant de Marly, Monseigneur alla à la comédie. — Madame la Dauphine s'est trouvée plus incommodée pendant deux ou trois jours que le roi a passés à Marly, et est résolue de se mettre entre les mains du frère Ange, capucin. — Les Espagnols ont arrêté M. l'abbé de Croissy, qui revenoit de Rome; ils l'ont pris sur les terres du duc de Mantoue, et ont pillé l'équipage du prince d'Harcourt qui revenoit de Venise. Monseigneur de Mantoue a envoyé un courrier au roi, se plaignant fort de la violence des Espagnols.

Dimanche 29, *à Versailles*. — Le roi dîna à son petit couvert, alla tirer et revint au salut. Monseigneur ne sortit point de toute la journée. Le soir il y eut appartement. — L'ordinaire de Rome, qui y est parti le 10, a rapporté de nouvelles assurances du chapeau de cardinal pour M. de Beauvais. M. de Chaulnes espère toujours que les affaires iront bien; on a eu des lettres du cardinal d'Estrées, de Gênes et de Turin; il mande qu'il sera ici les premiers jours du mois prochain. — Les nouvelles d'Angleterre portent que le prince d'Orange songe à passer en Écosse, où le nombre des mécontents augmente fort. — La reine d'Espagne, qui avoit relâché à Flessingue, ne songe pas à se rembarquer sitôt, et est présentement à Anvers.

Lundi 30, à Versailles. — Le roi alla, l'après-dînée, à Saint-Cyr voir jouer *Esther*. Monseigneur courut le loup avec Madame, et revint d'assez bonne heure pour aller à Saint-Cyr avec le roi. Le soir, il y eut comédie. — M. Bartet a salué le roi; il y a trente ans qu'il étoit hors de la cour.

Mardi 31, à Versailles. — Le roi dîna à son petit couvert, et alla tirer. Monseigneur joua l'après-dînée chez lui au lansquenet; les dames n'y étoient pas. — M. de Xaintrailles se défait du régiment de cavalerie de Bourbon; M. le Prince et M. le Duc y ont consenti.

Mercredi 1er février, à Versailles. — Le roi dîna à son petit couvert, et alla tirer. Monseigneur joua chez lui l'après-dînée. Le soir, il y eut appartement. — On a eu nouvelles que des Tartares sont tombés dans des quartiers des troupes de l'Empereur, et ont enlevé cinq ou six de ses meilleurs régiments; cette nouvelle a besoin de confirmation. — Le voyage du roi pour Compiègne est réglé pour le premier jour de mars.

Jeudi 2, à Versailles. — Le roi assista à la grand'messe, où M. l'archevêque de Reims, prélat de l'ordre, officia. Il n'y a point eu de chevaliers novices reçus à cette fête-ci; ils sont encore quatorze, mais ils sont tous absents. Le roi entendit le sermon du P. Gaillard, qui prêchera ce carême. Après le salut, on joua chez Monseigneur jusqu'au souper, et, après souper, il y eut appartement extraordinaire chez le roi; on y demeura jusqu'à quatre heures du matin, et il étoit deux heures quand le roi en sortit; les dames eurent la permission d'y venir en robe de chambre. — Les ennemis ont surpris le château de..., dans le Luxembourg, et ont passé toute la garnison au fil de l'épée. Il n'y avoit dedans que quelques compagnies nouvelles d'infanterie.

Vendredi 3, à Versailles. — Le roi dîna à son petit

couvert et alla tirer. Monseigneur courut le loup et joua chez lui l'après-dînée. Le soir il y eut comédie nouvelle, qui s'appelle *Ésope*. — Par toutes les lettres qu'on a d'Angleterre et de Hollande, on ne parle que de la quantité de leurs vaisseaux qui ont péri; on croit qu'ils en ont perdu plus de cent. — M. de Clérembault a vendu le gouvernement de Toul à M. de L'Hôpital le fils; il en a eu 45,000 écus. Le gouvernement vaut 12,000 livres de rente; c'est M. de Soubise qui a obtenu l'agrément pour M. de l'Hôpital, qui a été longtemps dans les gendarmes du roi.

Samedi 4, à Versailles. — Le roi dîna à son petit couvert et alla tirer. Monseigneur courut le cerf dans la forêt de Saint-Germain avec les chiens de M. du Maine. — Monsieur et Madame allèrent à Paris, où ils donneront un grand bal à monseigneur le Dauphin, et reviendront lundi. La reine d'Angleterre, qui étoit à Chaillot, est revenue à Saint-Germain; mais les eaux sont tellement débordées qu'elle a été contrainte d'aller de Chaillot à Montmartre, de Montmartre à Paris, de Paris passer à Versailles pour aller à Saint-Germain. — On a par plusieurs endroits la confirmation de la défaite de cinq ou six bons régiments de l'Empereur que les Tartares ont enlevés. On croit qu'il y a eu un des princes d'Harcourt tué à cette affaire-là. — Le soir il y eut appartement avant et après souper; les dames eurent permission de venir en robe de chambre à celui d'après souper; le roi y demeura jusqu'à deux heures.

Dimanche 5, à Versailles. — Monseigneur, après son dîner, alla à Paris avec les princesses; il entendit l'opéra de la loge de Monsieur, ensuite il y eut grand jeu avant souper, et à onze heures le bal commença. Monseigneur et les princesses sont revenues ici à cinq heures du matin. Le roi donna à souper aux dames; ensuite il y eut appartement, où on joua aux portiques et au lansquenet. — M. de Louvois a réglé toutes les affaires d'Irlande, et M. de Lauzun a reçu tous les ordres.

Lundi 6, à Versailles. — Le roi dîna à son petit couvert et alla tirer. Monseigneur ne sortit point de tout le jour; il étoit revenu à cinq heures du matin. Le soir il y eut appartement. — Le roi a donné congé à M. le maréchal d'Humières de venir faire un tour ici pour marier mademoiselle d'Humières. — On a eu nouvelles que la reine d'Espagne s'étoit embarquée à Flessingue pour passer en Angleterre; il n'est point vrai qu'elle ait été à Anvers. — Le roi a donné l'évêché de Chartres à M. l'abbé Desmarais*, et l'on sépare le diocèse en deux; on mettra l'autre évêché à Blois.

* Cet évêque de Chartres étoit à le voir une barbe sale de fond de séminaire, et dans le vrai un homme d'esprit, d'honneur, d'une piété solide, quoique entêté, capable d'amitié, plein de sentiments nobles, désintéressé d'avoir, mais point du tout de pouvoir, grand et bon évêque, très-résident, très-appliqué, et très-aumônier, fort savant et bon théologien, grand ennemi des jansénistes, presque autant des jésuites, encore plus de la morale relâchée, médiocrement ultramontain, quoique pétri de Saint-Sulpice dont il n'avoit point pris les petitesses et encore moins l'inquisition, avec un cœur vrai et bon, et un esprit droit, qui le faisoit aisément revenir de ses préventions, quand on lui parloit raison et preuves, ou simplement quand il avoit lieu avec jugement de se fier aux gens qui lui parloient; sachant fort vivre avec le monde, quoiqu'il l'eût peu ou point pratiqué, et fort enclin à la noblesse et aux gens de qualité; encore plus simple en tout, et s'exprimant fort bien avec grande netteté en choses et en procédés. Saint-Sulpice, où il avoit été élevé et où il logea toute sa vie, le porta sur le siége de Chartres dès les premières lueurs de la faveur de cette maison qui supplanta les missions étrangères d'auprès de madame de Maintenon, qui, bientôt après, réunit toute sa confiance au seul évêque de Chartres, diocésain de Saint-Cyr, dont il devint directeur et de madame de Maintenon ensuite. Jaloux du crédit de l'abbé de Fénelon, bientôt après archevêque de Cambray, qui introduisit madame Guyon auprès de madame de Maintenon et de là dans Saint-Cyr, il suivit de si près cette fameuse illuminée, reprit sa doctrine, la fit chasser de Saint-Cyr, et forma avec MM. de Meaux et de Paris, ce célèbre triumvirat qui perdit M. de Cambray avec tant de fracas. Profitant de son crédit, il diminua celui du père de la Chaise sur la distribution des bénéfices dont il devint assez promptement le plus important et le plus effectif dispensateur; mais, gâté en ce point par son éducation, il com-

mença à gâter l'Église de France par d'étranges choix pour l'épiscopat, qui en a été depuis de plus en plus inondée, au point qu'on le voit aujourd'hui : car il conserva ce crédit et cette erreur jusqu'à sa mort, qu'il transmit au plat et radoteur la Chétardie, curé de Saint-Sulpice, à qui le père Letellier succéda, qui par d'autres vues fit encore de plus tristes choix jusqu'à la mort de Louis XIV. C'en fut de plus fâcheux encore pour la plupart dans un genre entièrement différent pendant la régence, après laquelle Saint-Sulpice est revenu plus puissant que jamais, et plus maître et plus funeste dispensateur des prélatures par M. de Fréjus, du temps de M. le Duc, et en plein depuis qu'il lui a eu succédé dans la toute-puissance unique.

Mardi gras, 7 février, à Versailles. — Le roi ne sortit point de tout le jour. Monseigneur joua l'après-dînée chez lui. Le soir il y eut appartement avant souper et bal en masque après souper. Le roi fut assez longtemps au bal, et puis revint jouer au lansquenet; Monseigneur changea souvent d'habit de masque, et vint jouer de temps en temps. — Par les nouvelles qu'on eut avant-hier de Rome, on apprend que le pape envoie en France pour nonce M. Nicolini, qui a été nonce en Portugal. Il a déclaré le cardinal Ottoboni légat d'Avignon. — Les nouvelles d'Augsbourg, portent que le 19 du mois passé, l'Impératrice fut couronnée, et que, le 24, le roi de Hongrie fut élu roi des Romains.

Mercredi 8, à Versailles. — Le roi dîna à son petit couvert, et alla tirer. Monseigneur alla en chaise de poste coucher à Anet chez M. de Vendôme, où il demeurera jusqu'à samedi. La plupart des jeunes gens de la cour l'ont suivi à ce petit voyage-là. — Le roi fait écrire des lettres circulaires à tous les évêques, afin qu'ils règlent dans leurs diocèses l'argenterie qui convient dans les Églises, tant dans les villes qu'à la campagne, et qu'ils en envoient ce qu'il y en aura de trop à la Monnoie la plus prochaine, ou dans les villes où le roi a établi des changeurs.

Jeudi 9, à Versailles. — Le roi dîna à son petit couvert, et alla tirer. — Monseigneur courut le cerf à Anet avec

les chiens de M. le grand Prieur. — Madame la Dauphine continue à prendre des remèdes du frère Ange, capucin.
— Les petits mouvements qui étoient à Amsterdam sur l'élection de leurs nouveaux magistrats se sont terminés, et on a suivi l'expédient qu'avoit proposé M. le prince d'Orange, qui étoit de ne point faire de nouvelles nominations et de continuer les officiers dans leurs charges.
— La reine d'Espagne est escortée d'une escadre de la flotte d'Angleterre, et les dernières nouvelles qu'on a de ce pays-là, c'est qu'elle étoit arrivée à l'île de Wight.

Vendredi 10, *à Versailles*. — Le roi alla dîner à Marly avec les dames. — Monseigneur courut le loup à Anet, avec les chiens de M. de Vendôme, et joua le soir avant et après souper au lansquenet, comme il a fait pendant tout ce petit voyage. — On a eu nouvelles de Rome que le cardinal de Bonzy en est parti, qu'il s'embarquera à Livourne sur une galère du Grand-Duc qui le portera à Gênes, et que la république lui en donnera une pour l'amener en France. — Il est venu des avis d'Irlande qui portent que les troupes du roi d'Angleterre ont pris Winchelsea et défait une partie des troupes de M. de Schomberg; mais on n'ajoute point de foi à cette nouvelle, quoiqu'elle soit fort circonstanciée, car elle ne vient que par des patrons de barques.

Samedi 11, *à Versailles*. — Le roi dîna à son petit couvert, et alla tirer. Monseigneur revint d'Anet, et arriva ici sur les deux heures. Le soir il y eut appartement. — Un armateur de Dunkerque a pris un vaisseau danois qui passoit en Angleterre, chargé de quatre mille mousquets et de dix-huit milliers de poudre. — Le roi a donné à M. Blouin, son premier valet de chambre, la charge de héraut de l'ordre pour la vendre; il en tirera 10 ou 12,000 écus; celui qui avoit cette charge-là s'appeloit Martineau, et mourut subitement ces jours passés. M. Blouin n'avoit point demandé la charge, et plusieurs gens l'avoient demandée ; il avoit déjà eu dans ce mois-ci 10,000 écus d'une affaire de banquiers.

Dimanche 12, *à Versailles.* — Le roi entendit le sermon du P. Gaillard, et alla au salut ; il ne sortit point de tout le jour. Après le salut, Monseigneur joua chez lui au lansquenet. — M. d'Arcy, qui revient de l'ambassade de Savoie, a salué ce matin le roi ; il va prendre possession de la charge de gouverneur de M. de Chartres. — Le roi a commandé 1,500 hommes du régiment des gardes, 100 grenadiers, et 1,000 hommes des gardes suisses, pour partir le 25 de ce mois ; il marche douze capitaines aux gardes et un des deux capitaines de grenadiers ; le chevalier de Séguiran commandera ce détachement-là. — Le Brun, peintre fameux qui a peint la grande galerie de Versailles, est mort aujourd'hui à Paris ; il étoit directeur des manufactures des Gobelins et chancelier de l'Académie des peintres de Paris ; cela lui valoit 14 ou 15,000 livres de rente.

Lundi 13, *à Versailles.* — Le roi dîna à son petit couvert, et alla tirer. Monseigneur alla l'après-dînée avec madame la princesse de Conty à Saint-Germain voir la reine d'Angleterre. — Le soir il y eut comédie. — Toutes les nouvelles d'Angleterre portent que le prince d'Orange se prépare à aller en Écosse, et, quand il aura tout réduit en ce pays-là, il passera en Irlande. Le parlement d'Angleterre lui a envoyé des députés pour le supplier de ne se point éloigner de Londres, où ils croient sa présence nécessaire.

Mardi 14, *à Versailles.* — Le roi alla chasser après son dîner. Monseigneur se promena dans les jardins l'après-dînée avec madame la princesse de Conty. Le soir, il y eut appartement. — M. le cardinal d'Estrées a salué le roi ; il y a dix ans qu'il n'avoit été en France. — M. le maréchal d'Humières est arrivé de Lille ; il a son congé pour quinze jours. — Le duc de Grammont, qui est à Bayonne, a rétabli le traité de bonne correspondance avec les Espagnols de cette frontière-là, comme il avoit été durant les autres guerres. Le roi a approuvé ce qu'il a fait et lui a envoyé un courrier pour le ratifier. Outre l'intérêt public, le duc de Grammont y en a encore un particulier : c'est que la coutume de Bayonne, qui vaut 20,000 écus de rente, ne vaut plus rien quand le commerce cesse.

Mercredi 15, à Marly. — Le roi entendit le sermon du P. Gaillard, et puis vint ici avec les dames. Monseigneur courut le loup et arriva ici de bonne heure; on joua d'abord aux portiques, puis au lansquenet; ensuite il y eut musique comme à l'ordinaire, et après souper portiques. Monsieur et Madame sont de ce voyage-ci. — M. de Lauzun a pris congé du roi; il compte qu'il s'embarquera les premiers jours du mois qui vient. — Le roi donna hier à M. de Gourville un second arrêt qui le décharge de tout ce qu'on pouvoit lui redemander, et le roi lui dit que son intention avoit toujours été qu'il ne payât rien; qu'il l'avoit promis ainsi à feu M. le Prince, et qu'il n'avoit point changé d'avis. Il y a douze ans qu'il avoit déjà eu son premier arrêt de décharge, qu'il avoit fait lui-même.

Jeudi 16, à Marly. — Le roi se promena le matin à ses parterres de gazon qui sont entièrement achevés; après dîner il alla tirer et puis revint aux portiques et au lansquenet. Monseigneur joua au lansquenet le matin, l'après-dînée, le soir et après le coucher du roi. — Le roi crée quatre charges d'intendant des finances; elles coûteront chacune 400,000 francs, et vaudront 40,000 livres de rente. M. le Pelletier de Souzy et M. de Breteuil, qui le sont présentement, n'ont que des commissions, et n'en n'ont rien payé. On croit que les quatre hommes destinés à acheter ces charges-là sont MM. du Buisson, Chamillart, intendant à Rouen, et de Caumartin, tous trois maîtres des requêtes, et M. d'Armenonville, beau-frère de M. le Pelletier le ministre; il avoit consigné pour être maître des requêtes, mais il ne l'étoit point encore.

Vendredi 17, *à Marly.* — Le roi se promena le matin, et alla l'après-dînée à la chasse, puis revint jouer aux portiques et au lansquenet. Monseigneur passa la journée à jouer. — On a su par les lettres de Vienne que les envoyés de la Porte sont enfin partis sans s'être relâchés en rien sur les propositions de paix; on leur donne une escorte qui les conduira par le Danube jusqu'à Belgrade. — M. de Chaulnes a envoyé un courrier pour les affaires particulières, qui dit qu'on ne doute point à Rome que le pape ne fasse une promotion de cardinaux au premier jour, et M. de Beauvais sera du nombre assurément. — Le roi a demandé aux princesses les dames qui monteront à cheval, afin de régler celles qui iront à Compiègne; il n'y en aura que trois, qui seront mesdames de Mortemart, de Bellefonds et d'Urfé. Madame de Maintenon ne mènera que madame la princesse d'Harcourt et madame la comtesse de Grammont. Monseigneur ira dimanche coucher à Chantilly.

Samedi 18, *à Versailles.* — Le roi partit de Marly après son dîner; il chassa toute l'après-dînée, et arriva ici sur les six heures. Monseigneur passa l'après-dînée à Marly jusqu'à la nuit, et joua toujours au lansquenet. — Le roi a donné à M. Mignard toutes les charges qu'avoit Le Brun, et de chancelier de l'Académie des peintres, et de directeur des manufactures des Gobelins; cela lui vaudra 14 ou 15,000 livres de rente. — M. le prince d'Orange a cassé le parlement d'Angleterre, parce que la Chambre basse vouloit empêcher les troupes étrangères et demandoit compte de l'argent qu'il a reçu.

Dimanche 19, *à Versailles.* — Le roi alla au sermon et au salut, et ne sortit point de tout le jour. Monseigneur alla tirer au sortir de la messe. Le soir il y eut appartement. — L'affaire des quatre intendants des finances est entièrement faite; le roi en tirera 1,600,000 francs. —

M. Larcher, maître des requêtes, sera intendant de Rouen en la place de M. Chamillart.

Lundi 20, *à Versailles.* — Le roi dîna à son petit couvert et alla tirer. Monseigneur courut le cerf à Saint-Germain avec les chiens de M. du Maine. Le soir il y eut comédie. — Il est arrivé ce matin un courrier de Rome qui porte la nouvelle à M. de Beauvais de sa promotion au cardinalat; le pape a fait onze cardinaux, qui sont : Panciatici, Rubini, neveu du pape; d'Adda, qui étoit nonce en Angleterre; Costaguti, Omodei, Imperiali, Albani, Giudici, Bichi, M. de Beauvais, Cantelmi, nonce en Pologne, puis à Vienne. M. de Beauvais prendra le nom de sa maison, et s'appellera le cardinal de Forbin; son frère auroit souhaité qu'il prît le nom de sa branche, et qu'il s'appelât cardinal de Janson.

Mardi 21, *à Versailles.* — Le roi alla à la volerie avec Madame et madame la Duchesse. Monseigneur alla à Paris avec madame la princesse de Conty pour voir l'opéra d'*Orphée* qu'on ne jouera plus. Les vers sont de Duboulay, secrétaire de M. le grand Prieur, et la musique du fils de Lully. — Le roi envoie M. le marquis d'Huxelles commander à Luxembourg, et M. de Catinat a ordre de venir ici. On ne sait point encore à quoi le roi le destine. — M. le maréchal d'Estrées a salué le roi; il revient de Bretagne, où il a commandé l'année passée, et a ordre d'y retourner dans un mois.

Mercredi 22, *à Versailles.* — Le roi alla au sermon; ensuite il donna audience à M. le cardinal d'Estrées, puis à M. le maréchal d'Humières. — Monseigneur et Madame coururent le cerf avec les chiens du roi. — Le courrier qui apporte la barrette à M. de Beauvais est arrivé ce soir. M. de Beauvais l'a présentée au roi, qui la lui a mise sur la tête. — Le soir il y eut appartement. — On croit que M. de Catinat va assembler 2,000 chevaux et 4,000 hommes de pied sous Pignerol. — M. de la Chapelle-Balon, capitaine dans le régiment-colonel, achète le régiment de cavalerie de Bourbon qu'avoit de Xaintrailles; il en donne 40,000 francs.

Jeudi 23, à Versailles. — Le roi dîna à son petit couvert, et alla tirer. Monseigneur courut encore le cerf avec les chiens du roi. Le soir il y eut comédie. — Le mal de madame la Dauphine est presque toujours au même état, et augmente plutôt que de diminuer. — Le roi a donné à M. de la Frézelière, pour son fils l'abbé, l'abbaye qu'a rendu l'abbé de Fourcy quand on lui a donné celle de Saint-Vandrille.

Vendredi 24, à Versailles. — Le roi alla au sermon, et après le sermon alla tirer. Monseigneur alla tirer de son côté après la messe. Le soir il y eut comédie. — M. Millet est mort à Paris; il étoit lieutenant de roi du pays d'Aunis. Cette charge vaut 10,000 livres de rente; outre cela il touchoit encore 20,000 francs du roi, car il avoit les appointements de sous-gouverneur de monseigneur le Dauphin et de gouverneur de Château-Renaud; toutes charges qu'il avoit eues.

Samedi 25, à Versailles. — Le roi fut à Saint-Germain voir la reine d'Angleterre. Monseigneur y alla aussi avec Monsieur, la grande Mademoiselle et madame de Guise. Le soir il y eut appartement. — M. de Bouillon a eu la permission de venir à Paris pendant que le roi seroit au voyage de Compiègne; il y viendra lundi, et y pourra voir tout le monde.

Dimanche 26, à Versailles. — Le roi entendit le sermon et alla au salut; il ne sortit point de tout le jour. Monseigneur alla coucher à Chantilly; avant que d'entrer au château, il prit neuf gros sangliers dans la forêt, et ensuite on fit des battues dans les petits bois proche du château; et puis il joua au lansquenet et à culbas jusqu'à souper. — Le canton de Zurich a rappelé les officiers qui étoient au service de la France; il n'y en a pourtant eu qu'un qui a quitté, et c'est Lochman, qui avoit une demi-compagnie dans le régiment des gardes suisses. Il a emmené 47 hommes. Le roi fait cinq régiments suisses, qu'il compose des compagnies qui sont déjà levées; les colonels sont Essy, Court, Salis, Obrecam et Greder. Il y a déjà quelque temps qu'il n'y a plus de compagnies franches en France. Le roi aura présentement 12 régiments suisses de 12 compagnies chacun, à 210 hommes par compagnie, qui feront 36 bataillons servant en campagne.

VOYAGE DE COMPIÈGNE.

Lundi 27, à Lusarche. — Le roi vint dîner à Pierrefitte, monta à cheval après dîner, et vint à Lusarche en chassant. Monseigneur qui avoit couché à Chantilly y courut le loup le matin dans le parc, et puis prit des sangliers et vint trouver le roi à Lusarche. — Le roi mène dans son carrosse madame la Duchesse, madame la princesse de Conty, madame de Maintenon, la princesse d'Harcourt, la comtesse de Gramont et madame de Mortemart; dans le second carrosse madame d'Urfé, madame de Bellefonds et les dames d'honneur des princesses. Toutes ces dames et les trois filles d'honneur de madame la princesse de Conty mangent avec le roi. — Madame la Dauphine a entièrement quitté les remèdes du frère Ange, et son mal augmente tous les jours

Mardi 28, à Compiègne. — Le roi partit de Lusarche à dix heures, vint dîner au Plessis (1), et arriva à Compiègne sur les cinq heures. — Il n'y a aucun ministre à ce voyage-ci; M. de Louvois a la fièvre à Paris; M. de Croissy et M. de Seignelay ont la goutte bien violente, et M. Pelletier ne suit point. — Monsieur et Madame sont demeurés à Paris. — Le roi crée une charge de premier président au grand conseil, qui sera vendue 400,000 francs, et qu'on croit qui sera remplie par M. Talon, l'avocat gé-

---

(1) « Au château du Plessier, appartenant à M. le duc de Saint-Simon ». (*Mercure galant.*)

néral du parlement. Outre cela, on crée huit charges de président au grand conseil, qui seront vendues chacune 160,000 livres; ceux qui exerçoient ces charges ne les avoient que par commission, et n'avoient pour cela financé que 35,000 francs; et ainsi il viendra de ces huit charges-là 1,000,000, outre les 400,000 livres de la charge du premier président.

Mercredi 1ᵉʳ *mars, à Compiègne.* — Le roi dîna à dix heures, et ensuite alla à la Croix-Saint-Oyen faire la revue de ses quatre compagnies des gardes du corps. Les princesses vinrent l'après-dînée à cheval; ensuite S. M. alla tirer. Monseigneur suivit toujours le roi, et puis revint jouer au lansquenet jusqu'au souper. Le roi soupa avec toutes les dames à neuf heures, et puis joua aux portiques et au lansquenet. — Le roi renvoie à Maubeuge 300 de ses gardes du corps, qui seront commandés par Marin et Montpipeau; les 300 qui y étoient sont revenus; ils étoient commandés par Saint-Viance et Saint-Saens, qui viennent servir leur quartier chez le roi.

Jeudi 2, *à Compiègne.* — Le roi dîna à la même heure qu'il fit hier, et alla faire la revue plus en détail des compagnies de Duras et de Lorges; il vit aussi les grenadiers à cheval qui firent devant lui l'exercice à cheval avec la même justesse que l'infanterie le pourroit faire. Monseigneur courut le loup, et on joua devant et après souper comme on avoit fait hier.

Vendredi 3, *à Compiègne.* — Le roi dîna à la même heure que les jours précédents, et puis alla faire la revue en détail des compagnies de Noailles et de Luxembourg; tous les gardes sont vêtus de neuf. Il y en a 1,680, et le roi ne les a jamais trouvés si beaux qu'ils le sont présentement. Après la revue, le roi se promena dans la forêt pour voir courre le cerf aux chiens de M. le chevalier de Lorraine. On joua devant et après souper. A minuit, le roi et Monseigneur étant déjà couchés, le feu prit au château, à l'appartement de la princesse d'Harcourt, dont les meubles et les habits ont été brûlés; elle a même eu la main un peu brûlée; deux heures après le feu fut entièrement éteint, et le roi, qui s'étoit levé pour donner ordre au feu, alla se recoucher dans l'appartement de Monseigneur, parce qu'on avoit détendu le sien, qui étoit plus proche du feu.

Samedi 4, à Compiègne. — Le roi et les princesses allèrent voler dans la plaine qui est entre Compiègne et Mouchy. Monseigneur voulut courre loup; mais, comme il n'en trouva point, il vint trouver le roi à la volerie. Le soir on joua avant et après souper; madame la princesse d'Harcourt s'en est allée à Paris. — Le roi a eu nouvelles que les Turcs ont repris Nissa; on croit même qu'ils se sont rendus maîtres de Widdin; les lettres portent que l'épouvante est grande parmi les troupes allemandes qui étoient en quartier dans ce pays-là, et l'Empereur y fait marcher des régiments qui étoient destinés à venir servir sur le Rhin.

Dimanche 5, à Compiègne. — Le roi alla tirer et revint de fort bonne heure. Monseigneur voulut courre le loup; il n'en trouva pas. Il commença à jouer à trois heures. Le roi, après son souper, joua aux portiques et au lansquenet, comme il a fait pendant le voyage. — M. de Coligny épousa à Paris mademoiselle de Lassay-Montataire, qui a eu présentement en mariage 180,000 francs et 80,000 francs encore pour les jouissances de son bien depuis que son père a été remarié; outre cela, elle aura après la mort de son père son douaire, qui est de 8,000 francs.

Lundi 6, à Lusarche. — Le roi partit de Compiègne à neuf heures; il vint dîner à Verberie, où il monta à cheval, et vint en chassant jusqu'au Plessis, où il vit six compagnies du régiment royal-allemand et le régiment de dragons d'Asfeld-allemand, et puis il vint jusqu'à Chantilly en volant. Les princesses étoient à cheval avec lui. A Chantilly, le roi se promena un peu dans les jardins, et vit les nouveaux appartements qu'a fait faire M. le Prince, et puis revint coucher à Lusarche. Monseigneur le suivit partout, et joua, avant souper, au lansquenet.

Mardi 7, à Versailles. — De Lusarche, le roi vint dîner à Pierrefitte, où il monta à cheval pour venir ici en chassant. Monseigneur suivit toujours le roi. Ils ont trouvé en arrivant le mal de madame la Dauphine fort augmenté; elle a presque toujours la fièvre. — M. de Cormaillon a épousé la veuve du président Barentin, qui lui a donné 80,000 francs et 6,000 francs de pension. — M. le chevalier de Sourdis va commander en Guyenne, et Saint-Ruth revient servir sur le Rhin. On donne à M. de Sourdis 1,000 écus par mois. — Madame de la Mésangère, fille de madame de la Sablière, a épousé le fils de M. de Fontenay, sous-gouverneur de M. de Chartres.

Mercredi 8, à Versailles. — Le roi alla au sermon, et puis s'alla promener à Trianon. Monseigneur courut le cerf avec les chiens du roi, et le soir joua chez lui au lansquenet. — Le roi a donné le gouvernement de Nîmes à Sandricourt, brigadier d'infanterie et lieutenant-colonel de Picardie; on avoit cru que ce gouvernement avoit été donné à du Guast, mais cela n'étoit pas vrai. — Le roi a dit à Monseigneur qu'il le destinoit à commander cette année une armée digne d'un Dauphin, et que dans deux jours il lui diroit où il serviroit. — M. le vicomte de Melun, fils de M. le vicomte de Gand, épouse mademoiselle de Montbazon, sœur de M. le prince de Guemené; il a 25,000 livres de rente, et elle a 100,000 écus.

Jeudi 9, à Versailles. — Le roi dîna à son petit couvert, alla tirer, et puis revint se promener à Trianon. Monseigneur alla à Saint-Germain voir la reine d'Angleterre, et au retour joua chez lui au lansquenet. — On a eu ce soir des nouvelles d'Irlande, qui portent que 1,500 hommes des troupes du roi, commandés par Sarsfield, officier de réputation, ont été attaqués par 4,500 hommes des troupes angloises, qu'ils les ont repoussés par trois fois, et, étant ensuite sortis sur eux, les ont défaits entièrement; le lendemain il y eut encore 200 chevaux anglois défaits. — M. de Seignelay a eu nouvelles de Brest que les vaisseaux du Havre, de Dunkerque et de Rochefort sont tous heureusement arrivés à Brest, que les troupes s'embarquent, et que, le 12 de ce mois, les trente-huit vaisseaux de guerre du roi mettront à la voile. — On a eu nouvelles que les États de la province de Hollande ont interdit la ville d'Amsterdam, qui s'en moque, et qui prétend faire un sénat qui la gouvernera.

Vendredi 10, à Versailles. — Le roi vient de déclarer que Monseigneur commandera son armée d'Allemagne, qui sera composée de soixante bataillons et de cent quarante escadrons. — Le roi vient de donner à M. l'archevêque de Paris sa nomination au cardinalat. — Le roi a fait lieutenants généraux MM. de Langalerie et de la Rablière. Il a fait aussi neuf maréchaux de camp, qui sont MM. le comte de Soissons, Longueval, Villars, Coigny, Quinçon, Mélac, Saint-Silvestre, de Lumbres et du Guast. Il a fait trois brigadiers dans ses gardes du corps, qui sont MM. de la Troche, de Renneville et de Lostanges; un dans ses chevau-légers, qui est M. de Torcy; trois dans la petite gendarmerie, qui sont Rosamel, Villarceaux et Croly; six dans les dragons, qui sont le marquis d'Alègre, le comte de Gramont, Saint-Frémont, la Lande, Fimarcon et le chevalier de Tessé; douze dans l'infanterie, dont il y en a huit colonels, qui sont le marquis de Créqui, Clérembault, Albergotti, Rebé, Thouy, Laumont, du Plessis-Bellière, d'Usson, et quatre lieutenants-colonels, qui sont la Vaisse, Juigné, Nancla et Reynold; lieutenant-colonel du régiment des gardes suisses. Le roi a fait des brigadiers de cavalerie, qui sont: le marquis de Gèvres, Cayeux, Pracomtal, Montgommery, Montbas, d'Alou, Massot, Vandeuvre, Houdetot, Magnac, Bolhen, Romainville, Villepion, de Harlus, du Bourg, Saint-Simon, Montfort, du

Rosel, Poinsegur. — Le roi alla au sermon, et puis s'alla promener en carrosse avec les dames. Monseigneur courut le loup avec Madame. Le soir il y eut appartement, et le roi n'y alla pas parce qu'il avoit beaucoup à travailler.

Samedi 11, *à Versailles*. — Le roi alla tirer, et puis passa à Marly pour se rhabiller, et de là il fut à Saint-Germain voir la reine d'Angleterre. — Monseigneur courut le cerf et joua chez lui le soir. Madame la Dauphine est toujours bien malade, et il n'y a guère de remèdes qui n'augmentent son mal. — Les aides de camp de Monseigneur, cette campagne, seront MM. d'Heudicourt, de Sainte-Maure, le prince de Talmont, le duc de Richemont, Beaumont, Coigny et la Chesnaye. — Le roi a choisi pour premier président du grand conseil M. Bignon, beau-père de M. de Vertamont, qui donnera 400,000 francs. On avoit fort parlé de M. Talon pour remplir cette place-là. — Pinçonnet, colonel de dragons et brigadier, est mort; le roi a donné son régiment à Gobert, qui en étoit lieutenant-colonel.

Dimanche 12, *à Versailles*. — Le roi, après le sermon, s'alla promener. Monseigneur alla tirer l'après-dînée, et le soir joua chez lui. — Le roi a nommé M. de la Trémoille pour premier gentilhomme de la chambre, qui servira Monseigneur à l'armée. — Le roi a fait M. de Dénonville maréchal de camp; ainsi il ne perdra point son rang en servant chez monseigneur le duc de Bourgogne. M. de la Frezelière le fils a épousé une fille de M. d'Oysonville, conseiller du parlement, qui est fort riche. — M. le prince de Carignan a envoyé donner part à madame la Dauphine de la naissance d'un fils (1) qui

---

(1) C'est M. le prince de Carignan d'aujourd'hui (1740) qu'on appelle marquis de Suze à cause de l'incognito, qui a épousé une fille naturelle du feu roi Victor, mais qui a été reconnue. Il a de ce mariage un fils et une fille qui sont tous deux en Savoie. Le fils qu'on appelle le prince Louis vient d'épouser de-

éloigne beaucoup les espérances de M. le comte de Soissons; madame la princesse de Carignan est transportée de joie.

Lundi 13, *à Versailles.* — Le roi dîna à son petit couvert, et alla tirer. Monseigneur alla à Saint-Germain voir la reine d'Angleterre. Le soir, il y eut appartement pour la dernière fois jusqu'à l'hiver qui vient. — Le roi a permis à M. de Lumbres, nouveau maréchal de camp, de donner son régiment à son fils, qui y sert de capitaine il y a longtemps. M. de Boufflers a chassé les schnapans (1) de divers postes où ils s'étoient fortifiés sur les frontières du Palatinat; ils ont fait fort peu de résistance, et on a détruit leurs habitations et leurs forts. — On a des nouvelles que le prince de Hanovre, qu'on croyoit avoir été tué à l'affaire de Kazanec, étoit prisonnier parmi les Tartares, et que les Turcs vouloient le racheter d'eux pour l'envoyer à Constantinople. — Le roi a nommé M. le Premier pour suivre Monseigneur cette campagne.

Mardi 14, *à Versailles.* — Le roi dîna à son petit couvert et alla tirer. Monseigneur alla à la chasse avec Madame. — On a eu avis que la reine d'Espagne est enfin partie de Portsmouth avec une partie des vaisseaux destinés à son escorte. — M. de Noailles, qui commandera l'armée de Catalogne, aura pour infanterie les trois bataillons d'Alsace, les trois bataillons d'Erlach, les deux bataillons de Sorbeck, un bataillon du roi, et un bataillon de Normandie qui sont en garnison, et on croit qu'on lui donnera encore les Irlandois qui doivent passer en France et qui seront commandés par milord Moncassel, que nous avons connu dans les troupes de France sous le nom de Mouskry.

---

puis un mois la princesse de Hesse-Rheinfelds, sœur de la feue reine de Sardaigne et de madame la Duchesse la jeune. (*Note du duc de Luynes.*)

(1) *Schnaphan*, prononcez Schenapam. Nom qu'on donne sur les frontières d'Allemagne à des paysans qui courent en parti et qui volent les passants. (*Dict. de Trévoux.*)

Mercredi 15, *à Marly*. — Le roi, après le sermon, alla à Marly en chassant. Monseigneur courut le loup avec Madame dans la forêt de Marly, et puis ils revinrent à Marly, où l'on joua à l'ordinaire aux portiques et au lansquenet; Monsieur et Madame sont du voyage. — M. le cardinal d'Estrées a eu une chambre à Marly pour la première fois. — Le prince d'Orange a interdit tout commerce de lettres avec la France, dont les négociants anglois sont fort mécontents. Il y a quatre ordinaires déjà que les paquebots n'ont passé. — M. de Feuquières et M. de Saint-Silvestre serviront de maréchaux de camp en Italie sous M. de Catinat. — Madame la Dauphine a été saignée au pied ce soir, son mal augmentant toujours.

Jeudi 16, *à Marly*. — Le roi, après son dîner, alla voler. Monseigneur, Madame et les princesses étoient à la chasse. Monseigneur étoit venu dès le matin voir madame la Dauphine, qui se porte mieux depuis sa saignée. — Les affaires de la ville d'Amsterdam sont accommodées; elle fournira sa quote-part, qui est de 800,000 florins. — MM. les États enverront 4,000 hommes de leurs troupes en Angleterre qui seront remplacées par les 4,000 Suisses que le prince d'Orange fait lever. — M. le maréchal d'Humières prit hier congé du roi pour s'en retourner en Flandre; on croit qu'avant de partir de Paris, il conclura le mariage de mademoiselle d'Humières, sa fille, avec M. de Chappes, fils du duc d'Aumont, de son second mariage.

Vendredi 17, *à Marly*. — Le roi, après son dîner, alla tirer. Monseigneur alla à Versailles voir madame la Dauphine, et revint de fort bonne heure; on joua aux portiques et au lansquenet avant et après souper. Monsieur alla à Saint-Cloud dîner et revint coucher à Marly. — M. de Barrière mourut à Paris; il étoit fort vieux, et étoit retiré depuis fort longtemps; il avoit été fort dans les intrigues de la vieille cour. — On a eu des nouvelles de Rome, qui portent que le pape a consenti que les jésuites qui sont dans les conquêtes du roi reconnussent l'assistant de France comme les autres maisons de jésuites qui sont dans le royaume ; le feu pape n'avoit jamais voulu terminer cette affaire-là ; celui-ci a écrit un bref fort favorable au P. de la Chaise, et l'on espère de plus qu'il accordera des bulles aux évêques qui n'en ont point.

Samedi 18, *à Versailles.* — Le roi, après son dîner, partit, de Marly, et revint à Versailles en chassant. Monseigneur demeura à Marly, où il joua jusqu'au soir. Monsieur et Madame sont allés à Saint-Cloud passer quelques jours. — M. de Tessé et M. de Larrey serviront de maréchaux de camp en Italie ; ainsi M. de Catinat en aura quatre sous lui, car M. de Feuquières et de Saint-Silvestre étoient déjà nommés ; la Lande et Gramont y serviront de brigadiers de dragons. Langalerie et Chazeron serviront de lieutenants généraux en Catalogne sous M. de Noailles. Longueval y servira de maréchal de camp ; il y aura quatre brigadiers d'infanterie, qui sont le comte Ferdinand de Furstemberg, Juigné, le lieutenant-colonel d'Alsace et le lieutenant-colonel de Champagne. On doit nommer dans deux jours tous les officiers généraux de toutes les armées. — Nos vaisseaux de Brest avoient déjà mis à la voile le 14 de ce mois pour passer en Irlande ; mais le vent les a refusés.

Dimanche 19, *à Versailles.* — Le roi passa toute la journée en dévotion à vêpres et au salut. Monseigneur fut toujours avec le roi, et le soir il joua chez lui. Le soir, madame la Dauphine eut un redoublement considérable sur les neuf heures. — Le roi nous a dit que les troupes qui sont embarquées pour l'Irlande sont entièrement complètes, et qu'il y a 7,072 hommes, en très-bon état, dont il y en a 6,700 François, et le reste Anglois et Irlandois qui vont trouver le roi leur maître. M. d'Avaux, M. Rose et M. de Gassé sont à Cork pour repasser en France sur nos vaisseaux. — On a eu des nouvelles de Suisse qui portent que le canton de Berne apporte des difficultés à la levée que le prince d'Orange veut faire de 4,000 Suisses; les affaires vont mieux pour nous à présent.

Lundi 20, *à Versailles.* — Le roi dîna à son petit couvert et alla tirer. Monseigneur courut le loup. Madame la Dauphine a passé une assez mauvaise nuit; elle a été purgée ce matin, et a été assez incommodée tout le jour. — M. de Seignelay a eu un courrier de Brest, qui porte que le 17 au matin nos vaisseaux mirent à la voile avec un vent favorable; ils doivent être présentement arrivés en Irlande; ils avoient déjà passé l'Iroise quand le courrier est parti. — Le roi a donné à M. de Ragny le gouvernement des îles de l'Amérique, qu'avoit le comte de Blénac; cet emploi vaut au moins 10 ou 12,000 écus de rente; c'est lui qui avoit été nommé en dernier lieu pour aller à Siam; mais, comme les affaires de ce pays-là ont changé, il est allé là.

Mardi 21, *à Versailles.* — Le roi dîna à son petit couvert et puis alla voir six compagnies du régiment royal-allemand cavalerie qui sont en quartier proche d'ici; il avoit vu les six autres en revenant de Compiègne, auprès de Senlis. S. M. fit faire l'expérience d'un dard qui porte une grenade assez loin; c'est une invention d'un Italien qu'a produit le signor Ammonio. Après la revue, le roi alla voir voler; Monseigneur suivit toujours le roi; les princesses y étoient aussi. — Les soir madame la Dauphine s'est trouvée encore plus mal, et les médecins ont résolu de lui donner du quinquina, quoiqu'elle ait beaucoup d'aversion pour ce remède-là. M. de Villequier a eu l'agrément d'acheter le régiment de du Guast. Il en donne les 2,000 pistoles que le roi a réglées pour les régiments. Mélac donne le sien à son frère, qui y servoit de capitaine; Bercourt a eu celui de..., et Forsat celui de...

Mercredi 22, *à Versailles.* — Madame la Dauphine a passé une très-mauvaise nuit; elle a pris du quinquina à une heure, et a beaucoup souffert toute la journée. Le roi et Monseigneur ont passé la journée ou dans sa chamou à la chapelle, à ténèbres. Monseigneur s'est confessé ce soir pour communier demain, comme il fait tous les ans à pareil jour. — Il est arrivé un courrier de Brest, qui porte que cinq de nos vaisseaux qui venoient de la Méditerranée ont joint les trente-huit vaisseaux qui vont en Irlande ; ainsi notre flotte est présentement de quarante-trois gros vaisseaux. — Le quinquina fait tant de peine à madame la Dauphine, qu'on ne croit pas qu'elle veuille continuer à en prendre ; cependant les médecins ne savent que ce remède-là qui puisse lui ôter les redoublements de fièvre qu'elle a depuis quinze jours.

Jeudi 23, à Versailles. — Madame la Dauphine a été encore plus agitée qu'hier ; elle a demandé si instamment le viatique, que, quoique son mal ne presse point, on le lui a porté sur les deux heures. Le roi et Monseigneur ont été prendre le saint-sacrement à la chapelle, et l'y ont reconduit. M. de Meaux a communié madame la Dauphine, et lui a fait un discours fort touchant et fort chrétien ; auquel elle a très-bien répondu ; elle a édifié tout le monde par sa piété et sa résignation ; le roi a obtenu d'elle ce matin qu'elle prît encore du quinquina qu'on lui donne en extrait ; mais, comme elle a été fort oppressée sur les quatre heures, elle n'a plus voulu en prendre ; sur le soir, madame la Dauphine s'est trouvée un peu plus tranquille. Le roi et Monseigneur ont passé le jour ou à la chapelle ou dans sa chambre. — Monsieur, Madame, Mademoiselle et madame de Guise sont venus ce soir ici, sur ce que le roi leur avoit mandé que madame la Dauphine avoit reçu le viatique. — Le roi a fait la cérémonie de laver les pieds aux pauvres, comme il a accoutumé de faire tous les ans.

Vendredi 24, à Versailles. — Madame la Dauphine se porte un peu mieux ; le roi a envoyé un courrier à Caret, qui est à Tournay ; il lui ordonne de venir en diligence ; madame la Dauphine souhaite fort de le voir et croit qu'il lui pourra donner quelque bon remède ; on compte qu'il arrivera dimanche. La fièvre de madame la Dauphine est considérablement diminuée; mais, comme elle ne veut pas absolument prendre du quinquina, on appréhende fort qu'elle ne la reprenne aussi forte qu'elle l'avoit ci-devant. Le roi et Monseigneur ont passé toute la journée ou à la chapelle ou dans sa chambre. — Ce matin, les ducs ont été à l'adoration de la croix* après les princes du sang. MM. de Vendôme et les princes étrangers ne s'y sont pas trouvés. — Le roi a fait donner à M. le duc d'Aumont 2,000 pistoles pour les vaisseaux qui ont échoué devant Boulogne.

* M. de Vendôme, logé à l'armée avant les lieutenants généraux, de retour avant les autres lieutenants généraux, voit le roi chez madame Maintenon en arrivant; enfin lui et même M. son frère précèdent les ducs à l'adoration de la croix, après avoir servi à la Cène où, à cause de la concurrence, les uns ni les autres ne servoient plus. M. d'Elbeuf, qui se trouva à cette adoration de la croix, prétendit y avoir été surpris, et toutefois y alla après le grand prieur; ceux de sa maison n'y allèrent point, parce qu'ils y étoient précédés par les ducs, et lui-même prenoit garde à ne pas s'y hasarder qu'en absence bien assurée de MM. d'Uzès et de la Trémoille (1).

Samedi 25, à Versailles. — Le roi fit ses dévotions et travailla toute l'après-dînée avec le P. de la Chaise. — Madame la Dauphine se porte un peu mieux. — Le roi a donné l'abbaye de Saint-Clément de Metz à Bessière pour son fils, qui en rend une qu'il avoit à Montreuil, que le roi a donnée à un neveu de M. de Rouville, le maître d'hôtel; l'abbaye de Saint-Clément vaut 6,000 livres de rente. Le roi a donné l'abbaye de Belleville-sur-Saône qu'avoit le feu évêque de Chartres, au neveu de M. de Vauban; elle ne vaut que 4,000 francs. Le roi a donné à M. Brisacier une petite abbaye dans Blois (2), qui ne vaut que

---

(1) Les princes étrangers ne s'y trouvèrent pas, ajoutent les Mémoires; s'ils étoient moins partiaux, ils ajouteroient de plus qu'ils ne s'y étoient jamais trouvés, parce que les ducs les y précédoient. (*Note de Saint-Simon.*)

(2) L'abbaye de Flabemont.

1,000 livres de rente; elle étoit à M. Brisacier, son oncle.
— Tous les évêques qui n'ont point de bulles ou qui ont été translatés, ont eu ordre ces jours passés de se rendre à la cour ces fêtes de Pâques. Il [y en a déjà beaucoup d'arrivés; ils signeront tous une lettre qu'on écrit au pape, après quoi on espère que toutes les affaires de Rome seront accommodées, et que S. S. leur donnera des bulles.

Dimanche 26, jour de Pâques, à Versailles. — Le roi, après le sermon, vêpres et le salut, alla se promener dans les jardins. Monseigneur se promena avec madame la princesse de Conty. — Madame la Dauphine s'étoit mieux portée toute la journée; mais Caret arriva sur le soir, elle le vit un moment, et il sentoit si fort que cela lui donna des vapeurs; elle ne put l'entretenir. On le fera baigner, on lui donnera un habit neuf, afin qu'il la puisse voir demain. — Le roi nous dit hier à son coucher que M. d'Amfreville écrivoit du 19, que, depuis qu'il avoit été joint par les vaisseaux qui revenoient de la Méditerranée, il continuoit sa route vers l'Irlande, mais se rapprochant davantage des Sorlingues, où l'on croit qu'est la flotte des Anglois et des Hollandois. Il a pris une barque dont le patron lui a dit qu'il avoit laissé la flotte à Torbay. Amfreville mande au roi qu'on y pourroit trouver la flotte, et qu'il tâcheroit d'attaquer l'amiral sur lequel est apparemment la reine d'Espagne. Leur flotte est composée de quarante vaisseaux de guerre et de trois cents vaisseaux marchands, qui les embarrasseroient beaucoup dans un combat; on ne doute point que, si nous les trouvons, le succès ne soit fort heureux.

Lundi 27, à Versailles. — Le roi et Monseigneur dînèrent au petit couvert, et allèrent ensemble dans la calèche du roi tirer dans le parc. Monseigneur revint de la chasse avant le roi. Monsieur et Madame revinrent de Paris pour voir madame la Dauphine. — M. Caret a vu et entretenu madame la Dauphine; il a demandé que son premier médecin lui donnât par écrit tous les accidents de la maladie, et après cela il veut mettre aussi son avis par écrit pour le donner au roi, à Monseigneur et à madame la Dauphine; après quoi il recevra les ordres. — M. le chevalier de Sourdis (1) a pris congé du roi pour s'en aller en Guienne, où il s'en va commander. Le roi, en partant, lui a donné le gouvernement d'Amboise; ainsi il a présentement tout ce qu'avoit M. le marquis d'Alluye, son frère.

Mardi 28, *à Versailles*. — Le roi et Monseigneur allèrent ensemble à Saint-Cyr, où ils entendirent vêpres, et puis revinrent à Trianon, qui est meublé de neuf très-magnifiquement. — Le roi a donné à M. de Tiesenhausen, lieutenant-colonel d'un régiment du cardinal de Furstemberg, une commission de colonel; il avoit fait la même grâce ces jours passés à M. Muller, lieutenant-colonel du régiment royal-allemand. Tiesenhausen est frère d'un des principaux ministres du roi de Suède. Le roi a donné aussi une commission de colonel d'infanterie à..... Danois. Pour composer son régiment on lui donne dès à présent 200 Danois de ceux qui ont été pris allant en Angleterre; ils veulent bien prendre parti en France. — Les rois de

---

(1) Il s'appeloit François d'Escoubleau; il fut comte, puis marquis de Sourdis, et fut connu sous le nom de chevalier de Sourdis. Il étoit gouverneur d'Orléans, Orléanois et pays Chartrain, capitaine du château et chasses d'Amboise et commandant en Guyenne. Il fut fait lieutenant général des armées du roi en 1682, et chevalier de ses ordres en 1689. Il mourut en septembre 1707, ne laissant qu'une fille, qui épousa en 1702 François Gilbert de Colbert, marquis de Saint-Pouanges et de Chabanois. François d'Escoubleau, dont c'est ici l'article, étoit fils de Charles d'Escoubleau, marquis de Sourdis et d'Alluye, mestre de camp de la cavalerie légère, mort en 1666, qui avoit épousé la fille d'Adrien de Montluc, seigneur de Montesquiou, qu'on appeloit la princesse de Carmain, princesse de Chabanois. De ce mariage Charles d'Escoubleau eut cinq garçons et trois filles; les deux premiers portèrent le nom de marquis d'Alluye et s'appeloient François et Paul. Paul épousa, en 1667, Bénigne de Meaux du Fouilloux, morte en 1721. Le troisième garçon fut Henri, comte de Montluc, qui épousa une le Lièvre, fille du marquis de la Grange. La maison d'Escoubleau est noble et ancienne; le premier de cette maison dont parle Moréri est Pierre d'Escoubleau, qui vivoit dans le quatorzième siècle. (*Note écrite en marge du manuscrit original.*)

Suède et de Danemark ont fait une alliance offensive et défensive, et donneront des vaisseaux de guerre d'escorte aux vaisseaux marchands qui viendront trafiquer en France, trouvant fort mauvais que le prince d'Orange s'y veuille opposer.

Mercredi 29, *à Versailles.* — Le roi dîna à son petit couvert, alla tirer, puis passa à Marly pour changer d'habit; et de là alla à Saint-Germain voir la reine d'Angleterre. Monseigneur courut le loup. — Madame la Dauphine est entièrement déterminée de se mettre entre les mains de Caret, qui ne répond point du tout de la guérir; il n'a point voulu lui donner des remèdes qu'elle ne l'ait commandé, et que le roi n'y ait consenti. — Les Espagnols ont mis 700 hommes dans le château de Bossu, près de Mons. Magalotti a ordre d'y marcher avec 7 ou 8,000 hommes. Le comte de Guiche et Albergotti, qui étoient ici, sont partis en diligence, parce que leurs régiments sont commandés. On croit que le maréchal d'Humières marchera aussi avec d'autres troupes, afin d'empêcher que les ennemis n'entreprennent de secourir Bossu.

Jeudi 30, *à Versailles.* — Le roi dîna à son petit couvert, et alla tirer. Monseigneur courut le loup. — Madame la Dauphine a pris des remèdes de Caret ce matin à huit heures; elle a eu tout le jour de grandes vapeurs qui ressemblent fort à des convulsions, et ce soir, Caret, voyant que les remèdes qu'il lui avoit donnés irritoient son mal au lieu de le soulager, a dit au roi qu'il voyoit bien qu'il ne pouvoit rien faire pour la santé de madame la Dauphine. Le roi a remis auprès d'elle les médecins ordinaires, qui sont MM. Daquin, Fagon, Petit, Moreau, Duchesné et Féron. M. Caret s'en retournera en Flandre. — Le roi a donné à M. de Guiry, enseigne des gardes du corps de la compagnie de Luxembourg, la lieutenance de roi du pays d'Aunis, qu'avoit M. Millet; elle vaudra 12,000 livres de rente, en comptant le gouvernement des tours de la Rochelle qu'il avoit déjà, et S. M. donne l'enseigne des gardes à Villaine, qui étoit ancien exempt dans la même compagnie. — M. le cardinal de Forbin s'en va à Rome; le pape le désire, et M. de Chaulnes aussi. On croit que nous aurons bientôt des bulles.

Vendredi 31, à Versailles. — Le roi dîna à son petit couvert et alla tirer, et puis à la volerie. Monseigneur dîna chez lui avec madame la princesse de Conty, et puis alla à Saint-Germain voir la reine d'Angleterre. — Madame la Dauphine a passé la nuit un peu plus doucement; on lui fait fort peu de remèdes; les médecins disent qu'il faut la laisser un peu en repos, les moindres remèdes la tourmentent et redoublent ses vapeurs. — Bontemps a acheté la charge de premier valet de garde-robe de M. Moreau, qui est présentement premier valet de chambre de monseigneur le duc de Bourgogne; il lui en donne 103,000 francs; Moreau en auroit eu davantage d'un autre; Bontemps l'achète pour son second fils, et M. de la Roche en aura la survivance, et l'exercera en attendant que le cadet Bontemps soit en âge de servir. — M. de Biron le père a déclaré son mariage avec une veuve qui s'appelle mademoiselle Bernard; il y a longtemps qu'ils vivoient en grande liaison, et même elle logeoit chez lui.

Samedi 1ᵉʳ avril, à Versailles. — Le roi a dîné à son petit couvert et est allé tirer. Monseigneur courut le loup dans la forêt de Saint-Germain avec les chiens de M. du Maine. — Madame la Dauphine a passé la journée assez doucement, mais son redoublement lui a pris ce soir plus fort qu'à l'ordinaire. — Monsieur et Madame sont revenus de Paris. — Le bruit avoit couru que Montclar étoit mort, mais on a eu nouvelles qu'il se porte mieux. — Les Espagnols ont abandonné Bossu, et ont rasé les fortifications qu'ils y avoient faites avant que nos troupes y arrivassent. — On a eu nouvelles que la reine d'Espagne est encore à Torbay. — Le roi fait armer encore dix gros vaisseaux à Brest, qui se joindront aux quarante-trois que nous avons envoyés en Irlande, qui doivent être bientôt de retour. — Le maréchal d'Estrées a pris congé du roi pour s'en retourner en Bretagne.

Dimanche 2, à Versailles. — Le roi ne sortit point de tout le jour, et alla au salut. — Monseigneur se promena l'après-dînée en carrosse avec madame la princesse de Conty. — Madame la Dauphine est toujours au même état, son redoublement a avancé ce soir. — Le roi, après sa messe, a donné la barrette à M. le cardinal de Forbin, qui s'est mis à genoux pour la recevoir ; le pape la lui a envoyée de Rome par l'abbé Trevisani, noble vénitien (1). — Le roi a fait M. le Duc et M. le prince de Conty maréchaux de camp, M. du Maine est aussi maréchal de camp et commandera la cavalerie en Flandre ; et M. de Vandeuil, lieutenant des gardes du corps la commandera sous lui. M. de Neufchelles commandera la maison du roi comme la commandoit la Fitte, qui est en quartier auprès du roi, et l'on croit qu'après son quartier il se défera de sa charge, parce qu'il est vieux et incommodé.

Lundi 3, à Versailles. — Le roi alla à vêpres et au salut, et ne sortit point de tout le jour. Monseigneur se promena l'après-dînée avec madame la princesse de Conty. — Madame la Dauphine a été fort mal tout le jour ; elle a eu de grandes vapeurs, et a fort rêvé. — Le roi a envoyé un courrier à M. le maréchal d'Humières ; il lui mande qu'il le fait duc, et que sa duché passera à celui qui épousera mademoiselle d'Humières ; par ce même courrier le maréchal apprendra qu'il ne commandera point l'armée de Flandre, et que le roi a choisi pour cela M. de

---

(1) L'abbé Trevisani avait apporté avec la barrette du cardinal de Forbin un bref du pape Alexandre VIII à madame de Maintenon : « Ce bref, dit le *Mercure galant*, qui en donne le texte et la traduction, a pour suscription : *Dilectæ in Christo filiæ, nobili mulieri, Dominæ de Maintenon.* A notre chère fille en J. C., la noble femme madame de Maintenon. »

Luxembourg. Tous les officiers généraux ont été nommés ce matin, et voici la liste des armées. C'est M. le maréchal de Lorges qui commandera l'armée de Monseigneur.

LIEUTENANTS GÉNÉRAUX.

MM. de Choiseul,
    de Joyeuse,
    le comte d'Auvergne,
    de Vendôme,
    de Tilladet,

MM. de Soubise,
    de la Feuillée,
    de Rose,
    de Villeroy.

MARÉCHAUX DE CAMP.

Monsieur le Duc,
MM. le prince de Conty.
    de Bertillac,
    le comte de Soissons,

MM. de Mélac,
    de Coigny,
    de Tallard.

INFANTERIE.	Bataillons.	CAVALERIE.	Brigades.
Picardie	2	Gardes du corps	8
Marine	2	Gendarmes	1
Feuquières	2	Chevau-légers	1
Bourbonnois	2	Mousquetaires	2
Saulx	1	Grenadiers à cheval	1
Royal	2	Colonel-général	3
Lionnois	2	Royal	3
Dauphin	2	Régiment du roi	3
Crussol	1	Cuirassiers du roi	3
Anjou	2	Dauphin	3
La Reine	2	Dauphin-étranger	3
Royal-Vaisseaux	1	Anjou	2
La Couronne	1	Berri	2
Bretagne	1	Orléans	2
La Fère	1	Bourbon	2
Rouergue	1	Villequier	3
Languedoc	1	Florensac	2
Royal-Marine	1	Bercourt	2
Fusiliers	2	Saint-Valery	2

INFANTERIE.		CAVALERIE.	
	Bataillons.		Brigades.
Gersé.	1	Saint-Germain Beaupré.	2
Royal-Comtois.	1	Villeroy.	2
Blainville.	1	Duras.	2
Thianges.	1	Souvré.	3
Guienne.	1	Vivans.	2
		Camille.	3
		Forsat.	2
		Gesvres.	3
		Cayeux.	3
		De Harlus.	3
		Brionne.	3
		Villepion.	3
		Montpeiroux.	3
		Du Plessis.	3
		La Bessière.	3
		Bellegarde.	3
		Duc de Noailles.	3

DRAGONS.

Colonel-général.	3
Barbezières.	3
Gobert.	3
Caylus.	3
Fimarcon.	3
Falon-Grammont.	3

Escadrons. 111

ARMÉE DE LA MOSELLE,

Que commandera M. de Boufflers, lieutenant général.

LIEUTENANTS GÉNÉRAUX.

M. de Rubantel,   M. de Saint-Ruth.

MARÉCHAUX DE CAMP.

MM. de Vivans,   MM. de Lumbres,
 de Gacé,   de Villars, qui commande Tessé,   dera la cavalerie.

INFANTERIE.		CAVALERIE.	
	Bataillons.		Brigades.
Champagne.	2	Commissaire-général.	3
Navarre.	2	Royal-étranger.	3
Piémont.	2	Royal-Piémont.	3
Normandie.	2	Chartres.	2
Auvergne.	2	Condé.	2
Poitou.	1	Raré.	2
Touraine.	1	Locmaria.	3
Le Maine.	1	Roquelaure.	2
Limoges.	1	Mélac.	2
Orléans.	1	Bertillac.	2
Soissons.	1	Grignan.	2
Condé.	1	Roquepine.	3
Bourgogne.	1	Besons.	2
Vermandois.	1	Châtillon.	3
Provence.	1	Montrevel.	3
Italien.	1	Romainville.	3
Bombardiers.	1	Pracomtal.	3
Soissonnois.	1	Sibourg.	3
Solre.	1	Phélypeaux.	3
Bataillons.	24	Duterrail.	3
		Imecourt.	3

DRAGONS.

Dauphin.	3
Asfeld.	3
Saint-Frémont.	3
Escadrons.	64

ARMÉE DE FLANDRE,

Que commandera M. de Luxembourg.

LIEUTENANTS GÉNÉRAUX.	MARÉCHAUX DE CAMP.
MM. de Gournay,	MM. de Montchevreuil,
Dauger,	de Montrevel.
de Tilladet,	Le duc du Maine, et commande la cavalerie.
de Choiseul,	

AVRIL 1690.

LIEUTENANTS GÉNÉRAUX.

MM. de Calvo,
  de Maulevrier,
  de Genlis.

MARÉCHAUX DE CAMP.

MM. de Ximenès,
  Vatteville,
  la Valette,
  Rivarolles.

INFANTERIE.

	Bataillons.
Gardes-Françoises	4
Gardes-Suisses	2
Vaubecourt	1
Régiment du roi	3
Chappes	1
Guiche	1
La Châtre	1
Royal-Roussillon	2
Fusiliers du roi	2
Castres	1
Greder-Allemand	2
Saint-Laurent	1
Toulouse	1
Stoppa l'aîné	3
Salis	3
Greder-Suisse	3
Stoppa cadet	3
Aoste-piémontois	1
La Marine-Piémontois	1
Nice-Piémontois	1
Bataillons.	37

CAVALERIE.

	Brigades.
Petite-Gendarmerie	4
Mestre-de-camp-général	3
Royal-Cravattes	3
Royal-Roussillon	3
Royal-Allemand	3
Bourgogne	3
Du Maine	2
Châlons	2
Lumbres	3
Pralin	2
Aubusson	2
Rohan	2
Magnac	3
Saint-Simon	3
Coislin	3
Merinville	3
Vandeuvre	3
Coade	3
Courtebonne	3
Du Rosel	3
Massot	3
Noailles	3
Rottembourg	3

DRAGONS.

Royal	3
Pomponne	3
La Reine	3
Tessé	3
Alfeld-étranger	3
Langalerie	3

DRAGONS.

Fusiliers	3
Furstemberg	2
Harlus	3
Escadrons.	91

ARMÉE DE DAUPHINÉ,

Que commande M. de Catinat, lieutenant général.

MARÉCHAUX DE CAMP.

MM. Feuquières,   M. d'Harcourt.
Quinçon,

INFANTERIE.	Bataillons.	CAVALERIE.	Brigades.
Grancey	1	Servan	3
Artois	1	Pelleporte	3
La Sarre	1	Montgomery	2
Bourbon	1	Saint-Maurice	3
Plessis-Bellière	1	Souatre	3
Périgord	1	Du Châtelet	3
Clérembault	1	Geofreville	3
Cambrésis	1	DRAGONS.	
Vexin	1		
Role	1	Mestre-de-camp-général	5
Essy-Suisse	3	Gramont	3
Bataillons.	13	La Lande	3
		Ganges	3
		Catinat	3
		Second-Languedoc	3
		Escadrons.	40

ARMÉE DE CATALOGNE,

Que commande M. de Noailles, lieutenant général.

LIEUTENANTS GÉNÉRAUX.   MARÉCHAUX DE CAMP.

MM. Bulonde,   MM. Seppeville,
      Langaleric,   Longueval.

INFANTERIE.		CAVALERIE.	
			Escadrons
Compagnies de Picardie, commandées par la Greffe.	15	La Reine.	3
		Poinségur.	3
		Monbas.	3
Compagnies de campagne, commandées par la Robinière.	15	Molac.	3
		Légal.	3
		Bachevilliers.	3
Compagnies de Navarre, commandées par la Motte de Guilly.	15	DRAGONS.	
		Premier Languedoc.	3
		La Salle.	3
Compagnies de Normandie, commandées par Massias.	15	Escadrons.	24
Compagnies du régiment du Roi, commandées par Launay.	15		
Compagnies du Roi, commandées par Bernoy.	12		
Compagnies du Royal, commandées par Saint-Claude.	9		
Compagnies de la marine.	3		
Alsace.	24		
Erlach-Suisse.	12		
Sorbec-Suisse.	18		
Du troisième bataillon de Zurlauben.	6		
Valnié-Allemand.	1		
Du Verger-Allemand.	1		
Compagnies danoises.	2		
Compagnies de miquelets.	18		

M. de Noailles formera des bataillons de ses troupes comme il le jugera à propos.

Mardi 4, à Versailles. — Madame la Dauphine a fort bien passé la nuit; elle s'est trouvée si doucement à son réveil, que cela a déterminé le roi à aller demain à Marly jusqu'à samedi. Le roi et Monseigneur ont été tirer, et de là à la volerie avec les princesses; Madame y étoit aussi. — L'abbé de la Vieuville est mort ce matin à Paris; il avoit l'abbaye de Savigny en Normandie, qui vaut plus de 20,000 livres de rente. — Outre les officiers généraux qui sont employés dans les cinq armées, il y en a qui servent en d'autres postes. — M. de Broglio commande en Languedoc, M. de Revel commandera à la Rochelle, M. du Guast, maréchal de camp, commandera dans les Cévennes, où il est fort accrédité. M. d'Huxelles commandera à Luxembourg, Montal à Mont-Royal, Chamilly à Strasbourg, Chazeron à Perpignan et en Roussillon, Bissy en Lorraine, Renty en Franche-Comté, et plusieurs autres qui demeurent dans leur gouvernement et dans leurs postes.

Mercredi 5, à Marly. — Madame la Dauphine se porte un peu mieux. Le roi dîna à Versailles à son petit couvert, et vint ici en chassant. Monseigneur arriva ici avant le roi. Monsieur et Madame sont du voyage. La princesse de Conty, la mariée, en est aussi. — Ce matin, M. de Seignelay est venu apporter au roi la nouvelle que notre flotte est arrivée en Irlande du 22 du mois passé. Elle a débarqué à Cork; quand la barque qui a apporté la nouvelle est partie, on embarquoit les Irlandois qui doivent passer en France; on les croit arrivés à Brest présentement; notre flotte passa le 17 devant les Sorlingues, et on a su que la flotte ennemie qui porte la reine d'Espagne y avoit passé le 18. Ainsi peu s'en est fallu qu'ils ne se soient rencontrés. M. d'Avaux, M. Rose et M. de Gacé reviennent sur notre flotte. — Le roi a changé les dispositions qu'il avoit faites pour M. de Rubantel, qui devoit servir de lieutenant général avec M. de Boufflers. Le roi l'envoie en Flandre, où il commandera les gardes. — Arnolfini, maréchal de camp, servira en Normandie à la place de la Hoguette, qui est présentement en Irlande; Crillon, maréchal de camp, sert en Guienne sous le chevalier de Sourdis.

Jeudi 6, à Marly. — Le roi, après son dîner, alla tirer. Monseigneur alla le matin, à Versailles, voir madame la Dauphine, qui avoit assez bien passé la nuit; il revint dîner ici, et après dîner il alla faire des battues. Au retour de la chasse, on joua aux portiques et au lansquenet; il n'y a pas de musique ici, ce voyage. — Le roi a eu nouvelles que le régiment de dragons de Fimarcon, qui est en garnison à Fribourg, avoit battu un parti de houssards qui étoient venus enlever des bestiaux près de la place. Ils les ont poursuivis jusqu'à la montagne, en ont tué plus de cent et pris quelques prisonniers, entre lesquels est le capitaine Georges, qui les commandoit, homme de réputation parmi eux. — M. de Mauroy, lieutenant-colonel de cavalerie, a acheté le régiment du maréchal d'Humières 2,000 pistoles; le maréchal d'Humières en auroit trouvé davantage, mais le roi n'a pas agréé ceux qui le vouloient avoir.

Vendredi 7, à Versailles. — Le roi, après son dîner, alla tirer. Monseigneur courut le loup. Madame la Dauphine s'est trouvée un peu soulagée; elle avoit commencé à prendre des eaux de Sainte-Reine, mais elle n'a pas pu s'en accommoder. — M. le marquis de Vins, maréchal de camp, commandera en Bresse comme il y commandoit l'année passée. — M. de Vatteville, maréchal de camp, a passé la rivière au-dessus de Namur et a forcé une redoute que les ennemis y avoient faite; mais, ayant voulu détacher une partie de ses troupes pour les envoyer brûler des villages qui ne vouloient point contribuer, il a donné temps à la garnison de Namur de venir à lui, et en se retirant il a perdu trois ou quatre officiers, dont il y en avoit deux fort distingués dans les troupes, Cerisy, lieutenant-colonel de Condé, et Langenerie, lieutenant-colonel de dragons de Dauphin. — Les nouvelles de Vienne portent que Canise s'est enfin rendu; mais on en doute encore.

Samedi 8, à Versailles. — Le roi revint ici de Marly en chassant. Monseigneur revint tard avec madame la princesse de Conty, après avoir joué à Marly jusqu'à cinq heures. Madame la Dauphine a eu ce soir de grandes vapeurs qui l'ont fort incommodée. — Le roi a permis à madame la princesse de Conty de revoir la duchesse de Choiseul sa cousine. — M. de Louvois ayant découvert que quelques commis dans ses bureaux avoient pris quelque argent pour des commissions, il les a chassés honteusement, et on a mis en prison une femme qui étoit l'entremetteuse de ces commerces-là, espérant par elle en découvrir davantage.

Dimanche 9, à Versailles. — Le roi ne sortit pas de tout le jour. Il donna audience le matin à l'abbé Trevisani, camérier du pape, et alla à la messe. M. le cardinal de Forbin, en habit de cardinal, prêta serment pour l'évêché de Beauvais; tout évêque qui devient cardinal reprête un nouveau serment, parce que la régale est ouverte.

— Monseigneur se promena l'après-dînée avec madame la princesse de Conty. Madame la Dauphine s'est trouvée beaucoup mieux aujourd'hui. — M. l'électeur de Bavière a envoyé un courrier à madame la Dauphine. Il y avoit longtemps qu'il n'avoit reçu de ses nouvelles et qu'elle n'en avoit reçu aussi, parce que les Allemands retiennent toutes les lettres de part et d'autre; ce courrier a fort réjoui madame la Dauphine.

Lundi 10, à Versailles. — Le roi dîna à son petit couvert, et alla tirer, et puis fut à Saint-Cyr. Monseigneur alla faire collation à Trianon avec madame la princesse de Conty; il y joua au lansquenet et aux portiques. Madame la Dauphine paroît se porter mieux; cependant les vapeurs la tourmentent toujours. — M. de Crèvecœur a vendu sa charge de secrétaire des commandements de Monsieur à M. de Vatan-Aubery, qui lui en donne 125,000 francs. M. de Crèvecœur épouse mademoiselle de Harlay, fille de M. le chancelier, à qui on donne 25,000 francs présentement, et on lui assure 25,000 francs après la mort de son père. — Le roi a envoyé ordre à M. Hervé, doyen du parlement, de se défaire de sa charge, parce qu'il se servoit de son pouvoir pour ne point payer ses créanciers.

Mardi 11, *à Versailles.* — Le roi dîna à son petit couvert, et alla tirer. Il ira demain à Marly pour quelques jours. Monseigneur s'alla promener à Trianon avec madame la princesse de Conty; il y joua et y fit collation. Madame la Dauphine a moins de fièvre. — Le roi a appris ce matin la mort de M. de Montclar, et a donné ce soir sa charge et ses emplois. Il donne la charge de mestre de camp général de la cavalerie à M. Rose, lieutenant général, qui revient d'Irlande. Le commandement d'Alsace, qui vaut 2,000 francs par mois, a été donné à M. le marquis d'Huxelles; outre cela, M. de Montclar jouissoit du grand bailliage de Haguenau, qui vaut 20,000 livres de rente, et qui appartenoit à M. le duc de la Meilleraye, à qui le roi le rend; M. de Mazarin l'avoit donné à son fils par son contrat de mariage. — Le marquis d'Harcourt, qui étoit destiné à servir de maréchal de camp dans l'armée du Dauphiné, commandera dans Luxembourg en la place du marquis d'Huxelles. Par la mort de M. de Montclar, il vaque une troisième place dans les chevaliers de l'ordre.

Mercredi 12, *à Marly.* — Le roi, après son dîner, alla à Saint-Germain voir la reine d'Angleterre, et puis vint ici où il se promena longtemps. Monseigneur alla courre le cerf avec Madame, et revint ici de fort bonne heure; Monsieur et Madame sont de ce voyage-ci; M. de Louvois y est aussi, qui a coutume d'aller toujours à Meudon pendant que le roi est ici. — Quoique le prince d'Orange ait pu faire, il n'a pu obtenir des Hollandois qu'ils rompent le commerce de lettres avec la France. — L'on apprend d'Angleterre que le parlement est assemblé, que le prince d'Orange leur demande beaucoup d'argent, qu'il se prépare à passer incessamment en Irlande; il leur demande d'établir une régence à la tête de laquelle sera la princesse sa femme pendant son absence. — M. de Noailles a pris congé du roi, et s'en va commander l'armée de Catalogne.

Jeudi 13, *à Marly.* — Le roi courut le cerf le matin, et revint dîner ici. L'après-dînée il alla tirer et voler. Monseigneur courut le loup et revint de bonne heure. Madame la Dauphine a assez bien passé la journée. — Le testament de mademoiselle de Guise, qui a été confirmé depuis peu de jours, donne le duché de Joyeuse à M. de Commercy ; les conclusions de M. l'avocat général de Lamoignon, qui ont été suivies, portent que ce duché sera confisqué au roi, et, comme on ne peut confisquer le bien d'un homme dont le procès n'est pas fait, on travaille présentement à lui faire son procès. M. d'Armagnac, mesdemoiselles de Lislebonne, M. le comte de Brionne et madame la princesse d'Harcourt ont obtenu tout ce qu'ils demandoient. — La reine d'Angleterre devoit venir ici aujourd'hui ; mais le roi lui a mandé, par M. le Premier, qu'il la prioit d'attendre à un autre voyage, parce qu'on travaille aux jardins qui sont en désordre.

Vendredi 14, *à Marly.* — Le roi se promena le matin à pied dans ses jardins, et l'après-midi alla tirer. Monseigneur alla le matin à Versailles voir madame la Dauphine, et revint dîner ici. Madame la Dauphine a été aujourd'hui assez tourmentée de ses vapeurs. — Le roi donne 40,000 francs à M. le chancelier pour mademoiselle de Harlay, sa petite-fille, qui épouse M. de Crèvecœur-Mennevillette. — Le roi a fait donner à madame la princesse d'Harcourt 1,000 pistoles ; cet argent-là réparera la perte qu'elle fit il y a six semaines au feu de Compiègne.

Samedi 15, *à Versailles.* — Le roi revint ici de Marly en chassant. Monseigneur demeura l'après-dînée à jouer avec les princesses, et puis alla faire collation à la Ménagerie avec madame la princesse de Conty avant de revenir ici. — On n'est pas content ici de la conduite de M. de Savoie, qui a donné 100,000 pistoles à l'Empereur pour être traité comme les têtes couronnées, honneur que l'on fait à M. de Savoie en France depuis quelque temps. L'Empereur, outre cela, lui a donné des tiefs qui relèvent immédiatement de l'Empire, et sont proches de Turin ; on soupçonne M. de Savoie d'avoir fait un traité avec la maison d'Autriche, qui le lie encore davantage avec elle. — Madame la Dauphine a commencé ce soir à vider un abcès.

Dimanche 16, à Versailles. — Le roi alla au salut et se promena dans ses jardins. — Monseigneur alla à Saint-Germain voir la reine d'Angleterre. — Madame la Dauphine a vidé plus d'une pinte d'abcès que les médecins croient qu'il vient du mésantère. Si cela ne la soulage, il y a peu d'apparence à sa guérison. — M. le premier président de la cour des aides marie sa fille à M. le marquis de Flamanville, officier de la petite gendarmerie. Il est venu prier le roi d'agréer le mariage et d'en signer le contrat.

Lundi 17, à Versailles. — Le roi prit médecine et ne sortit point. Monseigneur se promena avec madame la princesse de Conty, et alla faire collation à la Ménagerie. — On croit madame la Duchesse grosse. — Madame la Dauphine a passé la nuit avec une grosse fièvre; il ne paroît pas qu'elle soit soulagée. — On a fait dire à tous les officiers d'armée de partir incessamment pour se rendre à leurs régiments ; M. le maréchal de Luxembourg partira à la fin du mois, parce qu'on veut mettre en campagne en Flandre incessamment.

Mardi 18, à Versailles. — Le roi dîna à son petit couvert, et alla tirer. Monseigneur alla se promener l'après-dînée. Madame la Dauphine est encore beaucoup plus mal qu'elle n'a été ; on n'en espère plus rien. — Madame la maréchale d'Humières a pris le tabouret au souper du roi, comme duchesse. — Le traité de M. le prince d'Orange avec les Suisses, pour les 4,000 hommes qu'il vouloit avoir, étoit fait, mais à des conditions qui lui ont paru si dures qu'il a désavoué M. Koop, son ministre, et le traité est rompu. — Il est sûr que Canise s'est rendu aux Allemands le 21 du mois passé. — On a eu avis à

Bruxelles que la reine d'Espagne est arrivée à la Corogne le 27 du mois passé. — On ne sera obligé d'envoyer son argent à la Monnoie qu'à la fin du mois de mai prochain ; on a prolongé jusqu'à ce temps-là par la difficulté qu'il y a.

Mercredi 19, *à Versailles.* — Le roi dîna à son petit couvert, et alla se promener ; Monseigneur prit médecine. Madame la Dauphine, qui avoit paru un peu soulagée durant le cours de la journée, se trouva si mal le soir qu'elle demanda qu'on lui apportât l'extrême-onction, qu'elle reçut avec beaucoup de dévotion, toute sa raison lui étant revenue. Le roi, Monseigneur et toute la maison royale assistèrent à ce triste spectacle, à deux heures après minuit ; M. l'évêque de Meaux dit la messe dans sa chambre et la communia ; elle a l'esprit dans la même tranquillité qu'elle l'avoit avant sa maladie.

Jeudi 20, *à Versailles.* — Madame la Dauphine, se sentant à l'extrémité et ayant reçu tous ses sacrements, a parlé en particulier au roi et à Monseigneur ; elle envoya aussi chercher madame de Maintenon, qui étoit allée à Saint-Cyr. Ensuite elle envoya quérir Messeigneurs ses enfants et leur donna sa bénédiction ; elle dit à Monseigneur de Berry en l'embrassant : « C'est de bon cœur, quoique tu me coûtes bien cher ; » elle passa l'après-dînée assez tranquillement, et ne songea qu'aux choses de son salut ; on lui proposa les remèdes d'un homme qui avoit fait des cures de gens de sa connaissance ; à sept heures le redoublement commença, on vit bien qu'elle alloit expirer ; le roi, Monseigneur et toute la maison royale entrèrent dans sa chambre ; son agonie dura jusqu'à sept heures et demie ; elle conserva sa connoissance jusqu'à la fin, elle ne l'a pas perdue un moment depuis hier qu'elle reçut l'extrême-onction. Après sa mort (1), le

---

(1) Voy. *Lettre de madame de Sévigné* du 26 avril 1690, et la *Lettre de Bussy* du 31 mai 1690. — Voy. aussi les *Mémoires pour servir à l'histoire*

roi emmena Monseigneur chez lui, et lui dit : « Vous voyez ce que deviennent les grandeurs de ce monde, nous viendrons comme cela, vous et moi. » Sur les neuf heures, le roi, Monseigneur, Monsieur et Madame s'en allèrent à Marly, où Monseigneur a pris un petit appartement en haut, afin d'être plus retiré; on transporta Madame la Dauphine du petit lit où elle étoit morte dans son grand lit, et la dame d'atours lui donna la chemise.

Vendredi 21, *à Marly.* — Le roi a réglé qu'on rende les mêmes honneurs à madame la Dauphine qu'à la feue reine. Il n'en prendra point le deuil, parce que c'étoit sa belle-fille, et qu'un père ne porte point le deuil de ses enfants; elle étoit sa parente par beaucoup d'endroits, mais la qualité de fille efface toutes les autres parentés. Comme le roi ne prend point le deuil, les princes étrangers et les officiers de la couronne ne feront point draper. Il n'y aura que les princes du sang et les domestiques. Les dames ont commencé à garder le corps de madame la Dauphine aujourd'hui à neuf heures du matin, et elles se relèvent d'heure en heure; il y en a quatre auprès d'elle. Il y a toujours auprès du corps les aumôniers, les Pères de la Mission, les Récollets de Versailles et les Feuillants de Paris, qui ont le droit d'assister; le clergé est à la droite du lit. On a mis deux autels dans sa chambre, où on a commencé à dire la messe dès le point du jour. Sur les sept heures du soir, vingt-quatre heures après la mort, on fit l'ouverture du corps; la dame d'honneur et la dame d'atours assistèrent à l'ouverture du corps; il n'y a d'hommes que les médecins et les chirurgiens, le chevalier d'honneur même n'y assiste pas. Les médecins et les chirurgiens ont trouvé qu'il n'y avoit rien de mal de sa couche,

---

de madame de Maintenon, par la Beaumelle, t. III, p. 269, édit. in-12, 1778. Les *Souvenirs de madame de Caylus*, p. 496, édit. Michaud et Poujoulat.

comme on l'avoit cru. On lui a trouvé les poumons et le mésantère fort attaqués, la rate un peu trop grosse, le foie et la matrice fort sains. — Le roi a nommé MM. les évêques de Mirepoix et de Nîmes pour faire l'oraison funèbre, l'un à Saint-Denis, l'autre à Notre-Dame. On a réglé que, des quatre dames qui garderont madame la Dauphine, il y en aura deux titrées (c'est-à-dire duchesses, princesses ou maréchales de France) et deux autres. Quand le chevalier d'honneur, la dame d'honneur, la dame d'atours, les duchesses et les maréchales de France viennent pour donner de l'eau bénite, les hérauts d'armes leur donnent des carreaux; la femme du chevalier d'honneur en a aussi; elles en ont toujours chez les reines, et les femmes des premiers gentilshommes de la chambre. — Madame la Dauphine a été à visage découvert jusqu'à ce qu'on l'ait ouverte, et on a fait une faute; c'est que pendant ce temps-là les dames qui n'ont pas droit d'être assises devant elle pendant sa vie n'ont pas laissé d'être assises devant son corps à visage découvert. Jusqu'ici les dames ont été garder le corps de madame la Dauphine sans être nommées par le grand maître des cérémonies, et, parmi celles qui y ont été, il y en a une dont on le trouve mauvais, parce qu'on ne prétend pas qu'elle doive être nommée pour y aller. Le roi a réglé qu'on ne nommera pour garder le corps de madame la Dauphine que des dames qui pourroient être reçues à entrer dans son carrosse, si elle étoit en vie *.

* Madame la Dauphine fut peu regrettée. Elle avoit beaucoup d'esprit, mais les mœurs allemandes s'y laissèrent trop sentir dans une cour qui n'étoit occupée qu'à adorer toutes les volontés et toutes les inclinations du roi, ou ce qu'on pouvoit imaginer lui plaire. Madame de Maintenon fut de ce côté-là une pierre d'achoppement contre laquelle elle se brisa. Le roi fit des merveilles dans les commencements, et madame de Maintenon chercha aussi à lui plaire, et à l'apprivoiser; mais, si elle y répondit d'abord avec grâce, elle ne tarda pas, après la mort de la reine, à laisser sentir que le joug de madame de Maintenon lui pesoit

et que sa cause lui étoit odieuse ; ses grossesses, ses couches, qui furent toutes fort difficiles, la retirèrent de la compagnie du roi et des amusements de la cour, en lui rendant les voyages impossibles, et le roi qui aimoit que tout contribuât à rendre sa cour brillante et agréable, et qui ne pouvoit souffrir aucun contre-temps, et qui mesuroit à sa santé celle de tout le monde, supporta d'abord cet éloignement avec peine, après avec chagrin, et, à la fin, madame la Dauphine, mal servie par madame de Maintenon, lui devint par degrés indifférente, à charge et quelque chose de plus. D'un autre côté, cette princesse, qui aimoit Monseigneur avec passion, voyoit avec peine qu'il en aimoit d'autres, et qu'après quelques années d'une sincère amitié, il s'étoit peu à peu éloigné d'elle. Elle n'avoit jamais été belle ni rien d'approchant. Les séparations de lieux avoient accoutumé Monseigneur à l'être d'elle. Madame la princesse de Conty, fille du roi, n'étoit occupée qu'à l'amuser chez elle ; l'habitude, qui a plus de pouvoir sur ces princes que sur les autres hommes, rendit à Monseigneur les devoirs à madame la Dauphine importuns. L'aversion se mit entre elle et madame la princesse de Conty. Monseigneur se trouva entre une épouse infirme et chagrine, et les jeux et les ris qui partout ailleurs naissoient sous ses pas. Bezzola, que madame la Dauphine avoit amenée avec elle, devint bientôt toute sa consolation ; et une très-longue maladie de Bezzola, qui ne fut pas sans soupçon de poison, aigrit encore madame la Dauphine, qui, accoutumée à passer la plupart de ses journées tête-à-tête avec elle, ne put s'en passer longtemps, et les alla passer dans sa chambre tant que la santé de Bezzola l'empêcha d'en sortir. Elle n'étoit pourtant que femme de chambre, et quoique fille d'esprit, de mérite, et qui eût bien voulu pouvoir amener sa maîtresse à une conduite plus complaisante, sa faveur si marquée aliéna fort les esprits, et donna un champ libre à madame de Maintenon et à madame la princesse de Conty, tellement que madame la Dauphine étoit souvent accusée de faire la malade, pour préférer le tête-à-tête avec Bezzola à tous les devoirs et aux plaisirs même de son état. Cette injustice alla si avant, qu'il fallut son extrémité et sa mort ensuite pour persuader sa maladie. On a toujours cru que Clément, son accoucheur, l'avoit blessée en sa dernière couche, depuis laquelle elle n'eut pas un jour de santé, et que, comme on se soucioit peu d'elle, tout conspira à sauver la réputation de Clément. Madame la princesse de Conty fut aussi fort accusée d'avoir approché d'elle, aussitôt après, avec des senteurs dont elle n'est pas revenue. Sur la fin de sa vie, les démêlés de ses frères avec le cardinal de Furstemberg pour l'électorat de Cologne, où le roi prit part si peu à propos et avec si peu de succès, ne diminuèrent pas ses déplaisirs, et il est vrai qu'une princesse qui par ce prodigieux mariage avoit fait une si haute fortune, fut heureuse de ne pas vivre longtemps.

MM. de Vendôme [aux obsèques de madame la Dauphine] y haussèrent encore d'un degré à la suite de MM. du Maine et de Toulouse.

Samedi 22, *à Marly.* — Le roi et Monseigneur sont toujours à Marly, où les courtisans vont faire leur cour; on n'y prendra le deuil que demain. Le roi y a eu nouvelle que les peuples du Mondovi se sont soulevés contre M. de Savoie. — Sur la dispute qu'il y a eu à qui donneroit l'ordre à Versailles, ou du chevalier d'honneur pour le corps de madame la Dauphine, ou de monseigneur le duc de Bourgogne, le roi a réglé que ce seroit monseigneur le duc de Bourgogne, attendu qu'à la mort de la reine, madame la Dauphine, qui étoit restée ici malade, avoit donné l'ordre; cet exemple-là a déterminé. — Sur le soir, on porta le corps de madame la Dauphine dans un cercueil de la chambre où elle est morte dans son grand cabinet; on posa le cercueil sur une estrade à trois marches, sous un dais de velours noir soutenu de quatre piliers aux pieds du cercueil. Sur le cercueil on mit la couronne; au pied de l'estrade on a mis une table sur laquelle est un carreau où on a mis le cœur. Les aumôniers et le clergé sont à la droite du corps; à la gauche, la dame d'honneur, la dame d'atours et le chevalier d'honneur, et dans un autre banc au-dessous, le long de l'autre muraille, sont les dames qui gardent le corps tour à tour, qui ne se relèvent plus que de deux heures en deux heures. — Madame la Dauphine a fait une manière de testament, une partie écrite de la main de mademoiselle Bezzola, et l'autre de la main de son confesseur, par lequel elle prie le roi de trouver bon qu'elle dispose de quelques pierreries et de l'argent qu'elle avoit dans sa cassette; elle dit qu'elle ne donne rien au roi, parce que tout est à lui, et qu'elle croit n'avoir rien digne de lui. Elle donne un gros diamant qu'elle aimoit fort à Monseigneur; une bague à Madame, qu'elle la prie de porter pour l'amour d'elle, une belle croix à madame de Guise, une bague à M. l'électeur son frère, une autre à M. le prince Clément, une à madame la grande princesse de Toscane, sa sœur. Elle envoie à madame l'électrice, sa belle-sœur, un présent qu'elle lui avoit destiné il y a quatre mois et qu'elle n'avoit pas pu lui envoyer. Pour son argent, qui consiste en 2,500 pistoles, qu'elle avoit dans sa cassette, elle en donne 600 à mademoiselle Patrocle, une de ses femmes de chambre, 600 pistoles à Vandrevec, son porte-manteau, 300 pistoles à une fille qui sert mademoiselle Bezzola, qu'elle avoit amenée d'Allemagne, 300 pistoles à son tailleur; elle laisse le reste à son confesseur pour faire des charités; elle ordonne beaucoup de messes. Elle prie le roi de donner 200 francs de pension à son confesseur, afin qu'il puisse avoir une chambre à feu aux Jésuites. Elle avoit prié le roi, avant que de mourir, d'avoir soin de mademoiselle Bezzola, et elle lui laisse son prie-dieu et son bureau, où il y a quelques bijoux; le reste de ses pierreries, elle le laisse à ses trois enfants.

Dimanche 23, à Marly. — Le roi et Monseigneur demeureront à Marly jusqu'à ce qu'on ait emporté de Versailles le corps de la Dauphine. — Le roi a donné à mademoiselle Bezzola 4,000 livres de pension; elle se retire dans un couvent en France. — Il a été réglé que les évêques qui viennent garder le corps de madame la Dauphine auront des chaises à dos, parce qu'ils en eurent à la reine; l'ordre avoit été donné d'abord qu'ils n'eussent que des tabourets. — Le roi a réglé qu'on porteroit le cœur de madame la Dauphine au Val-de-Grâce, où sont ceux de la reine-mère, et de la reine, et celui de Madame. Quand on y apporta le cœur de la reine-mère et celui de la reine, il y eut cinq princesses du sang pour l'accompagner, et à celui de Madame il n'y en eut qu'une. Sur cela le roi a décidé qu'il y en auroit trois pour celui de madame la Dauphine. Les maîtres des cérémonies disoient qu'on ne devoit pas tendre de noir la porte de l'avant-cour ni celle de la cour, parce qu'on ne doit tendre que pour le maître ou la maîtresse de la maison ; mais le roi a voulu qu'on tendît pour madame la Dauphine comme pour la reine, excepté qu'à ces portes il n'y a point d'écusson aux armoiries de la défunte. Il y en a aux autres qui sont sur les degrés, dans les salles des gardes et dans les antichambres, sur les portes ou sur le cintre du degré, et deux rangs tout autour de la chambre où est le corps. A l'entour du corps il y a à peu près cent chandeliers en deux rangs, comme il y en avoit pour la reine, et quatre sur chacun des deux autels. Les agents du clergé sont ici ; ils avertissent les évêques de venir garder le corps de madame la Dauphine tour à tour. Il y a ordinairement deux évêques sacrés, et deux évêques nommés; ils demeurent depuis huit heures du matin jusqu'à midi. Il en revient quatre autres l'après-dinée. Quand les évêques viennent pour donner de l'eau bénite, les hérauts d'armes leur donnent des carreaux ; on avoit dit qu'ils n'en devoient point avoir. — Le roi a fait dire par le premier médecin à M. Dionis, premier chirurgien de madame la Dauphine, qu'il lui continuoit ses appointements, et qu'il vouloit qu'il demeurât toujours à Versailles. — Monseigneur a pris le deuil aujourd'hui et toute la cour aussi. — Les évêques sont dans la ruelle à la droite du corps, et ont des chaises à dos sur la ligne qui fait face aux dames qui gardent et qui sont dans la ruelle gauche ; le premier aumônier, et après lui les aumôniers sont à la droite, sur la même ligne que la dame d'honneur, la dame d'atour et le chevalier d'honneur. — En 1666, à la mort de la reine-mère, il y avoit quatre évêques et quatre députés du second ordre de l'assemblée du clergé qui se tenoit alors, et il fut réglé qu'ils seroient tous huit sur une ligne, les évêques sur des chaises à dos, et les députés du second ordre sur des siéges pliants; les évêques prétendirent que les abbés seroient derrière eux comme ils sont dans les assemblées du clergé ; les abbés répondirent qu'ils n'étoient derrière les évêques dans les assemblées que parce qu'il n'y avoit pas assez de place pour être tous sur une même ligne; mais que quand il y avoit assez de place, il falloit se régler sur ce qui se fait dans les assemblées provinciales, où ils sont tous sur une même ligne, sans autre différence que des fauteuils aux chaises à dos.

Lundi 24, *à Marly.* — Tous les hommes de la cour ont paru aujourd'hui à Marly devant le roi en grand manteau à la messe, et les dames en mante; les dames y paroîtront encore demain après dîner, mais il n'y a eu que ce matin pour les hommes en grand manteau. Les hommes ont la liberté d'y aller faire leur cour jusqu'à cinq heures et dans leurs habits ordinaires. — Le roi a donné des chambres à Marly au cardinal de Furstemberg, et au cardinal de Forbin, qu'il n'y avoit pas mené d'abord. Comme ce voyage de Marly n'est pas semblable aux autres que le roi y fait, et que le séjour est plus long, les hommes que le roi y a menés ont la liberté d'aller à Paris, et de découcher comme s'ils étoient à Versailles ou dans une autre maison royale. — Monsieur prétendoit que, le jour pour donner de l'eau bénite à madame la Dauphine, les princes et les princesses de la famille royale, c'est-à-dire fils, petit-fils et petite-fille de France, iroient ensemble et feroient comme un corps séparé des princes et princesses du sang ou de la maison. M. le Prince dit que si les princes et princesses de la famille vouloient n'aller pas en corps avec eux, il falloit donc qu'ils allassent chacun en son particulier. Sur cela le roi a réglé que toute la maison royale iroit ensemble, et seroit suivie de MM. de Vendôme et des ducs. Les princes étrangers n'iront point donner de l'eau bénite; ils n'allèrent point à la reine. — Le chevalier d'honneur mena les officiers de la maison chez M. le duc de Bourgogne et chez MM. ses frères.

Mardi 25, *à Marly.* — Monsieur, accompagné de Madame, de M. le duc de Chartres et de Mademoiselle, se rendit ici de Marly chez M. le duc de Bourgogne, et à trois heures et demie toute la maison royale alla donner de l'eau bénite à madame la Dauphine. M. le duc de Bourgogne commençoit la marche, et vint à pied de son appartement, traversa la cour et trouva au pied du degré le chevalier d'honneur de madame la Dauphine à la tête de tous les officiers de la maison. La dame d'honneur, la dame d'atours et toutes les autres dames qui avoient été à la défunte étoient sur le premier palier du degré; M. de Sainctot vouloit qu'elles descendissent au bas du degré, mais M. de Blainville soutint qu'elles devoient se tenir là. Il n'y a que la dame d'honneur et la dame d'atours qui soient obligées d'y aller. M. le duc de Bourgogne monta le degré, le chevalier d'honneur à côté de lui. M. le duc d'Anjou et M. le duc de Berry suivoient, et puis Monsieur, Madame, M. le duc de Chartres, Mademoiselle, madame la grande Duchesse, et madame de Guise. Ensuite et sans intervalle, M. le Prince, madame la Princesse, M. le Duc, madame la princesse de Conty la douairière, M. le prince de Conty et madame sa femme, M. du Maine, M. le comte de Toulouse, mademoiselle de Blois et madame de Verneuil, puis MM. de Vendôme suivis de tous les ducs. Quand ils furent auprès de la table où étoit le cœur, M. de Meaux donna le goupillon à toute la famille royale, et puis il le remit entre les mains de l'aumônier de quartier, qui le donna à tous les princes et princesses de la maison royale, depuis M. le Prince jusqu'à madame de Verneuil, après quoi l'aumônier rendit le goupillon au héraut d'armes, qui le donna à MM. de Vendôme et aux ducs. Ils se mettoient tous à genoux sur des carreaux pour donner de l'eau bénite. Au retour, M. le duc de Bourgogne et MM. ses frères retournèrent chez eux, et furent accompagnés du chevalier d'honneur et de la maison jusqu'au bas du degré. Monsieur et Madame retournèrent dans leurs appartements sans descendre le degré, et tous les autres princes et princesses allèrent chacun chez soi. — On doit porter demain le cœur de madame la Dauphine au Val-de-Grâce; le curé de Versailles et l'aumônier de quartier prétendent avoir place dans le carrosse où sera le cœur.

Mercredi 26, *à Marly.* — On fit la cérémonie de porter le cœur de madame la Dauphine de Versailles au Val-de-Grâce. A sept heures et demie du soir, madame de Guise et les deux princesses de Conty se rendirent dans la chambre où est le corps; les dames et les officiers de la maison s'y trouvèrent. M. de Meaux prit le cœur, qui étoit enfermé dans une boîte de vermeil doré sur un carreau de velours, et le porta dans le carrosse, où il se mit, ayant madame de Guise à sa gauche, les deux princesses de Conty au-devant, la dame d'honneur et la dame d'atour aux portières; le curé et l'aumônier se mirent dans le carrosse de madame de Guise; le chevalier d'honneur marchoit immédiatement devant dans le carrosse des écuyers, avec le premier écuyer et les officiers qui y ont place. Il y avoit trente-six gardes à cheval portant des flambeaux, les pages à cheval et les valets de pied de madame la Dauphine, autour des carrosses, en portoient aussi, et les laquais des officiers. On alla droit au Val-de-Grâce, en passant par le Cours, la porte de la Conférence, le Pont-Royal, le quai, la rue Dauphine, les fossés de l'hôtel de Condé, et la rue Saint-Jacques. On arriva au Val-de-Grâce à minuit. On entra dans l'intérieur de la maison, et, vingt pas sous une voûte, on trouva l'abbesse à la tête de ses religieuses; elle y avoit fait dresser un autel sur lequel M. de Meaux déposa le cœur, et fit un discours fort chrétien d'une demi-heure. L'abbesse y répondit, après quoi les religieuses et le clergé marchèrent processionnellement jusqu'au chœur des religieuses, dans lequel il y avoit une représentation sur laquelle on mit le cœur de madame la Dauphine. Les princesses étoient dans des bancs hauts, les dames d'honneur et d'atour étoient dans les bancs bas, le chevalier d'honneur à la droite et le premier écuyer à la gauche, auprès de la représentation. Après les prières et les encensements, M. de Meaux reprit le cœur, et l'on marcha processionnellement jusqu'à la chapelle Sainte-Anne, dans le même ordre où l'on étoit venu. On y trouva une représentation sous laquelle sont les tiroirs dans lesquels on a mis les cœurs des reines et des enfants de France, chacun avec des couronnes en haut, selon son rang, et non selon le temps de sa mort; là on recommença les prières, les encensements et à donner de l'eau bénite, et puis on ressortit en passant par les mêmes lieux.

Jeudi 27, *à Marly.* — On continue à Versailles à garder le corps de madame la Dauphine, comme on a toujours fait depuis sa mort; madame de Nemours et madame la comtesse de Soissons n'y sont point venues, quoique averties par le grand maître des cérémonies. Le roi leur a fait dire qu'il trouvoit étrange qu'elles n'eussent pas rendu ce devoir-là, et que, si elles avoient de bonnes raisons pour s'en exempter, elles les fissent savoir. Les princesses de la maison de Lorraine y sont venues, et ce sont elles qui ont fait remarquer que les princesses de la maison de Savoie n'y étoient pas venues. — Le roi et Monseigneur sont toujours à Marly, où ils chassent et se promènent fort, et ne jouent point; Monsieur et les courtisans jouent. — M. d'Alègre est mort; il étoit père du marquis d'Alègre, brigadier de dragons, et de la marquise de Coislin : c'étoit le plus riche gentilhomme de France de ceux qui ne sont point titrés.

Vendredi 28, *à Marly.* — On ne portera le corps de madame la Dauphine à Saint-Denis que lundi, quoique tout pût être prêt pour demain, parce qu'on n'arrivera que le matin, et qu'on ne dit point de messe des morts le dimanche. — La M. de R. (1) a été mandée pour venir

---

(1) Il paroît que la M. de R. est la marquise de Richelieu. (*Note écrite en marge du manuscrit original.*)

ici garder le corps, quoiqu'elle ait reçu à Pâques une manière d'ordre de ne se point montrer à la cour. — Le mariage de mademoiselle d'Humières avec M. de Chappes est différé; M. d'Aumont veut que son fils, en se mariant et prenant le nom d'Humières, ait la duché, et le maréchal ne la veut point donner sitôt. — Le roi a dit à Marly qu'il étoit fâché de n'avoir point pris ses mesures pour aller à l'armée cette année, et qu'il trouve qu'il est triste de demeurer avec les cardinaux et les gens du conseil, et que l'année qui vient il iroit assurément. S. M. s'est allée promener à Saint-Cloud avec Monseigneur et Monsieur.

Samedi 29, *à Marly.* — Il y eut tant de contestations au transport du corps de la reine à Saint-Denis, que, pour les éviter, le grand maître des cérémonies est allé à Marly recevoir les ordres du roi. — Le poêle qui est sur le corps de madame la Dauphine est le poêle de la couronne; il y en devroit avoir un autre de velours noir par-dessus. — La dame d'honneur et la dame d'atour sont au-dessus du chevalier d'honneur dans la chambre où est le corps, quoique partout ailleurs elles soient au-dessous, parce qu'à la mort de la reine-mère, sur la dispute qu'il y eut entre M. de Brancas, chevalier d'honneur, madame de Senecey, dame d'honneur, et la duchesse de Noailles, dame d'atour, le roi pria M. de Brancas de vouloir bien céder aux dames en cette occasion-là, et voulut bien que le mot de prière fut mis dans les registres. — Le roi a ordonné à M. de Blainville, grand maître des cérémonies, de mettre dans ses registres la même chose pour moi que pour M. de Brancas.

Dimanche 30, *à Marly.* — Le roi a reçu nouvelles à Marly que le prince d'Orange ne passe plus en Irlande, et qu'il n'ose abandonner l'Angleterre en l'état où sont les affaires. — Madame la duchesse de Bouillon a la permission du roi de s'en aller à Rome; elle a passé à Pontoise, et delà s'en va à Vichy et continuera son voyage;

elle dit que c'est pour assister au mariage de mademoiselle de Nevers avec le frère du connétable Colonne; mais ce mariage est encore fort incertain. — On a eu nouvelle que nos vaisseaux sont partis d'Irlande le 18. Le marquis d'Escos, qui servoit de maréchal de camp dans l'armée du roi d'Angleterre, est mort de maladie; il avoit un régiment d'infanterie et une lieutenance de roi en Champagne, que le roi a donnée à son fils. — 400 chevaux de nos troupes de la garnison de Brisach, commandés par Kergrail (1), capitaine dans Saint-Valery, ont battu 400 houssards; ils en ont tué 100 et fait quelques prisonniers; tous nos cavaliers ont fait fort bien leur devoir; il a défait aussi quelque infanterie des ennemis. — On continue à Versailles à garder le corps de madame la Dauphine, et madame de Nemours et madame la comtesse de Soissons y viendront demain. — Le roi est toujours à Marly. — Monsieur est venu à Versailles, et a pris la peine d'aller rendre visite à madame la duchesse d'Arpajon, à madame la maréchale de Rochefort et à madame de Dangeau.

Lundi 1ᵉʳ mai, à Marly. — Madame la comtesse de Soissons et madame de Nemours vinrent à onze heures du matin, et gardèrent le corps de madame la Dauphine. Le roi leur avoit fait dire qu'il trouvoit fort mauvais qu'elles n'y fussent pas venues, et, comme la journée étoit destinée à porter le corps de madame la Dauphine à Saint-Denis, Mademoiselle, madame la princesse et les deux princesses de Conty vinrent ici l'après-dînée, et sur les sept heures du soir, tout étant disposé pour cette triste cérémonie, elles entrèrent dans la chambre de madame la Dauphine. M. de Meaux fit les oraisons accoutumées, puis le clergé se mit en marche depuis la chambre jusqu'au bas de l'escalier. Douze gardes du roi élevèrent le

---

(1) Le *Mercure galant* nomme cet officier M. de Caletret.

corps; on laissa le poêle dessus, que les quatre aumôniers tenoient par les quatre coins, deux gardes prirent le coffre où étoient les entrailles, le chevalier d'honneur marchoit entre les gardes qui portoient les entrailles et le corps; il portoit dans ses mains un carreau de velours noir sur lequel étoit posée la couronne avec un crêpe dessus; il la porta jusqu'au chariot, où l'on mit les entrailles et le corps, et puis il donna la couronne à l'écuyer de quartier qui la porta dans le carrosse des écuyers jusqu'à Saint-Denis (1); M. de Meaux, avec les trois évêques, suivoit le corps immédiatement et puis les princesses dans leur rang. L'exempt des gardes qui étoit de quartier auprès de madame la Dauphine, avec les gardes qui avoient levé le corps, et qui l'avoient posé dans le chariot, s'en allèrent devant à Saint-Denis pour le recevoir; la musique du roi étoit au bas du degré, près le chariot; pendant qu'on posa le corps dans le chariot, M. de Meaux recommença les prières, et l'on mit les troupes en marche. A la tête de tout marchoient soixante pauvres, puis les sept offices (2), ensuite tous les officiers de la maison de madame la Dauphine, puis le carrosse des écuyers où étoit la couronne, ensuite une brigade des mousquetaires de la seconde compagnie, puis une brigade de la première, puis une brigade de chevau-légers; après les chevau-légers, cinq carrosses du corps de madame la Dauphine, où étoient : dans le premier, madame la princesse de Conty la mariée, avec les duchesses, princesses et dames qu'elle avoit choisies; dans le second, madame la princesse de Conty la veuve, avec les princesses, duchesses et dames qu'elle avoit choisies; dans le troisième, madame la Princesse

---

(1) Dans le temps que l'on faisoit les grandes cérémonies, le chevalier d'honneur portoit toujours la couronne durant tout le chemin. (*Note de Dangeau.*)

(2) Ces sept offices étoient le Gobelet, l'Échansonnerie, la Panneterie, le grand et le petit Commun, la Fourière et la Fruitière, ce qui montoit à plus de trois cents officiers. (*Mercure galant.*)

avec les duchesses, princesses et dames qu'elle avoit choisies; dans le quatrième, Mademoiselle avec la dame d'honneur et la dame d'atour de madame la Dauphine, madame d'Armagnac, madame de la Ferté, madame de Maré et madame d'Estampes, que Monsieur choisit dans ce carrosse-là; madame d'Arpajon et madame la maréchale de Rochefort eurent les premières places après Mademoiselle par droit de leurs charges. Dans le cinquième carrosse étoient MM. les évêques de Meaux, de Lodève, de Rennes et de Saint-Omer, le curé de Versailles et l'aumônier de quartier de madame la Dauphine. Après ce carrosse marchoient les Cent-Suisses sur deux colonnes, et entre eux les timbales et les trompettes de la chambre, les hérauts d'armes, le roi d'armes et l'aide des cérémonies, après quoi venoit le chariot où étoit le corps; ce chariot étoit fort élevé et couvert d'un poêle de velours noir avec une grande croix de toile d'argent, et sur le velours noir quatre grands écussons aux armes de la défunte; l'aumônier ordinaire et les trois autres aumôniers à cheval tenoient le poêle par des cordons d'argent qu'on y avoit attachés. Le chevalier d'honneur, chef du convoi, marchoit à la droite seul; le premier écuyer marchoit à la gauche. Le maréchal de Bellefonds avoit prié le roi de lui exempter cette fatigue-là; ce fut le marquis de Bellefonds, son fils, qui marcha en sa place. Après le chariot marchoient quatre-vingts gardes du roi et Saint-Viance, lieutenant, à la tête; après les gardes marchoient les gendarmes; après les gendarmes, les carrosses du corps des princesses où étoient leurs filles et leurs domestiques; leurs dames d'honneur étoient dans les carrosses du corps de madame la Dauphine avec elles. Voilà l'ordre de la marche. On passa par Chaville, par le pont de Sève, par le Cours et par-dessus les remparts de Paris, depuis la porte Saint-Honoré jusqu'à la porte Saint-Denis. Partout sur le chemin on trouva une infinité de carrosses et de peuple. Quand on fut à la porte du faubourg Saint-

Denis (1), elle se trouva trop basse pour que le chariot pût passer; on la fit abattre, et cela retarda la marche d'une heure; on arriva à sept heures du matin à la porte de la ville de Saint-Denis (2), où les religieux vinrent au-devant du corps. Là MM. les évêques, le chevalier d'honneur, le premier écuyer, et les quatre aumôniers mirent pied à terre, et l'on marcha en procession jusqu'à l'église; le chariot n'entra point dans la cour de l'église, qui est fort petite; les gardes que l'on avoit envoyés devant tirèrent le corps du chariot; les religieux le reçurent à la porte de leur église en dedans; ils le vouloient recevoir en dehors, mais, comme il pleuvoit, ils consentirent que ce fut en dedans. M. de Meaux fit un fort beau discours; ils lui répondirent avec des termes pleins de reconnoissance; ensuite ils firent leurs encensements, y jetèrent de l'eau bénite, et puis les Pères portèrent les quatre coins du poêle et l'on porta le corps dans le chœur tendu de noir ainsi que la nef. Je fus toujours à cheval durant la marche qui dura douze heures, et, en entrant dans l'église, je repris la couronne des mains de l'écuyer, et la portai jusqu'au lieu où l'on posa le corps. Une heure après être arrivés, M. de Meaux célébra la messe, et à la communion du calice il communia avec un chalumeau. Le diacre et le sous-diacre communièrent à un autre autel, mais du même calice, après avoir reçu l'hostie des mains de M. de Meaux. Les princesses ne demeurèrent point au service; elles s'en retournèrent à Marly ou à Paris. Dans la marche toutes les troupes portoient des flambeaux et des écharpes noires, les timbales couvertes de crêpes, les trompettes sonnant à la sourdine, et les armes renversées.

---

(1) Cela est mal expliqué, c'est la porte de la ville de Saint-Denis. (*Note du manuscrit original.*)

(2) Il y a sûrement erreur dans cet article; la porte abattue est mal placée, comme il est dit plus haut. (*Note du manuscrit original.*)

Mardi 2, à Marly. — Le roi eut hier au soir la nouvelle de la mort de M. de Lorraine, et en a eu aujourd'hui la confirmation. Il est mort, en sept ou huit heures de temps, d'un catharre suffoquant, à Wels en Autriche, allant d'Inspruck à Vienne. — La reine d'Angleterre a eu des nouvelles d'Irlande par un courrier qui en est parti le 22 du mois passé. Le roi son mari lui mande qu'il a fait entrer du secours dans Charlemont que les troupes de M. de Schomberg assiégent; la Caillemotte, qui commandoit 600 chevaux, y a été battu, et son lieutenant-colonel tué. — Il est arrivé un courrier extraordinaire de Rome. On écrit que nous aurons bientôt les bulles; mais l'affaire n'est pas encore finie. — Le roi a donné 10,000 écus à M. de Luxembourg pour faire son équipage; il ne donne d'ordinaire que 20,000 francs aux généraux de ses armées. Il a pris congé du roi, et s'en va droit à Valenciennes.

Mercredi 3, à Versailles. — Le roi revint ici de Marly en chassant. Les grands officiers et les dames de madame la Dauphine allèrent lui faire la révérence en grand manteau et en mante. Il leur dit : « Nous avons des compliments à nous entrefaire; il n'y a qu'à se louer de votre conduite et de tous les officiers de madame la Dauphine; j'aurai soin des grands et des petits. » Je ne lui ai point présenté les officiers de la maison, parce qu'ils sont à Saint-Denis. Madame d'Arpajon lui présenta les femmes de chambre; la nourrice et sa fille, comme premières femmes de chambre, ont eu permission de porter des mantes. Monseigneur, qui avoit couru le loup le matin avec Madame, arriva ici avant le roi. Nous voulions tous aller chez lui en corps, mais nous le trouvâmes sortant de la chambre du roi, et il nous dit que partout c'étoit comme chez lui; et qu'il recevoit là nos compliments. — M. du Maine a pris congé du roi pour s'en aller en Flandre. — M. le duc de Chartres est ici pour y demeurer; il y fera ses exercices.

Jeudi 4, à Versailles. — Le roi alla au salut, et se promena ensuite. Monseigneur alla se promener à Saint-Cloud avec Monsieur. M. de Rivarolles a vendu le régiment Royal-Piémontois 85,000 francs à M. de Bouzols, qui est dans la petite gendarmerie; son fils étoit trop jeune pour avoir le régiment. — Le roi n'a pas voulu que les compagnies fissent des services publics pour madame la Dauphine, ni des oraisons funèbres; l'Académie avoit voulu donner l'exemple, et S. M. a loué son zèle; on a voulu marquer quelque différence entre la reine et madame la Dauphine. M. l'archevêque a fait faire des prières particulières et point de publiques. — On a eu nouvelles d'Espagne que beaucoup des vaisseaux anglois et hollandois qui avoient escorté la reine d'Espagne ont péri. Celui qui l'avoit portée, et qui étoit de quatre-vingt-dix pièces de canon, a échoué à la côte. Il y a deux gros vaisseaux de guerre hollandois qui, dans la tempête, se sont entrechoqués et ont péri tous deux. Les vaisseaux qui n'ont pas fait naufrage ont tellement souffert de la tempête, qu'ils ont été obligés de rentrer dans les ports d'Espagne, où ils attendront de nouveaux agrès de Hollande et d'Angleterre avant que de continuer leur route.

Vendredi 5, à Versailles. — Le roi donna audience au chapitre de Notre-Dame qui venoit remercier S. M. d'avoir donné à M. l'archevêque sa nomination au cardinalat; cela ne s'étoit point encore pratiqué. Le doyen portoit la parole, et le roi lui répondit sur chaque article avec son éloquence ordinaire. — On fit le matin un service à la paroisse pour madame la Dauphine; tous les officiers de la maison y étoient; les hommes n'avoient point de grand manteau, ni les dames n'avoient point de mante, et l'on n'y fit point la cérémonie ordinaire. — Madame de Maintenon y étoit. — Le roi alla à sa grande écurie voir monter à cheval M. de Chartres pour la première fois, et ensuite il alla tirer. — La flotte du roi est arrivée à Brest et a amené 5,800 Irlandois. — La flotte qui a mené la reine d'Espagne à la Corogne a beaucoup souffert de la tempête. Trois gros navires de guerre ont péri ou échoué. — M. de Lauzun est allé à Dublin. Le roi d'Angleterre a envoyé un brevet de lieutenant général à la Hoguette, et deux maréchaux de camp pour commander sous lui; M. d'Hamilton en est un.

Samedi 6, à Versailles. — Le roi reçut après son dîner les compliments du parlement, de la chambre des comptes, de la cour des aides, de la cour des monnoies, et de la ville; ces compagnies allèrent ensuite chez Monseigneur, qui se leva et se découvrit pour recevoir les trois premières. Le premier président du parlement lui dit d'abord : « Monseigneur, le roi nous avoit commandé de venir ici, » et il avoit dit, en finissant son compliment au roi : « Sire, V. M. nous commande donc d'aller chez Monseigneur. » A cinq heures après midi la reine d'Angleterre vint ici en mante. Le roi la reçut dans son grand cabinet; il y avoit vingt-deux dames assises; elle alla ensuite chez Monseigneur, chez MM. ses enfants, chez Monsieur et chez Madame. — Après que le premier président eut parlé, le procureur général et M. de Lamoignon, avocat général, s'approchèrent du roi, et le procureur général porta la parole en l'absence de M. Talon, le plus ancien des avocats généraux qui eût parlé. C'est une chose établie depuis trente ans, et les gens du roi avoient accoutumé seulement de se présenter. Quand la cour des monnoies et la ville entrèrent chez Monseigneur, il se découvrit et ne se leva point. — La ville ne se met point à genoux pour haranguer Monseigneur.

Dimanche 7, à Versailles. — M. de Catinat doit être entré aujourd'hui avec les troupes du roi dans le Piémont. Il va d'abord à Suse. Le roi a su que M. de Savoie a fait un traité avec l'Empereur et les Espagnols. — Le roi a été voir la reine d'Angleterre; Monseigneur y a été ensuite et y a mené dans son carrosse M. le duc de Bourgogne; il y fit monter M. de Beauvilliers. La reine d'Angleterre demanda à Monseigneur s'il ne falloit point donner un fauteuil à M. le duc de Bourgogne, et lui en fit donner un. Ensuite Monsieur et Madame vinrent et eurent des fauteuils. M. de Chartres n'eut qu'un pliant. Madame la maréchale de la Mothe y mena aussi M. le duc d'Anjou et M. le duc de Berry après que Monseigneur en fut sorti. — Le mariage de mademoiselle d'Humières avec M. de Chappes est raccommodé; M. le maréchal d'Humières promet de céder la duché au mois de mars prochain à M. de Chappes, et laisse sa promesse par écrit entre les mains de M. de Lamoignon, qui étoit l'un des entremetteurs de cette affaire.

Lundi 8, à Versailles. — Le chevalier de Saucourt a traité avec M. de la Trousse de la charge de capitaine lieutenant des gendarmes de Monseigneur; il lui donne en payement son guidon des gendarmes du roi pour 100,000 francs, et 95,000 francs que M. de la Trousse devoit à M. de Louvois et dont madame de Saucourt se charge. Monseigneur donne au chevalier de Saucourt les entrées chez lui, et le roi lui donne un brevet de retenue de 85,000 livres; il n'a déboursé que cette somme pour son guidon, parce que le roi paya 15,000 francs pour lui. — Le roi et Monseigneur ont donné audience ce matin à l'ambassadeur de Venise et à l'envoyé de Mantoue, et a fait dire à l'ambassadeur de Savoie qu'il ne vouloit pas le voir. L'après-dînée, le roi alla à la chasse, et puis revint à Trianon se promener avec les dames et y soupa; madame de Maintenon en revint de bonne heure, et le roi y demeura et se mit à table avec Monseigneur, madame la princesse de Conty, mademoiselle de Blois, madame de Beauvilliers, madame la princesse d'Harcourt, madame la comtesse de Grammont, la duchesse de Choiseul, madame de Mortemart, madame de Dangeau et les dames des princesses. Monseigneur, avant de souper, s'étoit promené sur le canal avec madame la princesse de Conty, et puis les dames jouèrent; mais le roi ni Monseigneur ne jouèrent pas.

Mardi 9, *à Versailles.* — Le roi dîna à son petit couvert, et alla tirer. Monseigneur courut le loup. — Le roi, depuis qu'il est revenu de Marly, soupe dans son appartement et entre dans sa chambre après son souper, où il demeure quelque temps avec les dames qui ont été à son souper. — Le roi a eu nouvelles que M. de Catinat avoit fait attaquer les Barbets qui se sont retranchés en des lieux qu'il n'a pu forcer; le colonel de la Sarre y a été blessé, et son lieutenant-colonel, qui s'étoit trop avancé, a été pris et blessé. M. de Catinat voyant qu'on ne pouvoit forcer leurs retranchements et qu'ils avoient empli le seul sentier par où on pouvoit aller à eux d'arbres coupés et de gros morceaux de roc qu'ils avoient détachés, a fait retirer les troupes de bonne heure, et cela fait que l'on a perdu peu de gens. — Le roi a donné l'appartement qu'avoit M. de Lauzun à M. l'évêque de Metz.

Mercredi 10, *à Versailles.* — Le grand conseil vint ici haranguer le roi et Monseigneur. M. Bignon qui en est à cette heure le premier président, harangua. — Le roi alla tirer l'après-dînée. Monseigneur courut le cerf avec Madame, qui vint de Saint-Cloud pour la chasse. — M. de Montausier est retombé, et on n'en espère plus rien; M. l'évêque de Nîmes, qui est toujours auprès de lui pour l'exhorter à la mort, lui a fortement conseillé de voir M. le duc d'Uzès, son gendre, et M. de Montausier le verra demain, quoique M. d'Uzès ne veuille pas voir madame la duchesse d'Uzès, sa femme, qui étoit tout ce que souhaitoit M. de Montausier pour tâcher, avant sa mort, de mettre la paix dans sa maison. — M. de Gacé est revenu d'Irlande; il assure que le roi d'Angleterre a une armée de 30,000 hommes et de bonnes troupes; les chevaux pour la cavalerie commencent à manquer en ce pays-là.

Jeudi 11, *à Versailles.* — Monsieur, que l'on n'attendoit point ici, vint à midi de Saint-Cloud; il dit au roi que M. de Savoie avoit envoyé un courrier à son ambassadeur, et que cet ambassadeur, n'osant plus paroître à la cour, avoit supplié Monsieur de vouloir agir pour M. de Savoie et intercéder auprès du roi; mais M. de Savoie n'offre encore rien; ainsi ce courrier-là est inutile, et nos troupes n'entreront pas moins dans la Savoie. — Le roi alla le soir se promener et souper à Trianon avec madame la Duchesse et les dames. Monseigneur et Monsieur allèrent se promener et souper à Sceaux avec madame la princesse de Conty. M. de Montausier a reçu le viatique, et a vu M. le duc d'Uzès; mais M. d'Uzès n'a point voulu voir sa femme quelque instance que lui ait faites M. de Montausier. — Le roi a donné à Cheviré, lieutenant aux gardes, la compagnie qui étoit vacante par la mort du chevalier de Lusancy.

Vendredi 12, *à Versailles.* — L'Académie françoise vint ici haranguer le roi et Monseigneur; l'abbé de Lavau portoit la parole. — Le roi dîna à son petit couvert, et alla tirer. — M. le marquis d'Huxelles a eu ordre de passer le Rhin à Brisach avec dix-huit escadrons de cavalerie, six de dragons et cinq bataillons d'infanterie, et de faire subsister ses troupes sur le pays ennemi. — Les dernières nouvelles d'Angleterre portent que le prince d'Orange veut passer en Irlande, et doit pour cela partir de Londres le 20 de ce mois; on doute fort ici qu'il fasse ce voyage-là.

Route de Monseigneur, qui doit partir le 17 de ce mois.

Monseigneur va de Versailles coucher à Germigny et delà à Vitry. A Vitry il trouvera les mousquetaires, et n'ira plus qu'à petites journées :

Le 18 à Vitry, le 19 à Saint-Dizier, le 20 à Ligny, le 21 à Toul, le 22 à Nancy, le 23 à Nancy, le 24 à Lunéville, le 25 à Blamont, le 26 à Sarrebourg, le 27 à Saverne, le 28 à Strasbourg, le 29 à Strasbourg, le 30 à

Haguenau, le 31 à Wissembourg, le 1ᵉʳ juin à Landau.

Samedi 13, *à Versailles.* — Le roi signa, le matin, le contrat de mariage de M. de Chappes avec mademoiselle d'Humières; M. le maréchal d'Humières promet de céder sa duché à son gendre au mois de mars prochain, et laisse sa démission entre les mains de M. de Lamoignon, l'avocat général; mademoiselle d'Humières a déjà reçu les présents de toute la famille du duc d'Aumont. — Le roi alla l'après-dînée à la chasse. — Monseigneur, qui a eu permission de faire son jubilé par avance, l'a achevé aujourd'hui et s'est confessé ce soir. — M. le cardinal d'Estrées, qui doit être reçu demain chevalier de l'ordre, prétendoit que, dans la cérémonie, les cardinaux qui ont été reçus à la dernière promotion avoient laissé perdre des distinctions qui leur appartenoient; il demandoit d'être assis sur un tabouret, comme le sont les princes du sang, et de n'être pas sur le banc avec les évêques qui ont l'ordre; mais on s'en est tenu à ce qui s'est fait en dernier lieu. — Le roi, avant que d'aller à la messe, a fait M. d'Arcy chevalier de Saint-Michel; il sera reçu demain chevalier du Saint-Esprit.

Dimanche 14, *à Versailles.* — Le roi, au sortir du conseil, marcha à la chapelle en procession par son petit appartement, descendit par le degré qu'on appeloit le degré de la Reine, et traversa la cour pour entrer dans la chapelle. M. de Metz, prélat de l'ordre, officioit; avant la messe, le roi reçut chevalier M. le cardinal d'Estrées, qui prêta serment à genoux; autrefois les cardinaux le prêtoient debout. — Comme M. d'Avaux n'a point encore paru depuis qu'il est revenu d'Irlande, et que M. de Seignelay est malade, M. de Châteauneuf a fait la fonction de prévôt de l'ordre. Après la messe, le roi reçut M. d'Arcy qui fut présenté par MM. de la Salle et de Beringhen, les deux plus anciens chevaliers gentilshommes qui fussent à la cérémonie. — Monseigneur fit ses dévotions. — On a publié aujourd'hui le jubilé pour cette semaine. — M. de la Trémoille, qui servira cette année de premier gentilhomme de la chambre auprès de Monseigneur, M. le Prince, M. de Vendôme et moi prîmes congé de S. M. Nous rejoindrons Monseigneur jeudi à Vitry ; il ne partira que mercredi.

Lundi 15, *à Versailles.* — Le roi dîna à son petit couvert, et alla tirer. Il commence aujourd'hui son jubilé. — Monseigneur alla à Chaillot dire adieu à la reine d'Angleterre, qui y passera la semaine pour y faire son jubilé. — M. de Chappes épousa, à Paris, mademoiselle d'Humières ; la noce se fit à l'Arsenal ; les mariés avoient dîné à l'hôtel d'Aumont ; M. de Chappes porte présentement le nom de marquis d'Humières. — M. le grand-prieur se préparoit à servir cette année de volontaire avec M. son frère, mais le roi lui a fait dire qu'il souhaitoit qu'il ne vînt pas dans l'armée de Monseigneur.

Je partis ce jour-là de Versailles, et vins coucher à Armainvilliers avec Florensac et l'abbé de Beuvron.

Mardi 16, *à Versailles.* — Le roi a donné à Monseigneur une instruction par écrit que personne n'a vue. — M. de Saint-Pouanges rejoindra Monseigneur à Vitry, et sera toujours auprès de lui. — M. le maréchal de Lorges a marché avec la cavalerie à Neustadt ; il y fait venir quelque infanterie, et puis, quand elle l'aura joint, il s'avancera entre Worms et Mayence. Les troupes ont commencé à camper. Le comte de Coigny, maréchal de camp, est détaché avec le marquis d'Huxelles. — On avoit eu quelque petit rayon d'espérance pour M. de Montausier ; il est retombé, et l'on ne croit pas qu'il passe la journée de demain. — Ce jour-là nous fûmes dîner à Monglas et coucher à Sézanne.

Mercredi 17, *à Versailles.* — *Départ de Monseigneur de Versailles pour aller commander l'armée d'Allemagne.*

Monseigneur partit l'après-dînée, et vint coucher à Germigny, maison de campagne de M. de Meaux ; il avoit

avec lui M. de Vendôme en chaise de poste comme lui, le comte de Brionne et Sainte-Maure à cheval, outre les officiers qui le suivent toujours. Après souper Monseigneur joua à mornifle contre M. de Vendôme. — M. de Montausier * mourut à Paris, après une fort longue maladie ; il avoit quatre-vingts ans. Il laisse le gouvernement de Normandie vacant et une quatrième place dans les chevaliers de l'ordre; il jouissoit des appointements de gouverneur de Monseigneur, qui sont de 48,000 francs; il avoit, outre cela, près de 30,000 livres pour le gouvernement de Saintonge et d'Angoumois, qu'il avoit cédé à M. d'Uzès, son gendre, et dont il s'étoit réservé les appointements. Il avoit cédé aussi à M. d'Antin, quand il épousa sa petite-fille, la lieutenance de roi d'Alsace, qui vaut 8,000 francs; le gouvernement de Normandie vaut encore 25,000 écus. M. de Montausier avoit vendu les gouvernements de Caen et de Dieppe.
— Ce soir-là nous vînmes coucher à Semoine, entre Sézanne et Vitry. MM. de Rubantel et de Vivans, officiers généraux de l'armée de M. de Boufflers, nous y joignirent. M. de Chiverny et le comte de Saumery, son beau-frère, y vinrent aussi.

* M. de Montausier étoit Sainte-Maure et de fort bonne maison. Beaucoup de courage, d'esprit et de lettres, une vertu hérissée et des mœurs antiques firent de lui un homme extraordinaire; toutes choses qui devoient faire obstacle à sa fortune et qui la lui firent. On a peine toutefois à concilier de telles mœurs, et encore plus celle de sa femme, avec leur complaisance pour les amours du roi. Elle étoit Angennes, fille de Ch., marquis de Rambouillet, chevalier du Saint-Esprit en 1619, ambassadeur en Espagne en 1627, etc., mort à Paris 26 janvier 1652, à soixante-quinze ans. Il étoit fils de Nic., sieur de Rambouillet, chevalier du Saint-Esprit en 1580, capitaine des gardes d'Henri III, et gouverneur de Metz, ambassadeur à Rome et en Allemagne, et il étoit neveu du cardinal d'Angennes, de Louis, sieur de Maintenon, chevalier du Saint-Esprit en 1581, ambassadeur en Espagne, et grand maréchal des logis de la maison du roi, et de Jean Ier de Poigny, chevalier du Saint-Esprit en 1585, et ambassadeur en Savoie et à Vienne.
Le marquis de Rambouillet avoit épousé l'héritière de Vivonne, dont

il ne laissa que deux filles, l'aînée héritière qui épousa M. de Montausier, 13 juillet 1645, et la cadette fut la première femme du dernier comte de Grignan, chevalier du Saint-Esprit, dont une fille unique qui épousa Vibrais Hurault, malgré M. de Grignan et toute sa famille de père et de mère qui furent plusieurs années sans les voir. L'hôtel de Rambouillet étoit dans Paris une espèce d'académie des beaux esprits, de galanterie, de vertu et de science, car toutes ces choses-là s'accomodoient alors merveilleusement ensemble, et le rendez-vous de tout ce qui étoit le plus distingué en condition et en mérite, un tribunal avec qui il falloit compter, et dont la décision avoit grand poids dans le monde sur la conduite et sur la réputation des personnes de la cour et du grand monde, autant pour le moins que sur les ouvrages qui s'y portoient à l'examen. Ce furent toutes ces choses, bien plus que la beauté de mademoiselle de Rambouillet, qui n'en avoit aucune, mais à qui l'esprit et le goût du temps donnoient force adorateurs, qui piqua M. de Montausier d'être le plus heureux, et dont la constance fut couronnée; mais on eut lieu d'être surpris de ce qu'une élève de l'hôtel de Rambouillet, et, pour ainsi-dire, l'hôtel de Rambouillet en personne, et la femme de l'austère Montausier, succédât à la place de dame d'honneur de la reine, à madame de Navailles, si glorieusement chassée pour n'avoir pu tolérer les entrées nocturnes du roi dans la chambre des filles, et en avoir muré la porte par où il venoit, et y trouva visage de pierre. On peut juger que ce choix n'étoit pas à dessein de prouver la même conduite; mais ce qui surprit encore d'avantage, ce fut la protection que madame de Montespan trouva auprès de madame de Montausier au commencement de son éclat avec son mari pour les amours du roi, et de l'asile que le roi lui-même lui donna en choisissant M. et madame de Montausier pour retirer madame de Montespan chez eux au milieu de la cour, et pour l'y garder contre son mari. Il y pénétra pourtant un jour, et voulant arracher sa femme d'entre les bras de madame de Montausier, qui cria au secours de ses domestiques, il lui dit des choses horribles, et mêla ses reproches des injures les plus atroces. Elle en fut encore plus troublée qu'irritée, et quelque temps après, descendant avec son écuyer et ses gens un petit degré pour aller de chez elle chez la reine, elle trouva au tournant du degré une femme assez mal mise qui l'arrêta, lui fit des reproches sanglants sur madame de Montespan, et lui parla même à l'oreille. Les gens de la dame d'honneur voulurent maltraiter cette femme, mais elle les en empêcha, et tout éperdue voulut entrer chez la reine, puis remonta chez elle, s'y trouva mal, et tomba incontinent dans une maladie de langueur qui dura plus d'un an, qui bientôt après son commencement lui fit fermer la porte à tout le monde. On prétendit que sa tête se troubloit souvent, et l'on ne sut si cette femme qui lui avoit parlé en étoit une ou un fantôme. Enfin, madame de Montausier, qui ne parut jamais depuis cette aventure, en mourut à soixante-quatre ans, avril 1671, et ne laissa qu'une fille unique qui épousa le duc d'Uzès, et qui tint la maison de son père. L'éducation qu'il fit de Monseigneur (1), ne répondit pas à l'attente. Le célèbre Bossuet, évêque de Meaux, qui la partagea avec lui comme précepteur, n'y fut pas plus heureux. Ce ne fut donc pas leur faute.

Mais je ne puis quitter M. de Montausier sans en rapporter une aventure qui le caractérise mieux que tout ce qu'on en pourroit dire. Molière fit *le Misanthrope*. Cette pièce fit grand bruit, et eut grand succès à Paris avant que d'être jouée à la cour. Chacun y reconnut M. de Montausier, et prétendit que c'étoit lui que Molière avoit en vue. M. de Montausier le sut, et s'emporta jusqu'à faire menacer Molière de le faire mourir sous le bâton. Le pauvre Molière ne savoit où se fourrer; il fit parler à M. de Montausier par quelques personnes, car peu osèrent s'y hasarder; et ces personnes furent fort mal reçues. Enfin, le roi voulut voir *le Misanthrope*, et les frayeurs de Molière redoublèrent étrangement; car Monseigneur alloit aux comédies, suivi de son gouverneur. Le dénouement fut rare : M. de Montausier, charmé du *Misanthrope*, se sentit si obligé qu'on l'en eût cru l'objet, qu'au sortir de la comédie il envoya chercher Molière pour le remercier. Molière pensa mourir du message, et ne put se résoudre qu'après bien des assurances réitérées. Enfin il arriva toujours tremblant chez M. de Montausier, qui l'embrassa à plusieurs reprises, le loua, le remercia, et lui dit qu'il avoit pensé à lui en faisant *le Misanthrope* qui étoit le caractère du plus parfaitement honnête homme qui pût être, et qu'il lui avoit fait trop d'honneur, et un honneur qu'il n'oublieroit jamais, tellement qu'ils se séparèrent les meilleurs amis du monde, et que ce fut une nouvelle scène pour la cour, meilleure encore que celle qui y avoit donné lieu.

M. de Montausier, parmi toutes ses façons dures et austères, étoit infiniment respecté, considéré et craint, et avoit beaucoup d'amis; c'étoit un homme avec qui il falloit compter, pour qui le roi eut toujours des égards infinis et beaucoup de confiance, et Monseigneur une déférence totale tant qu'il a vécu, et qui, bien que peu affligé de sa mort, a conservé toujours pour tout ce qui lui a appartenu, et jusqu'à ses domestiques, toutes sortes d'égards et d'attentions. La propreté de M. de Montausier, qui vivoit avec une grande splendeur, étoit

---

(1) *Voy.* sur l'éducation de Monseigneur, les fragments très-curieux des *Mémoires inédits de Dubois*, gentilhomme servant du roi, publiés par M. Léon Aubineau, dans le t. IV de la *Biblioth. de l'École des Chartes*.

redoutable à sa table, où il a été l'inventeur des grandes cuillères et des grandes fourchettes qu'il mit en usage et à la mode. Il avoit quatre-vingts ans.

Il n'y a pas moyen de quitter M. de Montausier sans faire mention d'une rare anecdote sur Monseigneur qui avoit été élevé dans une singulière innocence de mœurs. Lorsqu'il fut sur le point d'aller à Châlons où il se maria, le roi, qui craignoit qu'il ne fût bien neuf, dit à M. de Montausier de l'instruire, qui n'en goûta point du tout la proposition. Peut-être s'acquitta-t-il trop légèrement de cette commission; mais, comme il étoit la vérité même, lorsque le roi lui en demanda des nouvelles, il lui avoua qu'il avoit mal réussi, et qu'il n'espéroit pas de réussir mieux, et le roi à rire de sa modeste franchise. Il crut donc devoir suppléer au gouverneur, et prit Monseigneur en particulier dans son cabinet; mais ce qu'il y eut de plaisant, c'est qu'il n'eut pas mieux le don de se faire entendre, et qu'il en fut si étonné, pour ne pas dire piqué, que trouvant M. de Montausier au sortir de cette belle conversation : « Monsieur, lui dit-il, je viens de parler à mon fils, et vous voyez que j'en sue; j'ai tourné tant que j'ai pu, et à la fin je lui ai dit pendant une grosse demi-heure ce qu'on auroit honte de dire dans les mauvais lieux, sans avoir pu venir à bout de lui faire rien entendre. Au bout du compte, il ne faut pas avoir un affront : mettez-le entre les mains de M. d'Uzès, et qu'il lui en dise tant, qu'il se fasse comprendre. Je vous dis très-sérieusement de le faire; au moins faut-il espérer que celui-là réussira. » M. de Montausier répondit d'une révérence, point trop fâché que le roi, qui s'étoit un peu moqué de lui et de sa retenue, n'y eût fait que blanchir lui-même. Il parla à son gendre et lui livra Monseigneur tête à tête, qui crut l'avoir bien instruit. Mais on prétendit qu'à Châlons il avoit tout oublié, et qu'on fut fort en peine, tellement que la maréchale de Rochefort, qui, à trente-cinq ans, étoit encore fraîche et piquante, lui donna enfin une leçon entre deux portes qui réussit parfaitement et dont personne ne lui sut mauvais gré.

Jeudi 18, à Vitry. — Monseigneur vint dîner à Aty, où il fit mettre à table avec lui M. l'archevêque de Reims et M. l'évêque de Châlons, parce qu'ils sont pairs; il n'y fait point mettre les autres évêques. Monseigneur arriva à Vitry sur les huit heures. M. de Saint-Pouanges lui donna la commission du roi, scellée du grand sceau, pour commander l'armée d'Allemagne. Le connétable n'avoit pas besoin de commission pour commander les armées, et choisissoit celle qu'il vouloit commander, et il faut une commission pour monseigneur le Dauphin comme pour les autres généraux d'armée. Le roi met à la suscription : A mon fils le Dauphin, mon lieutenant général commandant mon armée d'Allemagne. — M. de la Trémoille, M. le Premier, M. de Chiverny, M. de Florensac et moi joignîmes Monseigneur à Vitry. — Monseigneur a trouvé ici trois cents mousquetaires du roi, cent cinquante de chaque compagnie, qui le suivront à l'armée et le garderont partout où il n'y aura point d'infanterie et camperont à l'armée devant son quartier, hors de la ligne.

Vendredi 19, *à Saint-Dizier.* — Monseigneur vint de Vitry, où il avoit couché, dîner à Haye, où M. le prince de Conty le joignit; Monseigneur arriva à Saint-Dizier à deux heures; il joua à culbas et au reversis jusqu'à neuf heures. — Nous apprenons de Versailles que M. le comte de Soissons a eu permission du roi de vendre son régiment; il y est nécessité pour n'avoir pas une pistole ni de quoi faire sortir son équipage de Paris; il avoit espéré que le roi lui donneroit quelque gratification, comme l'année passée; mais on croit que S. M. n'a pas été contente de lui, sur la difficulté qu'avoit fait madame la comtesse de Soissons, sa femme, de venir garder le corps de madame la Dauphine. — Monseigneur fait donner 50 écus dans la maison où il couche, 50 livres dans la maison où il dîne; et un officier de ses gardes distribue en chemin, tous les jours, 50·écus aux pauvres qui se trouvent sur sa route.

Samedi 20, *à Ligny.* — Monseigneur vint dîner de Saint-Dizier à Aunoy, et coucher à Ligny; il logera dans le château. Madame de Luxembourg s'en alla à un quart de lieue de Ligny dans un couvent, afin de laisser sa maison libre. Monseigneur, avant que de partir de Ligny, lui envoya un écuyer pour lui faire des compliments. — M. de Bissy, lieutenant général de Lorraine, vint saluer Monseigneur à Ligny, et M. de Boufflers y envoya son capitaine des gardes, n'y pouvant venir. Il est à Trèves, où il fait assembler l'infanterie de l'armée qu'il commandera ; l'herbe est encore si courte en ce pays-là qu'il n'assemble point sa cavalerie. — Les nouvelles qui nous viennent d'Allemagne portent que M. de Bavière commandera l'armée de l'empereur et de l'Empire, et qu'il aura sous lui le vieux prince Herman de Bade.

Dimanche 21, *à Toul.* — Monseigneur vint dîner au Mesnil-l'Aorgue et coucher à Toul. Monseigneur a fait manger M. de la Chesnaye avec lui ; il est un de ses aides de camp. — Avant que Monseigneur partît de Versailles, madame la maréchale de la Mothe lui demanda qu'il donnât les entrées chez lui à M. de Chappes, son petit-fils, qui porte le nom de marquis d'Humières ; Monseigneur les lui accorda. — Nous apprenons de Versailles que le roi a donné l'appartement qu'avoit M. de Montausier à madame la comtesse de Gramont. — Il est venu un second courrier de M. de Savoie, qui fait quelques propositions ; mais elles ne contentent pas encore le roi.

Lundi 22, *à Nancy.* — De Toul, Monseigneur vint tout d'une traite dîner à Nancy. Le vilain temps l'empêcha de visiter les travaux de la place ; le soir il fit souper avec lui MM. d'Haraucour et de Thianges, Lorrains ; il trouva, avant que d'entrer à Nancy, cinq compagnies de dragons du régiment de Bretoncelles. — M. de Boufflers a envoyé M. le comte de Mornay savoir des nouvelles de Monseigneur ; il assemble sa cavalerie présentement vers Arlon, et s'avancera plus avant dans le pays de Luxembourg pour la faire subsister.

Mardi 23, *à Nancy.* — Monseigneur séjourna à Nancy ; et le matin, après sa messe, visita tous les travaux de la place à cheval, et puis il vit un bataillon de milices de Limoges. L'après-dînée, il fit le tour de la place en dedans par le chemin des rondes. Il fit dîner avec lui MM. de Beauveau et de Gerbevilliers, et souper avec lui

MM. de Tornielle et de Couvonges et le prince de Lixen (1), qui avoit épousé une sœur de feu M. de Lorraine, oncle du dernier mort. — Monsieur le Duc arriva l'après-dînée. — Nous apprenons de Flandre que M. de Luxembourg est présentement campé à Leuze, et que les Flamands se plaignent fort des Hollandois, qui laissent manger leur pays.

Mercredi 24, à Lunéville. — Monseigneur vint dîner à Saint-Nicolas et coucher à Lunéville. Il est escorté du régiment de dragons d'Asfeldt; les mousquetaires et ce régiment ont campé. — Par les nouvelles de Versailles, nous apprenons que le roi a donné l'évêché de Tournay à l'abbé de la Salle, un de ses aumôniers; l'abbaye de Flavigny à M. le duc de Bournonville, beau-frère de M. de Noailles, qui est retiré à Provins dans un couvent; l'abbaye de Bousonville en Lorraine à M. d'Athis, lieutenant des Cent-Suisses, pour un de ses neveux; et l'abbaye de Chartreuve à l'ancien curé de Saint-Germain-en-Laye. — Le roi a donné le gouvernement du Pont-de-l'Arche en Normandie, qu'avoit M. de Montausier, avec le gouvernement de la province, à Béthomas, officier des gardes du corps et neveu de Bontemps.

Jeudi 25, à Blamont. — Monseigneur dîna à Augiervilliers, et coucha à Blamont. Après être arrivé, il joua à culbas, puis alla au salut et se promena ensuite dans la prairie, et revint jouer au reversis jusqu'à souper, comme il a toujours fait depuis son voyage; les troupes qui escortent Monseigneur campent. — M. le prince de Birkenfeld s'étoit accommodé du régiment d'Alsace avec le comte de Hanau, son neveu, qui y étoit capitaine; mais le roi l'a trouvé trop jeune pour commander ce régiment-là; le comte de Hanau a quitté sa compagnie, et demande permission au roi de servir de volontaire

---

(1) Il est de la maison de Grimaldi, Génois. (*Note du Ms. du ministère des Affaires étrangères.*)

dans l'armée de Monseigneur. — Le roi a pris le deuil de M. de Lorraine; voici par où il étoit son parent: M. de Lorraine étoit fils de la princesse Claude, fille d'une princesse de Mantoue, fille d'une sœur de Marie de Médicis; ainsi la mère du duc de Lorraine étoit cousine née de germain du roi.

Vendredi 26, à Sarrebourg. — Monseigneur dîna à Saint-Georges et coucha à Sarrebourg. — Nous apprenons de Paris que le roi a reçu une lettre de M. de Savoie, qui supplie S. M. de lui rendre l'honneur de ses bonnes grâces. Il livre la citadelle de Turin et Verrue aux troupes du roi; ainsi voilà les affaires de Savoie finies. Il avoit songé à se sauver dans le Milanois, lui sixième et déguisé; ensuite il avoit changé d'avis et vouloit assembler tous ses sujets, et faire main basse sur les François. Mais à la fin, après avoir été trois fois vingt-quatre heures enfermé avec ses ministres sans boire et sans manger, il s'est résolu de se soumettre, et a pris le bon parti. M. de Feuquières resserre les Barbets dans le haut de la montagne, et, comme on ne peut pas les y forcer, il espère les réduire par la famine.

Samedi 27, à Saverne. — Monseigneur vint de Sarrebourg dîner à Phalsbourg. Après son dîner, il visita les travaux de la place en dehors et entra dans l'arsenal, et puis vint coucher à Saverne, où M. de Chamilly et M. de la Grange, intendant de la province, le vinrent recevoir. — M. le comte de Soissons avoit été contraint par le manque d'argent de vendre son régiment, et en avoit traité avec l'abbé de Lignerac, qui lui en donnoit 4,000 pistoles, pour un de ses neveux, capitaine au régiment du roi; mais le marché s'est rompu, et le comte de Soissons a trouvé de quoi partir. — Le roi a fait donner 1,000 pistoles à M. le prince d'Elbeuf. — M. de Montausier, par son testament, laisse à mademoiselle d'Uzès, sa petite-fille, 50,000 écus, et donne sa bibliothèque au petit abbé d'Uzès. — L'appartement qu'avoit la comtesse de Gramont a été donné aux officiers de la garde suisse, comme les François ont celui qui est vis-à-vis, chacun au-dessus de leur corps de garde.

Dimanche 28, *à Strasbourg*. — Monseigneur vint de Saverne dîner à Viltheim, près de Cochberg, et arriva de bonne heure à Strasbourg. Il reçut les compliments des magistrats à la porte, et puis fit le tour de la place en dehors jusqu'à la citadelle. De la citadelle il acheva le tour en dedans, parce qu'il se pressa pour arriver chez lui avant le salut, qu'il a entendu tous les jours depuis jeudi. — Les Espagnols ont fait le comte de Mansfeld grand d'Espagne, et ont mis sa grandesse sur Fondi, dans le royaume de Naples. — Le cardinal Petrucci, accusé d'être quiétiste, a été privé de l'évêché de Jesi, et on veut le priver du cardinalat. — La ville de Strasbourg donne 80,000 francs par an pour les fortifications, qui sont presque entièrement achevées. — M. de la Meilleraye s'est accommodé avec M. le duc de Mazarin, son père, et lui cède le grand bailliage de Haguenau; et son père lui donne pour plus de 100,000 francs de meubles. — Monseigneur le Dauphin a eu avis de différents endroits de la mort de M. l'électeur de Bavière; mais il n'a point voulu débiter cette nouvelle qu'il n'en ait eu la confirmation par des endroits plus assurés. — M. de Luxembourg est présentement campé à Deinse; on croit qu'il s'avancera entre Bruges et Gand sur le canal, et qu'il fera contribuer le pays de Waes.

Lundi 29, *à Strasbourg*. — Monseigneur alla voir le matin les magasins de la ville, puis entendit la messe à la grande église; l'après-dînée il alla à la citadelle voir faire l'exercice à la compagnie de cadets qui y est en garnison, puis alla visiter les forts du Rhin, le fort des Isles, et le fort de Kehl en dedans et en dehors. Monseigneur emmène de Strasbourg avec lui le P. Dez pour son confesseur; il l'avoit déjà été à la campagne de Philipsbourg. — Les nouvelles d'Angleterre portent que milord Shaftesbury a remis les sceaux au prince d'Orange et s'est retiré à la campagne. Plusieurs autres milords se sont retirés aussi. Les orfévres de Londres ne veulent plus avancer l'argent comme ils avoient accoutumé de faire pour toutes les impositions; on mande aussi que les Hollandois ont refusé de donner les 3,000,000 qu'on leur demandoit. — Le voyage du prince d'Orange en Irlande est fort incertain.

Mardi 30, *à Haguenau.* — Monseigneur dîna à Wihersh, et vint coucher à Haguenau. — Nous apprenons de Versailles que notre flotte se mettra à la mer incessamment; elle est composée de quatre-vingt-quatre gros vaisseaux; les moindres portent cinquante gros canons; il y en a dix-sept qui en portent quatre-vingt-dix ou au-dessus. — M. de Savoie, outre la citadelle de Turin et Verrue qu'il livre au roi, lui donne toutes les troupes qu'il a sur pied, qui sont quatre ou cinq mille hommes; cela remplacera les troupes que nous mettons en garnison dans ses places. M. de Catinat a fait dire à M. de Fuensalide qu'il feroit brûler dans le Milanois, s'il n'ordonnoit qu'ils payassent contribution à la France. — Par toutes les villes où Monseigneur a passé dans son voyage, on lui en a apporté les clefs à la porte, comme on fait au roi qui a ordonné qu'on le traitât ainsi.

Mercredi 31, *à Wissembourg.* — Monseigneur envoya les équipages droit à Wissembourg; il alla, lui, dîner au Fort-Louis du Rhin, qu'il visita en dedans et en dehors. De l'autre côté du Rhin on a coupé tous les arbres, si bien qu'on voit présentement trois quarts de lieue devant les ouvrages. Monseigneur vint de là coucher ici. M. de Luxembourg s'est saisi de Courtray, et a mis M. de Pertuis dedans. — On a eu nouvelles que M. de Feuquières a fait attaquer les Barbets; il lui étoit venu huit petites pièces de canon qui lui ont fort servi; on les a forcés, on en a tué deux cent cinquante, et il espère venir bientôt à bout de trois ou quatre cents qui restent encore; ils ont tué Parat, lieutenant-colonel d'Artois, qu'ils avoient pris la première fois qu'ils furent attaqués.

Jeudi 1ᵉʳ juin, à Landau. — Monseigneur dîna à Wissembourg avant que d'en partir; et en arrivant ici, avant que d'entrer dans la ville, il en visita les fortifications en dedans et en dehors. Il a trouvé la place en défense et tous les ouvrages fort avancés. M. le maréchal de Lorges a envoyé ici M. le comte de Choiseul, premier lieutenant général de l'armée, qui escortera Monseigneur. — Notre infanterie, composée de trente et un bataillons, est toujours à Lampsen, auprès de Frankenthal, et le maréchal de Lorges s'est avancé avec la cavalerie à Odernheim, à quatre lieues de Mayence. Il a fait attaquer par les dragons un petit château qui étoit auprès de son camp, où les ennemis avoient laissé quinze ou vingt soldats et quelques schnapans; les dragons ont pris le château, et nous en avons eu douze ou quinze tués ou blessés; Bertillac, maréchal de camp, y a eu une contusion.

Vendredi 2, à Landau. — Monseigneur alla dîner à Philipsbourg; il visita le fort avant que de se mettre à table; après son dîner, il vit tous les ouvrages de la place en dedans et en dehors. De Philipsbourg, Monseigneur revint coucher à Landau, d'où il étoit parti. — M. de Villacerf, le colonel de cavalerie, est venu ici avec M. de Choiseul; son régiment porte présentement le nom de Berry; le roi lui a fait cette grâce-là, l'hiver passé; il étoit commandé pour colonel, et M. de Saint-Valery pour brigadier. — Monseigneur a déclaré aux officiers généraux les postes qu'ils auront à l'armée.

A l'aile droite, première ligne :

M. de Choiseul, lieutenant général,
M. de Bertillac, maréchal de camp.

A l'aile gauche, première ligne :

M. le comte d'Auvergne, lieutenant général.

M. de Tallard, maréchal de camp.

Au centre de l'infanterie de la première ligne :

Le duc de Villeroy, lieutenant général.
Le comte de Soissons, maréchal de camp.

Entre la cavalerie de l'aile droite et l'infanterie, première ligne :

M. de la Feuillée, lieutenant général.
Monsieur le Duc, maréchal de camp.

Entre la cavalerie de l'aile gauche et l'infanterie, première ligne :

M. Rosen, lieutenant général.
M. le prince de Conty, maréchal de camp.

Aile droite de la seconde ligne :

M. de Joyeuse, lieutenant général.
M. de Coigny, maréchal de camp.

Aile gauche de la seconde ligne :

M. de Soubise, lieutenant général.
Mélac, maréchal de camp.

A l'infanterie de la seconde ligne :

Tilladet, lieutenant général.

Le corps de réserve :

M. de Vendôme, lieutenant général.

CAMPAGNE DE MONSEIGNEUR.

Samedi 3, du camp de Winzingen sous Neustadt (1). —

---

(1) Les noms de lieux cités dans cette campagne sont défigurés dans tous les

Monseigneur dîna à Landau à huit heures, et vint ici, où il a quinze cents chevaux, en comptant les gardes et les mousquetaires qu'il a amenés; il n'y a qu'un quart de lieue d'ici à Neustadt, où Monseigneur n'a pas voulu aller, parce que le lieu est trop serré; il y auroit eu de l'embarras pour les équipages. — M. de Lorges a mandé à Monseigneur que M. de Mélac, avec quelque cavalerie, avoit attaqué la petite ville d'Heidesheim, entre Mayence et Bingen, et avoit forcé les troupes qui la défendoient. Il n'a pas voulu en attaquer le château, n'ayant point d'infanterie. M. de Blanchefort y a eu un cheval tué sous lui; la cavalerie a très-bien fait, à ce qu'il mande. — M. des Bordes, gouverneur de Philipsbourg, mande à Monseigneur que M. de Bavière est arrivé à Heildelberg en litière, fort incommodé encore d'une chute qu'il a faite; c'est ce qui avoit causé le bruit de sa mort. — Voici, de l'autre côté, les ordres de bataille des armées de Flandre et d'Allemagne faits de la main du roi, quand Gournay, qui est entre Sambre-et-Meuse, aura rejoint avec ses troupes l'armée de M. de Luxembourg, et quand le marquis d'Huxelles, qui est vers Huningue, aura rejoint avec ses troupes l'armée de Monseigneur.

---

manuscrits. Nous avons pu les rectifier presque tous à l'aide de la *Carte du Cours du Rhin*, en 12 feuilles, à l'échelle du $\frac{1}{100 000}$, publiée par le général Pelet dans l'histoire de la guerre de la succession d'Espagne.

ARMÉE DE MONSEIGNEUR.

ARTILLERIE.
M. de la Frezelière la commande.

Fusiliers. — Fusiliers.

AILE GAUCHE.	**PREMIÈRE LIGNE.**	**AILE DROITE.**
Comte d'Auvergne, lieutenant général.	Duc de Villeroy, lieutenant général.	Comte de Choiseul, lieutenant général.
Tallard, maréchal de camp.	Comte de Soissons, maréchal de camp.	Bertillac, maréchal de camp.
Rosen, lieutenant général.	La Feuillée, lieutenant général.	
Prince de Conty, maréchal de camp.	Monsieur le Duc, maréchal de camp.	
	M. de Neufchelle commande les gardes du corps.	

Brigade de **Fimarcon.**
Colbert.
Talbot.
Fimarcon.
. .
. .
6 6

Brigade de **Florensac.**
Duras.
Florensac.
Cuirassiers.
Colonel général.
. .
. .
6 6 10 16

Brigade de **Dalou.**
Du Roi.
Villeroy.
Vivans.
Camille.
. .
12 14 16 20

Brigade de **Du Perré.**
La Reine.
Lisonois.
La Marine.
. .
. .
6 8

Brigade de **Malause.**
Saulx.
Les Vaisseaux.
Anjou.
Rouergue.
. .
10 12 14 16

Brigade de **Genlis.**
Picardie.
Dauphin.
La Couronne.
Languedoc.
. .
. .
. .

Brigade de **Du Bourg.**
Souvré.
Bourbon.
Berry.
Royal.
. .
. .
6 8 20 20

Brigade de **Lignerat.**
Lorges.
Duras.
Luxembourg.
Gendarmes du Roi.
Chevau-légers du Roi.
Grenadiers du Roi. 1
Noailles. 1
. .
1 1

Brigade de **Barbezières.**
Colonel général.
Barbezières.
Caylus.
. .
. .
. .
6 6

Dragons.

AILE GAUCHE.	**DEUXIÈME LIGNE.**	**AILE DROITE.**
Soubise, lieutenant général.	Tilladet, lieutenant général.	Joyeuse, lieutenant général.
Mélac, maréchal de camp.		Cogny, maréchal de camp.

Brigade de **St.-Germain Beaupré.**
Bercourt.
Monpezoux.
Saint-Germain Beaupré.
Dauphin étranger.
. .
. .
10 20 20 14

Brigade de **Darleus.**
Orléans.
Darleus.
La Bessière.
. .
. .
. .
6 14 14

Brigade de **La Vaisse.**
Guyenne.
Royal-Lyonnois.
Blaterville.
Bourbonnois.
. .
. .
. .
20 14 1 1

Brigade de **Créquy.**
Royal.
Beauvoisis.
Jarzé.
Thianges.
. .
. .
6 6 6 6

Brigade de **Nangis.**
Fusquières.
Crussol.
Bretagne.
La Fère.
Royal de la Marine.
. .
8 10 16 20 20

Brigade de **Gesvres.**
Anjou.
Gesvres.
Du Plessis.
Forest.
. .
. .
20 30 30 20

Brigade de **Saint-Valéry.**
Dauphin.
Saint-Valéry.
Brionne.
Villequier.
. .
. .
60 50 50 50

CORPS DE RÉSERVE.
M. de Vendôme, lieutenant général.

Brigade de **Villepion.**
Bellegarde.
Villepion.
. .
. .
60 60

Brigade de **Cayeux.**
Cayeux.
Noailles Duc.
. .
. .
3 3

2 escadrons de mousquetaires du Roi, qui sont à la garde de Monseigneur.

JUIN 1690.

ARMÉE DE FLANDRE.

ARTILLERIE.
M. du METZ
la commande.

AILE GAUCHE.
M. de CALVO, lieutenant général.
M. de MONTREVEL, maréchal de camp.

Brigade de TESSÉ. — *Brigade de* D'HOUDETOT. — *Brigade de* MONTFORT.

Pompone, Tessé. — Lumbres, Bourgogne, Mestre de camp général. — Charlus, Boufflers, Royal-Roussillon. (Esc.)

PREMIÈRE LIGNE.
M. le duc de CHOISEUL, lieutenant général.
M. de MONTCHEVREUIL, maréchal de camp.

Brigade de POLASTRON. — *Brigade de* SÉGUIRAN. — *Brigade de* VAUBECOURT. — *Brigade de* BOHL.

Greder-Allemand, Toulouse, Le Roi. — Gardes françoises, Gardes suisses. — Vaubecourt, Garde, La Châtre, Royal-Roussillon. — Royal-Allemand, Rohan, Châlon. (Bat.)

AILE DROITE.
M. de MAULEVRIER, lieutenant général.
M. de MAULEVRIER, maréchal de camp.

Brigade de MAGNAC. — *Brigade de* MARSIN. — *Brigade de* D'ALÈGRE.

Cravates du Roi, La Reine, Magnac. — Gendarmerie. — Royal-Dragons, La Reine, Aufrède. (Esc.)

AILE GAUCHE.
M. de GOURNAY, lieutenant général.
M. de RIVAROLLES, maréchal de camp.

Brigade de VANDEUVRE. — *Brigade de* DU ROSEL.

Aubusson, Marquis de Rouillon, Vandeuvre. — Du Rosel, Rotembourg, Furstemberg. (Esc.)

SECONDE LIGNE.
M. le chevalier de TILLADET, lieutenant général.
M. de XIMENÈS, maréchal de camp.

Brigade de STOPPA. — *Brigade de* SAINT-LAURENT. — *Brigade de* CASTRIES.

Stoppa cadet, Stoppa aîné. — Greder-Suisse, Saint-Laurent. — Chappes, Castries, Salis. (Bat.)

AILE DROITE.
M. de GENDIS, lieutenant général.
M. de la VALETTE, maréchal de camp.

Brigade de MASSOT. — *Brigade de* SAINT-SIMON.

Massot, Meriaville, Praslin. — Saint-Simon, Cotolin, Condé. (Esc.)

CORPS DE RÉSERVE.
M. d'ACGER, lieutenant général.

Brigade de LANNION.

Courtbonne, Langlerie. (Esc.)

JUIN 1690.

Dimanche 4, au camp de Lamsheim, près Frankenthal. — Monseigneur commença à monter à cheval, et, dans la marche, fut toujours à la tête des mousquetaires. Il envoya le matin savoir des nouvelles de M. de la Frézelière, lieutenant général, qui est demeuré malade à Neustadt. En arrivant ici, il vit toute l'infanterie en bataille sous une ligne à quatre de hauteur; tous les officiers avec des pertuisanes ou des espontons. M. de la Feuillée, lieutenant général, qui étoit demeuré ici pour commander l'infanterie, salua Monseigneur de l'épée, à cheval. Il y a ici trente et un bataillons, et par bataillon deux cents hommes détachés, qui vont travailler à Philipsbourg et à Landau. — On apprend de Flandre que M. de Luxembourg est toujours campé à Deinse, d'où il fait contribuer le pays de Waes, qui a déjà donné beaucoup d'argent; et les villages qui n'ont point encore payé envoient des otages. M. de Calvo, lieutenant général dans cette armée-là, est à l'extrémité, et a reçu l'extrême-onction. — M. le Duc avoit voulu choisir pour colonel de son régiment M. de Nancré; mais le roi ne l'a pas agréé; il a choisi présentement M. de Vieuxpont, que le roi agrée; il donnera 1,000 pistoles au lieutenant-colonel de ce régiment.

Lundi 5, au camp de Lamsheim. — Monseigneur, qui voulut voir l'infanterie en détail, fit prendre les armes à la première ligne d'infanterie, et la vit compagnie par compagnie en haie. Vertillac, du régiment Dauphin, est major-général; nous avons pour intendant dans cette armée-ci, Lafont, beau-frère de la Trousse; il étoit déjà intendant de l'armée l'année passée. — Nous apprenons de Paris que le marquis de Gesvres, qui doit servir de brigadier de cavalerie dans cette armée, doit épouser ces jours-ci mademoiselle le Camus, fille du lieutenant civil, à qui l'on donne 400,000 francs d'argent comptant et 100,000 francs en bons effets; cela conservera la duché dans la maison, car les créanciers du père veulent faire vendre la terre de Gesvres. — On apprend de

Flandre que M. de Calvo est mort; il laisse une cinquième place vacante dans les chevaliers de l'ordre; il avoit le gouvernement d'Aire, qui lui valoit 18,000 francs, 15,000 francs du roi et 1,000 écus des bateaux. Il avoit, outre cela, 20,000 francs de pension que le roi lui donna après qu'il eut défendu Maestricht.

Mardi 6, au camp de Lamsheim. — Monseigneur vit la seconde ligne en détail, comme il avoit vu la première le jour d'auparavant; puis il vit aussi de même les deux bataillons de fusiliers qui campent à la droite et à la gauche de l'artillerie. — On apprend de Versailles que le roi a choisi quatre chevaliers de l'ordre pour porter le poêle de madame la Dauphine le jour de l'oraison funèbre, à Saint-Denis; ces quatre chevaliers sont MM. de la Salle, de Beuvron, de Lavardin et de la Vauguyon. Aux cérémonies pour les reines, ce sont quatre présidents à mortier qui ont l'honneur de porter le poêle. M. le maréchal de Bellefonds fera, en mon absence, les fonctions de chevalier d'honneur, et portera la couronne; M. de Montchevreuil fera les fonctions de premier écuyer et portera le manteau royal. — M. de Luxembourg est toujours campé à Deinse. Le pays de Waes et le Franc de Bruges font de grosses offres pour les contributions dont on n'est pas encore content. — M. de Castanaga se plaint fort de la lenteur des Hollandois et de leur général le prince de Valdeck. — Le roi mande à Monseigneur que notre flotte doit être à la mer du 30 du mois passé. — Monseigneur marchera en avant après-demain et laissera ici l'infanterie, et M. le maréchal de Lorges, avec la cavalerie, se rapprochera de nous, et nous nous joindrons entre Wachenheim et Pfeddersheim, sur un ruisseau qui tombe dans le Rhin au-dessous de Worms.

Mercredi 7, au camp de Lamsheim. — Le matin, Monseigneur alla voir fourrager nos fourrageurs; il vouloit laisser ici M. le duc de Villeroy pour commander l'infanterie; mais, comme il a la fièvre, il a choisi en sa place le marquis de Tilladet. — Le milord duc de Richemont est considérablement malade; Monseigneur a ordonné qu'on en eût grand soin, et qu'on le menât à Neustadt, où il sera dans un bon air et bien logé. — M. de Savoie n'a point encore livré la citadelle de Turin, et le roi a ordonné qu'un ambassadeur nouveau qu'il envoie ici demeure à Orléans jusqu'à ce qu'il ait tenu sa parole et que les affaires soient entièrement terminées. — On mande de Versailles que M. de Commercy a écrit au roi pour lui demander permission de revenir en France, et que le roi n'a encore rien répondu à M. de Lislebonne, qui lui a présenté sa lettre. — On mande d'Angleterre que le colonel Mordan a remis au prince d'Orange son régiment et la charge qu'il avoit auprès de lui. — L'assemblée du clergé commença le 29 du mois passé à Saint-Germain. — Nous avons appris que madame Éléonore de Lowenstein, sœur de madame de Dangeau, a été élue tout d'une voix abbesse et princesse de Thorn, dont elle étoit doyenne.

Jeudi 8, au camp de Wachenheim. — Monseigneur partit du camp de Lamsheim à quatre heures du matin, où il a laissé l'infanterie et M. de Tilladet pour la commander; nous trouvâmes, avant que d'arriver, M. le maréchal de Lorges, qui avoit quitté la tête des troupes pour venir au-devant de Monseigneur. Monseigneur voulut voir arriver toutes les troupes dans le camp, et Monseigneur fut content au dernier point. Il n'y a ici d'infanterie que les compagnies de grenadiers, commandées par le marquis de Créqui, comme brigadier, et par M. de Thianges, comme colonel. — On mande de Versailles que le roi a donné le gouvernement d'Aire, qu'avoit M. de Calvo, à M. le chevalier de Tilladet. — L'armée est ici campée sur une ligne, et la réserve est derrière le quartier du roi; il y a du fourrage ici pour huit ou dix jours. La Bérange, qui sert de cornette dans les chevau-légers du roi depuis que S. M. a mis dix maréchaux des logis dans ses chevau-légers et dans ses gendarmes, a reçu, ces jours-ci, la commission de colonel. — Nous apprenons que les ennemis se retranchent entre Sintzheim et Wisloch ; les deux ponts que nous avons à Philipsbourg leur font craindre que nous ne passions bientôt le Rhin pour aller à eux. Ils ne sont pas encore tous assemblés.

Vendredi 9, *au camp de Wachenheim.* — Monseigneur alla, le matin, se promener à une lieue et demie du camp, et voir une garde que nous avons mise là pour couvrir les fourrageurs et la pâture, et qui voit à revers dans les gorges de Kirkiem et de Poland, au pied de la montagne du Tonnerre (1), où il y a beaucoup de fourrages. L'après-dînée Monseigneur alla à la droite, visita le camp des dragons, et puis s'avança à une lieue à la tête du camp jusqu'à Gondresem sur le ruisseau d'Ostone. M. de la Feuillée, qui étoit lieutenant général de jour, avoit fait avancer les gardes du camp pour couvrir la promenade de Monseigneur. On a encore trouvé beaucoup de fourrages de ce côté-là. — Le duc de Richemont a la petite vérole ; elle a commencé à paroître aujourd'hui. Il est à Neustadt. — La diète des Suisses, qui se tenoit à Bade, est finie sans qu'on ait pris aucunes résolutions dont nous puissions nous plaindre ; ils doivent seulement supplier le roi d'ordonner que les Suisses, ne soient en garnison que dans les places dont nous étions maîtres en 1663, lorsque le renouvellement de l'alliance se fit. Ils n'ont rien conclu avec l'envoyé du prince d'Orange, et ne l'ont point voulu reconnoître pour ambassadeur, à moins qu'il ne voulût aussi reconnoître le ministre du roi Jacques, disant que ce n'est point à eux de décider qui l'on doit reconnoître pour roi, du roi Guillaume ou du roi Jacques.

Samedi 10, *au camp de Wachenheim.* — Monseigneur fit, le matin, la revue de vingt-neuf compagnies de grena-

---

(1) Le mont Tonnerre.

diers qui sont ici; les deux de Feuquières sont demeurées à leur régiment. Il ne manque plus ici d'officier général que M. Rose. M. le comte de Soissons est arrivé, et Monseigneur l'a renvoyé à l'infanterie, qui est son poste. Il porte l'ordre à M. de Tilladet de faire marcher demain l'infanterie à Klein Schifferstadt, sur la branche du Speyerbach qui va à Rehhutt; après-demain elle ira camper sous Spire. — Après dîner, Monseigneur fit la revue de la première ligne; il les fit défiler par la gauche quatre à quatre, et trouva les troupes d'une beauté étonnante, surtout la brigade entière de du Bourg et les régiments-colonels, les cuirassiers, Villeroy et Florensac; la brigade de la maison du roi est plus belle que jamais; ils ont beaucoup de supernuméraires. Les dix maréchaux des logis que le roi a mis dans ses gendarmes et dans ses chevau-légers forment, à la tête de ces compagnies, un quatrième rang d'officiers qui rend ses compagnies encore plus respectables.

Dimanche 11, *au camp de Wachenheim*. — Monseigneur fit la revue de la seconde ligne, qui n'est pas si belle que la première; mais elle est pourtant en très-bon état et beaucoup meilleure que l'année passée, du consentement de tous les officiers. Presque toutes les compagnies de la première et de la seconde ligne sont complètes; il n'y a pas un escadron au-dessous de cent cinquante maîtres; tous les officiers subalternes ont des mousquetons. — Monseigneur a reçu des lettres du roi qui alla à Marly lundi; il en doit être revenu d'hier. — M. de Savoie n'a pas encore livré ses places. — Monsieur le Duc a la fièvre bien forte, et on craint fort que ce ne soit la petite vérole. — On mande de Paris que M. le marquis de Rouillac* est mort; il laisse une fille unique qui sera une grande héritière. — On mande de Versailles que les 6,000 Irlandois qui ont débarqué en Bretagne marchent en Berry, où on les armera et habillera, et dans deux mois on les fera marcher en Italie à l'armée de M. de Catinat. Le roi a fait lieutenant général milord Montcassel (1) qui les commande. Le roi lui donne 4,000 écus de pension, et lui a donné 4,000 écus pour se mettre en équipages. Outre la pension, il lui donne encore un sol par livre sur la paye des Irlandois.

* M. de Rouillac étoit un homme fort extraordinaire, avec de l'esprit, ni cour ni guerre, beaucoup de biens, de procès et de procédés. C'étoit lui qu'on appeloit le faux duc d'Épernon, parce qu'il prétendoit l'être et n'y avoit nul droit, comme cela se retrouvera ailleurs. Il s'appeloit Goth, et étoit de la même maison de ce fameux archevêque de Bordeaux qui fut si adroitement pape sous le nom de Clément V, de la façon de Philippe le Bel, qui transféra la résidence de Rome à Avignon et abolit l'ordre des Templiers.

Lundi 12, au camp de Wachenheim. — Monseigneur fit la revue de la réserve, qui est composée présentement des régiments de Bezons, Maurevert, Romainville, et...... qui étoient destinés à servir dans l'armée de M. de Boufflers, et qui demeureront ici jusqu'à ce que M. d'Huxelles nous ait rejoint; ces quatre régiments-là, quoique nouveaux de l'année passée, sont presque aussi beaux que les vieux. Monseigneur fit aussi la revue des trois régiments de dragons qui sont ici, savoir : le Dauphin, Barbezières, et Gobert, destinés à servir dans cette armée-ci, et Falon-Grammont, Breteuil, et Saint-Frémont destinés à servir dans l'armée de M. de Boufflers. — On a appris de Versailles que, lundi 5, on fit à Saint-Denis le service de madame la Dauphine. Monseigneur le duc de Bourgogne, Monsieur et M. de Chartres menoient Madame, Mademoiselle, et madame la grande Duchesse. Le clergé y étoit composé d'environ soixante-dix évêques. M. de Meaux y officia, assisté de quatre évêques; les quatre chevaliers de l'ordre que le roi avoit nommés portèrent les coins du poêle; le maréchal de Bellefonds fit, comme il avoit été réglé, les fonc-

---

(1) Nous l'avons vu servir dans les troupes de France, sous le nom de Mouskry. (*Note de Dangeau.*)

tions de chevalier d'honneur, et M. de Montchevreuil celles de premier écuyer. — On a nouvelles que M. de Boufflers, qui étoit vers Marche-en-Famine, s'est avancé; on ne sait point où il marche. — Les lettres de Dublin du 18 mai disent que le roi d'Angleterre aura en campagne vingt-cinq mille hommes de troupes réglées, ses places garnies. Quand le roi sera à l'armée, le duc de Tyrconnel commandera sous lui; mais, quand le roi n'y sera pas, M. de Lauzun commandera seul.

Mardi 13, au camp de Wachenheim. — Monseigneur alla se promener le soir à la tête des camps. Il fit partir hier au soir M. le Duc dans son carrosse bien fermé. On ne doute pas qu'il n'ait la petite vérole; on le porte à Landau. L'incertitude du temps qu'on demeurera encore ici a fait prendre ce parti-là; il eût été bien plus dangereux de l'emporter plus tard. — On a eu nouvelles que le cardinal Cerri est mort. — Le 22 du mois d'avril, le duc de Gourdon, celui qui a défendu le château d'Édimbourg, partit secrètement de Londres; ses gens sont arrivés en France et ne savent où il est. Ils croient qu'il a passé en Écosse pour se mettre à la tête des montagnards qui sont dans le parti du roi. — Notre armée de Roussillon passe les cols et marche vers Castel-Follit, où quelques révoltés ont promis de se joindre à nous. — Il est arrivé en Provence un envoyé d'Alger. Ces corsaires font passer la plupart de leurs vaisseaux dans l'Océan; il y en a déjà une partie qui, selon ce qu'ils avoient promis, ont passé le détroit pour faire la guerre aux vaisseaux Anglois et Hollandois. — L'empereur presse violemment le pape pour avoir le premier chapeau vacant. Il a mandé à tous les cardinaux de la faction de la maison d'Autriche de ne se trouver dans aucune assemblée avec le cardinal de Forbin.

Mercredi 14, au camp de Wachenheim. — Monseigneur vit les trois régiments de dragons de la droite, à pied, qui sont le Dauphin, Barbezières et Breteuil; chaque régiment faisoit un bataillon à trois de hauteur. Monseigneur les fit défiler quatre à quatre, et les trouva aussi beaux à pied qu'il les avoit trouvés à cheval. — On a nouvelles de Flandre que les ennemis ont forcé le retranchement, et ont brûlé quelques villages de la châtellenie d'Ypres. — M. de Savoie n'a rien voulu tenir de tout ce qu'il avoit promis. Il a amusé M. de Catinat jusqu'au 4 de ce mois, et de ce jour-là, voyant qu'il n'y avoit plus d'accommodement, nous avons commencé les actes d'hostilité. — On n'a aucune nouvelle de M. de Bavière; tout ce qu'on en sait, c'est qu'il a écrit au roi, du 26 du mois passé, de Vienne. Sa lettre étoit une réponse au roi, très-honnête et très-respectueuse. S. M. lui avoit écrit à la mort de madame la Dauphine. — Les vaisseaux du roi sont à la voile et par un bon vent; nous n'en avons que soixante à la mer; les vingt-quatre autres les suivront bientôt. Nos quinze galères qu'on a construites à Rochefort vont entrer dans la Manche; au premier jour nous aurons la nouvelle de ce qu'on aura entrepris; il n'y a pas apparence que les Anglois et les Hollandois entreprennent de tenir la mer contre nous. On dit pourtant que le prince d'Orange passe en Irlande incessamment, et que son équipage est déjà embarqué.

Jeudi 15, au camp de Wachenheim. — Monseigneur sortit à cinq heures du matin. Il avoit envoyé M. de la Feuillée devant lui avec huit cents chevaux de la cavalerie légère; il prit avec lui six cents hommes de la maison du roi, et alla faire fourrager à trois lieues à la tête du camp. Il s'avança jusqu'à Ogersheim; on croyoit que quelques troupes pourroient sortir de Mayence, mais il ne parut rien. Le fourrage se passa sans alarmes, et Monseigneur rentra dans son camp à deux heures. — Monseigneur a ordonné à l'ordre que le régiment de Montpeiroux se tînt prêt à partir après-demain avec leurs équipages; on les envoie joindre le marquis d'Huxelles. — On mande de Versailles que le clergé donne au roi 12,000,000; il n'avoit accoutumé que d'en donner trois tout au plus. — La fièvre prit à Marly à la duchesse de Mortemart; on la fit porter à Versailles. D'abord qu'elle y fut, la petite vérole parut; elle l'a très-violente. — On a nouvelle que M. le Duc est arrivé à Landau. Sa petite vérole sort fort bien, et sa fièvre est fort diminuée. — On ne sait encore rien ici des ennemis. On dit toujours qu'ils ont seize ou dix-sept régiments à Sintzheim (1) et qu'ils se retranchent sur la hauteur.

Vendredi 16, au camp de Wachenheim. — Monseigneur fit la revue des dragons de la gauche, à pied. Il y a trois régiments, qui sont Gobert, Falon-Gramont, et Saint-Frémont. — Nous avons eu quarante grenadiers de la garnison de Philipsbourg tués ou pris par les ennemis auprès des Capucins; il ne s'en est sauvé que trois; ils furent surpris par 7 ou 800 chevaux, et n'eurent pas le temps de se jeter dans le marais. — M. de Savoie a fait sortir de prison tous les Barbets qu'il avoit pris et les a mis dans ses troupes; on dit de plus qu'il a pris M. de Clérembault et quelques officiers, qui, ne sachant point sa mauvaise volonté, n'étoient point sur leurs gardes. — On nous mande de Versailles que, le 7 de ce mois, les commissaires du roi allèrent à Saint-Germain faire compliment à l'assemblée du clergé de la part du roi. Les commissaires sont MM. Pussort, le Pelletier, ministres d'État, d'Argouges, de Harlay et Pontchartrain, et M. de Torcy, qui portoit la lettre du roi à la place de M. de Seignelay, qui n'a pu s'y trouver. M. Pussort portoit la parole, et M. l'archevêque de Paris y répondoit. Les agents du clergé les allèrent recevoir à la descente de leurs carrosses; six du premier ordre et six du second ordre allèrent au-devant d'eux jusque dans la salle; chaque commissaire accompagné d'un évêque à sa droite et d'un abbé à sa

---

(1) C'est où M. de Turenne gagna la bataille. (*Note de Dangeau.*)

gauche, et l'évêque passoit toujours devant le commissaire. Les évêques sont Toulouse, Autun, Béziers, Évreux, Saintes et Laon ; les abbés Feuquières, la Châtre, Bossuet, Canisy, Roquepine et Montchevreuil. On reconduisit les commissaires dans le même ordre. Le lendemain 8, les mêmes commissaires revinrent à l'assemblée, et M. Pussort, qui portoit la parole, demanda 12,000,000 de livres. MM. de l'assemblée se retirèrent un moment dans l'appartement de M. de Paris, et se trouvèrent tous d'un même sentiment, qui est d'accorder au roi tout ce qu'il demandoit.

Samedi 17, *au camp de Wachenheim.* — Monseigneur se promena le soir sur les hauteurs qui sont derrière son camp. Les trois escadrons du régiment de Montpeiroux ont marché aujourd'hui pour aller joindre le marquis d'Huxelles. M. de Montal a envoyé ici M. le chevalier de Chamilly, qui a apporté à Monseigneur un plan de Mont-Royal en l'état qu'il est. On a tout fourragé à quatre lieues à l'entour de Mont-Royal ; il y a dedans douze bataillons, un régiment de cavalerie et un de dragons. — M. de Boufflers est campé auprès de Chiney, à quatre lieues de Dinan. Il a détaché de son armée quatre bataillons qu'il envoie joindre M. de Luxembourg ; ces quatre bataillons sont les deux de Piémont, Poitou et Provence. — Le 8 de ce mois, l'archevêque d'Alby, accompagné de cinq prélats et de six du second ordre, alla complimenter la reine d'Angleterre de la part de l'assemblée ; elle les reçut et les écouta debout, et leur répondit fort obligeamment et avec une justesse admirable. — Des 12,000,000 que le clergé donne au roi, il y en aura 4,000,000 qui seront imposés actuellement sur tout le clergé, payables dans quatre ou dans six termes, 2,500,000 livres qu'on fera prendre aux officiers du clergé, à quoi on donnera des augmentations de gages sur le pied du denier 18, et les 5,500,000 livres qui restent seront empruntés par le clergé au denier 18.

Dimanche 18, *au camp de Wachenheim.* — Monseigneur

sortit à sept heures du matin, et prit avec lui six cents chevaux de la maison du roi ; il avoit fait avancer devant huit cents chevaux de la cavalerie légère. Il fit fourrager par de là le ruisseau d'Ostone, un peu en deçà de l'endroit où il avoit fait fourrager trois jours auparavant. M. de Souvré, après avoir fait porter une garde à pied sur le bord du Rhin, et étant à pied lui-même, reçut un coup de mousquet dans le bras, qui lui fut tiré d'une île qui est dans le Rhin. On le reporta au camp dans la maison la plus proche, qui étoit la maison de M. de Neufchelle ; le coup est grand, mais heureusement il n'y a point d'os cassé. — On mande de Versailles que le roi a chargé M. de la Rochefoucauld du soin de la garde-robe de Monseigneur. C'étoit M. de Montausier qui s'en mêloit, et qui, dans les derniers temps, en avoit laissé le soin à M. d'Antin, son petit-fils. — Le roi permet à M. de Liancourt et à M. de la Roche-Guyon, les deux fils de M. de la Rochefoucauld, de revenir à la cour. M. de la Rochefoucauld sert dans l'armée de M. de Boufflers, et M. de Liancourt, qui est à Verteuil, servira dans l'armée de M. de Catinat, et après la campagne ils auront tous deux l'honneur de saluer le roi.

Lundi 19, *au camp de Wachenheim.* — Quoique Monseigneur eût la jambe enflée depuis deux jours, il avoit toujours voulu monter à cheval ; mais, son enflure et sa douleur ayant augmenté cette nuit, on l'a fait saigner ce matin. Ce soir il a la jambe beaucoup moins enflée, mais il y a encore beaucoup de chaleur ; c'est un véritable érésipèle. — On a nouvelle que M. l'électeur de Bavière est arrivé à Sintzheim, où l'armée des ennemis s'assemble ; mais cette nouvelle-là a encore besoin de confirmation. — M. de Noailles a pris Saint-Jean de Badesses, où il y avoit deux cents cinquante hommes de garnison ; on les a fait prisonniers de guerre avec celui qui les commandoit, et on les a envoyés à Montpellier. — M. de Luxembourg a marché vers Saint-Amand, et a laissé sur la Lys quatorze bataillons et trente-cinq escadrons que M. le maréchal d'Humières va commander pour s'opposer aux troupes d'Espagne que commande M. de Castanaga, et aux troupes d'Hanovre qui les ont jointes.

Mardi 20, *au camp de Wachenheim.* — Monseigneur garda la chambre tout le jour; il n'a quasi plus de douleur, et commence à s'appuyer sur son pied. Depuis qu'il est dans ce camp ici, après avoir fait toutes ses affaires et donné l'ordre, il joue d'ordinaire au reversis. Il est enfermé ordinairement avec M. le maréchal de Lorges, M. de Saint-Pouanges et M. de Chanlay. — La nouvelle de M. de Clérembault qui a été pris en Savoie a été confirmée. On mande de ce pays-là que M. de Catinat assiége Lucerne. — L'armée de M. de Boufflers est campée sur le ruisseau qui est entre Dinant et Charlemont. On croit que le grand effort des ennemis sera de ce côté-là. Ils ont fait venir un gros équipage d'artillerie à Maestricht. Selon toutes les nouvelles que l'on a, M. l'électeur de Brandebourg doit venir commander cette armée-là. — On mande de Paris que M. de Royan est mort; il étoit frère de feu d'Olonne, et avoit hérité de tout son bien. Il étoit sénéchal de Poitou, charge qui depuis longtemps est dans leur maison; ils sont cadets de la maison de la Trémoille. — Monseigneur a fait partir du camp de l'infanterie le second bataillon de Bourbonnois, qui souffrit beaucoup l'année passée dans Mayence, et qui a besoin de se rétablir; on l'envoie en garnison.

Mercredi 21, *au camp de Wachenheim.* — Monseigneur a encore un peu de douleur à son pied, et, comme il s'ennuie fort de garder la chambre, il est descendu aujourd'hui sous ses tentes, où il a donné l'ordre et a mangé à sa grande table à son ordinaire. — M. de Catinat s'est rendu maître de Lucerne, que les Savoyards ont abandonné. Il est campé à deux lieues de Turin, où les Espagnols ont envoyé M. de Louvigny avec trois mille hommes. Cependant il reparle d'accommodement, et le roi lui offre de lui laisser la citadelle de Turin, pourvu qu'il nous donne Verrue et Carmagnole ; mais le roi ne lui donne que vingt-quatre heures de temps pour se déterminer, afin qu'il ne puisse plus nous amuser. — Jeudi 15, l'on fit à Notre-Dame le service de madame la Dauphine. Monseigneur le duc de Bourgogne, Monsieur et M. le duc de Chartres, menoient le deuil ; les trois princesses étoient madame la Princesse et les deux princesses de Conty, à qui le duc de Bourgogne laissa le côté droit. Entre les princesses et le premier président du parlement, il n'y avoit qu'une chaise vide, et à la gauche il y avoit deux places vides entre M. le duc de Chartres et le premier président de la chambre des comptes. Quand on fit les salutations, on ne fit qu'une révérence pour les trois princesses, parce qu'elles sont d'un rang égal. On en avoit usé de même à Saint-Denis, où l'on ne fit qu'une révérence pour mademoiselle et madame la grande Duchesse ; mais pour les princes on fit trois révérences, une à M. le duc de Bourgogne, une à Monsieur et une à M. de Chartres, parce qu'ils sont de rangs inégaux.

Jeudi 22, au camp de Wachenheim. — Monseigneur a été purgé ce matin, et a descendu aussitôt après son dîner, et a été toute la journée en bas dans ses tentes ; il y a tenu conseil, et y a soupé en public ; il a commandé que les régiments de cavalerie de Bezons et de Romainville et les dragons Dauphin se tinssent prêts à marcher après-demain avec leur bagage pour s'en aller joindre M. de Boufflers ; ils recevront l'ordre aux Deux-Ponts, où ils séjourneront mercredi qui vient. — On mande de Paris qu'enfin M. le marquis de Gesvres a épousé mademoiselle de Boisfranc, à qui le père donne 700,000 francs, et outre cela pour 20,000 écus de pierreries, et 5,000 pistoles pour payer les dettes du marquis de Gesvres. Le duc et la duchesse de Gesvres n'ont point signé le contrat, et ont fait des protestations contre ; mais le roi l'a approuvé et l'a autorisé par sa signature au contrat, et même, en faveur du mariage, a vu M. de Boisfranc et l'a bien reçu; il n'avoit pas permission de se montrer devant le roi. — Le roi mande à Monseigneur qu'il n'a point de nouvelles de sa flotte depuis qu'elle est à la mer. — On envoie les dragons de Fimarcon et le régiment de cavalerie du Plessis en Bresse, aux ordres de M. le marquis de Vins, qui commande en ce pays-là. Ces deux régiments-là étoient dans le corps que commande M. le marquis d'Huxelles.

Vendredi 23, *au camp de Wachenheim.* — Il est venu des ordres du roi ici à Monseigneur d'envoyer M. d'Urfé, M. de Valence et M. de Maugiron en prison à Landau, pour ne s'être pas rendus assez à temps à l'armée. — M. de Villeroy a pris jour aujourd'hui pour la première fois de la campagne; il avoit toujours été malade.

Rang des lieutenants généraux qui sont présentement à cette armée.

MM. le comte de Choiseul,
le comte d'Auvergne,
le duc de Villeroy,
de Joyeuse,
de Soubise,

MM. de la Feuillée,
de Tilladet. Il est présentement au camp d'infanterie,
de Vendôme (1).

M. le comte d'Auvergne et M. de Villeroy sont devant M. de Joyeuse, quoique les commissions soient du même jour et que M. de Joyeuse fût plus ancien maréchal de camp, parce que M. le comte d'Auvergne et M. de Villeroy avoient pris jour devant lui. Depuis ce temps-là, le roi a fait un règlement différent, et on marchera par le rang de sa commission, mais cela ne fait rien pour ce qui est passé; M. de Soubise est aussi lieutenant général du

---

(1) M. Rose n'est point encore arrivé. (*Note de Dangeau.*)

même jour que M. le comte d'Auvergne, le duc de Villeroy et M. de Joyeuse.

Samedi 24, au camp de Wachenheim. — Monseigneur, qui est parfaitement guéri, a monté à cheval ce soir, et s'est promené sur les hauteurs derrière son camp. — On ne sait encore rien de certain de M. de Bavière. On dit que les ennemis envoient à M. de Savoie trois régiments des troupes de Wurtemberg et le régiment de dragons de M. le prince Eugène. M. de Savoie donne à ce prince le commandement de son armée. — Nous apprenons de Paris que notre flotte a été obligée, par le mauvais temps et par les vents contraires, de relâcher à Brest. Nos quinze galères qui avoient joint la flotte ont fort bien résisté au gros temps. — M. de Catinat a pris Rivoli, qui est entre Turin et Suse ; il y a un bon château, et c'étoit une des maisons de plaisance de M. de Savoie. — L'empereur a fait le roi des Romains, son fils, généralissime de ses armées, et comme il est encore trop jeune, M. de Bavière exercera cette charge pour lui cette année. — Le roi a envoyé M. de Liboy, un de ses ordinaires, à Orléans pour se tenir auprès de M. de Provana, nouvel ambassadeur de Savoie, à qui on n'a pas permis de venir à Paris, et a nommé M. de Saint-Olon, autre ordinaire du roi, auprès du marquis d'Ogliani, ancien ambassadeur de Savoie. — Monseigneur le duc de Bourgogne, en revenant de la cérémonie de Notre-Dame, alla aux Tuileries, y mangea, et en s'en retournant à Versailles alla voir les Invalides.

Dimanche 25, au camp de Wachenheim. — Monseigneur vouloit aller reconnoître un endroit sur la gauche, où son armée puisse camper en partant d'ici, afin de profiter des fourrages qui sont dans la gorge de la montagne du Tonnerre ; mais un orage qui a commencé ce soir et qui a duré trois heures l'a empêché de sortir. Monseigneur a interrogé ce matin deux hussards et un cavalier des ennemis qui se sont venus rendre ; ils disent que leurs troupes ne sont point payées. M. de Bavière arriva à leur armée le 21. Ils l'ont vu à cheval en fort bonne santé. — Le rhingrave de Stein, près d'Ebersbourg (1), est venu se plaindre à Monseigneur que les grenadiers avoient forcé son château auprès de Kreutznach ; il dit qu'il reconnoîtroit bien ceux qui lui avoient fait plus de mal et qui lui avoient mis l'épée à la gorge. On fit passer les grenadiers devant lui, et l'on prit celui qui avoit fait le plus de désordre, qui avoua tout avant que de mourir. Monseigneur donna 100 pistoles au rhingrave, et le renvoya chez lui. Il se plaignoit fort du peu de respect que les grenadiers avoient eu pour sa femme. — M. le prince d'Elbeuf est arrivé aujourd'hui à l'armée de Monseigneur. — Madame la duchesse royale de Savoie est accouchée de peur, avant terme, d'un enfant qui n'a pas vécu.

Lundi 26, au camp de Wachenheim. — Monseigneur, ce matin, a été sur la gauche du camp pour voir s'il y auroit quelque endroit plus commode pour camper et qui fût plus près des fourrages que l'on veut manger ; il a jugé à propos de ne point changer son camp. Il y a encore de quoi faire quatre à cinq fourrages dans les gorges de la montagne ; ainsi on peut demeurer ici encore dix ou douze jours. — Un tambour qui est revenu ce matin de Mayence a dit à Monseigneur que, hier, il y arriva beaucoup d'infanterie de l'autre côté du Rhin, mais il ne sait si elle vient du côté de Coblentz, du côté de Francfort ou de Heidelberg. — Le roi alla mercredi passé à Marly, et doit en être revenu samedi à son ordinaire. Il a fait faire beaucoup de routes nouvelles dans la forêt de Marly. Il y avoit ce voyage-ci, à Marly, des dames qui n'y avoient point encore été : madame d'Arpajon, madame la maréchale de Rochefort et madame la duchesse de Choiseul. — Le

---

(1) Il contribue à Ebersbourg. (*Note de Dangeau.*)

roi mande à Monseigneur que notre flotte se remet à la mer avec soixante-douze gros vaisseaux, qu'elle a ordre de chercher la flotte angloise et hollandoise, et qu'il ne croit pas que la flotte ennemie ose hasarder le combat. Notre flotte est sortie de Brest, mais on ne sait pas qu'elle ait encore passé l'Iroise : on a arrêté à Lyon un bâtard de feu M. de Savoie. — Le roi a donné à M. de Contades le petit gouvernement de Beaufort en Anjou, avec 1,000 écus de pension. — M. de Château-Renaud a passé le détroit avec son escadre; il a rencontré vingt vaisseaux anglois où hollandois qui n'ont osé l'attaquer. — M. de Croly, capitaine lieutenant des gendarmes anglois, et M. d'Heuchin, qui en est guidon, se sont querellés et battus à la tête de l'escadron; M. d'Heuchin est blessé à mort et Croly est légèrement blessé.

Mardi 27, *au camp de Wachenheim.* — Monseigneur, après avoir donné l'ordre, s'alla promener à la tête de la ligne; on a achevé de fourrager aujourd'hui tout ce qui étoit sur notre droite du côté d'Ostone, mais nous avons encore de quoi faire trois ou quatre fourrages dans les gorges de Kirkien, de Poland et de Gueleim. — On a nouvelle que M. de Bavière est avec l'armée qu'il commande à Bruchsal, près de Philipsbourg. — Les lettres de M. de Boufflers, du 19 de ce mois, portent que M. l'électeur de Brandebourg n'étoit pas encore arrivé à son armée. M. de Boufflers est toujours campé à Boyel sur le ruisseau de Lesse, entre Dinant et Charlemont. On dit dans l'armée des ennemis de ce côté-là qu'ils en veulent à Maubeuge. — L'abbé de Prugues, nommé à l'évêché de Dax, est mort. — Le roi a signé le contrat de mariage de M. de Nicolaï, premier président de la chambre des comptes, avec mademoiselle le Camus, fille du lieutenant civil, celle que le marquis de Gesvres pensa épouser il y a quinze jours; le roi a signé aussi le contrat de mariage de mademoiselle Dubois, nièce de M. Bontemps, avec M. de la Touanne, fils d'un trésorier de l'extraordinaire des guerres. — Le roi a remis aux évêques ou abbés qui n'ont point payé l'économat le tiers du tiers qu'ils devoient, à condition qu'ils payeront le tiers du revenu de leurs bénéfices jusqu'à ce qu'ils aient leurs bulles, et cela à compter du commencement de l'année 1690. — On grossit considérablement l'armée de M. de Catinat. — Le roi de Pologne a marié mademoiselle de Béthune avec le prince Cleski, grand maréchal de Lithuanie. Il lui a assuré 200,0000 écus et lui a fait les mêmes honneurs qu'il auroit fait à sa propre fille. Le khan des Tartares lui a envoyé un ambassadeur pour l'assurer que, s'il veut faire la paix avec le Turc, on lui rendra Kaminiec, et lui fait espérer qu'on lui donnera encore la Moldavie et la Valachie.

Mercredi 28, *au camp de Wachenheim.* — Monseigneur a monté à cheval sur les sept heures du matin, et a fait tout le tour du camp; il a commencé par la gauche et a fini par la droite. Il a ordonné que la brigade des gardes du corps et la brigade de du Bourg marchassent demain, à sept heures, avec leur bagage, à un camp qu'on leur a marqué aujourd'hui sur la gauche de tout, afin qu'ils soient plus prêts des fourrages et du ruisseau. Le reste de l'armée demeurera dans son camp ordinaire. — Monseigneur a eu avis que les ennemis faisoient passer du monde dans une île, d'où ils pouvoient venir aisément avec des bateaux attaquer des gens que nous avons laissés dans Worms. Il a commandé les cinq régiments de dragons qui sont ici. Ils y ont marché ce soir, mais Monseigneur n'a point voulu que ce bruit-là fût répandu, de peur que ce qu'il y a de jeunes gens ici ne voulussent y aller. — M. de Saint-Ruth, qui étoit lieutenant général dans l'armée de la Moselle, a été mandé pour revenir à Versailles recevoir les ordres du roi, qui l'envoie commander en Dauphiné.

Jeudi 29, *au camp de Wachenheim.* — Monseigneur a été ce matin voir marcher la brigade des gardes et la brigade de du Bourg, et a été voir le camp qu'on leur marqua hier sur la gauche. — On apprend de Versailles que notre flotte n'est point encore sortie de l'Iroise. Le chevalier de Château-Renaud a joint avec les six gros vaisseaux qu'il amenoit, et notre flotte, quand elle sortira, sera de plus de quatre-vingts vaisseaux de ligne. — Les dragons qu'on avoit envoyés hier au soir sont revenus ce matin, et on n'a point songé à attaquer les gens que nous avons laissé dans Worms. — On envoie tous les jours différents partis jusqu'aux portes de Mayence; mais on n'a encore rien trouvé. — Monseigneur est sorti ce soir après avoir donné l'ordre, et s'est allé promener à la gauche du camp.

Vendredi 30, au camp de Wachenheim. — Monseigneur alla voir ce matin les gardes du camp; on en a changé quelques-unes, à cause des deux brigades qui ont décampé. Monseigneur a ordonné que les dragons de la droite se missent dans un bourg qui est à la tête de notre camp, et qui est fermé de bonnes murailles; les dragons de la gauche ont décampé et se sont mis à la gauche de la brigade des gardes du corps. Avant que de revenir, Monseigneur voulut voir rentrer tous les fourrageurs. — On a fourragé entre Ilversheim et Sion; il y a encore beaucoup de fourrages de ce côté-là. — Monseigneur a eu des nouvelles de M. des Bordes, gouverneur de Philipsbourg, du 28. Il mande que les ennemis sont toujours campés dans leur même camp, leur droite à Obstatt, la gauche à Bruchsal. — Nous apprenons que M. le prince d'Orange est parti de Londres du 16 de ce mois pour passer en Irlande; la princesse sa femme est restée à Londres avec un conseil qui gouvernera en son absence. — M. de Luxembourg s'approche de Maubeuge avec son armée. On croit que M. de Boufflers les joindra bientôt avec ses troupes. Il n'y a pas apparence que les ennemis osent attaquer ni Maubeuge ni Dinant, quoiqu'ils en fassent courir le bruit.

Samedi 1ᵉʳ juillet, au camp de Wachenheim. — Monseigneur sortit le matin; il visita les gardes du camp. — On a eu nouvelle de Paris que le courrier de Brest arriva le 26 au soir, qui porte la nouvelle que notre flotte est à la mer avec quatre-vingt-quatre gros vaisseaux, plusieurs frégates et les quinze nouvelles galères. — M. de Richelieu est revenu à Paris; il y avoit plus de deux ans qu'il n'y étoit venu. Il étoit demeuré à Richelieu pour épargner de quoi payer ses dettes. — M. le président Nicolaï a épousé mademoiselle le Camus. — Mademoiselle de Montmorency est morte à Paris; elle avoit été fille d'honneur de madame la Dauphine, et depuis qu'on avoit cassé la chambre des filles d'honneur, madame la Princesse l'avoit retirée auprès d'elle. — Le roi a levé huit nouveaux régiments de milice de 1,000 hommes chacun en Guyenne; l'armée de M. de Noailles est à huit lieues de Barcelone, dans la plaine de Vich.

Dimanche 2, au camp de Wachenheim. — Monseigneur sortit aussitôt après son dîner et alla se promener au nouveau camp des gardes et des dragons, et visiter les gardes du camp qui sont de ce côté-là. M. le maréchal de Lorges alla à Philipsbourg pour voir en quel état sont les nouvelles fortifications qu'on y fait, et si l'on en peut faire revenir les détachements de l'infanterie de l'armée qui y travaillent. Monseigneur a donné ordre que ceux qui travailloient à Landau revinssent au camp sous Spire rejoindre leurs corps. On a nouvelle de M. de Boufflers de.... dans le pays de Luxembourg. Il a envoyé toute son infanterie et presque toute sa cavalerie joindre M. de Luxembourg; M. de Rubantel les commande, et a deux maréchaux de camp sous lui, qui sont MM. de Vivans et de Gacé; M. de Luxembourg est à Gerpines; ces troupes-là doivent l'avoir joint le 28; il a présentement dans son armée quarante bataillons et cent escadrons; il a ordre d'aller droit à M. de Valdeck, qui est campé avec l'armée de Hollande sur le Piéton.

Lundi 3, au camp de Wachenheim. — On a été aujourd'hui au fourrage à Altzey. Monseigneur a monté à cheval ce matin pour voir rentrer les fourrageurs. — M. le maréchal de Lorges est revenu ce soir de Philipsbourg; le gouverneur et les ingénieurs l'ont prié d'y laisser les détachements de l'infanterie encore cette semaine, après quoi ils n'en auront plus de besoin. — M. de Bavière est toujours dans son même camp de Bruchsal, où il a peu d'infanterie; les rendus disent que les ennemis font venir leur artillerie de Mayence à Heidelberg. — Le roi mande à Monseigneur que sa flotte est entrée dans la Manche; elle partit de Brest le 23. On en attend des nouvelles qu'on croit qui sont considérables, car jamais on n'a vu une armée de mer si formidable. Le roi d'Angleterre est parti de Dublin, et marche en avant avec une armée de trente mille hommes; quand même le prince d'Orange seroit arrivé en Irlande comme on le croit, il n'en auroit guère davantage. — On a eu nouvelle aujourd'hui que le comte de Roye étoit mort en Angleterre.

Mardi 4, au camp de Wachenheim. — Monseigneur, après avoir donné l'ordre, a monté à cheval et s'est allé promener sur les hauteurs derrière son camp. M. le maréchal de Lorges est fort content de l'état où il a trouvé les fortifications et la garnison de Philipsbourg. — On a nouvelle que les troupes de Saxe n'étoient point encore parties de leur pays le 20 du mois de juin. — La diète des Suisses doit être assemblée d'hier. Oberkam, colonel suisse, nous a quittés; le roi a donné son régiment à..... comme vacant par désertion. Il touchoit tous les ans 10 ou 12,000 écus de l'argent du roi. — M. de Boufflers n'a plus d'infanterie, et marche avec la cavalerie qui lui reste sur la rivière de Semoy. — Nous armons vingt-sept galères à Marseille pour demeurer dans la Méditerranée, et nous armons de nouvelles frégates à Brest pour entrer dans le canal de Saint-Georges entre l'Angleterre et l'Irlande. — Hier, après l'ordre, Monseigneur s'étant allé promener sur les hauteurs derrière son camp, il prit une gaieté extraordinaire à son cheval, et peu s'en fallut qu'il ne lui arrivât un grand accident. M. de Sainte-Maure le prit à brasse-corps, et l'enleva de dessus son cheval, et M. le prince de Conty tourna la bride du sien fort adroitement, sans quoi Monseigneur auroit eu la jambe cassée, d'autant plus aisément qu'il n'avoit que des guêtres.

Mercredi 5, au camp de Wachenheim. — Monseigneur, à son lever, apprit par un gentilhomme qu'avoit envoyé M. du Maine, que vendredi, dernier du mois, il y eut un grand combat de cavalerie en Flandre, où notre petite gendarmerie fit des merveilles. M. de Marsin qui la commandoit y fut blessé. — Le lendemain 1er de ce mois, il y eut une pleine bataille que nous avons gagnée avec toutes les circonstances qui la peuvent rendre considérable. Nous avons pris quarante pièces de canon, beaucoup de drapeaux et d'étendards, beaucoup de prisonniers. Le combat dura fort longtemps, et enfin les ennemis se retirèrent et nous abandonnèrent le champ de bataille. On n'en sait pas encore bien les détails, M. du Maine n'écrit que quatre mots, et M. de Luxembourg s'est contenté d'écrire à Monseigneur la lettre que voici : « Je ne saurois laisser partir le courrier de M. du Maine sans assurer Monseigneur de mes profonds respects. » — Le courrier dit que nous avons perdu beaucoup de gens considérables, entre autres M. de Gournay et M. du Metz, lieutenants généraux, M. de Ximénès, maréchal de camp, M. de Villarceaux, lieutenant des chevau-légers de monseigneur le Dauphin et chevalier de l'Ordre ; les deux Soyecourt, dont l'aîné étoit colonel d'infanterie et le cadet lieutenant des gendarmes de Monseigneur; Salart, lieutenant des gendarmes de Monsieur. Jussac, gentilhomme de la chambre de M. le duc du Maine, et Janvry, ont été tués à ses côtés; Chavanges, colonel de cavalerie qui commandoit son régiment, a été tué aussi auprès de lui. M. de Nogaret, tué; M. du Roule a eu la cuisse cassée; M. de Rosamel fort blessé; le comte de Roucy blessé légèrement et trois chevaux tués sous lui. M. le duc du Maine s'est fort distingué, a eu quatre ou cinq de ses gens tués à ses côtés et un cheval tué sous lui. Dès que M. de Luxembourg vit l'infanterie des ennemis fuir, il fit partir M. le grand Prieur pour aller porter au roi la nouvelle du gain de la bataille. — Monseigneur le Dauphin alla le matin se promener sur le ruisseau d'Epenheim, qui est à deux lieues derrière nous, pour choisir le camp que nous prendrons en sortant d'ici. Le soir il fit prendre les armes aux troupes, et commanda qu'on fît trois salves en réjouissance du gain de la bataille de M. de Luxembourg. Il y eut un furieux orage pendant que la cavalerie étoit à cheval, qui déconcerta l'ordre des salves. L'orage a fait assez de désordre; il y a eu quelques gens noyés, des tentes emportées et des hardes perdues. — Dès que Monseigneur eut vu le courrier de M. du Maine, il envoya ordre à l'infanterie à Philipsbourg, au fort Louis, à Strasbourg, à Brisach, à Huningue, qu'on en fît des réjouissances, afin d'en apprendre plutôt la nouvelle aux ennemis. Monseigneur a envoyé aussi un courrier à notre ambassadeur en Suisse, afin qu'il en apprît la nouvelle à la diète qui est assemblée.

Jeudi 6, au camp de Wachenheim. — Il arriva le matin un courrier du roi qui mande à Monseigneur que lundi matin, à son lever, M. le grand Prieur lui apporta la nouvelle de la bataille que M. de Luxembourg a gagnée à Fleurus contre M. de Valdeck. M. de Montmorency devoit arriver à Versailles le lendemain, pour porter au roi le détail de l'action. M. le grand Prieur a dit que M. Ximénès n'étoit que blessé. Il marque la défaite des ennemis encore plus grande que ne nous l'avoit dit le courrier de M. du Maine. — Monseigneur ne sortit point de tout le jour. Il y eut un tonnerre et une pluie effroyable, qui durèrent toute la journée. — Le marquis de Gesvres, le comte de Saulx et M. de Torcy arrivèrent; les officiers du quartier de la maison du roi qui viennent relever ceux qui sont ici, arrivèrent aussi. — Monseigneur envoya ordre à M. le Duc, qui se préparoit à revenir ici, de s'en aller à Strasbourg, d'où il le fera revenir quand il sera à propos. Il a eu peur que M. le Duc ne se ménageât pas assez dans les commencements de sa convalescence. Il le renverra quérir si les ennemis s'approchent de nous. — Monseigneur a donné 300 pistoles au courrier de M. du Maine pour la bonne nouvelle qu'il lui a apportée.

Vendredi 7, au camp de Wachenheim. — Monseigneur envoya Boissière à M. le comte de Soissons, qui s'est blessé considérablement. En voulant entrer à cheval chez M. de Nangis, au camp de l'infanterie, il s'est pris la tête entre le haut de la porte et le col de son cheval. — Monseigneur s'alla promener le soir vers le quartier de M. le prince de Conty. — M. le marquis d'Harcourt est à Mont-Royal, où il a ordre de demeurer pour y commander sous M. de Montal, en cas que la place fût assiégée. — M. de Saint-Ruth va commander une armée en Dauphiné, qui sera de douze mille hommes : trois mille chevaux et neuf mille hommes de pied. La cavalerie est très-bonne ; l'infanterie est composée la plus grande partie du régiment de milice ou des Irlandois; M. de Thoui, qu'on avoit mis dans Calais, commandera cette infanterie-là comme brigadier. — Les dernières nouvelles de Francfort portent que les troupes de Saxe sont en marche. — Le prince d'Orange s'embarqua à Higlach le 20 juin pour passer en Irlande. — Senneterre, capitaine aux gardes, fils unique de M. de Brinon, a été tué à la bataille de Fleurus. Il laisse une sœur qui sera une grande héritière.

Samedi 8, au camp de Wachenheim. — Monseigneur alla le matin visiter les gardes du camp, et se promener à la tête des camps. Il envoya le soir le marquis de Villacerf, en parti avec deux cent cinquante chevaux et cinquante dragons; il sera deux ou trois jours dehors, et va vers Oppenheim. — Les nouvelles de Paris, qui sont venues par

M. le grand Prieur, portent que Bertillac, colonel de cavalerie, a été tué. Il est fils de Bertillac, maréchal de camp, qui est dans cette armée ici ; elles disent aussi que Vivans, maréchal de camp, y a été blessé à mort ; son fils est colonel dans cette armée-ci. — Le frère de Lostanges, qui sert présentement monseigneur le Dauphin, a été pris au combat de cavalerie qui se donna le jour de devant la bataille. Il étoit lieutenant-colonel dans les troupes de Brandebourg. On attend incessamment à Versailles M. de Montmorency, qui doit porter le détail de la bataille ; le comte de Tinghen, gouverneur de Mayence, a avoué à un trompette que Monseigneur lui a envoyé, qu'ils avoient été battus, et en rejette la faute sur les Hollandois. — On mande de Versailles que le dessein de la flotte est d'attaquer les ennemis, s'ils osent se présenter, sinon d'entrer dans la Tamise pour y brûler tous les vaisseaux qui s'y trouveront.

LISTE GÉNÉRALE

des Vaisseaux de l'armée navale de France, 1690 [1].

NOMS des VAISSEAUX.	HOMMES.	CANONS.	OFFICIERS GÉNÉRAUX.	CAPITAINES.
Le Soleil Royal.	850	104	MM. DE TOURVILLE, vice-amiral.	De Venise. De Monts. D'Andenne.
Le Grand....	650	92	LE COMTE D'ESTRÉES, lieutenant général.	La Boissière. L'Héry.
Le Dauphin R^{al}.	700	100	DE CHATEAU-RENAUD, lieutenant général.	De Campe. Flamicourt. Begatte.
Le Magnifique.	600	80	D'AMFREVILLE, lieutenant général.	Pafoulen. Du Plessis.
L'Intrépide...	580	80	GABARET, lieutenant général.	Du Buisson.
Le Conquérant.	600	80	DE VILLETTE, lieutenant général.	Roche Alard.
Le Souverain..	600	80	DE NESMOND, chef d'escadre.	Pontac.
Le Triomphant.	450	80	FLACOURT, chef d'escadre.	La Luzerne.
La Couronne..	500	74	PANNETIER, chef d'escadre.	Le ch. de Courbon.
Le Terrible...	450	78	LANGERON, chef d'escadre.	Des Monts.
Le Fier.....	450	78	DE RELINGUE, chef d'escadre.	Magon.
Le Tonnant...	500	78	DE LA PORTE, chef d'escadre.	Chevalier de Blénac.
Le St-Philippe.	500	80	COETLOGON, chef d'escadre.	Vicomte de Coëtlogon.

(1) Le *Mercure* de juillet donne un *Tableau de l'armée navale du roi qui a fait voile de la rade de Brest le 23 juin 1690*, qu'il accompagne de cette note : « Il court une liste de l'état de l'armée navale imprimée et si défigurée qu'à peine peut-on reconnoître douze noms. Cela m'oblige à vous en envoyer une très-correcte, avec les noms des brûlots et ceux qui les commandent. » En comparant ce tableau avec la liste donnée par Dangeau, nous avons trouvé de nombreuses différences, mais nous avons cru devoir les conserver et nous borner seulement à rectifier l'orthographe de quelques noms propres.

JUILLET 1690.

NOMS des VAISSEAUX.	HOMMES.	CANONS.	CAPITAINES.
L'Ardent....	400	66	D'Infreville. De la Paudière.
Le Florissant..	450	78	Congolin. De Chavigny.
L'Aimable....	440	72	Du Magniou.
Le Henri....	400	64	D'Amblimont. De Rhodes.
Le Belliqueux..	450	78	MM. de la Breteche.
Le Content....	400	62	De Saint-Pierre. De Lannion.
Le Furieux...	350	64	Desnote. De Laisenai, capitaine de frégate.
L'Illustre....	430	72	De Rosmadec. De Saint-Simon, capitaine de frégate.
Le Brillant...	400	66	De Beaujeu. D'Ille.
L'Éclatant...	450	72	De Septines. Béthune.
Le Parfait...	400	66	Machault.
Le Glorieux...	400	64	De Belle-Isle.
L'Assuré.....	350	54	Méricourt. De Souges, capitaine de frégate.
L'Agréable...	380	66	La Motte-Genouillé. Gombault, capitaine de galiotte.
Le Sérieux....	400	64	Bellefontaine. Languillet.
Le Courageux..	330	56	De Réals. Sainte-Marie
Le Ferme....	350	60	Vaudricourt. Darigny.
L'Excellent...	360	60	De Montbron.
Le Fort.....	350	60	De Larteloire.
L'Entreprenant	350	60	De Seppeville.
L'Apollon....	350	60	Bidault.
Le Vermandois.	350	60	Du Chalart.
Le Marin....	180	36	De la Baume.
L'Alcyon.....	230	40	De Lorme (1).
Le Pompeux...	450	76	D'Aligre.
Le Bon......	300	56	D'Igrives.
Le Maure....	300	54	La Galissonière.
Le Duc......	300	52	Palière.

---

(1) Le *Mercure* et l'*Histoire militaire de Louis le Grand* par Quincy désignent Bart comme commandant de l'*Alcyon*.

NOMS des VAISSEAUX.	HOMMES.	CANONS.	CAPITAINES.
Le Fortuné...	350	58	De Pallas. Surville la Roche.
Le Fougueux..	350	62	D'Hervaut. Roland.
Le Bourbon...	340	62	Saint-Marc. Turgis.
Le Faucon....	230	44	Sévigné.
Le François...	250	44	D'Ailly.
Le Fleuron...	330	54	Chabert.
L'Indien....	300	48	Rouxel.
Le Trident...	300	52	Desfrancs.
Le Saint-Louis.	350	58	La Roque-Persin. De Valbelle.
Le Solide....	230	42	Ferville.
Le Palmier...	186	36	De Sévigné.
Le Brave....	350	60	Champigny.
Le Comte....	250	44	De Blénac.
Le Prudent...	360	56	Des Herbiers. Geoffroy.
Le Téméraire..	380	58	De Rivauhuet.
Le Précieux...	380	58	Perrinet.
Le Fidèle....	280	48	Forbin.
L'Aquilon....	300	52	De Beaugeais.
Le Diamant...	350	60	De Servigny.
Le Neptune...	250	48	De Forbin. De l'O.
Le Hardi....	350	58	Des Gouttes.
Le Léger....	200	44	De Rouvroy.
Le Vigilant...	350	58	Chalais.
Le Brusque...	330	54	De Ricousse. Pontac.
L'Arc-en-ciel..	250	44	De Sainte-Maure.
L'Arrogant...	350	60	Des Adrets. Levi.
L'Emporté....	230	42	Genlis. Sanson.
Le Cheval marin......	250	48	Riberette. Chansant.
Le Joli.....	150	40	De Monbeau.
L'Éole......	250	48	D'Aigneux.
Le Saint-Michel.	330	60	Villars. Comte de Blénac.
Le Bizarre...	240	38	D'Amfreville.
Le Marquis...	350	58	Château-Morant.

NOMS des VAISSEAUX.	HOMMES.	CANONS.	CAPITAINES.
Le Capable...	250	48	Modeve. Des Adrets.
Le Courtisan..	330	60	De Pointis. Clavier.
Le Fendant...	300	56	De La Vigerie.
Le Modéré....	300	56	Des Augers.
Le Prince....	350	60	Chamelin.
Le Sans-Pareil.	350	56	De la Rongère.
Le Sage.....	320	56	De la Guiche. De Sailly.
Le Vaillant...	300	56	De Feuquières. De Grosbois.

Total, 82 vaisseaux, 29,996 hommes, 4,966 pièces de canon.

Dimanche 9, au camp de Wachenheim. — Monseigneur a détaché M. le prince de Conty avec mille chevaux pour aller vers Mayence, où l'on croit que les ennemis ont mis quelque cavalerie; ces mille chevaux sont composés de six cents chevaux de la cavalerie légère, cent dragons, cent mousquetaires du roi et deux cents gardes du corps; il a deux brigadiers avec lui, qui sont Dalou et du Bourg; il aura en son chemin des nouvelles de Villacerf, qui partit hier au soir, et qui pourra se joindre à lui. — Le roi a donné la charge d'aumônier à l'abbé de la Châtre. Elle étoit vacante par la promotion de l'abbé de la Salle à l'évêché de Tournay. — Le roi a donné 1,000 écus de pension à Blouin, un de ses premiers valets de chambre. — Valencé et Maugiron, exempts des gardes du corps, que Monseigneur avoit envoyés par ordre du roi prisonniers à Landau, se sont bien justifiés et sont revenus ici; mais M. d'Urfé, enseigne des gardes du corps, y est encore. — On a nouvelle de M. le comte de Soissons qu'il se porte un peu mieux, mais que la blessure est assez grande. — Monseigneur a eu aujourd'hui un courrier de M. le marquis d'Huxelles, qui lui mande que les ennemis ne font pas plus de mouvement de ce côté-là qu'ils en font de celui-ci.

Lundi 10, *au camp de Wachenheim.* — Monseigneur se leva de bon matin, et alla au fourrage, qui se fit entre les deux branches du ruisseau d'Altzey. Il croyoit qu'il y pourroit peut-être apprendre des nouvelles de M. le prince de Conty, s'il trouvoit quelque chose ; mais il n'en eut point de nouvelles au fourrage, et n'en a point eu ce soir non plus. — Le roi mande à Monseigneur que notre flotte étoit en présence de celle des ennemis, le 3 de ce mois au matin, devant l'île de Wight, et que Tourville lui écrit que le vent commence à se bien tourner ; que, dès qu'il sera bon, il attaquera. — Monseigneur a eu des nouvelles de Reims du 6. M. de Montmorency y a passé, qui porte au roi le détail de la bataille. Il a dit que les ennemis avoient eu huit mille hommes de leur infanterie de tués, quatre mille de blessés et sept mille huit cents prisonniers. On leur a pris quarante-neuf pièces de canon ; ils n'en avoient que cinquante. On leur a pris aussi beaucoup de drapeaux, d'étendards et des timbales. On croit que Vireville, officier des gendarmes, beau-frère de Tallard, a été tué. Le régiment de Champagne a beaucoup souffert ; presque tous les officiers en sont tués ou blessés ; le colonel, qui est M. de Sceaux, frère de M. de Seignelay, a eu les deux jambes percées et le petit os de la jambe droite cassé. Le régiment de Bertillac a beaucoup souffert aussi ; le colonel, le lieutenant-colonel et le major ont été tués.

Mardi 11, *au camp de Wachenheim.* — M. le prince de Conty est revenu de son parti ; il a été jusqu'aux portes de Mayence. Villacerf le joignit hier sur le ruisseau de Niederulm ; ils n'ont rien trouvé. — Les nouvelles de Francfort portent que les troupes de Saxe n'étoient point encore parties de leur pays le 30 juin, et tous les prisonniers et les rendus assurent que M. de Bavière n'a pas vingt-cinq mille hommes dans son camp; cependant il parle toujours d'envoyer cinq régiments à M. de Savoie, et demande instamment le passage à MM. les Suisses. — Le roi, pour montrer qu'il ne veut point porter la guerre en Italie, et qu'il ne veut qu'empêcher que M. de Savoie ne donne moyen aux ennemis d'entrer en France, a declaré qu'il consentiroit que M. de Savoie livrât aux Vénitiens la citadelle de Turin et Verrue, et que, moyennant cela, il feroit sortir ses troupes de Piémont. — Parmi les prisonniers que nous avons faits à la bataille de Fleurus, il y a deux mille deux cents hommes des troupes de Lunebourg.

Mercredi 12, au camp de Wachenheim. — Monseigneur commanda à l'ordre que l'armée marchât demain pour se rendre dans la plaine de Flonheim, sur deux colonnes et les bagages au milieu. Il laisse M. de Mélac dans Worms avec deux régiments de dragons, qui sont Saint-Frémont et Breteuil, cent chevaux et mille mousquetaires que l'on fait venir du camp de l'infanterie; cela assurera nos convois, et nous serons informés des petits partis qui pourroient passer le Rhin. Flonheim est sur un ruisseau qui tombe dans la Nahe, entre Kreutznach et Bingen. M. le prince de Conty, maréchal de camp de jour, a ordre de marquer le camp en deçà du ruisseau. Monseigneur a réglé que tous les officiers généraux, hormis ceux qui sont de jour, marchassent à leur poste; M. de Vendôme avec la réserve fera l'arrière-garde de tout. — On a nouvelles que le prince d'Orange est arrivé en Irlande; il a débarqué à Carrick-Fergus le 21 ou le 22 juin. — Le roi revint samedi de Marly, où il avoit passé les trois derniers jours de la semaine. Madame la maréchale d'Estrées y a été pour la première fois.

Jeudi 13, au camp de Flonheim. — Monseigneur marcha à la tête des gardes du corps, et conduisit l'aile gauche jusqu'au camp. Les gardes avoient la gauche, parce qu'au dernier camp on leur avoit fait prendre ce poste-là pour les camper plus commodément. En arrivant ici, ils reprirent leur poste naturel, qui est la droite. Monseigneur a été visiter toutes les gardes du camp, et a fait tendre sa maison de bois et ses tentes dans un pré derrière les gardes du corps, pour être plus près des troupes; il n'a point voulu être logé dans le bourg de Flonheim. Nous sommes campés sur deux lignes, notre droite à Flonheim et notre gauche à Armesheim. Nous faisons faire beaucoup de ponts sur le ruisseau, parce que tous les fourrages sont de l'autre côté. — Le roi mande à Monseigneur que le vent a séparé les flottes, que les Anglois voudroient fort éviter le combat, et que Tourville lui mande qu'il ne croit pas qu'ils le puissent éviter, et qu'il lui répond que la victoire est sûre. — M. de Sceaux, frère de M. de Seignelay, est mort de ses blessures. Le roi a donné le régiment de Champagne qu'il avoit à M. de Blainville, son frère, et le régiment de M. de Blainville au fils de M. de Maulevrier.

Vendredi 14, au camp de Flonheim. — Monseigneur a envoyé M. de Barbezières mettre deux cents dragons dans le château de Niederulm, où les ennemis n'ont plus personne, et qui est à moitié chemin d'ici à Mayence. Monseigneur s'est promené ce soir à la tête des camps. — Beauvernois, bâtard de M. le chevalier de Lorraine, et qui étoit officier dans le régiment de Lionnois, a déserté, et s'est allé rendre aux ennemis; un lieutenant du régiment de Berry en a fait autant; notre réserve est ici campée au delà du ruisseau. — Le marquis du Roule est mort de sa blessure qu'il avoit reçue à la bataille de Fleurus; il avoit la survivance de lieutenant de roi de Languedoc et du gouvernement du Saint-Esprit. — Les nouvelles d'Irlande portent que le roi d'Angleterre a permis à milord Douvre de se retirer; c'étoit lui qui avoit la principale part aux affaires de ce pays-là. — Le roi a donné à Fourcy la charge de lieutenant de la vénerie qu'avoit le chevalier de Soyecourt; elle vaut 2,000 livres de rente.

Samedi 15, *au camp de Flonheim.* — Monseigneur a été six ou sept heures à cheval aujourd'hui à visiter les gardes du camp. En revenant, il a reçu des lettres du roi par un courrier, qui lui mande que notre armée navale a battu celle des ennemis. Nous leur avons coulé à fond deux gros vaisseaux, en avons démâté dix ou douze qui auront bien de la peine à se sauver et en avons pris un de soixante et douze pièces de canon. Nous poursuivions encore les ennemis quand le courrier a parti du bord de M. de Tourville, et, avant que d'arriver à nos côtes, il a entendu le lendemain du combat un grand bruit du canon. On croit que l'affaire est recommencée. Le capitaine du vaisseau qu'on a pris est hollandois; il se plaint fort des Anglois, et dit qu'ils ont fort mal fait. Les Hollandois avoient le vent sur nous, et ce furent eux qui nous attaquèrent; nous attendons incessamment un second courrier pour nous apporter la suite et le détail de cette affaire. Nous n'avons perdu que quatre ou cinq cents hommes, et n'avons pas un vaisseau qui ne soit en état de combattre.

Dimanche 16, *au camp de Flonheim.* — Monseigneur donna l'ordre étant à cheval, et puis s'alla promener et visiter les gardes qui sont à la tête du camp. On lui amena quatre rendus du régiment du jeune Staremberg qui étoit en garnison à Coblentz; ils ont dit à Monseigneur que le régiment remontoit le Rhin pour joindre M. de Bavière. — On envoie en Italie le régiment de Montpeiroux qui étoit avec le marquis d'Huxelles, et dix escadrons de ceux qui sont restés avec M. de Boufflers. — Le roi envoie aux galères les quinze cents François qui ont été pris à la bataille de Fleurus. On a laissé sauver le frère de Lostanges, qui fut pris le jour de devant au combat de cavalerie. — M. de Valdeck a envoyé demander à M. de Luxembourg un passe-port pour son équipage qu'il lui a accordé. M. de Luxembourg est présentement campé au Châtelet sur la Sambre. — On fait revenir dans cette armée ici le régiment de Mélac, qui a trois escadrons, et remplacera le régiment de Montpeiroux que nous détachons du camp de Wachenheim et qu'on envoie présentement à M. de Catinat. — Les troupes de Brandebourg marchent dans le pays de Limbourg et vont avec les Munstériens rejoindre les troupes qui restent à M. de Valdeck. — Le milord duc de Richemont revint avant hier rejoindre Monseigneur et faire sa charge d'aide de camp; il ne paroît plus qu'il ait eu la petite vérole.

Lundi 17, *au camp de Flonheim.* — Monseigneur fut enfermé tout le jour, le matin pour écrire au roi, l'après-dînée pour travailler avec M. le maréchal de Lorges. — Le roi mande à Monseigneur qu'il a permis à M. de Bouillon de revenir à la cour. — Le roi a donné à M. de Villarceaux le père la charge de lieutenant des chevau-légers de Monseigneur, qu'avoit son fils. — Le gouvernement de Gravelines qu'avoit M. du Metz, et celui de Maubeuge qu'avoit M. de Gournay, ne sont point encore donnés. Le roi a donné à M. de la Chaise le justaucorps à brevet qu'avoit M. de Villarceaux le fils. — Le roi a envoyé M. de Bonrepaux sur sa flotte pour porter les ordres à M. de Tourville de ce qu'il veut que sa flotte fasse présentement; il n'en a point eu de nouvelles depuis le combat. — Parmi les gens considérables qui ont été tués dans l'armée des ennemis à Fleurus, on compte deux princes de Saxe, un prince de Hesse et deux princes de Nassau, M. de Flodorf et M. de Berlo. — Le roi mande à Monseigneur qu'il croit qu'il s'est passé encore quelque chose de considérable, parce que de la côte on a encore entendu beaucoup tirer. — M. le grand Prieur, M. de Montmorency et M. d'Artagnan, major des gardes, qui étoient venus tous trois de Flandre à la cour l'un après l'autre, sont retournés trouver M. de Luxembourg.

Mardi 18, *au camp de Flonheim.* — Monseigneur fit venir à l'ordre tous les brigadiers et les colonels, pour leur dire que, s'ils n'empêchoient que les cavaliers n'allassent en maraude, ou s'ils n'avertissoient des négligences que les officiers ont là-dessus, on ne châtieroit plus les cavaliers, mais qu'il s'en prendroit à eux, et qu'il en feroit interdire ou casser quelqu'un. — Le roi a envoyé un courrier à Monseigneur; il lui mande que jeudi le neveu du chevalier de Tourville partit de dessus la flotte, et arriva samedi passé à Versailles; il a dit au roi qu'il y avoit huit vaisseaux des ennemis coulés à fond, six hollandois, deux anglois, et qu'il y en avoit sept autres démâtés, que Villette poursuit avec sa division, et que Tourville, avec le reste de la flotte, suit ce qui reste de la flotte ennemie, qu'il a le vent sur eux; ils ne sont plus qu'à sept lieues du Pas-de-Calais. Des matelots qu'on a sauvés des vaisseaux coulés à fond assurent que le vice-amiral et le contre-amiral de Hollande ont été tués. — Monseigneur a écrit à toutes les places sur le Rhin pour que l'on y fît demain trois salves en rejouissance de la bataille gagnée par notre flotte, et demain nos troupes se mettront en bataille et feront trois décharges aussi. — On a aujourd'hui fait pendre deux cavaliers pour avoir été en maraude; on avoit fait tirer au billet tous ceux qui y avoient été; il y en a qui ont été jusqu'à Bacharach et les autres jusqu'à Mont-Royal.

Mercredi 19, au camp de Flonheim. — Monseigneur a encore eu aujourd'hui des nouvelles du roi par un courrier. S. M. lui envoie un détail de ce qui s'est passé sur la flotte jusqu'au 12 au soir; les Hollandois ont fait sauter trois ou quatre de leurs vaisseaux, entre autre le vice-amiral. On compte qu'il y a déjà treize de leurs vaisseaux qui ont sauté ou qui ont coulé à fond; on les poursuit toujours, mais nous n'avançons que par les marées, car nous avons le vent contraire. Mais ce vent contraire aussi les empêche de pouvoir se retirer dans leurs ports; ils ne sont plus qu'à cinq lieues du Pas-de-Calais. Le roi mande qu'il espère que la victoire sera encore plus complète, parce qu'à tout moment les ennemis perdent quelque chose et qu'ils sont fort en désordre. — Monseigneur a fait mettre l'armée en bataille et a fait faire trois salves de réjouissance. Monseigneur a fait mettre les grenadiers au delà du ruisseau, qui ont fait leurs trois décharges en même temps que la cavalerie. On a allumé des feux sur toutes les hauteurs, afin qu'on pût voir et entendre de Mayence. — Madame la comtesse de Soissons est arrivée en chaise de poste au camp de l'infanterie pour se tenir auprès de M. son mari, dont la blessure est considérable.

Jeudi 20, au camp de Flonheim. — Le régiment de la Rare, frère de Mélac, nous a joint ce matin; Monseigneur l'envoie à Altzey, où il servira à faciliter nos envois et à fournir des escortes. Nous avons commencé aujourd'hui à aller au fourrage; on a été à Neubamberg sur le ruisseau de Vilsteim. Depuis huit jours qu'on est en ce camp ici, on n'avoit fourragé qu'entre les gardes. — On a eu nouvelle ce soir que la diète des Suisses, assemblée à Bade, est terminée et aussi favorablement pour le roi qu'on le pouvoit désirer. — Nous avons appris de Flandre que quelques troupes espagnoles qui avoient voulu passer le retranchement pour faire contribuer, ont été attaquées et battues par des détachements des garnisons de nos places. — On mande de Versailles que le roi a donné à M. le grand Prieur une épée de diamants, qui vaut 1,500 pistoles, et une bague qui en vaut 1,000 à M. de Montmorency. — M. de Saint-Silvestre, en Italie, a battu quelques Barbets et quelques paysans du Mondovi qui s'étoient joints ensemble pour empêcher les travaux que nous faisons faire à Lucerne. M. de Catinat est campé à une lieue de l'armée de M. de Savoie; les lettres que nous avons eues de ce pays-là sont du 10 de ce mois.

Vendredi 21, au camp de Flonheim. — Monseigneur a interrogé aujourd'hui des rendus qui partirent avant-hier du camp de M. l'électeur de Bavière; il est toujours campé au même endroit. Les troupes de Saxe ne l'ont pas encore joint. On dit dans son armée qu'elles s'approchent, mais il y a longtemps que cela se dit. — Les eaux du Rhin sont tellement hautes qu'elles ont emporté le pont de flot de Philipsbourg. Elles couvrent la chaussée de la petite Hollande ; ainsi notre infanterie ne peut plus tirer son pain de Philipsbourg. — Monseigneur a envoyé ordre ce soir à Tilladet d'aller camper entre Neustadt et Landau, d'où ils tireront leurs vivres ; le fourrage commençoit aussi à leur manquer dans le camp de Spire. Les deux bataillons du régiment de Normandie nous doivent venir joindre incessamment. — Le roi est à Marly de mercredi ; il en doit revenir samedi à son ordinaire. — M. du Maine a prié le roi de faire mestre de camp de son régiment Cheladet qui étoit lieutenant-colonel de Noailles. — Monseigneur a envoyé ce soir la Bessière, colonel, en parti avec trois cents chevaux et cinquante dragons vers Mayence, pour couper un parti de hussards qui parut hier à la garde ordinaire, et que nous avons avis qui rôde encore à l'entour du camp. — Le roi a donné le régiment de Bertillac à Marsilly, lieutenant-colonel du régiment de Coislin.

Samedi 22, au camp de Flonheim. — Monseigneur est sorti ce matin de bonne heure, et a visité toutes les gardes du camp. Il a ordonné ce soir au duc de Villeroy de marcher demain ; la brigade de Saint-Germain le suivra après-demain, et il sera joint encore par les trois escadrons du commissaire général. Il prendra au camp de l'infanterie (1) dix ou douze bataillons d'infanterie et ira camper auprès du fort Louis, où il attendra les ordres de Monseigneur. — Le roi a envoyé un règlement pour les troupes de sa maison, qui reconnoîtront en tout le colonel de la cavalerie ou celui qui la commandera en

---

(1) Le camp de l'infanterie est auprès de Kerveiler et Altdorf, entre Neustadt et Landau. (*Note de Dangeau.*)

son absence, hormis ce qui est détaché pour le guet chez Monseigneur. Celui qui fera la charge de major de brigade de la maison du roi prendra le mot du maréchal de camp de jour ; mais, pour ses détachements, il prendra l'ordre du maréchal des logis de la cavalerie. Pour le salut, ils ne salueront toujours que les princes du sang et les maréchaux de France qui commandent l'armée, et pour le colonel général ils le salueront en entrant en campagne et en sortant, et un lieutenant général ou un maréchal de camp qui se trouveroit les commander, en entrant et en sortant de la campagne, de même que le colonel de la cavalerie. — On mande de Versailles que M. de Pradel est mort et que le roi a donné le gouvernement de Saint-Quentin à M. de Maupertuis. — M. de Bouillon a salué le roi qui lui a dit force choses obligeantes, et S. M. pardonne à M. de Turenne et lui permet d'aller servir cette campagne dans son armée d'Italie, et cet hiver il le fera revenir à la cour faire sa charge. — M. de Caylus-Fontanges, mestre de camp du régiment de Chartres, est mort de ses blessures. — La princesse d'Orange, à Londres, a fait arrêter plusieurs seigneurs et gens considérables qu'elle accuse d'avoir voulu faire quelque mouvement en faveur du roi Jacques. Il y a eu aussi des mouvements à Édimbourg qui font espérer quelque changement avantageux. — Le roi a donné à M. de Charost le fils le régiment de Vermandois, vacant par la mort de M. de Soyecourt, et le régiment qu'avoit M. de Charost a été donné à M. Raffetot, gendre de Pertuis. — Le courrier qui est arrivé ce matin à Monseigneur lui a apporté des lettres du roi, qui lui mande que, des six vaisseaux démâtés que Villette poursuivoit et qui se retiroient vers la côte d'Angleterre, les ennemis en ont fait sauter quatre, ne les pouvant sauver, et que nous avons fait sauter les deux autres à la vue de beaucoup de peuple d'Angleterre qui étoit accouru à la côte. Un de ces vaisseaux-là étoit monté par le duc de Grafton, et étoit de quatre-vingt-dix pièces de canon; on ne sait pas si les ennemis ont pu sauver une partie des équipages. — Il est arrivé à Versailles un courrier d'Irlande qui en est parti le 4 de ce mois. Le prince d'Orange avoit fait avancer quatre cents chevaux dans un poste qui auroit incommodé les troupes du roi. On les a attaqués, on les a presque tous tués, et on a pris quatre capitaines qui les commandoient. — Les lettres du roi à Monseigneur sont du 18 et du 19.

Dimanche 23, au camp de Flonheim. — La Bessière, que Monseigneur envoya avant-hier en parti, s'est embusqué à la pointe du jour dans un bois qui est une lieue par-delà Niederulm. Il a paru un quart d'heure après cinq cents hussards qui sortoient de Mayence, qui sont venus droit à son embuscade. La Bessière a composé six petites troupes; celles de la gauche ont été battues, et le lieutenant-colonel de Souvray, qui les commandoit, s'est plaint que les cavaliers l'ont abandonné. La Bessière, avec les troupes de la droite, a battu ceux qui l'attaquoient, et Sanguinet, son major, a pris un de leurs étendards. Mailly, capitaine dans les cuirassiers, a été tué; Vernassal, capitaine dans Brionne, est blessé à mort. Au premier bruit de ce combat, M. le comte d'Auvergne a marché avec les gardes du camp et le piquet, M. le maréchal a marché quelque temps après; Monseigneur même a marché au delà de son camp, et a commandé à la maison du roi de se tenir prête; mais cette affaire-là n'a eu aucune suite. — Les Espagnols ont mis en liberté M. l'abbé de Croissy, qu'ils tenoient prisonnier dans le château de Milan. On dit que c'est M. de Leganès qui a obtenu cela pour lui. Il n'y avoit pas longtemps qu'il avoit passé en France et avoit vu M. de Croissy; il vit même le roi en passant dans la galerie de Versailles, et fut fort content de la bonne réception qu'on lui fit. — M. le duc de Villeroy est parti aujourd'hui au camp, selon l'ordre qu'il en reçut hier de Monseigneur.

Lundi 24, au camp de Flonheim. — Monseigneur s'alla

promener le soir sur les hauteurs qui sont devant son camp; la brigade de Saint-Germain marcha. — On mande de Paris que le vieux M. de Persan (1) est mort. L'assemblée du clergé est séparée. — Monsieur a donné à M. de Tonnerre la lieutenance de ses gendarmes, vacante par la mort de Salart, et à M. de Spi le régiment de cavalerie de M. de Chartres, vacant par la mort de M. de Caylus-Fontanges.

Mardi 25, au camp de Flonheim. — Monseigneur s'alla promener jusqu'à Creutznach. Il fut six ou sept heures à cheval; il reconnut en chemin un fourrage qu'on y fera demain, qui est en deçà du ruisseau. — Il est venu quelques rendus de Mayence qui assurent que le commandant du parti qui attaqua la Bessière avant-hier a été dangereusement blessé. M. de Tinghen, gouverneur de Mayence, en use fort bien pour les officiers qui ont été pris à cette affaire-là. Il n'y a sorte d'honnêtetés qu'il ne leur fasse. — Monseigneur a fait souper ce soir avec lui le rhingrave d'Haun, qui s'est mis sous la protection de la France et qui a un fils dans le service. Il est de même branche que le rhingrave de Flandre et que le prince de Salm, gouverneur du roi des Romains.

Mercredi 26, au camp de Flonheim. — On a fourragé aujourd'hui en deçà et en delà de la Nahe; il n'y a pas eu de fourrages pour toute l'armée; il n'y a plus du tout de fourrages en ce pays ici. — Comme M. de Tinghen en a bien usé pour les prisonniers qu'il a, Monseigneur lui a renvoyé les hussards qu'on avoit pris. — Les Suisses rassemblent une diète, mais ce n'est pas une diète générale, ce n'est que des cantons protestants. — Par les

---

(1) « C'est ce terrible M. de Persan, élève de feu Monsieur le Prince, qui remplissoit de terreur les ennemis lorsqu'il alloit en parti. Aussi a-t-il eu toujours l'avantage dans tous les combats qu'il a livrés. Sa famille du surnom de Vaudetar, vient d'Italie et s'est établie en France. » (*Mercure* de juillet, page 198.)

nouvelles qu'on a eues des ennemis, M. de Bavière étoit encore avant-hier dans son camp de Bruchsal. Sainte-Livière est revenu avec le parti qu'il avoit mené ; il a été trois jours dehors et presque toujours aux portes de Mayence, sans qu'il en soit sorti personne.

Jeudi 27, *au camp de Flonheim.* — Monseigneur a commandé ce soir, à l'ordre, que l'armée marchera demain sur trois colonnes, les bagages au milieu, pour aller camper par delà le ruisseau d'Altzey. Il est arrivé ce soir un courrier du roi à Monseigneur. Le roi lui mande que le roi d'Angleterre est revenu à Brest, et qu'il sera le 25 à Saint-Germain ; le roi a envoyé au-devant de lui M. de Bouillon et ses carrosses sur le chemin de Normandie par où il revient. Il a repassé dans deux frégates de celles qu'avoit Foran dans la Manche de Saint-George ; Léry a repassé avec lui en France. Toutes nos troupes sont demeurées en ce pays-là. Nous en saurons bientôt davantage. — Notre flotte est revenue au Havre pour prendre des rafraîchissements et mettre à terre nos blessés et nos malades ; il y en a huit ou neuf cents. La flotte angloise est rentrée dans la Tamise encore plus en désordre qu'on ne croyoit, et les Hollandois sont allés sur leurs côtes. Les ennemis ont perdu huit mille hommes dans le combat. Dès que notre flotte se sera un peu rafraîchie, elle fera voile vers l'île de Wight.

Vendredi 28, *au camp de Morsheim.* — Monseigneur marcha sur les six heures du matin à la tête de la colonne des gardes ; il vit arriver toutes les troupes dans le camp. On est campé ici sur une ligne, la droite à Morsheim, et la gauche va à un quart de lieue d'Altzey, le ruisseau derrière nous. — Les nouvelles venues d'Irlande portent que le prince d'Orange vint attaquer le roi d'Angleterre, que toute l'aile droite des Irlandois prit la fuite, et que M. de Lauzun avoit conseillé au roi d'Angleterre de s'aller embarquer à Kinsale pour repasser en France, de peur d'être livré au prince d'Orange ; il y a soixante lieues du lieu où s'est donné le combat à Kinsale. Les François, à ce qu'on prétend, combattoient en se retirant en fort bon ordre. M. le marquis d'Hocquincourt, qui étoit brigadier des troupes irlandoises, a été tué. Il étoit gouverneur de Péronne; le roi lui donna ce gouvernement-là il y a six mois, à la mort de son père. — M. de Malause, brigadier d'infanterie dans cette armée, se trouvant fort incommodé, a vendu tout son équipage et se retire; il n'est plus en état de servir.

Samedi 29, *au camp d'Albsheim.* — Monseigneur commença à marcher à une heure de jour et vint camper ici. On a appris ce soir que les ennemis s'ébranloient, qu'ils commençoient à marcher, qu'ils ont campé à Dourlach; les troupes de Saxe sont arrivées à Heilbronn; ainsi elles sont à hauteur de se joindre quand elles voudront. — On apprend que M. de Livarot est mort des blessures qu'il a reçues à la bataille de Fleurus, et qu'on a coupé la jambe à Greder; la blessure du comte d'Albert est beaucoup plus grande qu'on ne pensoit, et celle de M. de Castries aussi. — M. de Mélac rejoindra demain l'armée de Monseigneur, et relève tous les postes qu'il avoit établis en ce pays ici. — Le roi a permis à M. de Saint-Évremond* de revenir en France; il y a trente ans qu'il est exilé, et a passé tout le temps de son exil en Hollande et en Angleterre. Le roi a permis aussi à M. Arnauld de revenir à Paris; c'est un homme assez fameux par ses ouvrages, et qui étoit exilé depuis longtemps; on ne savoit pas même trop bien où il étoit caché.

* Saint-Evremond en bagatelles, M. Arnauld en matières théologiques et autres savantes ont été si connus, et ce dernier fait encore tant de bruit, qu'on croit inutile d'en parler ici.

Dimanche 30, *au camp de Klein-Schifferstadt.* — Monseigneur a marché à une heure de jour, et est venu camper ici. On fait tête au pays par où l'on a marché aujourd'hui, le ruisseau derrière nous, et on a laissé la brigade des gardes à la gauche et la brigade du colonel à la droite, parce qu'autrement il auroit fallu que les troupes se croisassent en entrant dans le camp. — Il est arrivé un courrier ce soir à Monseigneur comme il s'alloit mettre à table. Le roi lui mande que tous les avis d'Irlande portent que quelques Irlandois, avec le duc de Tyrconnel, se sont ralliés aux François, que M. de Schomberg* a été tué, et que le prince d'Orange a été blessé de deux coups, dont il est mort deux jours après. M. de Louvois a eu encore la confirmation de cette nouvelle-là par Bruxelles, et des rendus, qui sont venus ce matin à Landau avant que notre courrier y eût passé, avoient dit que les ennemis avoient fait des feux de réjouissance pour la victoire remportée par le prince d'Orange en Irlande; mais qu'ils avoient eu avis qu'il avoit été blessé de deux coups. — M. le Duc a joint ce soir Monseigneur; il n'a point sorti de Landau depuis sa petite vérole; il est fort peu changé, et ne sera pas du tout marqué.

* M. de Schomberg étoit un homme aimable au dernier point, et sa femme encore davantage, qui étoit Aumale et s'appeloit mademoiselle d'Harcourt. Il étoit Allemand, et son père étoit maréchal du bas Palatinat et gouverneur des duchés de Clèves et de Juliers. Il avoit servi sous les princes d'Orange, et passa au service de France, où il se distingua tellement, qu'il parvint à plusieurs emplois, et que le roi, voulant soutenir le Portugal, malgré la paix, y fit passer des troupes comme d'elles-mêmes, et M. Schomberg pour les commander, auquel il ôta tous ses emplois de concert avec lui. Il fit en Portugal la guerre la plus heureuse et la plus glorieuse, et força les Espagnols à faire la paix et à reconnoître le roi de Portugal le 12 février 1668, et revint en France, où il fut bien récompensé de ses charges perdues. Quoique le Portugal n'ait de grands que le duc de Cadaval et les ducs d'Aveiro, de Véragnar et le comte d'Oropesa et de Lemos, tous quatre établis en Espagne, M. de Schomberg prétendit avoir été fait grand en Portugal et en tira un tabouret de grâce. Il continua en France de servir avec réputation en chef, et fut un des maréchaux de France faits en 1675 à la mort de M. de Turenne. Il en servit sous le roi et seul avec distinction jusqu'à la révocation de l'édit de Nantes, un peu après quoi il se retira avec sa famille en Portugal, laissant en France mille regrets et une in-

finité d'amis. Le Portugal et sa religion ne pouvoient guère s'accorder. Ainsi, bientôt après y être arrivé, il passa par mer en Hollande, et de là chez l'électeur de Brandebourg, qui lui donna les premiers emplois de ses États, de ses armées et de son conseil. Ce fut d'où il s'attacha au prince d'Orange, après avoir perdu à Berlin sa femme, dont il n'avoit point eu d'enfants. Sa première femme étoit de son même nom fort différent des Schombergs venus du temps des enfants d'Henri II avec les reîtres et devenus maréchaux de France, et enfin ducs d'Hallwin qui étoient de Livonie. Le roi fut extrêmement piqué de le voir engagé au service de ses ennemis. On prétendit que la fantaisie d'avoir la Jarretière y avoit eu part. On ne peut être plus grandement traité qu'il le fut en Angleterre, où sa postérité ne dura pas.

Lundi 31, au camp d'Offenbach. — La marche du camp de Klein-Schifferstadt ici a été fort longue et fort mauvaise par des bois et des marais; il a fallu défiler; quelques équipages sont demeurés; nous avons traversé le camp de l'infanterie qui est à Altdorf (1). Monseigneur a envoyé Tallard commander le camp de l'infanterie en la place de Tilladet, qui a la fièvre. On a renvoyé toutes les compagnies de grenadiers à leurs régiments. — Monseigneur a eu nouvelle que M. de Bavière est campé à Dourlach, et qu'il y demeurera quelques jours. Il y a grande apparence que les ennemis n'entreprendront rien de la campagne. On dit dans leur armée que le prince d'Orange a été tué. — Le roi a donné 500 pistoles à M. d'Auné, écuyer de M. du Maine. — Le duc de Duras a joint l'armée ici; il avoit été malade à Paris durant toute la campagne.

Mardi 1ᵉʳ août, au camp d'Offenbach. — Monseigneur n'a point sorti de tout le jour; il a passé toute la journée ou à tenir conseil ou à faire ses dépêches au roi. — Vissac, gouverneur de Landau, et Desbordes, gouverneur de Philipsbourg, sont venus lui faire leur cour. Ils ont avis l'un et l'autre que M. l'électeur de Bavière doit encore res-

---

(1) Altdorf est la terre de M. de Schomberg. (*Note de Dangeau.*)

ter quelque temps à Dourlach. — On a eu nouvelles que M. le duc de Villeroy a passé au fort Louis avec huit ou neuf cents chevaux et deux ou trois cents hommes de pied, qu'il a fait avancer le chevalier de la Vrillière avec un parti de trois cents chevaux pour avoir des nouvelles des ennemis et tâcher à faire quelques prisonniers. Le chevalier de la Vrillière a trouvé les hussards, qu'il a battus, et il auroit été coupé à son retour, si le duc de Villeroy ne s'étoit saisi d'un passage par où il falloit que le chevalier de la Vrillière se retirât. Les ennemis y étoient déjà venus, et en avoient chassé deux troupes que nous y avions laissées et qui s'étoient fort bien défendues ; le duc de Villeroy mande à Monseigneur que le chevalier de la Vrillière s'est conduit dans cette affaire-là avec beaucoup de courage et d'habileté. — M. de la Grange, intendant d'Alsace, est venu ici ce soir recevoir les ordres de Monseigneur.

Mercredi 2, au camp d'Offenbach. — Monseigneur s'est fort promené ce matin ; il a visité les gardes du camp. Nous n'avons plus de grande garde, nous n'avons que trois gardes ordinaires de quarante maîtres chacune. Le Rhin est fort diminué, la chaussée de la petite Hollande est découverte ; ainsi le commerce est libre d'ici à Philipsbourg. M. de Puisieux mande que toutes les nouvelles de Suisse sont que le prince d'Orange est mort ; ils l'ont mis même dans la Gazette de Zurich ; cependant nous en doutons encore ici. — M. l'électeur de Brandebourg a fait passer la Meuse à ses troupes entre Liége et Maestricht, auprès de Navaignes ; et, s'il va joindre M. de Valdeck, M. de Boufflers, qui est campé sous Charlemont, ira joindre M. de Luxembourg avec un corps assez considérable qu'il a présentement. — A Paris on a fait des feux de joie * sur la nouvelle de la mort du prince d'Orange, que le roi n'a pas approuvés ; mais les magistrats n'ont pas pu contenir le peuple.

* On ne se contenta pas à Paris de feux de joie sur la prétendue mort du prince d'Orange : ce furent des tables établies dans les rues, où les passants étoient arrêtés, pour boire, et il n'étoit pas sûr de le refuser. Les carrosses et les plus grands seigneurs subissoient comme les autres cette folie qui s'étoit tournée en fureur, dont le prince d'Orange fut encore plus flatté, quoique piqué, et que la police eût grand'peine à faire cesser.

Jeudi 3, au camp d'Offenbach. — Monseigneur est allé à Landau ; il a vu en arrivant le second bataillon du Royal-la-Marine, et le second bataillon du Vermandois. Après les avoir vus en bataille, il les a fait défiler ; ces deux régiments viennent servir dans cette armée, et sont en assez bon état. Monseigneur a fait le tour de la place ; les travaux sont encore en bien meilleur état que quand nous y passâmes il y a deux mois. — On a appris aujourd'hui que le roi faisoit passer au parlement M. de Charost* duc et pair. Il en avoit déjà des lettres où le roi le lui promettoit très-expressément. On croit que M. son fils va épouser mademoiselle de Beauvilliers. — La mort de M. de Schomberg est confirmée de tous côtés, et le prince d'Orange [est] blessé à l'épaule et à la jambe ; mais il n'est point sûr qu'il soit mort. — D'Érouville, maître d'hôtel du roi, est mort ; il laisse une abbaye de 2,000 écus de rente vacante, qui est entre Rouen et Paris.

* Charost étoit capitaine des gardes du corps en survivance de son père, qui avoit toujours fidèlement et dignement servi, et dont le cardinal de Richelieu avoit fait la fortune. Lui avoit reçu de grandes blessures ; aussi irréprochable que son père en fidélité, la disgrâce de Fouquet emporta la sienne et celle de son père avec. MM. Colbert et le Tellier ne purent souffrir sans crainte, si proches du roi, des gens si intéressés au malheur de Fouquet dont ils avoient pris la fille, et de gens d'une qualité et d'une familiarité à tout oser contre eux : de les chasser, les mêmes raisons s'y opposoient. Il leur fallut faire pont d'or pour leur ôter leur charge, et ce pont d'or fut le gouvernement de Calais, avec la lieutenance générale uniquement de Picardie qu'on leur mit les deux sur le pied de 80,000 livres de rentes. Leur délicatesse voulut un brevet de premières entrées pour marquer qu'on ne les éloignoit point, et qui leur fut accordé à condition de s'absenter pour longtemps ; mais le père, profitant habilement de la peine où il voyoit le roi à son égard, obtint deux brevets de ducs pour lui et pour son fils, et un billet de la main du roi, portant promesse qu'il ne feroit enregistrer aucun duché-pairie au parlement, que celui de Charost ne le fût le premier. C'est ce qui fit renouveler dans les suites les duchés vérifiés sans pairie qui avoient été longtemps hors d'usage dans les nouvelles érections, et à chacune dont Charost se plaignoit, le roi lui objectoit les termes de sa parole. A la fin, M. de Paris (Harlay), qui avoit un brevet de duc, et parole d'être enregistré pair, pressa tellement le roi et usa tellement de sa faveur auprès de lui qu'il l'emporta. Cela ne put être si secrètement exécuté que M. de Charost n'en eût le vent. Il parla et reparla au roi ; à la fin, se servant de la commodité de ses entrées pour lui parler seul à son coucher tout à son aise, il lui représenta son billet et de plus ses propres réponses aux plaintes de tant d'érections enregistrées de duchés non pairies. A la fin le roi se rendit ; mais M. de Paris, qui vouloit passer le premier, en forma la difficulté que le roi condamna, et, afin qu'il ne pût y avoir d'équivoque, MM. de Charost et de Paris furent enregistrés et reçus à quelques jours l'un de l'autre, et M. de Charost le premier. M. de Paris essaya au moins d'être reçu sans personne pour n'être pas précédé. Mais Charost le poursuivit jusque dans ce dernier retranchement, avertit d'autres pairs qui se trouvèrent à la réception de M. de Paris, et le précédèrent, comme à cela il ne pouvoit y avoir de difficulté. Ainsi, la disgrâce de M. Fouquet a valu à M. de Charost 80,000 livres de rentes en charges uniques en Picardie, les premières entrées, deux brevets de duc, et enfin la pairie enregistrée pour lui faire vendre sa charge de capitaine des gardes, qui, moins de quarante ans après, est revenue à son fils, a passé avec les établissements de Picardie à son petit-fils, sans compter une bien plus grande et plus singulière fortune.

Vendredi 4, au camp d'Offenbach. — Monseigneur s'est allé promener ce matin sur le chemin de Langen-Kandel, où l'on croit que nous irons camper en partant d'ici ; les fourrages sont rares ici ; on va déjà à trois lieues en chercher. — Les cantons catholiques ont résolu de s'opposer au passage des troupes de M. l'électeur de Bavière, en cas qu'il le veuille prendre par force, et ont demandé l'assemblée de la diète générale qui doit avoir commencé d'hier pour prendre là-dessus une résolution unanime. — Les rendus qui nous sont venus aujourd'hui de l'armée de M. de Bavière, assurent qu'il est toujours dans son camp de Dourlach. — M. de Tallard a fait décamper l'infanterie, et la met plus près de la montagne pour la rapprocher des fourrages et lui faire changer de camp. Les deux bataillons qui nous devoient joindre, savoir Condé et Bourgogne, ont joint.

Samedi 5, *au camp d'Offenbach.* — Monseigneur s'est fort promené ce matin; il a fait décamper quelques régiments qui étoient trop dans le marais; la cavalerie se raccommode fort en ce camp-ci. — On a nouvelles que M. de Bavière est toujours dans son camp de Dourlach. M. l'électeur de Saxe, à ce que mande Desbordes, vient camper à Heidelsheim près de Philipsbourg. — Nos galères ont joint notre flotte, et l'on ne doute point à Paris que l'on n'entende bientôt dire que nous avons fait une descente. Le roi mande à Monseigneur qu'il ne paroît plus à sa flotte qu'elle ait combattu. — Les nouvelles de Hollande portent que le prince d'Orange, un jour devant le combat donné en Irlande, fut blessé à l'épaule d'un coup de canon qui ne fit que l'effleurer, et que le jour du combat il eut un autre coup de canon dans sa botte; que M. de Schomberg fut tué tout roide, et que la Caillemotte est mort de ses blessures; que deux jours après le combat, qui étoit le 13, le prince d'Orange s'étoit fait proclamer roi dans Dublin. — Le roi mande à Monseigneur qu'il n'a point encore eu de lettres de M. de Lauzun; on croit qu'il s'est retiré dans Limerick avec le duc de Tyrconnel.

Dimanche 6, *au camp d'Offenbach.* — Monseigneur se promena le soir à la tête des camps; il a appris par des rendus et par des espions que M. de Bavière est toujours dans son camp de Dourlach et qu'il a fait faire aujourd'hui un grand fourrage. — M. de Tilladet est à Landau, considérablement malade d'une fièvre continue; il a pris du quinquina ces jours passés, et ce soir on lui a donné de l'émétique. — Nous avons appris que le roi a donné au chevalier d'Hocquincourt le gouvernement de Péronne et le régiment qu'avoit son frère, qui vient d'être tué en Irlande. Le roi a donné le gouvernement de Maubeuge, qu'avoit Gournay, à M. de Ximenès, maréchal de camp, qui a eu deux grandes blessures à la bataille de Fleurus. Le roi a donné le gouvernement de Gravelines, vacant par la mort de M. du Metz, tué à la bataille de Fleurus, à M. de la Tournelle, gouverneur de Marsal avant qu'il fut rasé, et qui, depuis, commandoit dans Maubeuge sous M. de Gournay.

Lundi 7, au camp d'Offenbach. — Monseigneur se promena le soir à la tête des camps. On a été aujourd'hui au fourrage, et on avoit marqué les villages où on devoit aller fourrager par brigade ; le fourrage aujourd'hui suffira pour cinq ou six jours, car on a apporté beaucoup de grain. On avoit donné dix-sept ou dix-huit villages pour l'armée, et il y avoit des officiers à chaque village, afin qu'on n'y fît point de désordre. — Les ennemis ont avancé un petit corps à Rastadt, et d'abord ont travaillé à s'y retrancher. — Les nouvelles du prince d'Orange sont toujours fort incertaines. Les ports d'Angleterre sont fermés depuis trois ordinaires. On mande de notre armée de Flandre, qui étoit à Quiévrain le 31 juillet, qu'à Mons et à Bruxelles on dit qu'il est mort de sa blessure. — On mande de Paris que notre flotte est repartie du Havre en aussi bon état qu'elle étoit avant le combat, que nos galères l'ont joint, et qu'elle a ordre d'aller droit à Plymouth, où se sont retirés trois cents vaisseaux anglois et hollandois. — Au dernier voyage que le roi vient de faire à Marly, il y avoit de dames qui n'ont point accoutumé d'y être, madame de Foix ; la duchesse de la Ferté y avoit été le voyage d'auparavant. Le roi y a mené MM. de Nonan et le comte de la Motte, qui n'avoient pas accoutumé d'y aller ; M. d'Avaux y a toujours été depuis son retour d'Irlande. — Le roi mande à Monseigneur qu'il n'a encore reçu aucunes nouvelles de M. de Lauzun.

Mardi 8, *au camp d'Offenbach.* — Monseigneur s'est promené ce soir sur le chemin de Langen-Kandel. On a eu nouvelle de Desbordes et du gouverneur du fort Louis que M. de Bavière est toujours dans son camp de Dourlach. Il est venu un tambour des troupes de Hesse qui ont ramené une vingtaine de prisonniers qu'ils ont fort bien traité; il dit que l'infanterie de Hesse est à Manheim et leur cavalerie à Ladebourg. Monseigneur a commandé qu'on le fît bien boire, lui a donné dix pistoles et l'a renvoyé. — M. de la Frézelière, qui est au camp de l'infanterie, envoie à l'ordre chez Tallard, quoique Tallard ne soit que maréchal de camp, et que lui il soit lieutenant général; c'est qu'il n'en fait pas les fonctions ici.

Mercredi 9, *au camp d'Offenbach.* — On a eu nouvelles que les cantons suisses s'étoient assemblés comme les cantons catholiques l'avoient souhaité; il n'y a eu que le canton de Berne qui n'a point voulu être de cette assemblée. — Les ennemis sont toujours dans leur même camp. — M. de Tilladet étoit fort mal hier, mais il est aujourd'hui hors de danger; l'émétique l'a sauvé. — J'ai appris aujourd'hui que M. d'Ecures, maréchal des logis de l'armée du roi en Flandre, avoit été tué à la bataille de Fleurus. M. de Busenval le fils a eu la compagnie vacante dans les cuirassiers par la mort de Mailly, qui fut tué à l'affaire de la Bessière.

Jeudi 10, *au camp d'Offenbach.* — Le courrier que Monseigneur avoit envoyé à la cour est revenu; il avoit été dépêché pour savoir si le roi approuvoit que l'on passât le Rhin, et que sans cela on seroit contraint de manger l'Alsace. Le roi a approuvé le dessein qu'on avoit de passer le Rhin. Ce courrier a dit qu'en partant de Versailles, il y avoit vu arriver un aide de camp de M. de Lauzun; ainsi on en saura apparemment demain des nouvelles. — Le roi mande à Monseigneur que M. l'électeur de Brandebourg, M. d'Hanovre et M. de Castanaga ont joint leurs troupes à celles de M. de Valdeck, qui a tiré beaucoup d'infanterie des places de Hollande, et qu'ils veulent attaquer M. de Luxembourg. Il a été joint par M. de Boufflers et par les troupes que commandoit M. le maréchal d'Humières. Il a présentement cinquante-quatre bataillons et cent-trente-cinq escadrons; on compte que les ennemis en ont pour le moins autant, mais ce ne sont pas de si bonnes troupes. — Monseigneur a été fort aise d'apprendre que le roi lui permettoit de passer le Rhin; il a ordonné ce soir que les deux bataillons qui devoient joindre cette armée, savoir le second de Vermandois et le second du Royal-la-Marine, demeurassent l'un à Landau et l'autre à Philipsbourg.

Vendredi 11, *au camp d'Offenbach.* — Il est encore arrivé aujourd'hui un courrier à Monseigneur. L'aide de camp de M. de Lauzun arrivé à Versailles a dit qu'il se rembarquoit à Limerick; il ramène 5,000 hommes des troupes du roi, dont il n'y en a que quinze cents d'armés. Madame de Tyrconnel repasse en France, et son mari demeure avec quelques troupes dans Limerick, qu'il fait fortifier. On dit en Irlande que le prince d'Orange est repassé en Angleterre peu de jours après le combat, et que sa blessure a été fort légère. — Le roi mande à Monseigneur qu'il augmente beaucoup sa petite gendarmerie. Il met les compagnies à quatre-vingts maîtres, et joint quatre compagnies nouvelles aux douze vieilles; deux compagnies feront un escadron; ainsi il y aura huit escadrons. Il mettra en ce corps-là un major et des aides-majors. Il écrit à Monseigneur qu'il lui mandera au premier jour le nom de tous ceux qu'il a choisis pour remplir toutes ces charges-là. — Monseigneur a ordonné ce soir à l'ordre que la brigade des gardes du corps marchât demain à Steinfeldt; il a mandé à Tallard qu'il fît demain marcher l'infanterie pour venir camper à Rorbach; elle passera par Landau, et Monseigneur la verra sur le chemin. — Les douze compagnies de petite gendarmerie étoient les gendarmes écossois, les Bourguignons, les Anglois, les Flamands, les gendarmes et les chevau-légers de la reine, les gendarmes et les chevau-légers Dauphins, les gendarmes et les chevau-légers d'Anjou, les gendarmes et les chevau-légers de Monsieur; on y ajoute les gendarmes et les chevau-légers de Bourgogne, les gendarmes et les chevau-légers de Berry.

Samedi 12, *au camp d'Offenbach.* — Monseigneur a été ce matin un peu au-dessous de Landau voir marcher l'infanterie. Les bataillons de Condé et de Bourgogne qui ont joint nouvellement sont en très-bon état; les maladies ont un peu affoibli les autres. Cette infanterie va rejoindre M. le duc de Villeroy à Beinheim, près du fort Louis. La brigade des gardes du corps a marché; M. de Choiseul et M. de Bertillac la conduisent. — Ce soir Monseigneur a ordonné à l'ordre que toutes les troupes qui restent ici marchassent demain. Toute la droite ira camper à Scheid, et la gauche entre Minfeld et Langen-Kandel. On a fort recommandé à toutes les troupes de vivre avec grand ordre dans le pays du roi. Nous aurons, en passant le Rhin, quarante bataillons et cent dix escadrons; nous en pourrions avoir davantage, mais nous voulons laisser de la cavalerie en ces pays ici.

Dimanche 13, *au camp de Scheid.* — Monseigneur marcha à une heure de jour à la tête des mousquetaires, suivi de la brigade de du Bourg, et vint camper ici, où il n'a que trois brigades et la réserve. M. le Duc vint marquer le camp; c'est la première fois qu'il avoit fait cette fonction-là. M. le comte d'Auvergne, avec toute la cavalerie de la gauche, est campé à Minfeld; la brigade des gardes du corps, avec M. de Choiseul, sont campés à Bihel. M. le duc de Villeroy est toujours avec son détachement à Beinheim, près le fort Louis. Nous comptons que les troupes de M. d'Huxelles nous joindront le jour que l'on passera au fort de Kehl. Les avis qu'on a

AOUT 1690.

par les rendus qui viennent de l'armée de M. de Bavière, sont qu'il doit descendre le Rhin; on dit dans son armée qu'il doit aller entre la Meuse et la Moselle; mais il y a apparence qu'il ne s'éloignera pas de ce pays ici, quand il saura que nous avons passé le Rhin. — Monseigneur a commandé à l'ordre que M. le comte d'Auvergne marchât demain à Motheren, que l'infanterie que mène Tallard vînt camper à Oberseebach, et nous irons camper à Nider-Roderen. — Monseigneur a laissé Saint-Frémont dans Landau avec son régiment et celui de Breteuil, qui font six escadrons de dragons.

Lundi 14, au camp de Nider-Roderen. — Monseigneur a marché ici à la tête des mousquetaires, et en arrivant il a vu entrer toutes les troupes dans le camp à son ordinaire. M. le comte d'Auvergne est campé à Motheren; les gardes ont séjourné à Bihel. L'infanterie, avec Tallard, est à Oberseebach. M. le duc de Villeroy est venu de Beinheim ici recevoir les ordres de Monseigneur; il a fait passer le Rhin à deux de ses partis pour avoir des nouvelles sûres de la marche des ennemis. Les espions disent qu'ils ont marché aujourd'hui et qu'ils descendent le Rhin. On séjournera demain ici, et toutes les troupes qui sont séparées de nous demeureront dans leur camp et ne feront aucun mouvement. — On mande de Paris que madame de Beauvais* est morte; elle avoit été première femme de chambre et favorite de la reine-mère; le roi lui donnoit une assez grosse pension.

---

* Cette madame de Beauvais étoit une créature de beaucoup d'esprit, d'une grande intrigue, fort audacieuse, qui avoit eu le grapin sur la reine-mère, et qui étoit plus que galante. On lui attribue d'avoir la première déniaisé le roi à son profit, qui a toujours eu de l'amitié et de la considération pour elle et pour les siens. Ce fut elle qui amena, et qui avança fort la fortune de Fromenteau, qu'on vient de voir compris dans la promotion de l'ordre de 1688 sous le nom de la Vauguyon, et qui, après avoir longtemps vécu avec elle et à ses dépens, resta toujours depuis son ami. C'étoit une femme avec qui les plus

grands et les plus autorisés ont longtemps compté, et qui, toute vieille, hideuse et borgnesse qu'elle étoit devenue, a de temps en temps continué de paroître à la cour en grand habit, comme une dame, et d'y être traitée avec distinction jusqu'à sa mort.

Mardi 15, *au camp de Nider-Roderen.* — Monseigneur a fait ce matin ses dévotions; il accoutumé de les faire tous les ans à cette fête-ci. Avant dîner il a tenu conseil avec M. le maréchal, M. de Saint-Pouanges et M. de Chanlay, les trois qui ont accoutumé d'y être, et a résolu de passer dès demain le Rhin au fort Louis. M. le duc de Villeroy, qui est à Beinheim avec son détachement, marchera le premier et fera marquer le camp. M. le comte d'Auvergne, qui est à Motheren, suivra avec la cavalerie de la gauche. Ensuite Monseigneur marchera avec ce qu'il a de troupes ici et sera suivi de la brigade des gardes du corps qui est à Bihel avec M. de Choiseul. L'infanterie qui est avec Tallard marchera demain, mais ne pourra passer qu'après-demain; nos gros bagages ne marcheront demain qu'après les troupes. On a des avis sûrs par plusieurs endroits que M. de Bavière marcha hier en descendant le Rhin et campa entre Bruchsal et Ubstadt; il doit aujourd'hui camper sur le Necker, à moins que la nouvelle de notre marche ne lui ait fait changer de résolution.

Mercredi 16, *au camp de Scharzach.* — Les troupes que Monseigneur commanda hier pour passer le Rhin l'ont passé aujourd'hui, et l'on est venu camper à l'abbaye de Scharzach. M. le duc de Villeroy y a marqué le camp, qui a été fort difficile à faire, parce que le terrain est fort extraordinaire. On a logé tous les officiers généraux dans le quartier du roi, parce qu'il n'y a point d'autres villages que celui-ci. Monseigneur, en arrivant, a été visiter le camp. Il n'y a point de fourrages dans la campagne; on sera contraint d'aller dans les gorges de la montagne, et M. le prince de Conty, qui entre de jour ce soir, ira voir demain où nous pourrons trouver de quoi faire subsister l'armée. — Les troupes de M. l'électeur de Bavière ont campé à Visloch, et marchent toujours vers le Necker ; les troupes de M. l'électeur de Saxe sont à Eppingen. Chauvet est arrivé à Heidelberg. — Le roi a envoyé à Monseigneur un petit plan d'un endroit de la côte d'Angleterre où le comte d'Estrées a fait une descente. Il a forcé des retranchements et une redoute qui étoit à Tynemouth ; les milices qui les défendoient ont été battues, et ont abandonné quelques pièces de canon et quelques étendards qu'ils avoient. On a brûlé douze vaisseaux qui étoient dans la rivière, parmi lesquels il y a un vaisseau de guerre de quarante-cinq pièces de canon, et deux marchands armés en guerre ; les autres neuf étoient richement chargés. Nous n'avons sauvé que le pavillon du vaisseau de guerre que le chevalier de Château-Morant, neveu de Tourville, a apporté à Versailles. Les galères ont très-bien fait leur devoir, et nous n'avons perdu que le seul brûlot qui a été employé à brûler les vaisseaux ennemis. Notre flotte a remis à la voile, et va à Plymouth pour en faire autant aux vaisseaux qui y sont.

Jeudi 17, au camp de Scharzach. — Monseigneur alla le matin se promener vers le fort Louis pour voir arriver les vingt-deux bataillons que Tallard amène ; en revenant de sa promenade, le chevalier d'Angoulême lui est venu dire que M. le prince de Conty avoit été obligé de faire attaquer le village de Neuweier qui est dans la gorge de la montagne, sous Bade. Les paysans y avoient plusieurs barricades l'une sur l'autre et deux châteaux qu'on a forcés. Nangis, qui étoit commandé brigadier, a eu un coup de mousquet à la tête, et un capitaine de Feuquières y a été blessé à mort, et Lanoue, lieutenant des gardes de M. le Duc, y a eu un coup de mousquet dans le visage. On a trouvé une grande abondance de fourrages, de grains, de bestiaux, dans le village et dans les châteaux. M. le Duc y étoit allé avec M. le prince de Conty ; M. le comte d'Auvergne et M. de Soubise y étoient aussi.

— Monseigneur a fait marcher ce soir M. de Choiseul avec huit cents chevaux, deux mille hommes de pied et quatre pièces de canon pour s'en aller de ces côtés-là, et se saisir de tous les postes par où l'on pourroit venir incommoder ou empêcher nos fourrages. On en trouvera dans les villages qui sont dans les gorges de ces montagnes; il y en a, dans celui que M. le prince de Conty a forcé, de quoi faire subsister l'armée quelques jours. — Nangis* a été pansé ce soir; sa blessure est fort grande. On le portera à Strasbourg en brancard à bras, et on le trépanera dès qu'il y sera arrivé.

* Cette blessure de Nangis fut un peu suspecte. Sa femme avoit beaucoup d'amis qui n'aimoient pas tant le mari, entre autres M. le prince de Conty, quoiqu'il vécût avec eux. Le fait est qu'il fut tué en lieu où l'on ne s'en doutoit guère; qu'il fut peu regretté; qu'il laissa un fils fort aisé et fort riche; que sa femme se maria secrètement et incontinent après à Blanzac, et qu'en peu d'années, malgré de grandes successions recueillies et de grandes aisances, elle, son mari, Nangis, avant d'entrer dans le monde se trouvèrent à l'hôpital; le mari et la femme y sont restés; Nangis et les autres enfants s'en sont tirés par les dames, qui leur ont fait restitution pour les hommes.

Vendredi 18, *au camp de Scharzach.* — On a continué aujourd'hui à fourrager dans le village que força hier M. le prince de Conty, et on y a pris plus de cinquante mille sacs de grains; c'étoit-là où tous les villages d'alentour avoient retiré leur moisson et leurs meilleurs effets. — Monseigneur s'est promené ce soir à la tête des camps. Il y a du fourrage pour longtemps. — Le roi mande à Monseigneur qu'il ira ces jours-ci au Pont-de-l'Arche pour voir les galères qui servent dans l'Océan. Son voyage ne sera que de six jours, deux jours à aller, deux jours là, et deux jours à revenir. Il n'a point fixé le jour de son départ; il est à Marly depuis mercredi et en reviendra demain. — Le roi ôte M. de Saint-Ruth de ses gardes parce qu'il est trop occupé. M. d'Urfé, qui étoit enseigne, montera à sa lieutenance. — Le roi donne à M. de Saint-Saëns, enseigne des gardes du corps, la charge de lieutenant des chevau-légers de M. le duc de Bourgogne; ainsi voilà deux enseignes vacantes dans les gardes. Le roi a choisi pour les remplir Marsilly, mestre de camp de cavalerie, et Chazeron, exempt. Il a donné à Joncas, ancien exempt, la lieutenance de roi de la Bastille; au chevalier de Druys, autre exempt, la charge de major de la petite gendarmerie, qu'il crée; à Bethomas, exempt, la sous-lieutenance des chevau-légers Dauphins; au chevalier de Sebbeville, exempt, la sous-lieutenance des chevau-légers de la reine; à d'Espinac, capitaine dans le Royal, la sous-lieutenance des gendarmes Dauphins; à Mezières, autre capitaine de cavalerie qui s'est fort distingué à la bataille de Fleurus, la sous-lieutenance des chevau-légers de monseigneur le duc de Bourgogne; à Beaujeu, qui commandoit le régiment de cavalerie de M. du Maine, la lieutenance des gendarmes d'Anjou; à la Bérange, qui étoit dans les chevau-légers de la garde, la sous-lieutenance des gendarmes Bourguignons; à M. de Toiras, mestre de camp du régiment de Condé, la lieutenance des chevau-légers de monseigneur le Dauphin, et la cornette de la même compagnie au chevalier de Toiras, son frère; à Virieu, la lieutenance des gendarmes de M. le duc de Bourgogne, et le petit d'Illiers, qui étoit guidon, monte à l'enseigne; à M. de Viriville, la lieutenance des gendarmes de Berry; à M. de Kerouart, la lieutenance des chevau-légers de Berry. M. de Mortagne a été fait sous-lieutenant des chevau-légers de la reine. — L'on verra ci-après l'état de tous les officiers de cette gendarmerie-là, et les places qui sont à remplir et qu'on vendra pour payer à M. de Villarceaux 40,000 écus, et 85,000 livres à madame de Soyecourt. Le reste de l'argent servira à lever les quatre compagnies nouvelles et à l'augmentation des douze vieilles.

	Gendarmes ÉCOSSOIS.	Gendarmes ANGLOIS.	Gendarmes DE BOURGOGNE.	Gendarmes DE FLANDRE.	Gendarmes DE LA REINE.	Chevau-légers DE LA REINE.	Gendarmes DAUPHINS.	Chevau-légers DAUPHINS.
Capitaines lieutenants	Mony.	Croy.	Flamanville.	Marsin.	Lannion.	Schbeville.	D'Estaing.	Toiras.
Sous-lieutenants	Tauriac.	Mimeus.	La Berauge.	Nancy.	Mortagne.	D'Espinac.	Bethunas.
Enseignes	Champrosme.	Du Rivau.	Pierrecourt.		Clancou.	Malissan.	Bouzoles.	Drouesnel.
Guidons	Carnavalet.	D'Heuchin.		Le Boux.	La Rivière.		La Tour.	Ch.r de Toiras.

Major de la Gendarmerie
LE CHEVALIER DE DREUX,
avec rang de premier sous-lieutenant.

Deux Aides-majors avec rang de premier enseigne.

	Gendarmes de Mgr le duc DE BOURGOGNE.	Chevau-légers de Mgr le duc DE BOURGOGNE.	Gendarmes D'ANJOU.	Chevau-légers D'ANJOU.	Gendarmes DE BERRY.	Chevau-légers DE BERRY.	Gendarmes D'ORLÉANS.	Chevau-légers D'ORLÉANS.
Capitaines lieutenants	Virieu.	Saint-Saëns.	Genlis.	Josmel.	Viriville.	Kerouart.		Valsemé.
Sous-lieutenants		Mezières.	Beaujeu.		Schbeville.		Château d'Acier.	
Enseignes	D'Illiers.		Flamanville.				Châteauvert.	
Guidons			Combizi.	Sicouart.			Chanevelle.	Montauzé.

Chaque compagnie, tant de gendarmes que de chevau-légers, sera composée, outre les grands officiers ci-dessus, de 4 maréchaux des logis, 2 brigadiers, 2 sous-brigadiers, 76 gendarmes, 2 trompettes et les compagnies qui seront chefs d'escadron auront un timbalier; les noms des officiers sous lesquels il y a des barres sont ceux que le roi a nouvellement pourvus.

Samedi 19, *au camp de Scharzach.* — M. le marquis d'Huxelles passa le Rhin à Brisach aujourd'hui pour nous venir joindre; il a ordre de nous attendre sur la Quinche, auprès de Strasbourg. Il ramène avec lui six bataillons, et les deux de Normandie qui sont à Strasbourg avec les trente-deux que nous avons ici composeront les quarante bataillons que nous avons toujours compté d'avoir au delà du Rhin. — Les nouvelles qu'on a de M. de Bavière sont qu'il marche vers le Necker, mais il n'y a nulle apparence qu'il songe à faire un pont sur le Rhin, comme on avoit dit qu'il en feroit un à Manheim. — Monseigneur a dit ce soir à l'ordre qu'il feroit demain la revue de toutes les troupes. — On mande de Versailles que le roi a nommé M. de Beauvilliers pour gouverneur de M. le duc d'Anjou, comme il l'est déjà de M. le duc de Bourgogne. M. de Saumery le fils en sera le sous-gouverneur. La Roche, qui a la survivance du cadet Bontemps pour la charge de premier valet de garde-robe du roi, sera premier valet de chambre de M. le duc d'Anjou, et Hersan, qui étoit huissier du roi, sera premier valet de garderobe de M. le duc d'Anjou.

Dimanche 20, *au camp de Scharzach.* — Monseigneur a fait ce matin la revue de toutes les troupes, et les a trouvées en très-bon état. — Ce soir M. de Choiseul est revenu de son détachement, où il étoit depuis trois jours. — Nous avons nouvelle que, le 6 de ce mois, M. de Catinat avoit attaqué la ville de Cavour, où il y avoit quelques compagnies du régiment de Montferrat qui est à M. de Savoie, beaucoup de Barbets et quelques milices du Mondovi; sitôt que notre canon eut tiré et fait ouverture à la muraille, nos soldats entrèrent dans la ville l'épée à la main. La garnison voulut se retirer au haut de la montagne, où il y a une espèce de château; nos soldats les suivirent dans la montagne, et forcèrent la redoute qui étoit en haut, en tuèrent cinq cents hommes et en firent quatre-vingts ou cent hommes prisonniers de guerre, parmi lesquels est le commandant du régiment de Montferrat et les commandants des milices de Mondovi. C'étoit M. de Grancey qui étoit commandé à cette attaque comme brigadier, et Chamarandeet Château-Renaud comme colonels.

Lundi 21, au camp de Scharzach. — Monseigneur a eu des nouvelles aujourd'hui que M. de Bavière a passé le Necker et est campé entre Heidelberg et Ladenbourg. Il ne paroît pas à cette démarche qu'il ait envie de venir à nous; il a paru quelques hussards, mais en fort petit nombre. Nos maraudeurs, qui vont en parti d'eux-mêmes, battent tous les partis des ennemis qu'ils trouvent. — M. de Luxembourg a renvoyé à M. le maréchal d'Humières onze bataillons et vingt-sept escadrons, sur l'avis qu'on a eu que les ennemis en Flandre se séparoient et vouloient forcer nos retranchements pour faire contribuer notre pays. — M. le duc de Bournonville a remis au roi l'abbaye de Savigny, que S. M. lui avoit donnée il y a trois mois, et le roi l'a donnée à M. le cardinal de Forbin. — M. l'archevêque de Paris sera reçu duc et pair au parlement; mais il n'est pas encore décidé en quel rang, si ce sera immédiatement après les pairs ecclésiastiques ou si ce ne sera qu'après les pairs laïques. A la réception de M. de Charost, le premier président retrancha du serment qu'il lui fit prêter le terme de conseiller de cour souveraine*, qui avoit été introduit depuis quelque temps dans ces serments-là, ce qui déplaisoit fort aux ducs.

---

* Terme de conseiller de cour souveraine, retranché au serment de pair de M. de Paris. Il a été plus tôt après avoir été introduit par M. de Guise pour se rendre populaire pour ses desseins qui furent arrêtés par sa mort à Blois. Les Mémoires se trompent lourdement ici, en disant qu'il est incertain si M. de Paris aura rang après les pairs ecclésiastiques ou selon son érection. Cette question n'a jamais été imaginée, la difficulté fut entre Charost et lui érigés en même temps; Charost eut la préséance à cause d'un ancien billet de la main du roi, portant promesse de ne faire aucun pair sans lui, et qu'après lui. Le roi ordonna qu'il seroit reçu un jour ou deux avant M. de Paris. M. de Paris le fut après tous les pairs séant et le précédant.

Mardi 22, *au camp de Scharzach.* — Monseigneur alla se promener sur la Rench jusqu'à Biche [Bischofsheim?], où il campera en partant d'ici, s'il marche vers Strasbourg; il a voulu reconnoître lui-même le camp et les chemins. — Les nouvelles qu'on a de M. de Bavière sont qu'une partie de son armée descend le Rhin, et est campée à moitié chemin d'Heidelberg à Mayence. Il a détaché quatre régiments de cavalerie sous Dunnevald qui ont joint M. l'électeur de Saxe qui est toujours campé vers Eppingen, et qui apparemment n'a d'autre dessein que de nous empêcher de passer les montagnes et de passer plus avant en Allemagne. On ne comprend encore rien aux desseins de M. de Bavière. — On a nouvelle de Strasbourg que Nangis est mort ce matin à six heures. — Le roi a donné à M. le comte de Nassau le régiment de cavalerie de Bertillac qui avoit été donné à M. de Marsilly, qu'on vient de mettre dans les gardes du corps. — M. de Saint-Ruth est entré en Savoie et a pris Chambéry, Annecy et quelques autres villes, et fait contribuer tout le pays. Le marquis de Parère, capitaine des gardes de M. de Savoie, avec sept ou huit mille hommes de milices, de Barbets et quelques troupes réglées, est venu attaquer M. de Sailly, colonel de dragons, qui étoit dans Briqueras. L'attaque a duré trente-six heures sans qu'il l'ait pu forcer, et quoi qu'il eût été blessé de deux coups dès le commencement de l'affaire. Nous avons eu cent dragons tués ou blessés, et les ennemis ont perdu beaucoup de monde. Au bout de trente-six heures, M. de Catinat a envoyé du secours à M. de Sailly, et M. de Parère a marché pour attaquer un autre poste.

Mercredi 23, *au camp de Scharzach.* — Monseigneur a appris que M. de Bavière avoit repassé le Necker, et étoit présentement en deçà. Dès que nous verrons qu'il ne songe plus au fort de Philipsbourg, ni à aller sur la Meuse ou sur la Moselle, nous irons nous poster sur la Quinche, comme nous l'avions résolu. M. le comte de Soissons a rejoint Monseigneur et est entièrement guéri. — On a eu nouvelle que le grand-maître de Malte est mort, et que le commandeur de Vignacourt a été élu en sa place. Il y a déjà eu un grand maître de Malte de cette maison-là. — Les troupes qu'avoit M. le marquis de Parère avec lui n'ayant pu forcer Sailly dans Briqueras, voulurent aller inquiéter M. de Feuquières, qui achevoit de faire démolir Lucerne. D'abord ils s'emparèrent d'une hauteur où nous avions quelques compagnies de milices; M. le marquis de Poudeux, colonel du régiment des milices de Guyenne, pria M. de Feuquières de lui permettre d'attaquer les ennemis dans ce poste-là, ce qu'il fit avec tant de vigueur qu'il en rechassa les ennemis et garda le poste. Les ennemis ont perdu 2,500 hommes dans cette attaque-là ou dans celle de Sailly, et nous y avons eu 500 soldats tués ou blessés et trente officiers. — Monseigneur a appris à minuit, par des nouvelles de Desbordes, que M. de Bavière marchoit en deçà, et campoit aujourd'hui à Bruchsal.

Jeudi 24, au camp de Scharzach. — Monseigneur a fait marcher l'infanterie à midi, sous le duc de Villeroy et le comte de Soissons; ils s'avancent vers la Quinche par le chemin de la montagne. Monseigneur fait aussi marcher l'artillerie et les gros bagages sous M. de la Frézelière, avec les deux bataillons des fusiliers et six cents hommes détachés du reste de l'infanterie, commandés par M. de Courtenvaux; ils vont camper à Bischer [Bischofsheim?] et le duc de Villeroy à Achern. — Toutes les nouvelles qu'on a des ennemis sont fort incertaines; il paroît qu'ils n'ont encore pris aucune résolution. — Nos galères rentrent au Havre et notre flotte va un peu se radouber à Brest. Ce qu'on vouloit faire à Plymouth n'étoit pas praticable. — Le parlement de Bordeaux est rétabli, et sortira de la Réole à la Saint-Martin. Ce parlement donne au roi 100,000 écus, la ville de Bordeaux donne 400,000 livres, et la cour des aides qui étoit à Libourne donne aussi 100,000 francs pour rentrer dans Bordeaux. — On fait M. le Bret premier président de Provence, et l'on donne à M. Marin, qui l'étoit, 130,000 livres; il avoit un brevet de retenue; on lui donne outre cela 4,000 livres de pension. M. le Bret étoit déjà intendant de Provence, et ainsi il sera premier président et intendant tout à la fois.

Vendredi 25 (1), *au camp d'Achern.* — Monseigneur a fait marcher la cavalerie sur deux colonnes, les caissons et les petits bagages à la tête de tout. Il eut la patience d'en faire l'arrière-garde, quoique les chemins fussent fort mauvais et que les caissons s'embourbassent souvent. L'infanterie, avec le duc de Villeroy, campe aujourd'hui entre Erlach et Oberkirch, et les gros bagages campent à Willstett. Monseigneur vit auprès de Bichel [Bischofsheim?] les retranchements des Suédois qu'ils firent l'année d'après la mort du roi de Suède; ils tenoient depuis la montagne quasi jusqu'au Rhin. Avant que d'entrer dans son camp, Monseigneur s'est fait montrer par M. le maréchal de Lorges les postes qu'occupèrent M. de Montecuculli et M. de Turenne à Sasbach ; il a vu l'endroit où M. de Turenne a été tué, et la batterie des ennemis y est encore marquée, et l'arbre au pied duquel M. de Turenne alla mourir y est encore, avec force croix qu'y ont fait les paysans des environs. — Il est venu un courrier du roi à Monseigneur durant sa marche, par lequel le roi lui mande que le 18 de ce mois M. de Catinat gagna une bataille complète contre M. de Savoie, à l'abbaye de Staffarde, auprès du Pô. Il a pris tout leur canon et leur bagage; il avoit déjà beaucoup de prisonniers quand, le soir de bataille, il fit partir son neveu

---

(1) Le *Mercure galant* et l'*Histoire militaire de Louis le Grand* par Quincy disent que le 25, jour de Saint-Louis, l'électeur de Bavière envoya un bouquet à Monseigneur par deux trompettes, et que ce prince l'en fit remercier le lendemain. Il est peu croyable que Dangeau aurait gardé le silence sur ce fait, s'il avait véritablement eu lieu.

pour en porter la nouvelle au roi ; dans peu de jours nous en saurons les particularités. M. de Montgommery, un de nos brigadiers de cavalerie, y a eu le poignet cassé. M. de Liancourt, M. le prince de Robec, et Lalande, des dragons, y ont été blessés légèrement ; le colonel du régiment de Bourbon, nommé le marquis de Vieuxpont, qui ne venoit que d'être reçu colonel, fut tué le jour d'auparavant en allant reconnoître Saluces, et Château-Renaud fut dangereusement blessé.

Samedi 26, *au camp d'Urlaf* [*Erlach?*]. — Monseigneur a marché ici avec sa cavalerie sur deux colonnes ; il a envoyé les caissons à l'infanterie ; il a traversé avant que d'arriver ici le camp du duc de Villeroy, qui ne marche point aujourd'hui. M. de la Frézelière, qui est à Willstett avec les gros bagages, ne marche point non plus. M. le marquis d'Huxelles vint hier trouver Monseigneur, et a laissé les troupes qu'il commande auprès du fort de Kehl. Nous nous rejoindrons tous au premier jour. — On a nouvelles que les troupes de M. l'électeur de Bavière et de M. l'électeur de Saxe se joignent, et ils disent dans leur armée qu'ils veulent venir attaquer les François et les empêcher de manger leur pays ; ils campèrent la nuit passée à Wisloch, trois lieues en deçà du Necker. — M. l'abbé de Polignac, qui revient de Rome, apporte des propositions du pape sur les bulles, qu'on croit qui seront reçues agréablement. Il y a longtemps qu'il est en chemin. On le dit arrivé à Versailles du 23, mais on ne sait pas encore précisément quelles sont ces propositions. — Il y a encore des bruits qui se renouvellent de la mort du prince d'Orange ; cependant, d'un autre côté, on assure qu'il doit passer bientôt en Angleterre. — Le pape a fait trois grand'croix qui sont : un fils de feu de M. de Lorraine, un fils du prince de la Mirandole, et le chevalier de Bouillon.

Dimanche 27, *au camp de Zunsweiher près Offenbourg.* — Monseigneur a marché avec la cavalerie, a passé la

Quinche auprès d'Offenbourg, et est venu camper ici, où l'infanterie, sous M. de Villeroy, et les gros bagages sous M. de la Frézelière, l'ont joint. Après être arrivé, il s'alla promener dans la gorge de Gengenbach, et visiter les gardes du camp. On a mis la brigade de Picardie à la tête de son quartier qui touche au bois. — On apprend de Versailles que les affaires de Rome se vont raccommoder; on n'en doute plus depuis l'arrivée de l'abbé de Polignac. Le roi a témoigné être fort content de la conduite de M. le cardinal de Bouillon, et lui permet de revenir à la cour. Il y a cinq ans qu'il étoit exilé; madame de Bouillon a permission de revenir aussi. On a réglé à la cour que ce ne seront plus les filles qui quêtent, ce seront les dames*. — M. l'archevêque de Paris a été reçu duc et pair au parlement, et a pris sa place après M. le duc de Charost. — M. de Seignelay continue à être considérablement malade, et on commence à craindre fort pour son mal; il ne laisse pas d'agir, et va même presque toujours au conseil. Bonrepaux est revenu de dessus la flotte, et le soulagera durant quelque temps des affaires de la marine.

* C'est qu'il n'y ayant plus de filles d'honneur que les deux souffertes à madame la princesse de Conty, fille du roi, il n'y avoit plus personne pour quêter.

Lundi 28, *au camp de Schuttern*. — Monseigneur est venu camper ici avec toute l'armée; il a marché à la tête de l'aile gauche. Il avoit ordonné qu'on fît le camp au delà de la Schutter; mais, comme il n'y avoit pas de terrain, on a campé en deçà, la rivière derrière nous et faisant tête à la montagne. Monseigneur s'alla promener sur les hauteurs qui sont devant son camp, et envoya un colonel d'infanterie avec six cents hommes pour mettre dans Lahr, qui est dans la gorge derrière ces hauteurs-là. L'infanterie arriva un peu tard; on demeurera ici quelques jours pour la laisser reposer. — M. le duc d'Anjou ne sortira des mains des femmes qu'au mois d'octobre. M. de Saumery est sous-gouverneur des deux princes indifféremment, et M. de Dénonville couchera dans la chambre de M. le duc d'Anjou comme le plus ancien; M. de Fénelon* sera son précepteur comme de M. le duc de Bourgogne; l'abbé Fleury de même sous-précepteur, et on leur donne pour lecteur l'abbé de Langeron, fils de madame de Langeron, qui a toujours été l'ami intime de M. de Fénelon. Les gentilshommes de la manche sont Candau, du régiment des gardes, et un capitaine d'infanterie nommé Louville. — Le roi a eu un petit accès de goutte qui l'a obligé d'aller quelques jours en roulette; mais présentement il en est quitte.

* M. l'abbé de Fénelon, si connu depuis sous le nom d'archevêque de Cambray, étoit un homme de bonne maison, mais un cadet fort pauvre, qui sentoit son esprit et ses talents fort propres à suppléer à sa fortune. Il se lia d'abord avec ceux qui brilloient dans ce qu'on appeloit le parti janséniste, qu'il crut propre à lui donner de la réputation et à le faire connoître et valoir. Il fut longtemps initié fort avant dans cette société, et d'un dîner réglé une fois au moins toutes les semaines chez la duchesse de Brancas, dans le bout de la rue Cassette, avec plusieurs de ces messieurs en grand particulier. Dans les suites, leurs affaires allant mal à la cour, il sentit qu'il se perdroit avec eux, délia et passa aux jésuites, avec qui n'ayant pas mieux réussi, il frappa à la porte de Saint-Sulpice avec plus de succès. Ce fut par là qu'il fut connu des ducs de Chevreuse et de Beauvilliers, qu'il enchanta par la délicatesse, l'insinuation et le tour souple de son esprit, fait plus que nul autre pour être sans cesse dans ses mains et pour se faire tout à tous. Le roi ayant laissé au duc de Beauvilliers le choix de tout ce qui devoit être employé à l'éducation des princes ses petits-fils en la lui confiant à lui-même, l'abbé de Fénelon fut préféré par cette liaison formée à Saint-Sulpice, et lui-même, devenu intime de madame de Langeron, procura à son fils une place de sous-précepteur, qui lui fut toujours intimement uni. L'autre place, le roi en disposa par lui-même en faveur de l'abbé Fleury, célèbre depuis par son Histoire ecclésiastique et d'une très-sainte vie, mais qui, ayant été précepteur de M. de Vermandois, tenoit directement au roi par ce coin sans s'en douter lui-même. Ce fut une des places que le roi se réserva. L'autre fut celle de premier valet de chambre qu'il donna à un de ses premiers valets de garde-robe

qui s'appeloit Moreau, qui n'auroit pas été incapable d'être gouverneur en chef, tant il avoit l'âme et les manières élevées au-dessus de son état, tant il connoissoit bien la cour et le grand monde, tant il savoit de choses, et tant sa probité et l'agrément de son esprit et une liberté singulière, mais qui ne le tiroit jamais de son état, l'avoit mêlé avec la meilleure compagnie; et sa figure de plus étoit telle qu'on le prenoit pour un des seigneurs de la cour; tout le monde l'aimoit, l'estimoit et le comptoit. Ainsi les deux choix du roi lui firent honneur. Les sous-gouverneurs eurent des métiers différents aux yeux du duc de Beauvilliers qui les choisit. Dénonville, ancien gentilhomme de bon lieu et brave homme, décoré du gouvernement de Canada où il avoit bien fait, étoit la probité, l'honneur et la piété même; mais la simplicité aussi, et peu éloignée de la sottise qui le rendit *une nulle méprisée* [sic], et qui donna à l'autre un relief qu'il ne méritoit pas. Ce fut Saumery dont la mère étoit sœur de madame Colbert, ce qui fit tout son mérite. Son bisaïeul étoit un Basque qui, venu sous la basse livrée d'Henri IV, avoit été mis par ce prince, jardinier de Chambord et concierge à la manière des particuliers. Son fils le devint à la manière des rois, puis capitaine de ce château et des chasses. Le fils de celui-là, père du sous-gouverneur, étoit un homme fait à peindre, brave, et qui s'étoit fait compter à sa manière. Son fils, avec la charge de son père, épousa à Blois une fille alors sortable à lui dont la sœur mariée à Colbert alors *in minoribus*, eut lieu d'être bien étonnée de ce qu'ils devinrent depuis l'un et l'autre. Cette fortune éleva Saumery, mais sans le décorer, et poussa le frère de ces femmes dans la robe jusqu'à le faire président au mortier, qui fut M. de Ménars, et Cheverny, fils de Montglat, chevalier de l'ordre et maître de la garde-robe et de qualité distinguée, et puis, ruiné, épousa moins la fille de Saumery que la nièce de madame Colbert. Le jardinier s'appeloit Jean, ou comme on parle en basque Joannes, et garda ce nom toute sa vie. Comme sur la fin, on y avoit joint le monsieur, le fils trouva plus court d'en faire son nom de famille, et s'appela Joanne, puis Jouanne pour le mieux déguiser. Le de fut joint avec les temps, et de tout cela il ne tint pas au sous-gouverneur de se faire passer pour un homme de qualité. Il avoit servi dans les emplois subalternes, et avoit eu un genou cassé à un des combats de M. de Turenne en Allemagne. Il s'étoit retiré et s'étoit fait bailli de Blois, et grand maître des eaux et forêts de ce pays-là avec la survivance de son père. C'étoit aussi un homme fort bien fait, impudent, insolent, avantageux, qui se montra tel au bout d'un an ou deux qu'il fut à la cour, et l'homme de France qui sut tirer le plus grand parti d'une vieille blessure. Il se fourroit partout, affectoit familiarité avec ce qui étoit le plus distingué, soutenoit son personnage avec esprit et avec effronterie, mettoit son pied dans toutes sortes de souliers, bas et rampant à propos, et grand diseur de riens, à l'oreille surtout, grand débiteur de maximes, et le boiteux le plus allant qu'on eût jamais vu. Quand il eut percé, il devint important et refusoit le monsieur à quelque nom que ce fût. Surtout le prince de Conty, disoit-il, lui avoit raconté telle chose, ou il venoit de causer chez la princesse de Conty. On peut juger s'il traitoit plus révéremment les autres; et quand il se trouvoit des noms où l'usage ne mettoit point les titres et où le nom seul eût été trop nouveau, il abrégeoit le monsieur et parloit sans cesse de mons. de Louvois, de mons. Colbert, et surtout de tout ce que lui confioit ce pauvre mons. de Turenne du temps duquel il n'étoit pourtant qu'un subalterne et ignoré, quinze ans et mieux encore depuis sa mort. L'impertinence étoit extrême; mais, à force de valetage en air considérable à ceux qui étoient distingués par leur crédit ou par leur grand état, à force de confiance dupe de M. de Beauvilliers dans l'éducation, et pour avoir été mis auprès de monseigneur le duc de Bourgogne avec qui la sottise de Dénonville ne réussissoit pas; tout cela passoit, et il fut un temps considéré et assez, pour attraper gouvernements, régiments royaux, bénéfices, évêchés, tirer du roi près de 100,000 livres de rentes, de bienfaits pour lui et pour ses enfants, et se plaindre encore de sa fortune. Il essuyoit toutefois un étrange ridicule de la part de sa femme qui étoit Montbazon, qui croyoit avoir épousé un paysan, et qui le traitoit à peu près de même. Une grande créature, d'esprit plaisant, libre, hardie qui ne se refusoit rien, et qui après maintes aventures s'empara de M. de Duras d'une manière si publique, qu'elle en acquit le nom de madame la connétable, parce que M. de Duras étoit doyen des maréchaux de France. Le mari le trouvoit fort bon, et alloit même souvent chez M. de Duras, qui, brouillé de longue main avec madame la maréchale, étoit, lui et toute sa maison, sous l'empire de madame de Saumery. La fin en fut pourtant scandaleuse à la mort du maréchal, car le curé de Saint-Paul la fit chasser avant de lui administrer les sacrements. Mais de tout cela Saumery ne faisoit que secouer l'oreille, qui étoit une façon de tic d'important qu'il avoit saisi. On s'est étendu sur ce petit personnage à cause de celui qu'on lui verra faire dans la suite contre ceux à qui il étoit tenu de tout. Des gentilshommes de la manche, du Puy, porte-manteau, puis gentilhomme ordinaire du roi, étoit initié de tout temps parmi les plus dévots de la cour, ce qui l'avoit fait particulièrement connaître à M. de Beauvilliers; mais, ce qui est rare à un dévot de cour, c'est qu'il étoit fort honnête homme, fort droit, fort sûr, et, avec peu d'esprit, sensé et l'esprit juste, fidèle à ses amis, sans intérêt, ayant fort lu et vu, et beaucoup d'usage du monde. L'autre étoit un dévot de bonne foi aussi et plein d'honneur, mais un des plus plats hommes de France, pédant, triste, excepté des saillies

plaisantes quelquefois, tout sulpicien où il avoit un frère attaché à
M. de Fénelon, et pour lequel on les verra chassés, Du Puy et lui.
Tout le reste n'étoit que menuaille, excepté Louville, gentilhomme
d'ancienne et bonne extraction, plein d'esprit, d'imagination et de feu,
de la plus exquise compagnie, et qui fut aussi infiniment goûté et re-
cherché par les meilleurs de la cour, plein d'honneur, de valeur, de
probité, de fidélité à toute épreuve, de reconnoissance de même, et
qu'on verra deux ans durant gouverner en plein l'Espagne. Il étoit
parent du duc de Beauvilliers à qui le premier duc de Saint-Simon le
recommanda et le fit connoître. Il étoit fort jeune et peut-être encore fort débauché. On ne le sut point, et M. de Beauvilliers le tira de
capitaine en ce régiment du roi d'infanterie dont le roi s'amusoit si fort
pour le faire gentilhomme de la manche de M. le duc d'Anjou qu'il
suivit après en Espagne.

Mardi 29, *au camp de Schuttern.* — Monseigneur s'est
allé promener jusques vers Kenzingen, et a visité les
postes qu'une armée peut occuper d'ici là. Il a marché
par les hauteurs et est revenu par la plaine; il avoit huit
cents chevaux et avoit fait poster quelques dragons dans
les gorges, à la gauche de sa marche. On n'a point de
nouvelles fort sûres des ennemis; ce qu'il y a de plus ap-
parent, c'est qu'ils sont à Ettlingen. Monseigneur n'en a
point eu de nouvelles d'aujourd'hui, ni par Philipsbourg
ni par le fort Louis, et cela nous fait croire qu'ils n'ont
pas marché. — M. de Boufflers a quitté l'armée de M. de
Luxembourg, et est revenu à Metz pour y recevoir les détachements que l'on pourroit faire en cas que les ennemis
eussent marché vers la Meuse ou la Moselle. — Les
vingt-quatre pièces de canon qui nous devoient venir
sont arrivées dans le camp; ainsi nous avons présentement soixante pièces de campagne et quatre pièces de 24.
Dès que les troupes de M. d'Huxelles nous aurons jointes,
on rechangera l'ordre de bataille, et quelques régiments
qui étoient à la seconde ligne qu'on fait passer à la première.

Mercredi 30, *au camp de Schuttern.* — Monseigneur a
fait chanter ce matin le *Te Deum*, et a fait faire trois

salves ce soir à l'artillerie et aux troupes ; il fait marcher demain la brigade des gardes du corps avec six cents grenadiers pour aller camper à Kippenheim. — On a eu avis que les troupes de Hesse et de Hanovre ont passé le Rhin à Bingen ; on croit que c'est pour aller vers le Mont-Royal, et Monseigneur détache Tallard avec les deux bataillons de Lyonnois et le bataillon de Bourgogne, et trois régiments de cavalerie, le Roi, Maurevert et la Rare, qui font huit escadrons ; ils vont sur la Sarre, où M. de Boufflers doit avoir déjà huit bataillons et dix-sept escadrons. — On mande de Versailles que le roi a donné le régiment qu'avoit Nangis au petit Brichanteau, son fils. — Le roi a déclaré qu'il ne feroit point le voyage de Normandie ; les galères ne sauroient remonter jusqu'au Pont-de-l'Arche ; il mande à Monseigneur que sûrement il ira à la fin de septembre à Fontainebleau.

Jeudi 31, au camp de Schuttern. — Monseigneur est allé se promener ce matin à Altenheim ; M. le maréchal de Lorges lui a montré les postes qu'il occupoit et ceux qu'occupoient les ennemis quand il y gagna le combat après la mort de M. de Turenne. Comme Monseigneur n'y étoit allé que pour voir ces postes-là, il a passé à la tête du camp des troupes de M. d'Huxelles sans s'y arrêter ; il aura le loisir de les voir quand elles nous joindront. Tallard a marché aujourd'hui avec les troupes qu'on envoie joindre M. de Boufflers. Monseigneur a commandé ce soir à l'ordre que M. de la Frézelière marchât demain pour aller camper à Mahlberg avec l'artillerie et les gros bagages, une brigade d'infanterie, qui est celle de Sault, et la brigade de cavalerie de Florensac. — On a eu avis que les ennemis campèrent avant-hier à Rastadt.

Vendredi 1ᵉʳ septembre, au camp de Schuttern. — M. de la Frézelière, avec les gros bagages, a marché aujourd'hui à Mahlberg. Ce soir, Monseigneur a commandé à l'ordre que les troupes marchassent demain. Il ira avec la cavalerie camper à Ettenheim, et l'infanterie, sous M. de Villeroy, ira camper à Mahlberg. Monseigneur fait revenir Tallard et les huit escadrons qui étoient détachés avec lui; les trois bataillons continueront leur route et iront sur la Sarre aux ordres de M. de Boufflers, et, en la place de ces trois bataillons-là, Monseigneur en tire deux de Huningue et de Fribourg. Monseigneur fait aussi revenir les dragons de Saint-Frémont et le régiment de cavalerie de Marivaux. — Nous avons eu nouvelle par un de nos dragons qui a marché deux jours dans l'armée des ennemis, qu'ils viennent droit à nous, à intention, à ce qu'ils disent, de nous combattre. Ils ont marché ces deux jours-ci, et campèrent hier au soir à Sasbach. — Les troupes que commande M. d'Huxelles vont camper à Kappel et nous joindront à Kenzingen, qui est apparemment le poste que nous prendrons pour attendre les ennemis.

Samedi 2, au camp d'Ettenheim. — Monseigneur n'a commencé à marcher qu'à neuf heures; il attendoit les caissons qui venoient de Strasbourg, et qui ne pouvoient arriver à cause des mauvais chemins. Il a fait des temps épouvantables depuis deux jours. Monseigneur a envoyé l'intendant et M. de Coignée, un de ses aides de camp, pour faire avancer ceux qui pourroient marcher chargés et pour faire jeter dans les boues le pain de ceux qui ne pourroient venir qu'à vide. Il en est arrivé assez pour qu'on ait donné le pain à l'infanterie à qui on le devoit d'aujourd'hui, et le duc de Villeroy a attendu fort tard pour le faire donner. Il s'étoit même mis en bataille derrière la Schutter, pour n'être point surpris, si quelque corps des ennemis s'avançoit. On détacha aussi un cavalier par chambrée pour aller prendre à Kappel le pain que nous faisons descendre de Brisach, et le porter ce soir à Ettenheim, où nous camperons. — Dans la marche, M. le prince Conty, qui étoit allé aux campements, a mandé à Monseigneur qu'un parti de cent hommes des ennemis avoit attaqué l'abbaye d'Ettenheim, qui est à un quart de lieue du lieu où nous allons camper; nous avions dedans deux cornettes détachés avec douze maîtres qui ont repoussé les ennemis et leur ont tué neuf ou dix hommes. Comme on craignoit que les ennemis ne revinssent en plus grand nombre les attaquer de nouveau, on a vitement détaché des grenadiers et quelque cavalerie que M. de la Feuillée et M. le Duc y ont mené, et les ennemis n'ont osé reparoître. Monseigneur a donné de l'argent aux cornettes et aux cavaliers.

Dimanche 3, au camp d'Ettenheim. — Monseigneur s'est allé promener sur les hauteurs de Kenzingen, où l'on avoit cru qu'on pouvoit se poster; mais le poste ne s'est pas trouvé bon pour une aussi grosse armée que celle-ci, qu'on veut pouvoir remuer aisément. Il s'est avancé une demi-lieue plus loin, a passé l'Elz et les bois qui l'environnent, et est entré dans la plaine de Wihl, où il a trouvé un camp très-bon pour son armée. En venant à sa promenade, Monseigneur passa dans le camp de la brigade des gardes, et, en revenant ici, il a passé par le camp de l'artillerie et par le camp de l'infanterie qui avoit marché aujourd'hui. Nous nous rejoindrons tous demain dans la plaine de Wihl; la brigade de Florensac est déjà à Kenzingen avec une partie de nos bagages. — Le roi a envoyé à Monseigneur une relation de la bataille de Piémont. Nous avons douze cents prisonniers, onze pièces de canon; les ennemis n'en avoient que douze, beaucoup de drapeaux, d'étendards; tous les gens de qualité de la cour de Savoie tués ou pris. M. de Catinat en a renvoyé beaucoup à Turin sur leur parole, avec promesse que dans huit jours ils reviendroient à Pignerol. M. de Louvigny, général des troupes d'Espagne, est blessé à la cuisse. Après la bataille, les ennemis qui étoient dans Saluces abandonnèrent la place; les magistrats en apportèrent les clefs à M. de Catinat, qui s'est mis dedans avec toutes ses troupes.

Lundi 4, au camp d'Endingen, dans la plaine de Wihl.

— Monseigneur a marché ici avec toutes les troupes, et a marqué lui-même l'endroit où il vouloit qu'on fît le camp. Il a mis sa droite à Riegel, sa gauche à Wihl, et a choisi Endingen pour le quartier général, qui est vers le centre. Derrière la seconde ligne, on a laissé le terrain pour les troupes du marquis d'Huxelles qui nous joindront demain; Tallard marche avec lui. Monseigneur s'est fort promené à la droite de son camp, dans les derrières de son camp et jusqu'au Rhin, qui n'est guère éloigné de notre gauche. Nous avons sur notre droite, et à la tête, la rivière d'Elz et les bois qui la couvrent; il faut que les ennemis passent cela pour venir à nous. Nous mettons quelque infanterie dans la petite ville de Kenzingen, qui n'est pas à une lieue du camp, et que nous retirerons quand il sera à propos; nous sommes ici à quatre lieues de Brisach et à quatre lieues de Fribourg. — Monseigneur envoya hier au soir Dalou avec cinq cents chevaux pour apprendre des nouvelles des ennemis. — Le roi a donné à M. le duc de Richemont la compagnie qu'avoit Épinac dans le régiment Royal. — On mande de Versailles que M. l'abbé de Croissy est revenu de sa prison d'Italie.

Mardi 5, au camp d'Endingen. — Monseigneur s'est allé promener dans les derrières de son camp pour reconnoître les postes que les ennemis pourroient prendre s'ils songeoient à se mettre entre Fribourg, Brisach et nous pour nous incommoder dans nos fourrages. — M. Dalou, qui avoit été détaché avant-hier, est revenu cette nuit; la Broue qui étoit avec lui, et Sanguinet, major de la Bessière, ont fait trois ou quatre prisonniers dans Offenbourg. Les ennemis sont encore campés deux lieues par-delà Offenbourg, et ces prisonniers assurent qu'il y a quatre jours que le pain manque dans leur armée. — Nous avons fourragé aujourd'hui la petite ville d'Emmedingen et trois ou quatre villages d'alentour qui sont dans la montagne, et M. le prince de Conty y a laissé 2,000 hommes d'infanterie, afin qu'on y puisse encore fourrager demain ; par là nous mettons l'abondance dans notre camp, et nous ôtons aux ennemis ce qu'ils pourroient prendre, s'ils s'approchoient de nous. — M. de Tilladet est revenu ; il est encore assez foible, et ne prendra pas jour sitôt. — La Chevalerie, premier valet de garde-robe du roi, et qui avoit servi en cette qualité-là auprès de Monseigneur au commencement de cette campagne, est mort d'apoplexie à Versailles. Il avoit 20,000 écus de brevet de retenue sur sa charge, dont il y en avoit 10,000 pour ses neveux, parce que son frère avoit eu la charge avant lui.

Mercredi 6, au camp d'Endingen. — Monseigneur s'est allé promener à la droite, à la gauche et à la tête de son camp, le long de la rivière d'Elz et jusqu'au bord du Rhin; il relève un peu son camp pour l'approcher davantage des bois et pour gagner jusqu'au Rhin; notre droite ne pourra plus être incommodée d'une petite hauteur au delà de l'Elz, où les ennemis auroient pu mettre du canon. On a encore fourragé aujourd'hui dans Emmedingen, et Monseigneur envoie M. le comte d'Auvergne demain vers ce pays-là pour y faire le dégât, afin que les ennemis ne puissent plus trouver de quoi y subsister s'ils s'en approchoient. Nous avons établi des postes entre ici et Brisach pour la commodité de nos convois. M. de Chamilly, qui a envoyé des partis, mande à Monseigneur que les ennemis étoient encore hier au soir entre Absivir [Ebersweier?] et Urlaf [Erlach?] où nous avons campé, deux lieues par delà Offenbourg. — Chamilly le neveu, colonel du régiment de Bourgogne, qui étoit parti d'ici avec le premier bataillon de son régiment, que Monseigneur fit marcher il y a quelques jours, a demandé permission à Monseigneur d'y revenir servir à la tête de son second bataillon qu'on tire des places ; Monseigneur le lui a permis. — Le roi revint samedi de Marly, où il étoit depuis mercredi. — Les propositions de Rome qu'a apportées l'abbé de Polignac au roi n'ont pas été acceptées ; ainsi les affaires ne sont pas finies de ce côté-là

et on parle de l'y renvoyer avec d'autres propositions.
— La nouvelle est venue que les Turcs ont pris Widdin et Nissa; mais cela a besoin de confirmation.

Jeudi 7, au camp d'Endingen. — Monseigneur sortit de chez lui à neuf heures du matin, et ne rentra qu'à onze heures du soir; il sortit par le chemin de Fribourg, et rentra par le chemin de Brisach. Il se promena sur toutes les hauteurs qui sont entre ces deux places, et en revenant il passa par un marais assez difficile, qui est ce qui fit qu'il arriva si tard. Le marquis d'Huxelles nous a joint avec ses troupes, et a eu une lettre pour servir de lieutenant général dans cette armée; il étoit destiné à se jeter dans la place que les ennemis auroient assiégée, et, comme ils ne peuvent plus faire de siége, on le fait servir dans cette armée. — Monseigneur a reçu ordre de la cour de faire remarcher Tallard avec ses huit escadrons vers la Moselle, et de ne point tirer de Brisach et d'Huningue les deux bataillons qu'on en faisoit venir et qui étoient déjà en marche; on les a renvoyés. Ils ont eu des avis certains à la cour que le général Chauvet avoit passé à Coblentz avec les troupes de Hanovre et de Hesse. — Nous avons relevé notre camp; notre gauche va présentement à Weiswiel, et nous mêlons dans le campement de l'infanterie avec la cavalerie, dans l'ordre qui suit ns la carte suivante (1). On mande de Flandre que M. de Luxembourg est à Lessines avec cinquante bataillons et plus de cent escadrons. Dumont, colonel de cavalerie et capitaine aux gardes suisses, a été tué dans une escarmouche auprès d'Ath.

Vendredi 8, au camp d'Endingen. — Monseigneur n'a point sorti de tout le jour; il a été longtemps enfermé à travailler avec M. le maréchal de Lorges, Chanlay et Saint-Pouanges. Il a dépêché un courrier au roi, et S. M. souhaite qu'il en dépêche présentement un tous les

---

(1) Voir ce tableau, page 215.

SEPTEMBRE 1690.

ORDRE DE BATAILLE.

	DRAGONS.	BATAILLONS.	ESCADRONS.		DRAGONS.	BATAILLONS.	ESCADRONS.			DRAGONS.	ESCADRONS.
PREMIÈRE LIGNE.	Colonel-général....	3		**SECONDE LIGNE.**	Caylus......	3		**RÉSERVE.**			
	Gramont.......	3			Saint-Frémont...	3					
	Barbezières......	3			Gobert.......	3					
	Fusilliers.......		1		Dauphin......	3					
	La maison du roi...	11			Saint-Valery....	2					
	Picardie.......		2		Bourbonnois....		2				
	Souvré........	3			Brionne.......	3					
	Dauphin.......		1		Bourgogne.....		1				
	Villeroy.......	2			Villequier.....	2					
	Dauphin.......		1		Beauvoisis.....		1				
	Bourbon.......	2			Sorsat.......	2			DRAGONS.	
	Languedoc......		1		Blainville.....		1				
	Commissaire-général.	3			Gesvres.......	3					
	La Couronne.....		2		Guienne......		1				
	La Marine......		2		Anjou........	2			Villepion...	3
	Les Vaisseaux....		2		Saulx.......		1		Bellegarde..	3
	Rouergue......		1		Anjou.......		2		Noailles....	3
	Royal-Comtois....		1		La Fère......		1		Cayeux ...	3
	Royal.........	3			Thianges......		1		Mousquetaires du roi....	2
	Berry.........	2			Royal-Marine...		1			
	Condé.........		1		De Harlus.....	3				14
	Orléans........	2			Orléans.......		1			
	La Reine.......		1		La Bessière.....	3				
	Vivans........	2			Bretagne......		1			
	La Reine.......		1		Camille.......	3				
	Duras.........	2			Crussol.......		1			
	Royal.........		1		Bercourt......	2				
	Florensac.......	2			Feuquières.....		1			
	Cuirassiers......	3			Saint-Germain...	2				
	Normandie......		1		Feuquières....		1			
	Colonel-général...	3			Dauphin étranger.	3				
	Normandie......		1							
		49	20			42	17			
					Total général...	105	37			

jours. Il est venu des rendus de l'armée des ennemis qui en partirent hier au soir; ils sont toujours campés au delà d'Offenbourg. Ces rendus assurent qu'il y a une grande mésintelligence entre MM. les électeurs, et que M. de Saxe veut redescendre le Rhin. — Les troupes qu'avoit M. de Stadel vers Rhinfeld sont séparées; il en a envoyé une partie rejoindre leur armée, et a jeté le reste dans Rhinfeld. — L'envoyé de l'Empereur à la diète des Suisses les presse présentement pour avoir la neutralité. — Il se réveille des bruits de la mort du prince d'Orange, et il paroît qu'il y a des gens qui la croient en Hollande et en Angleterre même. — Nos galères sont rentrées dans la Seine et sont remontées jusqu'à Rouen. — Monseigneur a envoyé Belvèze en parti avec soixante chevaux pour avoir des nouvelles des ennemis que nous croyons marcher, quoi qu'en disent les rendus.

Samedi 9, au camp d'Endingen. — Monseigneur a fait partir tous les gros bagages, afin de n'avoir nul embarras quand nous marcherons; il s'est promené vers Kenzingen et le long de la rivière, depuis Kenzingen jusqu'à la droite de notre camp. Belvèze est revenu ce matin de la guerre; il a trouvé quelques troupes des ennemis en deçà de la Schutter qu'il a poussées et battues; il a entendu le bruit de beaucoup de troupes; mais il ne sait si c'est un gros parti ou la tête de l'armée des ennemis. Monseigneur a renvoyé Sainte-Livière avec trois cents chevaux pour lui en mander des nouvelles, et ce soir Sainte-Livière a renvoyé un officier de son parti, qui dit qu'il a vu de dessus les hauteurs de Mahlberg dans la plaine de Schutter, et qu'il n'y a point de camp. Il verra cette nuit s'il ne pourra pas donner à Monseigneur des nouvelles plus assurées de la marche des ennemis. — Monseigneur a commandé à l'ordre qu'on se tînt prêt à marcher demain, mais qu'on ne sonnât point de boute-selle. — M. le comte d'Estrées est arrivé; il revient de la mer où il a servi de vice-amiral, et vient ici volontaire.

Dimanche 10, *au camp d'Endingen.* — Sainte-Livière est revenu ce matin à la pointe du jour; il a assuré Monseigneur qu'il n'y avoit point de camp des ennemis en deçà de la Schutter; mais à midi il est venu des nouvelles de M. de Chamilly qui marquent que les ennemis ont marché ce matin, et, comme on croit qu'ils veulent venir par nos derrières, Monseigneur veut aller camper à Langen-Denzlingen et de là à Staufen, pour leur couper le chemin, et a fait marcher cette après-dînée la première ligne de l'infanterie sous le duc de Villeroy qui ira camper ce soir à.... avec l'artillerie. — M. de Tilladet s'en est retourné avec la fièvre à Brisach; M. de Vendôme commandera en sa place la seconde ligne de l'infanterie, et M. le marquis d'Huxelles commandera le corps de réserve. Nous faisons remonter notre pont par delà Brisach. — Monseigneur a envoyé ce soir Mazel à la guerre pour lui apporter des nouvelles des ennemis, et il est revenu depuis que Monseigneur est couché, et l'a réveillé pour lui dire que les ennemis étoient campés entre Mahlberg et Ettenheim, et sur cela Monseigneur a pris la résolution d'attendre ici les ennemis puisqu'ils viennent.

Lundi 11, *au camp d'Endingen.* — Le duc de Villeroy qui avoit marché hier avec la première ligne de l'infanterie, a reçu l'ordre cette nuit de Monseigneur de marcher ici avec l'infanterie et l'artillerie; on a fait aussi revenir la réserve qui étoit avec les bagages, et on laisse les bagages sous Brisach. On fait redescendre notre pont, et on le fera ici à la gauche de notre camp. Les mille hommes d'infanterie que nous avons dans Kenzingen ont ordre de s'y retrancher. Monseigneur s'y est allé promener après dîner, et a vu quelques petites troupes des ennemis sur les hauteurs par delà Kenzingen; on a commandé à l'ordre que l'on fît demain deux cents fascines par escadron. — On a eu nouvelle que Tekéli a battu et pris le général Heister, et qu'il se rend maître de toute

la Transylvanie dont le Grand-Seigneur l'a fait hospodar.
— M. de Lauzun a envoyé un courrier qui partit d'Irlande le 25 du mois passé. Il mande au roi qu'il est dans Galloway avec cinq mille hommes qui lui restent des troupes françoises, et que M. de Tyrconnel est à Limerick avec treize mille hommes et douze cents officiers, et qu'il a enlevé cent cinquante chariots que le prince d'Orange envoyoit avec huit pièces de canon pour faire le siége de cette place. Il a fait sauter le canon, et a emmené dans Limerick les cinq cents chevaux qui menoient les chariots.

Mardi 12, *au camp d'Endingen.* — Monseigneur s'est promené l'après-dînée à la tête des camps et sur le chemin de Kenzingen, où on a marqué des endroits propres à faire des redoutes si l'on en veut faire. M. le maréchal a été jusque vers Brisach pour raccommoder les chemins, afin que si les ennemis veulent marcher par nos derrières, nous puissions faire plus de diligence qu'eux et prendre le poste de Staufen. Nos partis qui sont venus de la guerre disent que les ennemis n'ont point marché aujourd'hui, et qu'ils sont campés, leur droite à Lahr, et leur gauche à Mahlberg; nous les croyions hier plus avancés que cela. — M. le prince de Murbach a été élu le 9 de ce mois grand doyen de Strasbourg. — Monseigneur a commandé à l'ordre qu'on se tînt prêt à marcher demain; cela dépendra des nouvelles qu'on aura cette nuit des ennemis. Il a ordonné à M. le duc de Villeroy d'aller cette nuit à Brisach, d'y prendre tous les escadrons de la réserve qu'on y a fait rester et les régiments de Marivaux et de Saint-Frémont, et de s'avancer entre Brisach et Fribourg, où nous voulons toujours arriver avant les ennemis, afin d'avoir derrière nous un pays qui n'ait point été fourragé.

Mercredi 13, *au camp d'Endingen.* — Comme l'on croit que les ennemis veulent passer par nos derrières pour arriver avant nous dans les pays qui n'ont point encore été fourragés, et que nous voyons clairement qu'ils ne songent point à nous attaquer, Monseigneur a fait marcher l'armée aujourd'hui sur trois colonnes, l'infanterie au milieu, notre aile droite faisant la colonne de la gauche, et notre aile gauche faisant la colonne de la droite. Monseigneur, avant que de sortir de la plaine de Wihl, s'est promené à toutes les colonnes, et, avant que de partir, a fait retirer l'infanterie qui étoit à Kenzingen. Il n'a point paru aucunes troupes des ennemis, et nous avons appris dans la marche, par quelques prisonniers qu'un lieutenant des compagnies franches d'Alsace a faits sur eux, qu'ils sont encore campés dans la gorge de Lahr et ne songeant point à nous attaquer. Ces prisonniers disent qu'ils pâtissent beaucoup, que les paysans de la montagne leur ont tué plus de mille de leurs fourrageurs, et que M. l'électeur de Saxe menace toujours de les quitter, disant qu'il ne veut pas que son armée périsse de misère dans ces montagnes et ces mauvais chemins (1). — Le roi a envoyé un courrier à Monseigneur, et lui mande

---

(1) On lit dans le *Mercure* de septembre, page 331 : « Un lieutenant des compagnies franches d'Alsace fit pendant la marche quelques prisonniers, qui dirent que les ennemis ne pensoient point à nous attaquer; qu'ils souffroient beaucoup; que les paysans des montagnes leur avoient tué plus de mille de leurs fourrageurs, et que l'électeur de Saxe menaçoit toujours de les quitter, disant qu'il ne vouloit pas que son armée pérît de misère dans des montagnes et de fort mauvais chemins. »

Nous avons trouvé fréquemment, sans les signaler, ces ressemblances de termes entre les nouvelles de la cour ou des pays étrangers données par Dangeau et celles insérées dans le *Mercure* et la *Gazette*. On pourroit croire qu'il se servoit de ces recueils pour aider sa mémoire, si on ne savoit que le *Mercure* paroissoit seulement une fois par mois et la *Gazette* une fois par semaine, tandis que Dangeau écrivoit jour par jour. Mais alors, si ce n'est pas Dangeau qui les a copiés, il faut nécessairement que ces recueils aient, dans certaines occasions, reçu des communications extraites de son journal ou de sa correspondance. Ici le fait est patent. Dangeau écrit à l'armée le 13 septembre, un mois avant d'avoir entre les mains le volume du *Mercure* que nous citons, c'est donc le *Mercure* qui a copié une lettre de Dangeau adressée à son rédacteur ou à un de ses amis. Nous aurions pu en citer de nombreuses preuves pendant cette campagne de Monseigneur. D'ailleurs le *Mercure galant*, étant dédié au Dauphin, pouvoit naturellement recevoir des communications de Dangeau, l'un des familiers de ce prince.

qu'il doit aller aujourd'hui à Marly, et il lui ordonne encore de lui envoyer tous les jours des courriers extraordinaires, quand même il n'y auroit rien à lui mander.

Jeudi 14, *au camp de Mengen.* — Monseigneur, en partant d'Achtkarn, s'est allé promener à Brisach; il a fait le tour de la vieille ville, et a descendu au bas d'un bastion pour voir une écluse nouvelle qui est la seule chose qu'on y ait faite depuis que la cour avoit été à Brisach. — Hier, en partant d'Endingen, le feu prit chez M. de Vendôme, qui brûla plusieurs maisons, et Monseigneur a fait donner aujourd'hui de l'argent à M. de la Grange, intendant d'Alsace, pour distribuer à tous ceux dont les maisons auroient été brûlées. — Il nous est venu aujourd'hui des rendus qui sont venus par différents endroits; ils disent tous que les ennemis sont toujours entre Lahr et Schuttern, où ils pâtissent fort, et que M. de Saxe menace toujours de vouloir s'en aller. M. le duc de Villeroy a rejoint ici Monseigneur; il est campé ici auprès de Thiengen. — M. le chevalier de Bouillon arriva à l'armée; il a servi cette année sur la flotte, et en débarquant il est venu ici.

Vendredi 15, *au camp de Mengen.* — Monseigneur a envoyé le duc de Villeroy avec la réserve et six cents hommes détachés de l'infanterie pour se poster entre Fribourg et Waldkirch; il est campé à Zahringen, et a envoyé des partis devant lui. Il y a quelques hussards dans Waldkirch, et un de nos partis de Fribourg en a tué aujourd'hui dix ou douze qui s'étoient un peu avancés. — Monseigneur a commandé à l'ordre qu'on allât demain au fourrage dans les gorges..... près de Fribourg, et a donné par écrit tous les villages à M. le Duc, qui entre maréchal de camp de jour. — Le roi a donné le régiment de Marsilly, qui étoit destiné au comte de Nassau, à Narbonne, lieutenant-colonel de Saint-Germain-Beaupré, qui avoit commission de mestre de camp, et au comte de Nassau le régiment qu'a-

voit Dumont, qui est presque tout composé d'Allemands.
— L'évêque de Viviers est mort; c'étoit le doyen des évêques de France. Le roi a donné son évêché à son neveu Chambonas, évêque de Lodève; il lui avoit donné une abbaye qu'avoit son oncle, à qui il n'en restoit plus. C'est présentement M. de Metz qui est le doyen des évêques de France. M. de Viviers avoit été nommé évêque en 1613; il étoit de la maison de Suze.

Samedi 16, *au camp de Mengen.* — Monseigneur est allé aujourd'hui à Fribourg; il a visité toutes les fortifications en dedans et en dehors des châteaux et de la ville. Le duc de Villeroy est venu l'y trouver, qui lui a dit qu'il avoit envoyé des partis à Langen-Denzlingen, qui n'ont rien trouvé, et que les hussards qui étoient à Waldkirch s'étoient retirés. — M. de Bouligneux, qui a son régiment avec M. de Boufflers, étoit venu ici sur le bruit qu'il y pourroit avoir un combat; mais on lui a conseillé de ne point paroître et de s'en retourner, parce que le roi veut qu'on se tienne à son régiment. — On a eu nouvelles d'Irlande que le prince d'Orange étoit en personne au siége de Limerick, qu'il avoit donné un assaut où il a été repoussé et y a perdu 2,000 hommes; mais que les assiégés, manquant de poudre, seront bientôt obligés de se rendre. C'est M. de Boisseleau qui commande dans la place. M. de Lauzun doit se rembarquer incessamment; il est à Galloway avec toutes les troupes de France, et doit ramener encore 7 à 8,000 Irlandois. — M. d'Herleville, gouverneur de Pignerol, a pris Villefranche sur le Pô; le jour même que le gouverneur s'est rendu, M. de Savoie y envoyoit une grosse garnison qui a trouvé les François dans la place et s'en est retournée. Cette ville-là sera fort commode, et assurera la communication entre l'armée de M. de Catinat et Pignerol. Beaucoup de sujets de M. de Savoie viennent tous les jours se soumettre et ne veulent point obéir aux ordres qu'il a envoyés de faire marcher toutes les milices et le ban de ses États.

Dimanche 17, au camp de Mengen. — Monseigneur s'est allé promener dans les derrières de son camp pour voir les postes qu'on peut occuper entre ici et Neuenburg. Il n'a été que jusqu'à Heitersheim, qui est la résidence du grand prieur de Malte d'Allemagne. Il a eu nouvelle que les ennemis ont marché le 15, et sont entrés dans la gorge de Guerolset; c'est apparemment pour passer les montagnes, soit pour revenir aux villes forestières, ou pour rentrer tout à fait en Allemagne. — Monseigneur a fait marcher aujourd'hui le duc de Villeroy et l'a fait entrer dans le val Saint-Pierre; il est campé à Obenet [Ebnet?]. Il a avec lui la réserve et un régiment de dragons et cinq cents hommes d'infanterie. — Un vaisseau de Canada, arrivé à la Rochelle, dit que nos colonies ont besoin d'un prompt secours; l'évêque de Québec a poussé ses missions dans les espaces qu'on croyoit auparavant imaginaires. Il dit qu'il a trouvé un peuple dont les cheveux et le poil du corps ressemblent au plumage des perroquets, et qu'il en a découvert un autre où tous les hommes sont bossus et toutes les femmes boiteuses. — M. l'électeur de Brandebourg et M. de Luxembourg se sont fait faire beaucoup d'honnêtetés, et se sont fait des présents l'un à l'autre. M. l'électeur de Brandebourg se retranche auprès d'Alost, et presse les Espagnols de lui donner ses quartiers et l'argent qu'ils lui ont promis. — Le cardinal de Bouillon est parti de Rome et vient en France sur une galère du Grand-Duc, et le cardinal Cavalieri est mort. — Le roi mande à Monseigneur que le comte de Gramont est parti du 13 pour le venir trouver à son armée.

Lundi 18, au camp de Mengen. — Monseigneur, après son dîner, s'est allé promener sur les hauteurs qui sont entre ici et Brisach; le duc de Villeroy lui est venu rendre compte des postes qu'il a pris dans le val Saint-Pierre. Il a envoyé des partis assez loin en avant qui ne trouvent rien, et lui est toujours à Obeneck [Ebnet?]. Les nouvelles que Monseigneur eut hier de la marche des ennemis dans la montagne se confirment. — Le comte de Gramont est arrivé ce matin au lever de Monseigneur. — Les courriers qui partent tous les jours d'ici pour la cour ont eu défenses de prendre des lettres d'aucun particulier; on n'écrira plus que par les ordinaires. — Le roi a donné au petit du Bordage une compagnie dans le régiment des cuirassiers, vacante par la mort du Courreur, qui fut tué par son cornette le jour que nous arrivâmes à la plaine de Wihl. — Les gros bagages nous ont rejoint ici, et Monseigneur renvoie à Brisach une partie des siens qui lui sont inutiles. — Monseigneur fait manger avec lui M. de Harlus, brigadier de cavalerie, qui est écuyer du roi.

Mardi 19, *au camp de Mengen.* — Monseigneur a vu aujourd'hui l'infanterie en bataille; il a passé à la tête et à la queue, et puis l'a fait défiler par manche; il a été très-content de l'état où il l'a trouvée. — Il y eut ces jours passés à Versailles un conseil extraordinaire sur les affaires de Rome, qui fut composé de tous les ministres, de M. le chancelier, de M. le contrôleur général et de M. de Beauvilliers. On y délibéra sur les avis de M. de Paris, de M. l'archevêque de Reims et de M. le coadjuteur de Rouen, qui avoient été chargés de mettre par écrit ce qu'ils pensoient sur les affaires présentes avec le pape; on ne renverra point M. l'abbé de Polignac à Rome. — Monseigneur a eu avis ce soir que les ennemis marchent toujours dans la montagne, mais ils ne sont encore qu'à la hauteur de Lahr; il leur faut encore quatre jours de marche pour aller à Filing [Villingen], et pour le moins autant pour aller aux villes forestières. — Le comte de Gramont nous a confirmé la nouvelle que Saint-Évremont avoit permission de revenir à la cour. M. de Seissac (1) a permission aussi de revenir en France.

---

(1) « Ami de Dangeau, et retiré en Angleterre pour avoir filouté au jeu

Mercredi 20, *au camp de Mengen*. — Monseigneur s'est allé promener jusqu'à Neuenburg pour reconnoître le pays par où il doit marcher après-demain; il a fait accommoder les chemins et les passages afin que rien ne le puisse incommoder dans sa marche. Il a chargé de ce soin-là Bernard, capitaine d'une des compagnies franches d'Alsace, qui est le meilleur guide qu'il y ait dans le monde, depuis Mayence jusqu'à Huningue, en deçà et en delà du Rhin. — Le roi revint samedi de Marly, où il avoit passé les trois derniers jours de la semaine à son ordinaire. — Monseigneur a envoyé la Bessière à la guerre avec cinq cents chevaux et cent dragons; il ira entre Neuenburg et Bâle. — Le duc de Bournonville est mort en Espagne; il étoit vice-roi de Navarre; M. le duc de Bournonville, son fils, qui est dans les gendarmes du roi, hérite de 50,000 livres de rente dans la Flandre espagnole, outre 20,000 écus de rente qu'il a en France ou sur les terres du roi.

Jeudi 21, *au camp de Mengen*. — Monseigneur ne sortit point de tout le jour; il passa la journée à écrire au roi et à travailler avec M. le maréchal, M. de Chanlay et M. de Saint-Pouanges. — Il a avis que les ennemis continuent leur marche dans les montagnes. — Le roi a donné à M. le prince de Talmond une compagnie de cavalerie dans un de ses régiments (1), vacante par la promotion de Mézières, qu'on a fait sous-lieutenant dans la petite gendarmerie. Le roi a donné aussi au fils du Montal, qui étoit aide de camp du duc de Villeroy, une compagnie dans le régiment de Saint-Germain qu'avoit Narbonne, à qui

---

le roi Louis XIV, » dit le *Recueil de Maurepas* en note du couplet suivant :

    On te verra dans l'almanach,
    Par le soin qu'en prendra Cessac,
    En chaussons et en camisole
      Avec Briole.
      Avec Briole.
      (*Recueil de Maurepas*, tome IV, p. 24, année 1673.)

(1) C'est dans le Royal-étranger qui sert en Flandre. (*Note de Dangeau*.)

le roi vient de donner un régiment. — M. de Saint-Ruth, en Savoie, a battu 1,000 ou 1,200 hommes qui s'étoient retranchés, et a pris le comte de Salles, qui les commandoit, et deux colonels qui étoient avec lui. Les Irlandois qui étoient à cette action-là ont fait des merveilles, à ce que Saint-Ruth mande, et milord Montcassel, qui les commandoit, a été dangereusement blessé. Milord Montcassel avoit déjà servi autrefois dans les troupes du roi, sous le nom de Mouskry.

Vendredi 22, au camp d'Obermullheim. — Monseigneur marcha ici sur quatre colonnes, l'infanterie et les bagages aux deux colonnes du milieu; l'aile droite faisoit la colonne gauche, et l'aile gauche faisoit la colonne droite. Monseigneur ne voulut pas qu'on marquât le camp qu'il ne fût arrivé; il se promena longtemps sur les hauteurs pour reconnoître son terrain, puis commanda à M. le prince de Conty, maréchal de camp de jour, de mettre la droite à Neuenburg et l'infanterie dans la montagne. On choisit Obermullheim pour quartier général. On trouva un parti de hussards dans la montagne où Monseigneur se promenoit; on en prit un, et le reste s'enfuit. Le soir, la Bessière revint de son parti; il n'a rien trouvé. — Monseigneur fait faire un pont de bateaux à Neuenburg, qui sera achevé demain. Il y a peu de fourrages d'ici à Bâle. M. de Stadel, qui a été longtemps campé de ce côté-ci, en a consommé la plus grande partie, et hier encore il y avoit 300 chevaux de ses troupes qui vinrent fourrager dans le quartier où est Monseigneur présentement. Les paysans du pays ont retiré le peu qui leur en restoit dans trois villages qui sont à l'évêque de Bâle.

Samedi 23, au camp d'Obermullheim. — Monseigneur s'est promené dans les derrières et à la tête de son camp, et puis a été voir le pont qu'il fait faire à Neuenburg, qu'il a trouvé presque achevé. — Il est venu un envoyé des Suisses, qui est résident auprès de M. l'évêque de Bâle. Il prioit Monseigneur qu'on ne fourrageât point les trois villages qui sont à M. de Porentruy, et Monseigneur lui vouloit accorder sa prière; mais, un peu avant qu'il entrât, Monseigneur avoit reçu ordre du roi de les faire fourrager, et, afin qu'il n'arrive aucun désordre et qu'on ne les pille point, Monseigneur y a envoyé ce soir des officiers, afin que tous les paysans mettent les fourrages hors-des villages et que les cavaliers n'entrent point dedans. M. le maréchal de Lorges a dit à l'envoyé que c'étoit la pure nécessité qui y obligeoit, mais que l'armée n'avoit pas de quoi subsister ici. Cet envoyé-là n'est pas envoyé par les cantons proprement, et il n'a point de lettres de créance pour Monseigneur, mais il est envoyé des Suisses auprès de M. de Porentruy, et a cru devoir faire cette démarche ici.

Dimanche 24, au camp d'Obermullheim. — On a envoyé toutes les troupes au fourrage avec beaucoup d'ordre; les trois villages des Suisses ne suffisent pas. Chaque régiment sait le village où il doit aller, et les officiers généraux de jour ont ordre d'y aller eux-mêmes. Ces trois villages suisses s'appellent Mauken, Schliengen et Steintstatt. M. de Puisieux est venu d'Huningue faire sa cour à Monseigneur. Toutes les nouvelles des ennemis sont qu'ils sont encore dans la montagne à la hauteur de Filing. — Les troupes de Hesse et de Hanovre, qui avoient passé le Rhin à Coblentz, l'ont repassé à Bonn. — L'électeur palatin, que l'on avoit dit mort il y a trois mois, est mort véritablement à cette heure. — Le roi a donné le gouvernement de..... sur le Rhône, qui vaut mille écus de rente, à Saint-Pierre, vieil exempt des gardes qui ne pouvoit plus servir. Lambert, autre vieil exempt, qui avoit quitté il y a déjà longtemps, mourut subitement ces jours passés dans la chambre du roi, à Versailles. — Le roi a donné une ordonnance pour les régiments de milice; il veut que ces régiments et tous les officiers qui les composent aient rang du jour de leur création, comme tous les autres régiments et les autres officiers de son royaume.

Lundi 25, *au camp d'Obermullheim.* — Monseigneur s'est promené sur les hauteurs qui sont dans les derrières de son camp, puis il est allé au pont qu'il a sur le Rhin. — L'envoyé des Suisses qui est ici l'a prié de vouloir donner une escorte pour les paysans de leurs trois villages qu'on a fourragés. Ils demandent permission de passer le Rhin, et d'emmener avec eux leurs meubles et leurs bestiaux. Monseigneur leur donnera demain une escorte afin qu'ils passent le Rhin en sûreté. — On a eu nouvelle que les Vénitiens ont enfin pris Napoli di Malvasia, après un siége qui a duré près de deux ans.

Mardi 26, *au camp d'Obermullheim.* — Monseigneur s'est allé promener au delà du Rhin, et assez avant dans la forêt de la Hart. Il a voulu voir les ponts, les îles, et l'autre bord du Rhin : il a trouvé les chariots de ces trois villages suisses à qui on n'a rien du tout pris dans la marche; aussi ne se plaignent-ils que du fourrage qu'on leur a pris, et se louent de tout le reste. — Les ennemis sont encore vers Filing. — La diète des Suisses commencera à se rassembler demain. — Monseigneur a commandé des travailleurs pour achever de démolir Neuenburg, qui n'étoit pas assez bien rasé.

Mercredi 27, *au camp d'Obermullheim.* — Monseigneur s'est allé promener dans les derrières de son camp, du côté d'où revenoient les fourrageurs. Il a été jusque dans la gorge de Sulzburg et dans la commanderie d'Heitersheim. Durant sa promenade il a eu des lettres de Du Faï, gouverneur de Fribourg, qui lui mande que M. de Bavière est toujours avec ses troupes auprès de Filing; que l'on dit dans leur armée que M. l'électeur de Saxe s'en retourne avec ses troupes dans son pays, ne s'étant engagé de rester avec eux que jusqu'à la Saint-Michel. On dit aussi que M. l'électeur de Bavière renvoie six régiments de l'Empereur, qui iront s'embarquer à Ulm pour descendre en Hongrie.

Jeudi 28, *au camp d'Obermullheim.* — Le roi mande à

Monseigneur qu'il fera partir bien des officiers généraux avec lui, et qu'il le prie de ne donner congé à personne qu'à ceux qu'il nommera. Le roi mande à Monseigneur que toutes les lettres de Hollande portent que les Turcs ont pris Nissa l'épée à la main. — Monseigneur a renvoyé vingt-quatre pièces de canon à Brisach, que l'on avoit tirées de Strasbourg quand nous approchâmes de la Quinche; les ennemis sont toujours auprès de Filing et de Donaueschingen, et M. de Bavière a envoyé M. de Sereni à la diète des Suisses, qui commence demain; on ne sait pas ce qu'il va demander aux Suisses.

Vendredi 29, *au camp d'Obermullheim*. — Monseigneur fait marcher les mousquetaires, cinquante gardes du corps et les gros bagages pour l'aller attendre à Saint-Dié. Il partira demain; il emmènera avec lui d'officiers généraux, M. le Duc, M. le prince de Conty, M. le comte de Soissons. M. de Choiseul et M. de la Feuillée s'en vont à leurs terres; M. de Soubise s'en retourne à la cour. Il ne demeurera à l'armée que M. le comte d'Auvergne, M le duc de Villeroy, M. de Joyeuse, M. d'Huxelles pour lieutenants généraux, et MM. de Bertillac, de Mélac et de Coigny pour maréchaux de camp. M. de Saint-Pouanges revient avec Monseigneur, et M. de Chanlay demeure avec M. le maréchal de Lorges à l'armée. — M. de Castanaga, à qui M. du Maine et M. de Luxembourg avoient demandé un passe-port pour faire venir des dentelles de Flandre à l'armée, a refusé le passe-port; mais il a envoyé des marchands qui ont porté pour 10,000 écus de dentelles, et, après qu'on les eut achetées, les marchands s'en retournèrent sans vouloir prendre l'argent, disant qu'ils avoient cet ordre-là de M. de Castanaga. M. de Brandebourg et M. de Luxembourg continuent aussi à s'entrefaire beaucoup d'honnêtetés. — Le comte de Gramont est reparti en poste pour porter au roi la nouvelle que Monseigneur arrivera dimanche à Fontainebleau; le roi y sera jeudi.

RETOUR DE MONSEIGNEUR (1).

Samedi 30, à Brisach. — Monseigneur, après son dîner, est parti de l'armée, qu'il laisse sous le commandement de M. le maréchal de Lorges; il est venu coucher ici, où le marquis d'Huxelles et Chanlay le sont venus conduire. Monseigneur a passé le pont qu'il avoit à Neuenburg; le maréchal de Lorges l'a accompagné une lieue par delà le pont, puis Monseigneur l'a renvoyé avec tous les officiers. Il n'a permis qu'à MM. de Villequier, de Mailly et d'Antin de le suivre jusqu'à Brisach.

Dimanche 1ᵉʳ octobre, à Schlestadt. — Avant que Monseigneur soit parti de Brisach ce matin, il a reçu les envoyés de Bâle; ils étoient quatre. Il leur a fait donner à chacun cent pistoles, au lieu de la chaîne d'or qu'on a coutume de leur donner, et cinquante pistoles chacun pour leur voyage, et cinquante pistoles à celui qu'ils avoient emmené pour interpréter leur harangue. Le roi

---

(1) Le *Mercure* de septembre fait précéder le récit des dernières opérations de la campagne d'Allemagne d'une appréciation qui a tout le caractère d'un résumé officiel de cette campagne. « Il y a de différentes manières de se faire la guerre. Les plus ordinaires sont de donner des batailles ou de faire des sièges. Les deux parties perdent dans l'une et dans l'autre. Il est vrai que la perte du vainqueur n'est pas égale à celle qu'il fait souffrir à ses ennemis, mais la victoire ne laisse pas de lui coûter quelque sang. Il y a une troisième manière tout admirable et qui demande qu'un général ait une parfaite intelligence du métier de la guerre. C'est celle de savoir par d'heureux campements fatiguer son ennemi, ruiner son pays, vivre à ses dépens, lui porter la famine chez lui-même lorsqu'on ne manque de rien dans ses États, et lui faire finir la campagne avec autant de perte que s'il en étoit venu à un combat, sans qu'on ait souffert de son côté le dommage que le vainqueur même ne peut éviter lorsqu'on gagne une bataille de vive force. Il est aisé de voir à quoi conclure ce raisonnement, puisque monseigneur le Dauphin vient d'exécuter tout ce que je viens de dire. Jamais on n'a vu d'activité pareille à celle de ce jeune prince. Il a toujours agi depuis qu'il est à la tête de ses troupes et s'est acquitté de toutes les fonctions d'un grand général, comme vous pouvez voir par ses divers campements, par tous les mouvements qu'il a faits pendant ce mois, et par une infinité de choses dignes d'être remarquées. »

en avoit donné autant à chacun des Suisses qui vinrent à Ensisheim pendant qu'il étoit à Brisach. Monseigneur, avant que d'entrer ici, a visité tous les travaux de la place. — M. de Torcy, fils de M. de Croissy, signera présentement les ordres comme secrétaire d'État.

Lundi 2, à Saint-Dié. — De Schlestadt, Monseigneur est venu en chaise dîner à Sainte-Marie-aux-Mines, et puis a monté à cheval pour venir ici. Il est suivi dans son voyage par M. le Duc, M. le prince de Conty, M. de Vendôme, M. le prince d'Elbeuf, M. le comte de Soissons, M. le chevalier de Savoie, M. de la Trémoille, M. le Premier, les aides de camp et moi. Il joue le soir au reversis ou à culbas, comme il a joué cette campagne quand il n'avoit rien à faire. — M. de Bissy est venu au-devant de Monseigneur, et le suivra tant qu'il sera en Lorraine. — Monseigneur, renvoie à l'armée les détachements de dragons qui l'avoient conduit jusqu'ici.

Mardi 3, à Bacharach. — De Saint-Dié, Monseigneur est venu dîner et coucher ici. Il y a reçu des lettres de M. Amelot, qui mande que M. de Sereni avoit demandé aux Suisses qu'ils obtiennent de nous que nous n'avançassions pas plus loin les fortifications de Huningue, qu'ils empêchassent que nous n'attaquassions les villes forestières, et que nous ne prissions des quartiers dans le Porentruy. Il leur a fort remontré qu'ils devoient prendre garde à la trop grande puissance de la France, et qu'il avouoit que l'Empereur et MM. les princes d'Allemagne n'auroient pas pu s'imaginer que nous eussions tant de troupes et tant de moyens de faire la guerre. Voilà tout le sujet de sa mission.

Mercredi 4, à Nancy. — De Bacharach, Monseigneur est venu dîner à Lunéville, où il a trouvé M. de Lenoncourt qu'il a fait dîner avec lui, comme il a fait manger les autres grands seigneurs de Lorraine en venant à l'armée. — Le roi a donné une pension de 2,000 écus à la duchesse de la Ferté. — M. de Seignelay est au lait de femme; sa famille demeurera auprès de lui, et ne sera pas du voyage de Fontainebleau.

Jeudi 5, à Void. — De Nancy, Monseigneur est venu dîner à Toul et coucher ici. M. l'évêque de Châlons lui donnera demain à souper à Vitry, M. de Nointel lui donnera à dîner le jour d'après au Bac à Pinson, et M. de Meaux lui donnera à souper à la Ferté-sous-Jouarre. Sa maison ne peut plus le suivre passé la dînée de demain à Ligny, où il prend la poste. — Le roi est parti aujourd'hui de Versailles; il va coucher à Fontainebleau, où il doit demeurer jusqu'à la fin du mois.

Vendredi 6, à Épernay. — Monseigneur, qui devoit n'aller coucher qu'à Vitry aujourd'hui, a trouvé le temps et les chemins si beaux qu'il a envoyé faire des excuses à M. de Châlons, qui l'attendoit à Vitry, et est venu coucher ici, d'où il partira demain d'assez bon matin pour arriver de bonne heure à Fontainebleau. — Les repas qu'on lui avoit préparés sur la route ont été fort déconcertés. — Le roi a eu nouvelle que le prince d'Orange avoit levé le siége de Limerick et repassoit en Angleterre. Boisseleau, qui a défendu Limerick, est arrivé à Brest. M. de Lauzun et M. de Tyrconnel sont embarqués pour venir en France. M. le duc de Berwick est demeuré en Irlande, où l'on croit que M. de Tyrconnel retournera quand il aura pris des mesures avec le roi.

Samedi 7, à Fontainebleau. — Monseigneur arriva ici à quatre heures, et alla chercher le roi qui étoit à la chasse. S. M. ne l'attendoit que demain à midi, et se disposoit à aller au-devant de lui à Valvins. — M. Félix a la charge de premier valet de garde-robe qu'avoit la Chevalerie; il lui en coûte 25,000 écus pour les brevets de retenue qu'avoient les enfants et les neveux de la Chevalerie. — Le roi a donné à M. le prince de Rohan le régiment de cavalerie qu'avoit M. de Soubise son père — Le roi et la reine d'Angleterre viendront ici mercredi, où ils passeront quelques jours.

Dimanche 8, *à Fontainebleau*. — Le roi alla tirer après son dîner. Le soir, il y eut appartement. On joua aux portiques, puis on alla à la musique, et ensuite on revint jouer dans le grand cabinet du roi. — M. de Luynes est à l'extrémité ; on lui a coupé l'artère en le saignant. — M. de Vendôme est arrivé ce soir ; il suivoit Monseigneur en poste. M. le Duc coucha hier à Paris, et a salué le roi ce soir. — Le roi a réglé que le premier gentilhomme de la chambre en année serviroit Monseigneur. — M. de la Rochefoucauld a fait faire tout ce qui étoit nécessaire pour la garde-robe de Monseigneur, et on a renvoyé tout le linge et tous les habits qu'il avoit à madame d'Uzès.

J'avois quitté Monseigneur à Ligny, où il prit la poste, et je suis arrivé aujourd'hui en relais de carrosse.

Lundi 9, *à Fontainebleau*. — Le roi et Monseigneur coururent le cerf ; au retour de la chasse, le roi donna à dîner aux dames. Le soir, après souper, il y eut portiques. — Les Vénitiens ont assiégé la Valone. — M. de Luxembourg a fait brûler les fourrages et emmener les bestiaux qui étoient dans les chemins couverts d'Ath, et a rompu toutes les écluses qui étoient sur la Dendre. — Le roi a donné des seconds bataillons à quelques colonels qui n'en avoient qu'un ; M. d'Humières et M. de Mornay en ont eu. — On a eu nouvelles que M. le prince d'Orange est arrivé à Londres le 8 de ce mois passé, et il ne paroît pas qu'il ait été ni fort blessé ni fort malade.

Mardi 10, *à Fontainebleau*. — Le roi et Monseigneur ont chassé. Le soir, il y a eu appartement. — M. le duc de Luynes* est mort à Paris. Il n'avoit ni charge, ni gouvernement, ni pension. Il laisse une septième place vacante dans les chevaliers de l'ordre. Il y a longtemps déjà qu'il étoit à demi-mort. — M. l'électeur de Bavière a donné une pension de 1,000 écus à mademoiselle Bezzola, qui étoit auprès de madame la Dauphine ; elle n'a pas voulu les accepter sans en avoir la permission du roi, qui la lui a donnée.

* M. de Luynes étoit fort savant, et avoit toujours été dans une grande piété. Après la mort de sa première femme, qui étoit mère de M. de Chevreuse et s'appeloit Séguier, il s'étoit retiré dans une petite maison joignant Port-Royal-des-Champs, où il s'occupoit de la prière et d'une littérature sainte : on prétendit même qu'il travailloit des mains. Cette abbaye célèbre étoit à peu de distance de sa maison de Dampierre, que les retraites libres et forcées de la fameuse duchesse de Chevreuse, sa mère, a tant fait connoître, et qui a été rendue si magnifique. M. de Luynes y alloit rarement et se tenoit dans sa solitude. A la fin, ses amis l'en arrachèrent, mais à peine en fut-il sorti qu'éperdument amoureux de la sœur de sa mère, du même lit que madame de Soubise et qui étoit sur le point de faire ses vœux de religieuse, il obtint dispense et l'épousa. C'étoit une très-vertueuse personne et parfaitement belle, et qui fut mère du comte d'Albert, du chevalier de Luynes et de mesdames de Gouffier, de Verrue, de Bournonville et de Sessac.

Mercredi 11, *à Fontainebleau.* — Le roi, après son dîner, alla tirer sur le chemin par où le roi et la reine d'Angleterre venoient; ils arrivèrent ici sur les six heures par la cour du Cheval blanc; Monseigneur les attendoit sur le haut du fer à cheval. Dès que le roi les eut trouvés, ils montèrent en même carrosse. — Le roi donna la main à la reine d'Angleterre, en arrivant, et la mena dans l'appartement de la reine-mère qui lui étoit préparé. Le roi fait toujours marcher le roi d'Angleterre devant lui. Le soir, il y eut appartement. La reine joua aux portiques et au lansquenet; il y eut musique. Le roi d'Angleterre joua aux portiques et à l'hombre avec M. le cardinal de Furstemberg et madame de Croissy.

Jeudi 12, *à Fontainebleau.* — Le vilain temps empêcha qu'on n'allât à la chasse. — Le roi mena le roi et la reine d'Angleterre au jeu de paume, où les grands joueurs jouèrent (1). Le soir, il y eut appartement comme

---

(1) « Il fit un temps si fâcheux l'après-dînée qu'on ne put aller courre le cerf. Ainsi on n'alla qu'au jeu de paume, où une partie entre les sieurs Jourdain frères et les sieurs le Page, Clerget et Cerveaux contre eux, donna beaucoup de plaisir. » (*Mercure* d'octobre, p. 297.)

hier. Toutes les dames vont à la toilette de la reine d'Angleterre et la conduisent à la chapelle, où elle se met à genoux entre les deux rois, le roi d'Angleterre toujours à la droite. Ils sont assis de même à la table, et Monseigneur, Monsieur, Madame, M. de Chartres et toutes les princesses du sang mangent avec eux. — Boisseleau est arrivé d'Irlande; le roi l'a très-bien reçu, et lui a dit qu'il avoit travaillé pour sa gloire particulière et pour la gloire de la nation; il l'a fait brigadier.

Vendredi 13, à Fontainebleau. — Après dîner, le roi mena le roi et la reine d'Angleterre à la chasse du sanglier; il y en avoit beaucoup dans les toiles, et le roi d'Angleterre en tua plusieurs. Le matin, le roi d'Angleterre et Monseigneur avoient couru le cerf. Le soir, il y eut appartement, mais on n'y entra qu'à huit heures, et on n'eut point de musique. La reine d'Angleterre joua à l'ordinaire aux portiques et au lansquenet, et le roi d'Angleterre à l'hombre avec M. le cardinal de Furstemberg et madame de Croissy. — M. de Noailles, n'ayant plus rien à faire en Catalogne, où les Espagnols n'entreprennent rien, s'en va tenir les États du Languedoc, et M. le cardinal de Bonzy a pris congé du roi pour s'y en aller.

Samedi 14, à Fontainebleau. — Le roi pria le roi et la reine d'Angleterre, qui devoient s'en aller lundi, de demeurer jusqu'à mercredi, à quoi ils ont consenti de très-bon cœur. Le roi a bien vu qu'ils se divertissoient bien ici. — Le roi d'Angleterre a été rendre visite à toutes les princesses du sang; il a fini par mademoiselle de Blois, où il refit connoissance avec madame de Montespan. — Les quartiers d'hiver sont partis pour l'armée d'Allemagne, qui est toujours au delà du Rhin vers Fribourg. — Le roi a donné le gouvernement de Tarascon sur le Rhône à Mauroy, mestre de camp de cavalerie; il vaut 1,000 écus de rente, et c'est M. du Maine qui l'a demandé pour lui.

Dimanche 15, à Fontainebleau. — Après dîner, le roi

mena le roi et la reine d'Angleterre se promener à l'entour du canal, et puis entendit le salut aux Loges (1). Le soir, il y eut appartement comme à l'ordinaire. — M. le cardinal d'Estrées a reçu une lettre du maréchal son frère, qui porte que les vaisseaux que nous avons envoyés en Irlande pour en ramener nos troupes qui étoient à Galloway sont arrivés à Brest; que nous n'avons pas perdu le moindre petit bâtiment; que M. le duc de Tyrconnel, M. de Lauzun et M. de la Hoguette reviennent dessus ces bâtiments, et que M. de Trelon-Mérode est mort en repassant la mer. On n'a point encore de courrier de Brest qui porte cette nouvelle-là, et l'on craignoit pour nos vaisseaux, à cause d'un horrible coup de vent qu'il fit ces jours passés.

Lundi 16, à Fontainebleau. — Le roi d'Angleterre courut le loup avec Monseigneur; ils revinrent de fort bonne heure de la chasse, et dînèrent avec le roi, comme ils ont toujours fait depuis qu'ils sont ici. Le soir, il y eut appartement. — Le roi met des compagnies de carabiniers dans tous les régiments de cavalerie. Elles seront de trente maîtres; les capitaines auront une pension, outre la paye ordinaire, et les compagnies qu'ils avoient dans le régiment dont ils seront choisis pour capitaines de carabiniers seront vendues à un lieutenant du même régiment qui en donnera 1,000 écus. Le roi donnera le reste de ce qu'il faudra pour la levée Il y a présentement cent sept régiments de cavalerie en France; ainsi cela fera une augmentation de 3,210 cavaliers, et les capitaines de carabiniers choisiront dans les compagnies de leurs régiments quand il manquera des hommes, comme les capitaines de grenadiers choisissent dans les régiments d'infanterie.

Mardi 17, à Fontainebleau. — Le roi mena le roi et la

---

(1) « Aux Basses-Loges, à demie lieue de Fontainebleau. On y célébroit la fête de Sainte-Thérèse dans l'église des religieux Carmes. (*Mercure galant.*)

reine d'Angleterre à la chasse du sanglier, et au retour ils virent de la terrasse du grand appartement la curée d'un cerf que le roi d'Angleterre et Monseigneur avoient pris le matin. Ce spectacle-là aux flambeaux fut très-agréable ; ensuite ils allèrent chez le roi, où il y eut appartement à l'ordinaire. — On a eu nouvelle que M. de Lauzun étoit arrivé à Paris; tout ce qu'avoit mandé M. le maréchal d'Estrées étoit vrai, et ce qui a fait qu'il n'étoit point venu de courrier de Brest, c'est que M. de Lauzun avoit voulu porter les nouvelles lui-même ; il sera demain ici.

Mercredi 18, *à Fontainebleau*. — Le roi et la reine d'Angleterre partirent d'ici à dix heures; le roi les reconduisit dans son carrosse jusqu'au bout de la forêt du côté de Chailly. Il étoit au fond avec le roi et la reine d'Angleterre, Madame étoit au-devant avec les deux dames de la reine, qui sont la comtesse d'Almont et madame de Baucley ; Monseigneur et M. de Chartres étoient aux portières. Quand on fut arrivé au bord de la forêt, le roi donna la main à la reine d'Angleterre pour la mettre dans son carrosse, et demeura à la portière jusqu'à ce qu'elle fût partie avec le roi son mari et les deux dames ; puis le roi monta dans sa calèche et alla tirer. Monseigneur et Madame montèrent à cheval, et allèrent courre le cerf avec les chiens de M. de Bouillon. Le roi et la reine d'Angleterre vont dîner au Plessis et coucher à Saint-Germain. Le soir, le roi joua ici après son souper aux portiques sur les points. On avoit accoutumé d'y jouer sur le blanc et le noir ; cette manière-ci paroît encore plus égale, s'il se peut. — M. de Lauzun arriva d'Irlande, et salua le roi.

Jeudi 19, *à Fontainebleau*. — Le roi dîna à son petit couvert, et alla tirer. Monseigneur ne courut point, parce que c'étoit une fête de ce diocèse, et il ne court point les fêtes, de peur que quelqu'un perde la messe ; le soir, il y eut, avant souper, appartement. — Le roi a donné à M. de Saint-Pouanges le grand bailliage de Cassel, qu'il vendra 4 ou 5,000 pistoles. — M. le marquis d'Huxelles demeurera cet hiver commandant en Alsace. M. le maréchal de Lorges n'y restera pas ; on y laisse deux maréchaux de camp, qui sont Tallard et Bertillac; on y laisse aussi Mailly et le comte de Luz, que l'on fait inspecteur d'infanterie. — La Hoguette, qui revient d'Irlande, a salué le roi, et il a ordre de partir pour aller servir en Savoie sous M. de Catinat, qui y va établir en quartier d'hiver les troupes qu'il commandoit en Piémont. Saint-Ruth, qui commandoit en Savoie, revient ici ; on dit qu'il est destiné à un autre emploi.

Vendredi 20, *à Fontainebleau.* — M. de Lauzun et M. de la Hoguette ont eu chacun séparément une grande audience du roi, et puis M. de Lauzun est allé à Saint-Germain trouver le roi d'Angleterre. — Le roi a tiré après avoir dîné à son petit couvert. Monseigneur a couru le cerf avec Madame. Le soir, après souper, il y eut portiques à la manière nouvelle. — Le roi a fait maréchal de camp Guiscard, colonel de Normandie, qui commande présentement dans Dinant. Le roi a donné un nouveau régiment de dragons à lever à M. de Saint-Hermine, frère de madame de Mailly. — Les Vénitiens ont pris la Valone, et vont assiéger Durazzo.

Samedi 21, *à Fontainebleau.* — Le roi, après son dîner, alla avec les dames à la chasse du sanglier dans les toiles. Le soir, avant souper, il y eut appartement. Le roi et Monseigneur n'allèrent point à la musique, Madame la tint. — M. de Boufflers va commander en Flandre, depuis la mer jusqu'à Dinant; M. de Luxembourg et M. du Maine reviennent. M. de Maulevrier et M. de Montbron ont leur congé aussi pour revenir ; le marquis de Villars demeurera dans Tournay. — Le roi fait fortifier Courtray et Dixmude. — On a eu nouvelle que les Turcs ont marché à Belgrade, et qu'ils en ont formé le siège.

Dimanche 22, *à Fontainebleau.* — Le roi alla tirer après avoir dîné à son petit couvert. Monseigneur courut le cerf avec les chiens de M. de Bouillon. Le soir, après souper, il y eut portiques. — Les Turcs ont pris Sémendria, où il y avoit 500 Allemands de troupes réglées et autant de milices qu'ils ont tous passés au fil de l'épée; on a la confirmation de leur marche à Belgrade, dont on dit que les brèches ne sont point encore réparées. On assure que la place est au même état qu'elle étoit le jour qu'elle fut prise par les Allemands. On assure aussi que les blocus du grand Varadin et de Temeswar sont levés, et que les affaires en Transylvanie vont fort bien pour le Tékéli, et que le prince Louis de Bade a une trop petite armée pour rétablir celle de l'Empereur en ce pays-là.

Lundi 23, *à Fontainebleau.* — Le roi alla tirer à son ordinaire. Monseigneur courut le cerf. Le soir, avant souper, il y eut appartement. Après souper, les princesses, M. le Duc, M. le comte de Toulouse et madame de Montespan demeurent avec le roi dans son grand cabinet jusqu'à ce qu'il se couche; Monseigneur et Monsieur y sont toujours, et cela à Versailles comme ici, les jours qu'il n'y a aucun divertissement après le souper. — M. le maréchal de Lorges, se promenant avec 4 ou 500 chevaux de la maison du roi, trouva quelques hussards qu'on prit. Il apprit par eux qu'il y en avoit embusqués assez près de là, et y fit marcher quelques troupes qui les chassèrent aisément; on en tua une vingtaine, et on en prit quelques-uns. — Les troupes des électeurs de Saxe et de Bavière sont toujours vers Filing, et les nôtres près de Fribourg; elles vont repasser le Rhin incessamment pour marcher à leurs quartiers d'hiver.

Mardi 24, *à Fontainebleau.* — Le roi alla tirer, et le vilain temps le fit revenir de bonne heure. Monseigneur alla au jeu de paume avec madame la princesse de Conty voir jouer les bons joueurs. Le soir, après souper, il y eut portiques. — On a eu nouvelles sûres que nos armateurs ont pris un vaisseau hollandois de cinquante pièces de canon, et il y a d'autres lettres qu'ont reçues madame de Maintenon et M. de Louvois, qui portent que d'autres armateurs ont pris un autre vaisseau de guerre hollandois avec plusieurs bâtiments marchands chargés fort richement; on dit que cette prise vaut 3,000,000; l'on attend la confirmation de cette nouvelle.

Mercredi 25, *à Fontainebleau*. — Le roi voulut aller avec les dames à la chasse du sanglier, mais le vilain temps l'en empêcha. Il les mena au jeu de paume voir jouer les bons joueurs. Monseigneur alla dîner chez madame de Maintenon sans qu'elle l'attendît; madame la princesse de Conty y arriva un peu après lui; le dîner se passa fort gaiement. Le roi y vint avant qu'ils fussent sortis de table. Le soir, il y eut appartement.

Jeudi 26, *à Fontainebleau*. — Le roi courut le cerf en calèche avec les dames, et puis leur donna à dîner au retour dans son grand cabinet; il y avoit deux tables; Monseigneur et lui en tenoient chacun une. Le soir, il y eut appartement, et le roi permit à toutes les dames d'y venir en déshabillé. — On a eu nouvelles que le siége de Belgrade a commencé le 1er de ce mois, et que les Turcs ont déjà fort avancé les travaux et comptent de se rendre bientôt maîtres de la place. — M. le maréchal de Lorges a son congé pour revenir, et il va passer aux bains de Bourbonne près Langres pour tâcher à fortifier son genou. — M. de Catinat commandera cet hiver en Savoie, Dauphiné et Provence, où nous aurons beaucoup de troupes en quartier d'hiver, et M. de Grignan viendra à la cour pour se faire recevoir chevalier de l'ordre.

Vendredi 27, *à Versailles*. — Le roi partit de Fontainebleau à neuf heures; il vint dîner au Plessis chez Prudhomme. Il avoit quatre relais en chemin, et arriva ici sur les cinq heures. Il avoit dans son carrosse Monsieur à côté de lui, Madame, madame la princesse de Conty et madame de Ventadour dans le devant, Monseigneur et M. de Chartres dans les portières; madame la Duchesse, qui est grosse, vient dans son carrosse et couche en chemin. — Le duc de Tyrconnel est arrivé à Saint-

Germain ; le roi d'Angleterre le vouloit amener demain au roi, mais le roi l'a prié d'attendre jusqu'à dimanche, parce qu'il le vouloit entretenir à loisir, et que demain il a beaucoup d'affaires. On a déjà envoyé deux barques en Irlande pour assurer les Irlandois qui demeurent fidèles au roi leur maître que le roi leur enverra les secours qui leur sont nécessaires. Les troupes du prince d'Orange ont pris Cork en ce pays-là.

Samedi 28, *à Versailles*. — Le roi dîna à son petit couvert, et alla tirer. Monseigneur donna à dîner chez lui à Monsieur, à Madame et à madame la princesse de Conty. — M. de Seignelay, qui se fit porter ici il y a deux ou trois jours, rendit hier toutes les pierreries dont il étoit chargé, et, se sentant un peu oppressé ce soir, il a voulu recevoir le viatique; on le lui a porté durant le souper du roi. — Monseigneur a fait médianoche chez madame la princesse de Conty. — Madame de Montespan, en partant de Fontainebleau, est allée au-devant de M. du Maine, qui doit arriver demain.

Dimanche 29, *à Versailles*. — Le roi, après son dîner, fut enfermé longtemps avec M. le duc de Tyrconnel, et, sur les cinq heures, le roi et la reine d'Angleterre arrivèrent. Le roi causa avec eux quelque temps en public, et puis [ils] rentrèrent dans son cabinet. Monsieur et Madame, après avoir vu le roi et la reine d'Angleterre, s'en sont allés à Saint-Cloud. — Pendant que le roi étoit avec M. de Tyrconnel, M. de Barbezieux est venu lui porter la nouvelle que les Turcs avoient emporté Belgrade d'assaut, le 8 de ce mois. M. de Louvois est venu quelque temps après dire au roi des particularités de cette affaire-là. Il y a eu 6,000 Allemands de tués; il ne s'est sauvé que 200 hommes avec le duc de Croy et le comte d'Aspremont, qui se sont sauvés en bateau.

Lundi 30, *à Versailles*. — M. le duc du Maine arriva hier au soir à minuit, et, comme le roi étoit couché, il ne l'a vu que ce matin. — Comme il manquoit encore

OCTOBRE 1690.

50,000 livres de rente pour la fondation de Saint-Cyr, le roi s'est accommodé avec M. de Chevreuse, qui cède tout le revenu de cette duché, dont il y a déjà une grande partie renfermée dans le parc de Versailles. Il se réserve sa maison de Dampierre, et le roi, en échange, lui donne le comté de Montfort, dont il avoit déjà le domaine. — Le roi a mené Monseigneur se promener dans la forêt de Marly, pour lui montrer les routes qu'il a fait faire pendant que nous étions à l'armée. — M. de Seignelay est à l'extrémité; il a pris des remèdes d'Helvétius, qui ne l'ont pas soulagé; on n'en espère plus rien.

Mardi 31, *à Versailles.* — Le roi et Monseigneur allèrent à vêpres dans la chapelle. Le soir, il n'y eut point d'appartement; il n'y en aura qu'au retour de Marly. — L'abbé Bergeret, frère de Bergeret, secrétaire du cabinet, est mort à Paris. Il avoit une abbaye sur la Sarre. — Dans la dernière conversation que M. de Seignelay eut avec le roi avant le voyage de Fontainebleau, le roi lui accorda deux brevets de retenue, un de 800,000 francs sur la charge de secrétaire d'État, et un de 350,000 sur celle de trésorier de l'ordre. — On fait quatre nouveaux régiments de dragons; le chevalier le Tellier en a eu un; j'ai déjà marqué que M. de Sainte-Hermine en avoit eu un aussi. — M. le Prince et M. le Duc ont choisi pour colonel du régiment de Bourbon le marquis de Vieuxpont; il étoit l'aîné de celui qui vient d'être tué à la tête de ce régiment. Le roi l'a agréé; il a servi sur mer.

Mercredi 1er *novembre, jour de la Toussaint, à Versailles.* — Le roi a entendu le sermon de l'abbé Denise; c'est celui qui doit prêcher l'Avent qui prêche le jour de la Toussaint. Le roi a fait ses dévotions. Le roi, après avoir entendu la grand'messe, a tenu un conseil extraordinaire avec ses ministres, qui a duré fort longtemps, et cela a fait qu'il a dîné beaucoup plus tard qu'à l'ordinaire. — Le roi a donné l'évêché de Lodève à M. l'abbé Philippeaux, qui a été agent du clergé : il est frère de Philippeaux, colonel de cavalerie. Le curé de Marly a eu une petite abbaye qu'avoit un fils de M. Villeneuve, valet de chambre du roi. Une abbaye en Béarn qu'avoit l'abbé de Castan, frère de celui qui est exempt dans les gardes du roi, a été donnée à l'abbé Bidal, frère de feu Asfeldt. — On a donné aujourd'hui l'extrême-onction à M. de Seignelay.

Jeudi 2, à Marly. — Le roi dîna à son petit couvert, et alla tirer, puis il arriva ici sur les quatre heures. Monseigneur a couru le cerf à Saint-Germain avec les chiens de M. du Maine, et arriva ici un peu après le roi. Monsieur et Madame vinrent ici de Saint-Cloud, et passèrent par Saint-Germain pour voir le roi et la reine d'Angleterre. — M. de Seignelay * a perdu la voix et la connoissance dès ce matin. — Mademoiselle de Blois est de ce voyage-ci ; elle en est toujours depuis quelque temps. Elle couche dans le corps du château, comme les autres princesses, et madame de Montchevreuil est chargée de sa conduite ici. — M. de Tessé commandera cet hiver sur la Meuse, et M. d'Harcourt dans Mont-Royal, dans le pays de Luxembourg, dans le comté de Chiny et jusqu'à la Sarre, et Tallard depuis la Sarre jusqu'au Rhin, sous les ordres du marquis d'Huxelles. — Les quatre régiments nouveaux de dragons ont été donnés à MM. de Sainte-Hermine et le chevalier le Tellier, comme j'ai déjà marqué, et les deux autres à Damboil et au marquis de Rannes, fils aîné de celui qui étoit colonel général de dragons.

* M. de Seignelay avoit toutes les parties d'un grand ministre d'État, et désespéroit M. de Louvois, qu'il mettoit souvent à n'avoir pas le mot à répondre devant le roi. Ses défauts répondoient à ses grandes qualités, en débauches, en audace, en dépenses, en témérité, en ambition, en orgueil. Jamais tant de bon goût en gens, en choses, en compagnie, en ennemis, et, pour la haine et l'amitié, il n'eut de pareil que Louvois. Savant, éclairé, beaucoup d'esprit, de délicatesse, d'étendue, de pénétration, de justesse, beaucoup d'humeur et même avec ses amis. Sa mort sauva et perdit sa famille, en sauva le bien dont il avoit presque tout dissipé, et la perdit dans tout le reste. Le travail joint à

la débauche le tuèrent à la fleur de son âge et de sa fortune. Sa vanité l'avoit porté à cet excès de se persuader par la conformité du nom, qu'il sortoit d'une famille d'Écosse qui portoit le nom de Cohlberg et qui étoit bonne et ancienne parmi la noblesse. Il en fit faire des recherches, et s'en fit descendre par une généalogie dont les ministres puissants ne manquent jamais de trouver les secours. Il fut plus loin, car il écrivit au roi Charles II d'Angleterre et en obtint des certificats en manière de patentes, qui le déclaroient descendu de cette famille, et il eut la folie de les présenter au roi, qui n'en crut pas plus que le roi d'Angleterre lui-même. Le roi néanmoins fut fort choqué d'une démarche si étrange, et il en garda le silence pendant sa vie. Il s'en dédommagea trop publiquement à sa mort. M. de Seignelay en avoit persuadé toute sa famille qui n'en a plus douté, excepté la duchesse de Mortemart, qui avoit le bon esprit d'en rire avec ses amis; mais l'entêtement de son frère étoit tel là-dessus qu'il avoit fait donner à un de ses fils un nom d'Edouard au baptême, et ne l'appeloit jamais autrement. Il faut avouer que lui et tous les Colbert ont eu l'âme et le courage élevés, et une valeur qui ne s'est point démentie, tandis que le contraire s'est fait sentir dans tous les Telliers, leurs oncles, dont le premier qui ait montré de la bravoure est Courtenvaux, qui a exercé longtemps la charge de capitaine des Cent-Suisses pour son neveu en bas âge. Aussi faut-il dire que cette famille, et mâle et femelle sans exception, a toujours été aussi humble sur sa naissance, et à en parler très-franchement, que l'autre a été on peut dire folle sur le même article, bien qu'en effet elles ne fussent ni meilleures, ni moins nouvelles, ni moins parfaitement connues l'une que l'autre.

Vendredi 3, à Marly. — Le roi, Monseigneur, Madame et madame la princesse de Conty montèrent à cheval, et furent à la chasse dans la forêt de Marly; ils prirent deux cerfs. Le roi d'Angleterre y vint de Saint-Germain. M. de Chartres y vint aussi, et passa la journée ici. Le soir, entre cinq et six heures, le roi et la reine d'Angleterre vinrent ici; ils jouèrent aux portiques et au lansquenet, et s'en retournèrent à neuf heures; ils furent enfermés quelque temps avec le roi avant de se mettre au jeu. — M. de Seignelay est mort (1) cette nuit à deux heures.

---

(1) A Versailles, dans l'un des quatre pavillons destinés aux quatre secrétaires d'État. (*Mercure galant.*)

Samedi 4, *à Versailles.* — Le roi fit planter à Marly le matin et l'après-dînée, et fut toujours dehors malgré le mauvais temps qu'il faisoit. Monseigneur et Monsieur jouèrent au lansquenet, et toute la cour fut ici sur les six heures. — M. de Luxembourg arriva ici; il a ramené avec lui le grand Prieur, les ducs de Choiseul, de Montmorency et Roquelaure. Il a laissé le marquis de Créquy dans Tournay, qui commande sous M. de Villars, et Bertillac commande depuis la Lys jusqu'à la mer. Les fortifications que l'on fait faire à Courtray, à Dixmude et à Furnes sont achevées, et, comme ces places-là sont présentement en état de défense, on y a mis en garnison onze bataillons et huit ou dix escadrons.

Dimanche 5, *à Versailles.* — Le roi ne sortit point de tout le jour; il donna une longue audience au comte de Tourville, à qui il n'avoit point parlé depuis son retour de la mer. Le roi alla au salut qui commence à cinq heures depuis la Toussaint. A sept heures, il y eut appartement; le roi y joua au portique au chiffre; il y eut musique, où il n'alla point. — On a cassé les trois régiments de Savoie qui servoient en ce pays-ci, et l'on en forme deux régiments que l'on donne au chevalier de Morousse, Piémontois, qui sert depuis longtemps dans le régiment de Saint-Laurent, et l'autre à un Génois nommé Perri. Ils ne seront chacun que d'un bataillon; s'il reste quelques soldats, on les donnera au marquis de Saint-Maurice, qui a quitté le service de M. de Savoie pour s'attacher à la France, et on lui donne à lever en Savoie et en Bresse un régiment de 1,600 hommes, qui aura la même paye que le régiment de Saint-Laurent. Outre le marquis de Saint-Maurice qui a quitté M. de Savoie, il y a d'autres Savoyards qui ont pris le même parti, entre autres le marquis de Châtillon, gendre de l'ambassadeur d'Ogliani qui étoit ici; on lui donne à lever un régiment de cavalerie. — On a eu nouvelle que les Turcs marchent au pont d'Eszek; on dit même qu'ils ont détaché des troupes pour investir Bude.

Lundi 6, *à Versailles.* — Au sortir du conseil des dépêches, le roi donna à M. de Pontchartrain la place de ministre et la charge de secrétaire d'État qu'avoit M. de Seignelay avec la marine et les pierreries. M. de Louvois a les haras, quelques manufactures qu'il n'avoit pas, et les fortifications du dedans du royaume qu'avoit M. de Seignelay, et pour cela M. de Louvois donne à M. de Pontchartrain le Poitou et la Marche, qui étoient de son département. M. de Pontchartrain avoit prié le roi de ne le point charger de la marine, parce qu'il n'en a aucune connoissance ; le roi a voulu absolument qu'il s'en chargeât. Il a présentement tout ce qu'avoit M. Colbert, hormis les bâtiments. — M. de Feuquières commandera cet hiver dans Pignerol, d'où l'on fait revenir M. d'Herleville. M. de Laré commandera en Dauphiné, et M. de Saint-Silvestre en Provence, M. de la Hoguette en Savoie, et ces quatre messieurs sous les ordres de M. de Catinat. — Le roi a dîné à son petit couvert, et a été tirer. Monseigneur a couru le loup avec le roi d'Angleterre. — Le marquis de Marsilly est mort en allant de Fontainebleau chez lui ; c'étoit le plus vieux lieutenant général de France.

Mardi 7, *à Versailles.* — Le roi dîna à son petit couvert et alla à la chasse. Monseigneur a donné à dîner chez lui à madame la princesse de Conty ; il y avoit de dames mademoiselle de Lislebonne, madame de Dangeau et mademoiselle d'Uzès. Monsieur et Madame sont allés à Paris voir l'opéra de *Lavinie* (1), qu'on joue pour la première fois. — M. de Chevreuse et M. de Beauvilliers ont achevé une affaire pour le fils aîné de M. de Seignelay, que M. de Seignelay avoit commencée, qui est de lui faire avoir la survivance de la charge de maître de la garde-robe du roi qu'a M. de la Salle. Le petit garçon donne pour cela à

---

(1) *Enée et Lavinie* ; la musique est de M. Colasse, les paroles de M. de Fontenelle, les habits et les décorations du dessin de M. Bérain. (*Mercure galant.*)

M. de la Salle 100,000 écus, qui seront payés par M. de Pontchartrain sur le brevet de retenue de 800,000 francs, et M. de la Salle jouira toujours de tous les revenus de la charge, si bien que l'affaire est aussi bonne pour lui que pour l'enfant qui n'a que sept ans (1). — M. le marquis de Béthune, celui à qui on avoit donné le sobriquet de Cassepot et qui étoit exilé (2), est mort en allant de Chambéry à Avignon, où il se retiroit n'ayant plus permission de demeurer à Chambéry depuis qu'on y a prêté le serment de fidélité au roi.

Mercredi 8, à Versailles. — Le roi dîna à son petit couvert, alla tirer et revint sur les trois heures à Trianon. Monseigneur dîna chez madame la princesse de Conty, et puis alla avec elle trouver le roi à Trianon. Le roi et la reine d'Angleterre y arrivèrent sur les quatre heures : on y joua au portique, et puis on alla voir l'opéra d'*Atys*. Les deux rois, la reine, Monseigneur et Monsieur étoient dans la tribune; il n'y avoit que Madame en bas qui tenoit la cour. Monseigneur étoit incognito en haut, parce que depuis la mort de madame la Dauphine, il ne voit point de spectacles ni n'en verra point que l'année ne soit passée. — M. de Rebenac salua hier le roi; il y a six semaines qu'il fut échangé à Antibes avec les deux ambassadeurs de Savoie. — Chamarande demeure inspecteur en Savoie, et Château-Renaud en Piémont; Thouy, qui commande dans Chambéry sous la Hoguette, a vendu son régiment d'infanterie 10,000 écus à........ et en lève un nouveau en Savoie.

Jeudi 9, à Versailles. — Le roi alla à Marly; il y passa toute son après-dînée à faire planter et tailler des arbres. Monseigneur prit médecine. — Les nouvelles d'Angle-

---

(1) Le second enfant héritera de la survivance de son frère, en cas qu'il meure avant dix ans d'ici. (*Note de Dangeau.*)

(2) Depuis son enlèvement de mademoiselle de Vaubrun. (*Note de Saint-Simon.*)

terre sont que le parlement a accordé au prince d'Orange l'argent excessif qu'il leur demandoit; cela monte à 70,000,000. — Le roi a donné à M. de Croissy l'agrément de la charge de trésorier de l'ordre qu'avoit M. de Seignelay, moyennant les 350,000 francs que le roi avoit donnés de retenue à M. de Seignelay, et le roi donne un nouveau brevet de retenue de 100,000 écus à M. de Croissy. — M. le duc de la Roche-Guyon est revenu à la cour, et a recommencé aujourd'hui à faire la charge de grand maître de la garde-robe, et demain il fera celle de grand veneur. — Cornaro, capitaine général des Vénitiens, est mort; c'est une perte pour eux, car c'étoit un homme de mérite.

Vendredi 10, *à Versailles*. — Le roi dîna à son petit couvert, et alla tirer; il donna une grande audience au duc de Tyrconnel pour régler les affaires d'Irlande. Monseigneur alla courir le cerf avec les chiens du roi; le roi d'Angleterre y vint. Le soir, il y eut appartement. — L'abbé de Farges est mort; il avoit une abbaye de 5 ou 6,000 livres de rente auprès de Thouars; il est fils de de Farges qui étoit à Siam, et que l'on ne sait ce qu'il est devenu. — C'est Ximénès, et non pas d'Auger, qui commande entre Sambre et Meuse. — On attend le prince d'Orange à la fin de ce mois en Hollande. — M. l'électeur de Bavière est allé en poste à Vienne, où l'Empereur est fort embarrassé depuis la prise de Belgrade. — Les nouvelles de Francfort portent que les Turcs ont pris Eszek. — M. de Pontchartrain a tout l'appartement qu'avoit M. de Seignelay; on rend à M. Pelletier l'appartement de madame de Pontchartrain, où il logera MM. ses frères; on donne à M. le cardinal d'Estrées l'appartement de M. de Pontchartrain, et on laisse à madame la maréchale d'Estrées l'appartement qu'avoit M. le cardinal, dont elle avoit toujours joui durant son absence.

Samedi 11, *à Versailles*. — Le roi alla tirer après avoir dîné à son petit couvert. Monseigneur donna à dîner à madame la princesse de Conty, et puis alla à Saint-Germain voir le roi et la reine d'Angleterre. — Le roi a fait une augmentation de charges dans le parlement, dont il tirera un argent considérable; il crée deux charges de président à mortier qui sont vendues chacune 450,000 livres, et une charge d'avocat général qui sera vendue 350,000, et quatorze charges de conseiller qui seront vendues chacune 100,000 francs. Il y aura aussi quelque création de charges de président des comptes. — M. le cardinal de Bouillon est arrivé en Provence, et sera ici au premier jour.

Dimanche 12, *à Versailles*. — Le roi ne sortit point de tout le jour; il alla après le salut, à son ordinaire, chez madame de Maintenon, et il y tint conseil de marine avec M. de Pontchartrain, Bonrepos et Tourville. Monseigneur alla souper au Désert, petite maison de madame la Duchesse, dans le parc; madame la Duchesse, qui est prête d'entrer dans son neuf, tomba, et on l'obligea de revenir en chaise; madame la princesse de Conty y alla avec Monseigneur. — Le roi a choisi M. de Ménars et M. Talon pour remplir les deux charges de président à mortier qu'on a créées. La charge d'avocat général qu'avoit M. Talon sera pour M. de Harlay, fils du premier président, et la charge nouvelle d'avocat général sera, à ce qu'on croit, pour le fils de M. Bignon. Ils en payeront chacun 350,000 francs pour dédommager les présidents à mortier anciens de ce qu'on augmente leur nombre. Le roi augmente la fixation de leurs charges; elles n'étoient qu'à 350,000 francs, le roi les met à 500,000. — Monsieur et Madame sont allés à Paris pour quelques jours.

Lundi 13, *à Versailles*. — Le roi dîna à son petit couvert, et alla tirer. Monseigneur courut le loup. Le soir, il y eut appartement. — On crée une charge d'avocat général pour les requêtes du palais qui sera vendue 200,000 francs, et on tirera encore plus de 100,000 écus de plusieurs petites charges, comme de greffiers et autres, et en même temps le roi accorde plusieurs grâces à MM. du parlement. Il leur ôte les consignations, c'est une chose qui les gênoit fort, et il leur accorde les mêmes priviléges qu'aux secrétaires du roi pour la noblesse et pour les lods et ventes; ces priviléges-là leur avoient été accordés autrefois, mais on les leur avoit retranchés. — M. de Catinat a ordre d'attaquer Suse avant de mettre les troupes en quartier d'hiver; la place doit être investie du 10 de ce mois.

Mardi 14, *à Versailles*. — Le roi, après son dîner, alla à Saint-Germain voir le roi et la reine d'Angleterre. — Le duc de Tyrconnel repart incessamment pour l'Irlande, mais on n'a pas déclaré les officiers qui partent avec lui. — Le roi ôte le bonhomme la Fitte de ses gardes; il est trop vieux, et le roi, qui le veut bien traiter, lui change son gouvernement de Guise contre celui de Pequay en Languedoc, et lui en donne la survivance pour son fils, qui est exempt des gardes, mais qui étoit encore trop jeune pour avoir le gouvernement d'une place aussi frontière que Guise. Ces deux gouvernements sont à peu près de même valeur; le major avoit le gouvernement de Pequay, et il a bien voulu le troquer contre celui de Guise, parce que cela facilitoit une affaire que le roi vouloit finir.

Mercredi 15, *à Versailles*. — Le roi alla à Trianon sur les trois heures : Monseigneur y arriva en même temps avec madame la princesse de Conty; il avoit couru le cerf le matin, et étoit revenu ici dîner; Monsieur vint dîner avec lui, et fut à Trianon. Le roi et la reine d'Angleterre arrivèrent à Trianon à quatre heures; on y joua aux portiques, et à cinq heures l'opéra commença. Le roi, le roi et la reine d'Angleterre, Monseigneur et Monsieur étoient dans la tribune, madame la Princesse et mesdames les princesses de Conty tenoient la cour en bas. Madame est à Paris. On représenta l'opéra nouveau de *Lavinie*. — On a eu nouvelle que la princesse de Portugal est à l'extrémité. M. Taborda, qui étoit envoyé de cette couronne depuis assez longtemps, mourut à Paris ces jours passés. — Mademoiselle est de retour depuis quelques jours au Luxembourg, à Paris ; elle a été assez longtemps malade. Elle n'a pas encore paru à la cour.

Jeudi 16, *à Versailles.* — Le roi dîna à son petit couvert, et alla tirer. Monseigneur courut le loup. Le soir, il y eut appartement. Madame de Guise y arriva, revenant d'Alençon, et salua le roi avant l'appartement; après le portique, le roi alla à la musique, et Monseigneur joua au lansquenet. — La Suède offre sa médiation pour la paix. Le roi a longtemps entretenu ce matin M. de Tyrconnel ; il avoit couché ici. Le roi lui fait donner une chambre dans le château quand il couche ici. Le roi d'Angleterre lui donne l'ordre de la Jarretière. Il a la place du duc de Grafton, mort en Irlande dans les troupes du prince d'Orange. — M. de Creil, capitaine aux gardes, est revenu ici ; il avoit été pris à la bataille de Fleurus, et a été échangé contre le comte de Donna ; le cartel pour les prisonniers s'achète. — Il y a beaucoup de colonels d'infanterie qui n'avoient qu'un bataillon, à qui on donne à en lever un second.

Vendredi 17, *à Versailles.* — Le roi et Monseigneur allèrent dîner à Marly avec les dames ; les princesses n'y étoient point. Après dîner, ils s'amusèrent à faire planter des fleurs. — M. de Louvois mande de Meudon au roi que les lettres de Vienne du 30 portoient qu'Eszek avoit été pris par les Turcs le 28 ; les Impériaux l'abandonnèrent dès qu'ils virent avancer l'armée. Le duc de Croy s'étoit mis dedans depuis la reddition de Belgrade. Il ajoute même que, depuis la prise d'Eszek, les Turcs ont déjà fait passer le pont à une partie de leur cavalerie ; mais la saison est si avancée que l'on ne croit pas qu'ils puissent entreprendre le siége de Bude. — On a eu nouvelle que trois vaisseaux de guerre hollandois et un anglois, et plusieurs de leurs vaisseaux marchands, sont péris de la dernière tempête qu'il a faite, et l'on mande d'un autre endroit que les Hollandois ont perdu soixante vaisseaux marchands dans la mer Baltique.

Samedi 18, *à Versailles.* — Le roi dîna à son petit couvert, et alla tirer; Monseigneur dîna chez madame la princesse de Conty, et puis alla passer l'après-dînée avec elle dans son pavillon qu'elle fait fort accommoder. — Le roi fait une augmentation dans la chambre des comptes, comme il a fait au parlement. Il crée des présidents, des maîtres, des correcteurs et des auditeurs. Il tirera de cette création-là plus de 2,000,000, et, pour dédommager la chambre des comptes, il y rejoint la chambre des comptes qui autrefois étoit à Lille, et que ceux de Lille demandoient fort qu'elle y fût rétablie, en donnant un grand argent. Le roi établit aussi un président à mortier et six conseillers dans tous les parlements du royaume, excepté dans ceux de Bretagne et de Guienne, qui donnèrent de l'argent au roi l'année passée pour un pareil établissement. — Le roi d'Angleterre doit aller ces jours-ci à la Trappe, où il demeurera deux jours; il a choisi le maréchal de Bellefonds (1) pour son conducteur dans ce voyage-là; il ne mène avec lui d'Anglois, dans ce voyage-là, que le milord Dumbarton.

Dimanche 19, *à Versailles.* — Le roi ne sortit point de tout le jour; il alla au salut, et travailla toute l'après-dînée. Le soir, il y eut appartement. Monsieur et Madame revinrent de Paris. — Le roi apprit le matin que M. de Catinat s'étoit rendu maître de la ville et des deux châteaux de Suse le 13 de ce mois. M. de Louvigny étoit dans Suse avec quatre mille hommes, et l'abandonna avec ses troupes dès qu'il vit notre armée approcher. Il avoit laissé quatre cents hommes dans un des châteaux, qui se rendirent dès que notre canon eut commencé à tirer, et qui

---

(1) Le *Mercure* de décembre, p. 195, donne une lettre de l'abbé de Rancé au maréchal de Bellefonds sur cette visite du roi d'Angleterre à la Trappe.

ont presque tous pris parti dans nos troupes. M. de Savoie étoit campé à une lieue de là avec ses troupes, et n'osa pas faire un second mouvement. — On a fait M. de Montgon inspecteur de cavalerie sur la Meuse, et Phélippeaux l'est aussi dans l'Isle-de-France et en Champagne.

Lundi 20, *à Versailles*. — Le roi eut un peu de goutte; il alla à la messe en roulette dans la tribune. Monseigneur devoit aller à la chasse, le mauvais temps l'en empêcha. — Le roi d'Angleterre partit pour la Trappe; il alla coucher à moitié chemin chez M. de la Salle; il reviendra vendredi. Il fait une partie du chemin à cheval et l'autre partie dans son carrosse, avec des relais de louage. — On a eu nouvelles que le départ du prince d'Orange pour la Hollande est un peu tardé. — Quelques troupes de Vaudois sont entrées dans le village de Château-Dauphin qu'ils ont brûlé, et ont pris le château qui étoit en très-mauvais état; on fera marcher quelques troupes de ce côté-là pour reprendre ce petit poste et pour empêcher qu'ils n'entrent dans la vallée de Pragilas. — On forme encore un régiment de dragons des compagnies franches qui sont déjà sur pied, et on en fait colonel le chevalier de Sillery qui étoit un des plus anciens exempts des gardes du corps de la compagnie de Duras.

Mardi 21, *à Versailles*. — La goutte du roi continue; il se fait traîner en roulette; il a entendu la messe dans la tribune. Monseigneur a couru le loup. La goutte du roi n'empêchera pas qu'il n'aille demain à Marly jusqu'à samedi à son ordinaire. — M. de la Feuillade a cédé sa duché à son fils, qui s'appellera à présent le duc d'Aubusson; il a salué et remercié le roi à son coucher. M. le maréchal de Lorges est arrivé à Paris; il est en quartier, mais il ne reprendra le bâton qu'au retour de Marly; il est encore fort incommodé de son genou. En revenant de l'armée, il a passé par Bourbonne, mais les bains ne l'ont guère soulagé.

Mercredi 22, *à Marly*. — Le roi dîna à son petit couvert à Versailles et vint ici par le parc en tirant; sa goutte est fort diminuée. Monseigneur et Madame coururent le cerf dans la forêt de Saint-Germain avec les chiens de M. du Maine, et arrivèrent ici avant le roi. — Madame d'Uzès et mademoiselle sa fille sont de ce voyage-ci ; le duc de la Roche-Guyon y est aussi pour la première fois ; il avoit été toujours exilé ; M. le grand Prieur y a une chambre. — M. le duc de Gramont revint ces jours passés de son gouvernement ; il y a demeuré dix-huit mois.

Jeudi 23, *à Marly*. — Le roi et Monseigneur coururent le cerf dans la forêt de Marly, et revinrent dîner ici. Le roi étoit en calèche avec madame de Maintenon et madame la princesse d'Harcourt ; après dîner, il s'amusa à faire tailler ses arbres, et puis revint jouer aux portiques. Après le portique, Monseigneur joua au lansquenet et alla à la musique ; après souper, il y eut portique. — On a nouvelle d'Irlande que les troupes du prince d'Orange ont pris Kinsale ; cela incommodera fort pour le secours qu'on veut envoyer en ce pays-là, car nous n'avons plus de ports de ce côté-là. — M. de Turenne est arrivé à Versailles, mais il n'y verra personne jusqu'à ce que le roi y soit de retour.

Vendredi 24, *à Marly*. — Le roi et Monseigneur, après leur dîner, allèrent faire des battues ; au retour de la chasse, on joua au lansquenet et aux portiques à l'ordinaire. — M. le cardinal de Bouillon n'a pas voulu arriver à Versailles que le roi n'y fût, et il couchera ce soir à Frémont, chez M. le prince de Lorraine. — Le Languedoc donne au roi 3,000,000 de don gratuit, et la Provence 800,000 francs. — Le roi d'Angleterre est revenu de la Trappe ; il y a couché deux nuits.

Samedi 25, *à Versailles*. — Le roi et Monseigneur coururent le cerf, et puis revinrent dîner à Marly ; le roi courut en calèche avec madame de Maintenon et madame la princesse d'Harcourt. Après dîner, il se fit traîner dans son chariot à bras dans ses allées, où il s'amusa longtemps à faire tailler ses arbres; ensuite il joua aux portiques, et puis revint ici. Il retournera à Marly la semaine qui vient. — M. le cardinal de Bouillon a vu le roi dans son cabinet, et M. de Turenne a salué aussi S. M., et a commencé à faire sa charge. — Les nouvelles d'Allemagne portent que le pont d'Eszek n'est point pris.

Dimanche 26, à Versailles. — Le roi et Monseigneur ne sortirent point de tout le jour. — Monseigneur passa l'après-dînée chez madame la princesse de Conty, à la ville; elle a fait meubler magnifiquement son pavillon, et on y travaille beaucoup. Le roi d'Angleterre vint ici à quatre heures et fut enfermé avec le roi jusqu'à cinq heures, et puis ils allèrent au salut dans la tribune. — M. de la Rochefoucauld a présenté au roi, dans son cabinet, M. de Liancourt qui est de retour, et le roi lui a parlé avec beaucoup de bonté. De la manière dont le roi traite tous les exilés, il paroît qu'il leur a pardonné de bon cœur. — Le soir, il y eut appartement.

Lundi 27, à Versailles. — Le roi dîna à son petit couvert, et alla tirer. Monseigneur et Madame coururent le cerf. — On a eu nouvelle que l'infante de Portugal étoit morte; on n'a pas voulu la faire ouvrir; cependant notre ambassadeur mande qu'il ne croit pas qu'elle ait été empoisonnée. Le ministre de Portugal à Londres a reconnu le prince d'Orange roi. — Le neveu de l'abbé de Chaulieu a acheté la sous-lieutenance des gendarmes bourguignons; il en donne 55,000 livres. — M. de Croissy prêta serment de la charge de trésorier de l'ordre; après avoir lu le serment, on lui donna un manteau sur lequel étoit l'ordre. Voilà toute la cérémonie qu'il y a à la réception des officiers; cela se fait dans le cabinet du roi.

Mardi 28, à Versailles. — Le roi et Monseigneur vouloient aller à la chasse, mais le vilain temps les en empêcha l'un et l'autre. On a averti ce soir les dames qui devoient venir demain à Marly. Madame de Soubise sera du voyage, elle n'y avoit jamais été*; on y mène aussi madame de Coetquen, qui n'y étoit pas venue depuis un an. — On a laissé dans Suse trois bataillons sous M. du Plessis-Bellière, brigadier, qui y commandera sous les ordres de M. de Feuquières, qui est dans Pignerol. — M. le comte de Chamilly, colonel d'infanterie, épouse mademoiselle Poncet, à qui on donne 200,000 francs.

* C'étoit, en effet, une nouvelle que madame de Soubise à Marly. Jamais tant de constance que celle du roi pour elle; jamais tant de fidélité que celle qui fut établie entre elle et madame de Maintenon. Elle en fut uniquement crainte, et l'habile Soubise ne se servit de cette crainte que pour lui en faire un hommage dont toute l'utilité lui revint. Jamais de particulier entre le roi et elle; jamais de voyages, de privances; presque jamais de Marly, et les autres, comme Fontainebleau, elle ne les faisoit que comme toute la cour. En revanche, tout ce qu'elle voulut, elle l'obtint; outre que le roi ne lui pouvoit rien refuser, elle en eut un gage plus assuré; madame de Maintenon s'y étoit engagée. M. de Soubise, en habile homme, n'avoit jamais voulu s'apercevoir de rien, étoit peu à la cour, et ne parloit au roi que de sa compagnie des gendarmes, vivoit assez retiré à Paris entre son intendant et son maître d'hôtel, et parvint de la sorte, de né gentilhomme avec 4,000 fr. de rentes, à mourir prince avec 400,000 fr., comme il le disoit bien lui-même (tant la vérité use de force), et à voir les prodigieux établissements de sa famille qui augmentèrent bien encore après lui.

Mercredi 29, *à Marly*. — Le roi vint ici en chassant; il arriva sur les cinq heures. Monseigneur vint avec madame la princesse de Conty; Monsieur et Madame sont du voyage. — M. de Turenne a eu une chambre à Marly; il avoit toujours été exilé depuis qu'on y vint. Il y eut le portique, lansquenet et musique à l'ordinaire.

Jeudi 30, *à Marly*. — Le roi s'amusa le matin à se promener dans ses jardins et à faire tailler des arbres; il ne voulut point courre le cerf, parce qu'il étoit fête; l'après-dînée, il joua au portique, et, sur les six heures, le roi et la reine d'Angleterre arrivèrent et y demeurèrent jusqu'à neuf heures. La reine joua toujours au lansquenet, le roi et le roi d'Angleterre jouèrent des réjouissances.

Vendredi 1ᵉʳ décembre, à Marly. — Le roi et Madame coururent le cerf dans la forêt de Marly. Monseigneur aima mieux jouer que d'aller à la chasse. L'après-dînée, le roi se promena dans ses allées, et puis on joua aux portiques et au lansquenet, comme à l'ordinaire. M. le duc de Bourgogne vint le matin faire sa cour au roi, et madame de Guise y vint dîner avec S. M. — Madame la comtesse de Verrue, à Turin, est sortie du couvent où elle étoit. Depuis quelque temps, elle paroît à la cour de Savoie. Son mari, ses enfants et toute sa famille se retirent en France, et même l'abbé de Verrue, qui étoit du conseil de M. de Savoie. Madame de Verrue est fille de feu M. le duc de Luynes.

Samedi 2, à Versailles. — Le roi courut le cerf avec les chiens de M. le duc du Maine, et revint dîner à Marly; les dames étoient à la chasse avec lui. Monseigneur n'alla point à la chasse, et l'on demeura à Marly, d'où l'on partit fort tard pour revenir ici. — Madame de Langeron (1) est morte à Paris; elle étoit dame d'honneur de madame la Princesse. Elle laisse quatre enfants : Langeron, qui est chef d'escadre; l'abbé de Langeron, qui est lecteur des enfants de Monseigneur, et mesdemoiselles de Langeron, qui étoient toujours avec leur mère auprès de madame la Princesse. M. le Prince donne à l'aînée 1,000 écus de pension, et 2,000 francs à la cadette. — M. le Prince a donné la députation de Bourgogne à M. Briorde; cela lui vaudra 12,000 écus; Xaintrailles sort de cet emploi-là, et voilà deux fois de suite que M. le Prince donne cela dans sa maison.

---

(1) Celle qui cessa, étant dame d'honneur de madame la Princesse, de manger à table et d'entrer dans les carrosses, comme elle faisoit étant dame d'honneur de madame de Guise. (*Note de Saint-Simon.*)

Dimanche 3, à Versailles. — Le roi et Monseigneur ne sortirent point de tout le jour. Le soir, il y eut appartement. — Le roi a donné audience de congé à M. de Tyrconnel; il lui a fait présent de son portrait dans une boîte de diamants fort magnifique; on a nommé des ingénieurs et des officiers d'artillerie pour passer en Irlande avec lui, et les officiers généraux qui iront avec lui ne sont pas encore nommés. — Le roi a entendu le sermon de l'abbé Denise, chapelain du roi, qui prêchera l'Avent. — M. le Prince a donné son régiment de cavalerie à M. de Coligny; le roi l'a agréé. M. de Seignelay avoit à la terre de Seignelay un droit de capitainerie royale; la chambre des comptes ne l'a pas voulu passer, et l'on vient de juger que ce droit-là n'appartenoit point à la maison. Il paroît même que sa famille soit bien aise que ce droit-là soit ôté pour éviter des affaires aux enfants.

Lundi 4, à Versailles. — Le roi dîna à son petit couvert et alla tirer. Monseigneur alla courre le cerf dans la forêt de Sénart avec les chiens de M. de Lorraine, et revint coucher chez lui à Frémont. Beaucoup de courtisans suivirent Monseigneur à ce petit voyage-là, et le soir on y joua fort gros jeu. Le roi devoit aller à Chantilly le 2 de janvier pour faire la revue des troupes de sa maison et de la petite gendarmerie, mais ce voyage-là est rompu. Le roi fera venir ces troupes-là dans la plaine d'Ouille, et a remis la revue au 15 de janvier, afin que les troupes soient plus en état. — Le pape a rempli les deux places qui vaquoient dans le sacré collége, et a choisi Barberin et Altieri; Altieri n'a que dix-huit ans.

Mardi 5, à Versailles. — Le roi dîna à son petit couvert, et alla tirer; Monseigneur courut le loup avec ses chiens, et revint coucher à Frémont. — Le roi a donné à M. de Monsoreau, fils du grand prévôt, le régiment de Périgueux, qui est le dernier régiment de France, et que la ville de Périgueux avoit levé à ses dépens, et c'étoit le comte de Los qui en étoit le colonel. — Les Turcs ont fait entrer du secours dans le grand Varadin, dans Temeswar et dans Giula, qui étoient bloqués depuis longtemps, et se sont emparés de Lippa et ont brûlé Valkovar. — Le marquis de Lonré, fils de feu M. de Seignelay, prêta hier serment de la charge de maître de la garde-robe, et en fit les fonctions ; il a la survivance de la Salle.

Mercredi 6, à Versailles. — Le roi dîna à son petit couvert, et alla tirer. Monseigneur revint de Frémont et arriva à onze heures ; il dîna chez madame la princesse de Conty. Le soir, il y eut appartement. — Le roi a donné à M. Coade, colonel de cavalerie allemande, une pension de 500 écus.

Jeudi 7, à Versailles. — Le roi dîna à son petit couvert, et alla tirer. Monseigneur courut le cerf avec le roi d'Angleterre. M. de Chevreuse présenta, le soir, au roi M. le comte de Verrue, son beau-frère, qui a quitté M. de Savoie et se retire en France avec toute sa famille ; il n'y a que sa femme* qui soit demeurée à Turin.

---

* Madame de Verrue, fille du second lit de M. le duc de Luynes, et mariée pour peu en Piémont, y vécut d'abord à merveille avec son mari et toute sa famille. Elle étoit belle et charmante, et M. de Savoie la trouva bientôt telle ; elle s'en aperçut bientôt aussi, et n'en fit aucun semblant. Les choses vinrent au point qu'elle en avertit sa belle-mère et son mari, et les pressa de la mener à la campagne. Ils n'en voulurent rien faire ; elle les en pressa de nouveau et souvent, et demanda enfin à faire un voyage aux eaux de Bourbon pour s'éloigner sous ce prétexte. La mère, qui étoit dame d'honneur de madame de Savoie, prit ce voyage pour un prétexte d'aller à Paris, et n'y consentit qu'à condition qu'elle n'en approcheroit pas plus près que Bourbon, et que l'abbé de Verrue seroit son conducteur. C'étoit le frère de son beau-père, et qui a été du conseil de M. de Savoie ; mais il fut comme les vieillards de Suzanne ; il devint amoureux de sa nièce, et il osa le lui témoigner. Il s'emporta jusqu'à la presser, et, n'ayant trouvé en elle qu'une juste horreur pour son amour, il se mit à la persécuter. Elle eut beau faire toutes les instances possibles à son père et à son frère de l'aller voir à Bourbon, la santé de M. de Luynes et les affaires de M. de Chevreuse ne leur permirent pas. Il fallut donc achever ce voyage avec son bourreau, sans secours, et trouver, en arrivant à Turin,

sa belle-mère et son mari dans toutes les fâcheuses impressions qu'il avoit plu à l'abbé de Verrue de leur donner par ses lettres et qu'il augmenta par ses discours. Elle eut beau réclamer son innocence qui alors étoit encore entière, et accuser l'abbé, jamais elle ne les put persuader qu'il eût été capable de si détestables desseins, et l'accusation retomba sur elle. M. de Savoie, qui continuoit à la pourchasser, s'aperçut de ses déplaisirs qui eurent enfin plus de pouvoir sur elle que tout ce que M. de Savoie avoit pu employer; ainsi la vengeance la lui livra. M. de Verrue et sa mère se retirèrent en France, et la belle madame de Verrue régna longtemps en Piémont, par l'imprudence et ensuite par la dureté de sa famille.

Vendredi 8, *à Versailles.* — Le roi et Monseigneur allèrent à vêpres, au sermon et au salut. — Le maréchal d'Estrées revint de Bretagne, où il a commandé la dernière année.

Samedi 9, *à Versailles.* — Le roi dîna à son petit couvert, et alla tirer. Monseigneur courut le cerf avec les chiens de M. du Maine; le soir, il y eut appartement. — L'Empereur fait demander aux états généraux par le comte de Berka, son envoyé, 7,000,000 de florins, à moins de quoi l'Empereur, faute d'argent, sera obligé de s'accommoder avec quelqu'une des puissances contre qui il a la guerre présentement.

Dimanche 10, *à Versailles.* — Le roi et Monseigneur ne sortirent point de tout le jour; ils furent au salut. Le roi d'Angleterre vint ici sur les quatre heures; il fut enfermé longtemps avec le roi. — Le roi a donné la lieutenance des gardes de la compagnie de Duras à d'Estrades, qui revient d'Irlande, et qui étoit le plus ancien enseigne de la compagnie, et l'enseigne a été donnée à d'Avignon qui y étoit exempt; cette lieutenance étoit vacante par la démission de la Fitte, qui n'est plus en état de servir.

Lundi 11, *à Versailles.* — Le roi dîna à son petit couvert, et alla tirer. Monseigneur courut le loup; madame la princesse de Conty étoit à la chasse. — Torf est mort; il étoit ordinaire du roi, et S. M. l'employoit souvent pour les affaires des pays étrangers; il étoit Allemand. — Le roi a donné à M. de Florensac la charge de grand bailli de Toulouse, vacante par la mort de M. d'Amboise. Saint-Sulpice, son cousin germain, l'avoit achetée 4 ou 5,000 pistoles.

Mardi 12, *à Versailles.* — Le roi dîna à son petit couvert, et alla tirer. Le soir, il y eut appartement. — Le roi d'Angleterre alla dîner à Paris chez M. le maréchal d'Humières, et puis alla voir Mademoiselle au Luxembourg. — Quelques troupes de M. de Savoie, sous le commandement de M. de Parère, sont entrées dans quelques villages de Provence, et se sont retirées fort précipitamment ; ils n'ont fait d'autre mal que d'emporter quatre ou cinq cents francs de contribution.

Mercredi 13, *à Versailles.* — Le roi dîna à son petit couvert, et alla tirer. Monseigneur alla courre le cerf avec les chiens de M. du Maine. — Le roi a donné à Racine la charge d'ordinaire que Torf avoit ; il donnera 10,000 francs à la veuve ; la dernière de ces charges qui a été vendue a été vendue 53,000 francs. — Les lieutenants des vaisseaux seront chargés des compagnies d'infanterie de la marine, qui seront de cent hommes ; on leur en donne soixante qui sont déjà sur pied ; ils n'en auront que quarante à lever. Il y aura quatre-vingt-six compagnies. Quand les vaisseaux désarmeront, ces compagnies seront sous l'autorité des gouverneurs et des lieutenants de roi, comme les autres troupes, et, en cas qu'ils fussent obligés de les faire marcher, ils prendroient la gauche du reste de l'infanterie ; et si on étoit obligé de les faire aller d'un port à un autre par terre, ils marcheroient par les routes qu'enverroit M. de Louvois ; pour le reste, elles sont entièrement dépendantes de la charge de M. de Pontchartrain, comme elles étoient de M. de Seignelay.

Jeudi 14, *à Versailles.* — Le roi dîna à son petit couvert et alla tirer. Monseigneur ne sortit point de tout le jour ; il dîna chez madame la princesse de Conty. — M. de Boufflers a passé la Dendre avec un gros corps de cavalerie et d'infanterie ; il va faire contribuer les pays qui sont derrière Bruxelles ; d'un autre côté, MM. de Ximenès et de Guiscard ont passé la Sambre pour faire contribuer le Hasbain ; on croit que l'on tirera plus de 2,000,000 de ces courses-là. — M. de Praslin, lieutenant général et lieutenant de roi de Champagne, est mort. M. de Praslin, son neveu et son gendre, a la survivance de cette charge-là. Il étoit aussi gouverneur de Troyes : il avoit près de quatre-vingts ans.

Vendredi 15, *à Versailles.* — Le roi dîna à son petit couvert et alla tirer. Monseigneur devoit courre le loup avec le roi d'Angleterre, mais la gelée les en empêcha. Le soir, il y eut appartement. — M. d'Aguesseau le fils aura la charge d'avocat général qu'on crée, et M. Bignon, le fils du conseiller d'État, a la survivance de la charge de lieutenant de la police qu'a M. de la Reynie, et l'exercera conjointement avec lui. M. de la Reynie a prié le roi, attendu sa vieillesse, de lui donner un survivancier pour le soulager dans les fonctions de cette charge, qui est fort pénible. M. Bignon est neveu de M. de Pontchartrain, et M. d'Aguesseau est aussi son proche parent. — On a fait une promotion dans la marine, mais ce n'a été que d'enseignes et de lieutenants ; on n'a point fait de capitaines.

Samedi 16, *à Versailles.* — Le roi, après son dîner, alla à Trianon ; Monseigneur, Monsieur, Madame et tous les courtisans y étoient. On y joua aux portiques et au lansquenet ; on y fit collation et on revint souper ici. — On a eu nouvelle que M. de Feuquières avoit attaqué quelques Barbets qui s'étoient retirés dans Lucerne et qui s'y étoient retranchés. Au retour de cette petite expédition, il trouva l'arrière-garde d'un gros parti que le prince Eugène avoit mené pour prendre des fourrages auprès de Pignerol. Il l'attaqua, en tua vingt ou trente, et fit quelques prisonniers. Il n'a pas laissé de perdre quelque monde à cette affaire-là ; on a tué plus de 300 Barbets dans Lucerne, et, comme ils ne font point de quartier, on ne leur en fait point.

Dimanche 17, *à Versailles.* — Le roi et Monseigneur ne sortirent point de tout le jour. — Madame de Maintenon a obtenu de M. le duc d'Aumont son consentement pour le mariage de M. de Villequier, son fils, avec mademoiselle de Piennes, qui s'aimoient il y a longtemps.

Lundi 18, *à Versailles.* — Le roi, Monseigneur, Monsieur et les princesses allèrent dîner à Marly; tous les joueurs eurent permission de suivre. Le roi, avant son dîner, joua aux portiques; après son dîner, il mena les dames dans son cabinet, où il leur donna des bijoux à jouer au tourniquet pendant que Monseigneur et Monsieur jouoient au lansquenet. Madame la princesse de Conty gagna un coulant et une croix; madame de Maintenon un diamant jaune, qu'elle donna à madame de Caylus; madame la princesse d'Harcourt eut une agaçante, madame de Dangeau une étoile et madame de Montgon un diamant brillant; madame de Beauvilliers et madame d'Heudicourt eurent des bijoux d'or. Sur les six heures, le roi rejoua encore au portique, et puis il y eut une grande collation. Il y avoit dix-huit personnes à table, savoir : le roi, Monseigneur, Monsieur, et quinze dames, qui étoient madame la Duchesse et sa dame d'honneur, madame la princesse de Conty et sa dame d'honneur, mademoiselle de Blois, mademoiselle de Lislebonne, mesdames de Maintenon, princesse d'Harcourt, duchesses de Beauvilliers et de Choiseul, mesdames de Gramont, de Dangeau, d'Heudicourt, de Montgon et de Caylus.

Mardi 19, *à Versailles.* — Le roi prit médecine. Le feu prit la nuit dans l'endroit où il mange; il n'a quasi rien gâté. Le roi tint l'après-dînée conseil de finances, qu'il a accoutumé de tenir le matin. Monseigneur courut le cerf, et revint dîner avec madame la princesse de Conty à sa maison, et puis alla au conseil chez le roi. Le soir, il y eut appartement. — On a eu nouvelle que les galions sont arrivés à Cadix, chargés de 18,000,000, dont il y en a sept ou huit pour la France, qu'on fera venir sur des vaisseaux de Gênes. — M. de Boufflers est revenu de sa course sans avoir trouvé aucunes troupes des ennemis; il a brûlé des censes, qui étoient une manière de faubourg de Louvain. Il a fait brûler aussi une maison dans chaque village qui ne vouloit pas contribuer, et a ramené beaucoup d'otages. Cela, joint à la défense que le roi a faite qu'aucun paysan ne s'éloignât de son village de plus d'une lieue (ce qui fait qu'ils ne peuvent plus quasi rien porter dans les villes), achève de désoler la Flandre.

Mercredi 20, *à Versailles*. — Le roi dîna à son petit couvert, et alla tirer. Monseigneur alla à Saint-Germain voir le roi et la reine d'Angleterre. Monsieur a demandé au roi qu'il y eût demain appartement, parce qu'il s'en va vendredi à Paris passer les fêtes, comme il a coutume de faire tous les ans. — M. de Monforent, frère de M. Brunet, achète une des nouvelles charges de président des comptes 100,000 écus, comme le roi les a fixées, et le président Robert a donné une démission de la sienne pour payer ses dettes. — M. de Ségur achète la sous-lieutenance des chevau-légers d'Anjou 45,000 francs. A ces officiers-là il leur faut encore un millier de pistoles pour faire leur brigade; il y a déjà longtemps que Ségur étoit capitaine des chevau-légers.

Jeudi 21, *à Versailles*. — Le roi ni Monseigneur ne sortirent point de tout le jour; ils entendirent le salut. Le roi d'Angleterre vint ici l'après-dînée. Le soir, il y eut appartement. — M. de Parère, avec quelques Barbets, avoit voulu surprendre la petite ville de Colmars en Provence, mais un capitaine de dragons qui étoit en quartier d'hiver là auprès avec deux compagnies, étant averti de la marche des ennemis, se jeta dans cette petite ville et a obligé les ennemis à se retirer, et même [ils] laissèrent un mortier et ont perdu quelques hommes. Ce capitaine de dragons est fils du comte de Lucé et parent du grand prévôt, et a fait cela sans ordre, n'ayant pas le temps d'y envoyer.

Vendredi 22, *à Versailles*. — Le roi sortit hier au soir à minuit de chez madame la Duchesse, qu'il laissa avec les douleurs pour accoucher, et ordonna en se retirant qu'on l'éveillât la nuit, en cas que les douleurs la pressassent. A trois heures du matin, on est entré dans sa chambre; il s'est habillé et est descendu chez madame la Duchesse, où il demeura jusqu'à ce qu'elle fût accouchée. Monseigneur y a toujours été avec le roi; madame la Duchesse a eu une fille à quatre heures et demie. Le roi et Monseigneur se sont allés recoucher.

Samedi 23, *à Versailles*. — Le roi dîna à son petit couvert, et alla tirer. — M. de Chaulnes, notre ambassadeur à Rome, demandoit son congé depuis longtemps; on le lui a envoyé; M. le cardinal de Forbin demeurera chargé des affaires. — M. et madame de Bouillon ont envoyé M. le chevalier de Bouillon* leur fils à Turenne, pour quelques discours qu'il avoit tenu d'une de leurs parentes; le roi n'a point eu de part à cela.

* Le chevalier de Bouillon menoit une vie fort débauchée et de tout point fort étrange. M. de Bouillon, ennuyé de ses déportements, lui en fit une forte romancine. Le chevalier de Bouillon l'écouta quelque temps, puis lui dit qu'il le trouvoit bien bon de se mettre si fort en peine de sa conduite, et bien plaisant de lui en parler avec tant d'autorité. M. de Bouillon, plus irrité que devant, lui répondit qu'il le trouvoit bien insolent, et s'il n'étoit donc pas son père et en droit de lui parler en père. « Vous, mon père! lui répliqua le chevalier de Bouillon avec un grand éclat de rire : vous savez bien que non, et que c'est M. le grand-prieur », et enfile aussitôt la porte. Voilà sans doute ce qui le fit envoyer à Turenne sans que le roi s'en mêlât.

Dimanche 24, *à Versailles*. — Le roi ni Monseigneur ne sortirent point de tout le jour; ils furent en dévotion toute la journée; il n'y aura point d'appartement qu'au retour de Marly. — Les nouvelles d'Angleterre sont toujours que le prince d'Orange doit partir au mois de janvier pour passer en Hollande. — Saint-Sylvestre, maréchal de camp, et qui s'est fort distingué à la bataille de Staffarde, mécontent de ce qu'on l'a fait commander par M. de Feuquières, avec qui il avoit eu plusieurs petits démêlés, a demandé son congé pour quelque temps, et on le lui a donné pour toujours; mais on lui conserve la pension qu'il avoit.

Lundi 25, à Versailles. — Le roi et Monseigneur passèrent toute la journée à la chapelle en dévotion. — Le roi a donné à M. l'abbé Dubois*, précepteur de M. de Chartres, l'abbaye [d'Airvau] qui vaut 6,000 livres de rente; c'étoit la meilleure de celles qui vaquoient. — L'envoyé de Florence achève à Paris de prendre congé de la maison royale; il le prit du roi il y a quelques jours. Il assure toujours que le mariage de la princesse de Toscane avec M. l'électeur palatin n'est point fait; mais on est persuadé ici que M. le Grand-Duc a pris de trop grands engagements avec l'Empereur pour que ce mariage-là ne s'achève pas, quand on n'en propose point de ce côté-ci.

* Cette abbaye à l'abbé Dubois fut les prémices du mariage de M. de Chartres. Cet honnête abbé, mort cardinal et premier ministre, a tant fait de divers personnages, et de si bas s'est élevé si haut et par des degrés si surprenants et si étranges, qu'il est inutile de s'étendre sur lui. Tant d'autres le feront sans doute avec toute l'étendue que demande un point si curieux de l'histoire de ce temps. Il suffit de dire que, de valet du bonhomme Saint-Laurent, homme de peu, mais du premier mérite en tout genre, et qui avoit toujours l'entière confiance et l'éducation de M. de Chartres, il lui avoit succédé après sa mort dans les fonctions de précepteur, au grand scandale de tout le monde, par le marquis d'Effiat et le chevalier de Lorraine, au grand malheur de M. de Chartres, qu'il sut posséder et dont il gagna entièrement l'esprit pour son mariage, de concert avec le roi et ses deux patrons qu'on vient de nommer, et à la honte et au dommage irréparable de l'État, dont il devint enfin le maître absolu pendant quelques années, que la miséricorde de Dieu daigna abréger par la folie dont il le frappa sur les maux que ses débauches lui avoient donnés, et qui le tuèrent enfin faute d'y avoir voulu remédier à temps.

Mardi 26, *à Versailles*. — Le roi et Monseigneur allèrent tirer ensemble dans le parc. Le roi et Monseigneur vont tous les jours chez madame la Duchesse, depuis qu'elle est accouchée. Quand le roi ne dîne pas à son petit couvert, il va toujours, au sortir de la messe, chez madame de Montespan, qui, depuis quelques jours, est revenue de Paris, où elle a été deux mois à Saint-Joseph. — Le roi a trouvé la pension qu'il donnoit au colonel Coade trop petite ; il la lui a augmentée.

Mercredi 27, *à Marly*. — Le roi alla à Saint-Germain voir la reine d'Angleterre, et arriva ici sur les six heures ; Monseigneur y étoit déjà ; il étoit venu avec madame la princesse de Conty. — Comme Monsieur, Madame, ni madame la Duchesse ne sont point ici, on y a amené plus de dames qu'à l'ordinaire. Madame de Roquelaure y est, qui n'y avoit jamais été ; M. le cardinal de Bouillon y est venu aussi pour la première fois. Outre cela, il y a M. de Tourville, M. de Matignon et M. de Maulevrier, qui n'y avoient jamais été. — M. de Villequier épousa le soir mademoiselle de Piennes ; la noce s'est faite à Paris chez le duc d'Aumont.

Jeudi 28, *à Marly*. — Le roi alla tirer, mais il revint de la chasse de fort bonne heure ; le froid étoit si grand et la terre si dure que ses chiennes s'estropioient. On joua aux portiques et au lansquenet ; il y eut musique comme à l'ordinaire. Monseigneur ne sortit point de tout le jour ; il commença à jouer dès le matin. — On a fait mourir à Paris un homme qui, à la potence, a avoué que c'étoit lui qui avoit fait le vol de M. de Montgommery et a justifié la mémoire de Langlade.

Vendredi 29, *à Marly*. — Le roi et Monseigneur ne sortirent point de tout le jour. Le roi et la reine d'Angleterre vinrent sur les cinq heures, et y demeurèrent jusqu'à huit heures du soir ; ils y jouèrent au lansquenet ; la reine tenoit la carte, le roi et le roi d'Angleterre prenoient des réjouissances. Après leur départ, il y eut

musique et portique après souper comme à l'ordinaire.
— Maixfieldt est revenu d'Irlande depuis quelques jours ; il assure que les affaires de ces pays-là vont mieux qu'on ne croit; le prince d'Orange en retire la plupart des troupes qu'il y avoit, qui y périssoient fort.

Samedi 30, *à Versailles.* — Le roi revint de Marly sur les sept heures; Monseigneur y demeura encore après lui. — Nous faisons marcher neuf bataillons en Italie ; le roi compte y avoir cette année 30,000 hommes, et il y aura dans l'armée de Flandre aussi seize bataillons plus que l'année passée. — On a nouvelle que le mariage du prince Jacques, fils du roi de Pologne, est signé avec la princesse de Neubourg, et comme cette alliance marque la liaison que le roi de Pologne veut avoir avec l'Empereur, on ne doute point que le roi ne fasse bientôt revenir M. de Béthune. — La fille de M. le Duc s'appellera mademoiselle de Bourbon ; sa tante reprendra le nom de mademoiselle de Condé. Le roi l'a réglé ainsi ; les avis de la famille étoient partagés là-dessus ; l'on croyoit qu'elle s'appelleroit mademoiselle de Charolois.

Dimanche 31, *à Versailles.* — Le roi, après son lever, fit chevaliers de Saint-Michel, M. le maréchal d'Humières, M. de Montal, M. de Maulevrier et M. de Chazeron, qui seront demain reçus chevaliers du Saint-Esprit. — Le roi ni Monseigneur ne sortirent point de tout le jour. Le soir, il y eut appartement. Monsieur et Madame sont revenus de Paris. — Les armateurs de Saint-Malo ont fait depuis peu vingt-cinq ou trente prises que l'on estime 300,000 écus. — Le roi a ordonné pour cette année un armement encore plus considérable que l'année passée ; nous aurons quatre-vingt-huit vaisseaux de ligne.

ANNÉE 1691.

Lundi 1ᵉʳ janvier, à Versailles. — A onze heures, tous les chevaliers de l'ordre s'assemblèrent dans la chambre du roi, et ensuite on marcha pour aller à la chapelle par le grand degré. Après la messe, qui fut célébrée par M. d'Orléans, prélat de l'ordre, le roi s'alla placer sous son dais au côté gauche de l'autel, et donna le collier et le cordon aux quatre novices qui furent reçus, M. le maréchal d'Humières, M. de Maulevrier, M. de Montal et M. de Chazeron. M. de Charost et moi fûmes parrains de M. le maréchal d'Humières et de M. de Maulevrier; M. de Montchevreuil et M. le comte de Gramont le furent de M. de Montal et de M. de Chazeron. — L'après-dînée, le roi et Monseigneur furent à vêpres, et ne sortirent point de tout le jour. Monseigneur alla jouer chez madame la Duchesse, qui joue dans son lit.

Mardi 2, à Versailles. — Le roi et Monseigneur ne sortirent point de tout le jour. — Le roi a donné les étrennes ordinaires à Monseigneur et à Monsieur. Il a donné aussi 2,000 pistoles à Madame; il ne lui en avoit pas donné l'année passée. — Les nouvelles d'Angleterre portent que milord Torrington avoit été pleinement justifié; on ne sait pas même si on ne lui redonnera pas, cette année, le commandement de la flotte. — Le roi a donné deux nouveaux régiments de dragons à lever, l'un au comte de Verrue, et l'autre au chevalier de Valençay.

— Il y eut appartement l'après-dînée; on y entra à quatre heures, et il y eut une grande collation. On devoit aller à Trianon, mais le vilain temps fit changer cela.

Mercredi 3, à Versailles. — Le roi et Monseigneur ne sortirent point de tout le jour. Le soir, il y eut appartement. — Notre flotte sera encore plus grosse que l'année passée; nous aurons vingt vaisseaux de plus et deux mille pièces de canon aussi de plus. — M. d'Amfreville, lieutenant général de la marine, épouse mademoiselle de Lisle-Marie, fille du maréchal de Bellefonds. Leur dispense est arrivée de Rome; le maréchal donne 20,000 écus à sa fille. — Mademoiselle d'Orléans est revenue à la cour. Il y avoit longtemps qu'elle étoit incommodée d'une jambe; son mal avoit commencé à Eu, et lui avoit continué à Paris.

Jeudi 4, à Versailles. — Le roi et Monseigneur ne sortirent point de tout le jour. Monseigneur alla le soir jouer chez madame la Duchesse; le reste du temps, il fut toujours chez madame la princesse de Conty à son ordinaire. — Le roi et toute la maison royale ont signé le contrat de mariage de M. d'Amfreville avec mademoiselle de Lisle-Marie; le mariage se fera samedi à Vincennes. — M. le duc de Tyrconnel s'est embarqué à Brest pour passer en Irlande; il emporte avec lui beaucoup de vivres, d'habits et d'armes, qui est ce dont on manque le plus dans ce pays-là. On n'y enverra point d'officiers généraux qu'on n'ait eu de ses nouvelles, pour savoir l'état de ces affaires-là.

Vendredi 5, à Versailles. — Le roi et Monseigneur allèrent l'après-dînée à Saint-Cyr, où il y eut une répétition d'*Athalie* avec la musique. Au retour, le roi alla chez madame de Maintenon à son ordinaire, et Monseigneur alla jouer chez madame la Duchesse. — Le comte de Soissons a vendu son régiment 40,000 francs au neveu de l'abbé de Lignerac, capitaine dans le régiment du roi. C'est l'abbé de Lignerac qui donne ces 40,000 francs à son neveu; le régiment s'appellera le régiment du Perche;

il n'y a quasi plus de régiment d'infanterie qui porte le nom des colonels.

Samedi 6, *à Versailles.* — Le roi ni Monseigneur ne sortirent point de tout le jour. Le roi et la reine d'Angleterre vinrent ici sur les six heures; dès qu'ils furent arrivés, on entra à l'appartement; la reine joua aux portiques et puis au lansquenet; ensuite on alla souper. Il y avoit cinq tables de seize couverts chacune; à celle du milieu étoit le roi avec le roi et la reine d'Angleterre. Les quatre autres tables étoient tenues par Monseigneur, Monsieur, Madame et Mademoiselle; M. le duc de Chartres étoit à la table de Monseigneur; il y avoit six dames angloises, et le reste étoit des Françoises qui étoient indifféremment aux cinq tables, sans qu'il fût question de rang. Dans les deux tribunes il y avoit toute la musique du roi avec des orgues, des trompettes et des timbales, et l'on crioit *Vive le roi* en musique. Le roi fut roi à sa table, madame la princesse de Conty fut reine à la table de Monseigneur, Monsieur fut roi à la sienne, madame de Dangeau fut reine à celle de Madame, et madame la duchesse de Noailles fut reine à celle de Mademoiselle. Outre ces cinq tables-là, il y en avoit une fort grande dans la salle du billard pour les seigneurs françois et anglois. Après le souper, le roi et la reine d'Angleterre montèrent en carrosse, et s'en retournèrent à Saint-Germain; le roi alla les reconduire, repassa le grand appartement avec eux, et ne les quitta qu'au bout de la chambre où il couche, et puis le roi rentra aux appartements, vit jouer Monseigneur au lansquenet et se retira à minuit. Monseigneur demeura encore longtemps à jouer.

Dimanche 7, *à Versailles.* — Le roi ni Monseigneur ne sortirent point de tout le jour. Après le salut, le roi alla chez madame la Duchesse. Monseigneur joua chez lui avant et après son souper. — Le roi a donné à M. de Lostanges, enseigne des gardes du corps, la lieutenance de roi de la Marche, qui étoit vacante depuis assez longtemps par la mort de M. le marquis de Laval. Le roi a donné aussi la lieutenance de roi de Saintonge à M. de Ligondez, colonel de cavalerie; la lieutenance de la Marche valoit beaucoup mieux que celle de Saintonge, et le roi en a pris une partie des appointements qu'il a mis à l'autre charge pour les égaler toutes deux.

Lundi 8, *à Versailles*. — On entra à quatre heures à l'appartement; on y joua aux portiques et au lansquenet à l'ordinaire; le roi en sortit après le portique. — Le roi a nommé M. de Tourville pour commander la flotte cette année; M. le comte d'Estrées ira commander dans la Méditerranée où l'on arme quelques vaisseaux. Ils partiront incessamment l'un et l'autre pour se rendre à leurs emplois. — Gabaret et Flacourt, chefs d'escadre serviront avec le comte d'Estrées; tous les autres officiers généraux serviront sous Tourville. — M. de Boufflers a marché avec 15,000 hommes sur le canal de Bruges, et va établir des grandes contributions.

Mardi 9, *à Versailles*. — Le roi et Monseigneur ne sortirent point de tout le jour. Le soir, il y eut appartement à sept heures. Le roi a fait M. le marquis de Hautefort et M. de la Roche-Guyon, brigadiers d'infanterie; il y avoit plusieurs colonels plus anciens que M. de la Roche-Guyon. — Les nouvelles de Hongrie portent que Tékéli d'un côté, et les Turcs de l'autre, sont rentrés en Transylvanie. — Le roi de Maroc demande au roi d'Espagne le royaume de Grenade, à moins de quoi il menace de repasser la mer avec une armée innombrable de Maures; on regarde ces menaces-là comme des balivernes.

Mercredi 10, *à Versailles*. — Il devoit y avoir opéra à Trianon, mais la reine d'Angleterre, pour qui la fête se faisoit, s'étant trouvée mal, cela a été remis à mercredi prochain. — Le roi n'a point sorti de tout le jour. Monseigneur a joué chez lui le matin et le soir, et, l'après-dînée, il a joué chez madame la Duchesse. — Le roi a donné une pension de 4,000 écus au duc de Gramont. Il lui a dit de se tenir prêt à la fin du mois pour s'en retourner à son gouvernement. — Le cartel pour la rançon des prisonniers a été enfin réglé avec les Hollandois; c'est le lieutenant de roi de Maubeuge, de la part du roi, et M. de Opdam, de la part des Hollandois, qui ont réglé cette affaire-là.

Jeudi 11, *à Versailles.* — Le roi alla voir le roi et la reine d'Angleterre à Saint-Germain. Monseigneur joua le matin chez lui. Depuis quelque temps, il joue le matin chez lui les jours qu'il ne va point au conseil. — M. Talon fut reçu hier au parlement président à mortier. — M. le duc de Savoie demande au prince d'Orange le comte de Schomberg, à qui il veut donner le commandement de ses troupes. On croit que le prince d'Orange y consentira. — M. Bontemps a vendu la charge d'ordinaire, que le roi lui avoit donnée pour son second fils, à M. Rousseau, qui a été longtemps employé dans les pays étrangers; il en a eu 51,000 livres.

Vendredi 12, *à Versailles.* — Le roi et Monseigneur ne sortirent point de tout le jour; le vilain temps commence à ennuyer fort le roi, qui ne peut faire aucun exercice. M. de Ménars a été reçu aujourd'hui président à mortier au parlement de Paris. M. de Harlay, fils du premier président, et M. d'Aguesseau, ont été reçus avocats généraux. — Le soir, il y eut appartement. Le roi alla à la musique après le portique. Monseigneur demeura fort tard à l'appartement, et puis alla faire medianoche chez madame la princesse de Conty, qui n'a pas sorti de sa chambre depuis quelques jours.

Samedi 13, *à Versailles.* — Le roi et Monseigneur ne sortirent point de tout le jour. Monseigneur joua l'après-dînée chez madame la Duchesse, et puis chez lui, le soir, et après souper jusqu'à deux heures du matin. — Le logement qu'avoit mademoiselle Patrocle, femme de chambre de madame la Dauphine, morte depuis quelques jours, a été donné à M. d'Aubigny, et on a donné à M. de Bonrepaux celui de M. Pelletier, l'intendant, qui avoit été destiné à M. d'Aubigny, et le logement de M. de Bonrepaux, dans l'aile, a été donné à M. de Saumery, sous-gouverneur des enfants de Monseigneur.

Dimanche 14, à Versailles. — Le roi et Monseigneur ne sortirent point de tout le jour; ils allèrent au salut. Le roi d'Angleterre vint ici et alla voir madame la Duchesse. Monseigneur joua l'après-dînée chez madame la Duchesse, et le soir chez lui. — On a eu nouvelles que M. de Boufflers avoit passé les canaux en deux endroits; il y a même fait faire des ponts de bateaux parce que la glace n'étoit pas assez forte pour porter le canon. Il n'a trouvé nulle opposition à ce qu'il a voulu faire, et le peuple venoit de toutes parts apporter les contributions. M. de Castanaga leur a mandé qu'il n'étoit pas en état de leur donner aucun secours ni de s'opposer aux François, et qu'ils s'accommodassent comme ils pourroient. Artagnan, major des gardes, qui avoit passé d'un autre côté, a attaqué et pris le fort de Plaskendal; si les ennemis avoient voulu seulement rompre la glace, on n'auroit pas songé à l'attaquer, car c'est un très-bon fort. Nous n'avons perdu qu'un homme à cette affaire-là. On a démoli le fort; il étoit trop avancé pour que nous puissions le garder.

Lundi 15, à Versailles. — Le roi et Monseigneur ne sortirent point de ce jour-là. Le soir, il y eut appartement. Monseigneur joua l'après-dînée chez madame la Duchesse. — Le marquis de Coigny, mestre de camp du régiment royal de cavalerie, a cédé son régiment à son fils; le roi l'a agréé. — On ne se servira point des galères cette année dans l'Océan. On renvoie la chiourme par terre en Provence, et le chevalier de Noailles part incessamment pour aller commander les galères dans la Méditerranée. — Il est arrivé un envoyé de M. le Grand-Duc, qui vient pour conserver la neutralité dans le port de Livourne, comme elle y avoit toujours été. Le vieux palais du Grand-Duc à Florence est brûlé, mais on a sauvé les meubles.

Mardi 16, *à Versailles.* — Le roi et Monseigneur entrèrent à l'appartement à quatre heures; on y joua à l'ordinaire aux portiques et au lansquenet; le roi en sortit après le portique. Ferrand, capitaine aux gardes, a vendu sa compagnie 77,000 livres à [d'Hanyvel]. — Le roi a donné une pension de 500 écus à Boisseleau, capitaine aux gardes. — On tirera plus de 1,800,000 francs de contributions du pays de Waes, du Franc de Bruges et du nord du Franc. Nous avons brûlé un des faubourgs de Gand qui ne vouloit pas contribuer.

Mercredi 17, *à Versailles.* — Le roi et Monseigneur allèrent l'après-dînée à Trianon; la reine d'Angleterre vint ici de bonne heure voir madame la Duchesse, et puis le roi et la reine d'Angleterre allèrent à Trianon. Ils furent quelque temps enfermés avec le roi, et puis Sa Majesté les mena dans la tribune de la salle des comédies. Monseigneur et Monsieur y étoient avec eux; Madame étoit en bas qui tenoit la cour. On représenta l'opéra de *Roland*, et, au sortir, le roi et la reine d'Angleterre retournèrent à Saint-Germain, et le roi revint ici. Il n'y eut point de jeu ni devant ni après l'opéra. — M. de Guiscard a vendu le régiment de Normandie 57,000 francs à M. de la Bourlie, son frère, qui est capitaine aux gardes.

Jeudi 18, *à Versailles.* — Le roi et Monseigneur ne sortirent point de tout le jour; Monseigneur joua chez lui le matin. Le soir, il y eut appartement. — Le roi a choisi M. de Saint-Ruth pour aller commander en Irlande; on ne sait point encore si l'on enverra des maréchaux de camp; il n'y a que lui de nommé jusques ici. Le départ du prince d'Orange pour la Hollande est retardé. — Le mariage de M. de Turenne avec mademoiselle de Ventadour s'avance fort. Toutes les difficultés sont levées; M. de Bouillon en a parlé au roi.

Vendredi 19, *à Versailles.* — Le roi ne sortit point de

tout le jour. Monseigneur alla à Saint-Germain voir le roi et la reine d'Angleterre. Monsieur est allé à Paris pour quelques jours; il y va toujours dans ce temps-ci pour être au Val-de-Grâce au service de la reine sa mère. Le soir, Monseigneur joua chez madame la Duchesse. — Les enfants de M. de la Rochefoucauld, dont les partages n'étoient point réglés, se sont accommodés entre eux, et d'une manière dont M. de la Rochefoucauld et M. de Louvois ont été contents. La Roche-Guyon demeurera à l'aîné et Liancourt au cadet, à qui son frère, outre cela, donne 200,000 francs, moyennant quoi il renonce à la succession de Schomberg, mais non pas à celle de Lannoy, dont il lui reviendra quelque chose de considérable. M. de la Rochefoucauld se charge de faire entretenir la maison et les jardins de Liancourt, et de faire encore valoir la terre 13,000 francs à M. de Liancourt.

Samedi 20, à Versailles. — Le roi et Monseigneur ne sortirent point de tout le jour. — Le roi a fait deux brigadiers d'infanterie qui étoient tous deux colonels des régiments de milice : Cavoye, colonel des milices de Picardie, qui a été longtemps capitaine dans le régiment du roi et dans les fusiliers, et la Hilière, colonel des milices de l'Isle-de-France, qui a servi longtemps dans Piémont. Le roi avoit donné la lieutenance de roi de Saintonge à M. de Ligondez, mais on a su depuis que M. de Jarnac n'étoit point mort; ainsi la charge n'est point vacante. Le roi laisse à Ligondez les appointements qu'il avoit diminués de la lieutenance de roi de la Marche quand il voulut égaliser ces deux lieutenances.

Dimanche 21, à Versailles. — Le roi et Monseigneur ne sortirent point de tout le jour; ils allèrent au salut. C'étoit aujourd'hui jour d'appartement; mais Monsieur, en partant avant-hier pour Paris, pria qu'on le remît à lundi afin d'y être. — Le roi a permis au duc de la Ferté de rentrer dans le service. Depuis qu'il est revenu d'avec les Vénitiens, il s'étoit jeté dans Cazal, et ensuite étoit allé joindre M. de Catinat à Suse. Le roi trouve bon qu'il serve de brigadier d'infanterie dans ce pays-là; il est très-ancien brigadier. — M. de Savoie a donné à madame la Duchesse royale, sa femme, la mortification de mettre madame de Verrue sa dame d'atour.

Lundi 22, à Versailles. — Le froid qui continue toujours empêche le roi et Monseigneur d'aller à la chasse. Monsieur et Madame sont revenus ce soir de Paris. Il y a eu ce soir appartement. — Le roi a donné 2,000 écus de pension au prince Paul, second fils de madame de Lislebonne. — Quelques colonels qui ont demeuré ici depuis la campagne ont prié le roi de leur permettre d'y demeurer plus longtemps, mais le roi les a tous refusés, voulant que ceux qui sont venus ici aillent relever ceux qui sont demeurés à leur garnison.

Mardi 23, à Versailles. — Le roi et Monseigneur sont entrés dans l'appartement à quatre heures. Le roi, après le portique, est allé chez madame de Maintenon à son ordinaire. Monseigneur a joué jusqu'au souper. — Madame la Duchesse commence à sortir; elle a été ce soir, après souper, chez le roi. Il y vient tous les soirs, après souper, Monseigneur, Monsieur, M. le Duc, madame la Duchesse, madame la princesse de Conty, M. du Maine, M. le comte de Toulouse, mademoiselle de Blois, madame de Montespan. Madame de Thianges y venoit aussi quand elle se portoit bien, et cela s'est toujours fait depuis que le roi ne va plus après souper chez madame de Montespan; il y va encore tous les jours en sortant de la messe, quand il ne mange point à son petit couvert.

Mercredi 24, à Marly. — Le roi et Monseigneur vinrent ici après leur dîner, le roi avec les dames, Monseigneur avec madame la princesse de Conty. Le comte de Château-Renaud est ici, qui n'y étoit jamais venu. Monsieur et Madame sont du voyage. — Le prince d'Orange avoit demandé aux Suisses de pouvoir lever 4,000 hommes dans leur pays, et ils lui avoient accordé, pour servir en Angleterre; mais il prétendoit les faire servir dans les troupes de M. de Savoie, et par conséquent contre la France; sur cela le traité s'est rompu. — M. de Frontenac, gouverneur de Canada, a mandé à S. M. que les Anglois avoient fait une descente dans le pays, et l'avoient envoyé sommer dans Québec au nom du roi Guillaume et de la reine Marie; il a répondu à la sommation qu'il ne connoissoit ni roi Guillaume ni reine Marie, et qu'il avoit une bonne garnison bien résolue à se bien défendre, si on venoit l'attaquer. Les Anglois n'ont pas jugé à propos de s'approcher de la place, et M. de Frontenac a sorti avec une partie de sa garnison. Les Anglois n'ont osé passer une rivière qui les séparoit, et, voyant que nos troupes se disposoient à la passer, ils se sont retirés fort à la hâte, et ont abandonné une partie de leur canon, que M. de Frontenac a fait emmener dans la place.

Jeudi 25, *à Marly.* — Le roi sortit d'ici sur les six heures et alla par delà Poissy dans la plaine de Grésillon, où il fit la revue de ses quatre compagnies des gardes du corps et des grenadiers à cheval; il les vit tous homme par homme à pied et à cheval. Il avoit défendu aux courtisans de le suivre, et avoit même prié Monseigneur de demeurer ici. Le roi a trouvé ses gardes en meilleur état que jamais. — Monseigneur demeura tout le jour à jouer. — Le roi ne revint que sur les sept heures. — M. de Feuquières a envoyé au roi les étendards des gendarmes et chevau-légers de M. de Savoie; il les a pris dans Savillan. Il fit attaquer la place, où il y avoit une mauvaise garnison, passa le fossé sur la glace, et nos gens étoient déjà sur le bastion avant que les ennemis s'aperçussent d'être attaqués.

Vendredi 26, *à Marly.* — Le roi et Monseigneur allèrent dans la plaine de Grésillon, où l'on fit la revue des gardes du corps; le roi et la reine d'Angleterre y vinrent. Madame la princesse de Conty et les dames y étoient aussi. Le roi fit faire l'exercice aux grenadiers à cheval.

— Le roi a nommé le chevalier de Tessé, qui est brigadier de dragons, et M. d'Usson, frère de Bonrepaux, qui est brigadier d'infanterie, pour aller servir en Irlande sous M. de Saint-Ruth; il y envoie aussi le lieutenant-colonel du régiment de Thianges. M. de Lavie est mort à Paris. Il étoit maître des requêtes, en réputation dans le conseil; il avoit été avocat général au parlement de Bordeaux, et avoit épousé une sœur de MM. de Feuquières.

Samedi 27, *à Versailles.* — Le roi et Monseigneur revinrent ici de Marly sur les sept heures. — On a nouvelles que le prince d'Orange est parti de Londres; il va s'embarquer pour passer en Hollande. — Il est arrivé un courrier de M. de Chaulnes, qui mande au roi que le pape laisse encore quelque espérance d'accommoder les affaires; cependant on croit que M. de Chaulnes reviendra sans avoir rien conclu. — M. de Savoie étoit parti de Turin en poste avec peu de suite, et on raisonnoit différemment sur son voyage; on vient d'apprendre qu'il est de retour à Turin, et qu'il n'a été que jusqu'à Verceil pour s'aboucher avec le gouverneur du Milanois.

Dimanche 28, *à Versailles.* — Le roi ni Monseigneur ne sortirent point de tout le jour. Le soir, il y eut appartement. — On apprend de Pignerol que nos troupes dévoient marcher le 24 pour aller attaquer en même temps Rivoli et Veillane. Il y a dans ces deux lieux-là beaucoup de troupes de M. de Savoie en garnison; mais ce sont de mauvaises places. — M. le marquis d'Huxelles a marché avec beaucoup de troupes et a passé le Rhin à Huningue. — On mande d'Allemagne que le comte Sereni est mort. Il étoit général des troupes de Bavière, et feld-maréchal (1) des troupes de l'Empereur; il avoit épousé une sœur de madame de Dangeau.

Lundi 29, *à Versailles.* — Le roi a jugé ce matin l'af-

---

(1) Feld-maréchal est à peu près comme maréchal de France en ce pays-ci. *Note de Dangeau.*)

faire qu'il y avoit entre M. de Blainville, grand maître des cérémonies, et M. de Sainctot, maître des cérémonies. Tout a été presque jugé en faveur de M. de Sainctot, parce qu'il étoit en possession depuis longtemps, et que MM. de Rhodes lui avoient laissé faire la charge. Il ne prendra point l'ordre de M. de Blainville, il marchera à sa gauche; mais sur la même ligne, sera assis sur le même gradin, sera reçu du parlement et de la chambre des comptes avec les mêmes honneurs que le grand maître en son absence. La seule chose qui est favorable à M. de Blainville, c'est qu'il aura la queue de son manteau plus longue d'une aune que celle de M. de Sainctot, et ainsi les charges ne sont pas égales, mais elles ne sont pas subordonnées. — On a eu nouvelles que le prince d'Orange est retourné en diligence à Londres, où l'on dit qu'il a découvert une grande conspiration; il a fait mettre plusieurs gens de considération à la Tour.

Mardi 30, *à Versailles*. — On entra à l'appartement à quatre heures, et le roi en sortit après le portique. — On a eu nouvelles que Ruvigny a pris parti dans les troupes du prince d'Orange; on lui a donné le régiment de cavalerie qu'avoit le duc de Schomberg, et on l'a fait général-major pour servir en Irlande. Dès que le roi a su cette nouvelle, il a donné ordre à l'intendant de Picardie de confisquer la terre de Rayneval, qui vaut 12 à 15,000 livres de rente, et la terre de la Caille-Motte, qui est auprès de Calais; on l'avoit toujours laissé jouir de son bien, quoiqu'il fût hors de France. — Le prince d'Orange a fait remettre milord Clarendon dans la Tour de Londres, et prétend qu'il conspiroit contre lui avec milord Preston, qu'on a pris dans la Tamise voulant passer en France, ce qu'il a nié dans l'interrogatoire. — Le jeune Broglio a eu l'agrément pour le régiment de cavalerie du duc d'Aumont; M. de la Meilleraye n'a pas pu l'avoir pour le régiment du marquis de Richelieu, son beau-frère.

Mercredi 31, *à Versailles*. — Le roi et Monseigneur ne sortirent point. Le soir, il y eut appartement. — M. de Médavy est venu ce soir apprendre au roi la mort de l'archevêque de Rouen, son oncle, qui laisse trois abbayes vacantes, dont la meilleure est celle de Cormeilles qui vaut 15,000 livres de rente. Il laisse encore une autre place à remplir, car il étoit un des trois conseillers d'État d'église. M. de Médavy, qu'il a fait son légataire universel, héritera de plus de 30,000 livres de rente en fonds de terre, de quelques contrats et de beaucoup d'argent comptant. Il avoit pour coadjuteur l'abbé Colbert, qui étoit archevêque de Carthage; il avoit été évêque de Séez, et avoit plus de quatre-vingts ans.

Jeudi 1er *février, à Versailles*. — Le roi dîna à son petit couvert, et alla tirer pour la première fois de l'année. Monseigneur ne sortit point. — Le roi d'Angleterre s'est trouvé un peu incommodé et s'est fait saigner à Saint-Germain. — M. de Louvois a trouvé qu'il y avoit un assez grand fonds de reste de l'argent des Invalides pour en faire un revenu considérable, et a proposé au roi de prendre cet argent et de constituer sur la maison de ville de Paris des rentes pour 20,000 écus, qui seront employées en pensions pour des officiers blessés. Les plus hautes de ces pensions seront de 1,000 francs; ces revenus-là seront plus commodes encore que les commanderies de Saint-Lazare pour les officiers qui demeureront dans le service.

Vendredi 2, *à Versailles*. — Il y eut dans la grande cour du château procession des chevaliers de l'ordre, et puis la grand'messe à l'ordinaire, où l'archevêque de Reims, prélat de l'ordre, officia. Autrefois les cardinaux de l'ordre officioient à leur tour; cela a été changé depuis quelques années. Il n'y eut point de novices reçus, parce que tous ceux qui sont nommés sont absents. — L'après-dînée, le roi entendit le sermon du P. de la Roche, de l'Oratoire, qui prêchera ce carême, et puis vêpres et le salut.

Samedi 3, à Versailles. — Le roi et Monseigneur ne sortirent point de tout le jour; la gelée a recommencé et les empêche d'aller à la chasse. Le soir, il y eut appartement. Le roi a fait maréchaux de camp le chevalier de Tessé et M. d'Usson; il a fait la Tour, qui étoit lieutenant-colonel de Thianges, brigadier. Ces trois messieurs serviront en Irlande sous M. de Saint-Ruth. — Le prince d'Orange s'est embarqué; on attend à tout moment la nouvelle de son arrivée en Hollande. — On a eu nouvelles de Piémont que l'entreprise que nous avions faite sur Veillane n'a pas réussi, mais nous y avons perdu fort peu de monde; M. de Feuquières y a été blessé légèrement à la cuisse.

Dimanche 4, à Versailles. — Le roi et Monseigneur ne sortirent point de tout le jour; ils allèrent au salut, et ensuite on joua chez Monseigneur au lansquenet. Le roi, en allant à la messe, a appris par un courrier de M. de Chaulnes, parti de Rome le 23, que le pape étoit très-dangereusement malade; tous ses parents croient qu'il ne réchappera point de cette maladie. On croit que le roi fera partir au premier jour nos cardinaux pour Rome. — Le roi dit le soir à son souper qu'il avoit eu des nouvelles de Hollande, qui portent que le prince d'Orange y est arrivé du dernier de janvier; les glaces empêchoient son vaisseau d'aborder à la côte; il se mit dans une chaloupe à plus de vingt milles en mer. — Monsieur et Madame sont allés à Paris pour quelques jours. — Le roi a donné depuis quelques jours plusieurs audiences à M. de Lamoignon et au président Molé, qui étoient chargés d'accommoder les affaires du duc et du marquis de Gesvres; enfin le roi a terminé aujourd'hui cette affaire, et, après avoir réglé tout ce qui regardoit les intérêts du père et du fils, il les a fait embrasser. Le roi s'est donné sur cela la même peine qu'auroit pu faire un simple arbitre, ami commun du père et du fils.

Lundi 5, à Versailles. — Le roi ne sortit point de tout

le jour. Monseigneur alla à Paris avec les princesses; il descendit au Palais-Royal, où il prit Monsieur et Mademoiselle, et allèrent tous ensemble à la foire, d'où Monseigneur repartit avec les princesses pour revenir ici, et arrivèrent avant le souper du roi. Les princesses soupèrent avec le roi en robe de chambre. Quand Monsieur et Madame ne sont point ici, les princesses mangent presque toujours avec le roi. Monsieur avoit eu quelque envie de donner des bals au Palais-Royal ce voyage-ci, mais il a cru qu'il étoit encore plus régulier de n'en point donner durant l'année de la mort de madame la Dauphine; ainsi il n'y en aura point. — Par l'accommodement que le roi fit hier entre le duc et le marquis de Gesvres, la terre de Gesvres demeurera au marquis avec le château, le parc et 25,000 livres de rente, moyennant 200,000 écus qu'il donne pour payer les créanciers du duc. Cet argent est une partie de ce qu'il a eu en mariage de mademoiselle de Boisfranc. Il y a bien des choses encore à régler avec les créanciers avant que les affaires de cette maison soient tout à fait finies.

Mardi 6, à Versailles. — Le roi et Monseigneur ne sortirent point de tout le jour. Le soir, il y eut appartement. — Les articles du mariage de M. de Turenne avec mademoiselle de Ventadour ont été signés à Paris aujourd'hui. — Le roi a fait donner 12,000 écus à M. de Boufflers, 2,000 écus au marquis de Villars, et quelque argent aux principaux officiers qui étoient avec M. de Boufflers, quand il a passé les canaux de Bruges et du Sas pour établir les contributions. — M. de Tallard a passé le Rhin à Spire avec 800 chevaux; il est entré dans le Bergstrass, où il a brûlé quatre ou cinq gros lieux fermés; ce pays-là ne veut point contribuer, parce qu'ils sont couverts du Necker et qu'ils sont au delà du Rhin. Le roi a fait donner aussi une gratification à M. de Tallard.

Mercredi 7, à Versailles. — Le roi dîna à son petit couvert, et Monseigneur mangea chez lui de bonne heure;

ensuite ils allèrent sur le canal de Marly; madame la Duchesse et madame la princesse de Conty, la mariée, y étoient. Quand ils furent arrivés au canal, ils se mirent sur des traîneaux; le roi demeura dans son carrosse à les voir. — Le roi a donné 2,000 écus de gratification à M. de Revel, qui perd un bien considérable qu'il avoit en Piémont. — Le roi ne fera point partir MM. les cardinaux qu'on n'ait eu des nouvelles du pape; on compte qu'il se porte mieux, puisqu'il n'est point venu de courrier depuis celui qui avoit apporté la première nouvelle de sa maladie, qui partit de Rome le 23.

Jeudi 8, à Versailles. — Le roi dîna à son petit couvert, et puis alla à Saint-Germain voir le roi et la reine d'Angleterre. Monseigneur alla avec madame la Duchesse sur le canal de Marly; ils se mirent en traîneaux comme hier, et ensuite ils allèrent faire collation à la Ménagerie de madame la Duchesse. — Il y eut à Saint-Cyr une répétition d'*Athalie* en particulier; madame de Maintenon y mena fort peu de dames. — M. Duché mourut ces jours passés à Paris; il étoit trésorier de l'argenterie, charge qui paulette et qui passe à un de ses enfants. — M. Moreau, qui étoit premier médecin de madame la Dauphine, a eu 3,000 écus de pension; sa charge ne lui valoit pas beaucoup davantage. — Outre la charge de trésorier de l'argenterie, Duché étoit trésorier des galères, et sa charge étoit partagée avec M. de Malezieux, qui n'en tiroit aucuns appointements.

Vendredi 9, à Versailles. — Le roi dîna à son petit couvert, et alla tirer. Monseigneur ne sortit point de tout le jour. Monsieur et Madame revinrent de Paris. Le soir, il y eut appartement. — Le petit prince d'Epinoy a eu l'agrément du roi pour acheter le régiment de Picardie; il en donne 80,000 francs au marquis d'Harcourt. — Il s'étoit élevé un bruit à la cour que le maréchal de Lorges avoit demandé permission au roi de se défaire de sa charge; on en fixoit même le prix à 700,000 francs, et on nommoit déjà l'acheteur; mais il n'y a pas le moindre fondement à cette nouvelle. — On mande de Vienne que l'envoyé du prince d'Orange au Grand Seigneur a reçu ses passe-ports pour l'aller trouver à Andrinople.

Samedi 10, *à Versailles.* — Le roi dîna à son petit couvert, et alla tirer. Monseigneur alla avec les princesses à Saint-Germain voir le roi et la reine d'Angleterre. — On a eu nouvelles de Rome, du 24 au soir, que le mal du pape étoit encore fort augmenté. M. de Chaulnes et M. de Forbin pressent pour qu'on envoie les cardinaux. — Le marquis de Leganès vient de prendre à Milan la place du comte de Fuensalide, et le marquis de Conflans celle de Louvigny, qui revient de Flandre prendre possession de son gouvernement de Hainaut. — Le roi a augmenté de 4,000 francs les appointements de M. d'Estancheaux, secrétaire des commandements de Monseigneur.

Dimanche 11, *à Versailles.* — Le roi dîna à son petit couvert, et alla tirer; il ne vouloit point sortir, mais le beau temps le tenta. Monseigneur donna à dîner à Monsieur et à Madame. — Le roi a donné ordre à M. le cardinal de Bouillon et à M. le cardinal d'Estrées de partir cette semaine pour Rome; il a envoyé le même ordre au cardinal de Bonzy et au cardinal le Camus. S. M. a eu la bonté de dispenser M. le cardinal de Furstemberg de ce voyage. Le roi a envoyé 6,000 écus à chaque cardinal pour son voyage.

Lundi 12, *à Versailles.* — Le roi dîna à son petit couvert. Monseigneur dîna avec lui, et ils allèrent ensemble tirer dans le parc. Le soir, il y eut appartement. Le roi a choisi Doriac, lieutenant-colonel du régiment du prince Camille, pour acheter le régiment de M. de Richelieu; beaucoup de gens considérables n'en ont pu avoir l'agrément. Le marquis de Richelieu vouloit ne s'en plus défaire, mais le roi a voulu qu'il le vendît, puisqu'il l'avoit mis en vente. Le roi a permis à M. de Montpeiroux de céder son régiment à son fils. M. du Héron avoit eu l'agrément du roi et de Monsieur pour la lieutenance des gendarmes d'Orléans ; mais, le père de M. du Héron n'ayant pas voulu donner les 80,000 francs qu'il falloit pour payer le brevet de retenue, l'affaire a manqué, et M. de Sassenage a été choisi en sa place ; il a été longtemps capitaine des chevau-légers, et son frère aîné l'est encore.

Mardi 13, à Versailles. — Le roi dîna à son petit couvert et alla tirer. Monseigneur courut le cerf avec les chiens du roi. — Madame la duchesse d'Epernon* est morte à Paris ; elle laisse un douaire de 10,000 écus de rente, qui vient à M. le duc de Foix ; mais il y aura sur cela quelques créanciers à payer. Elle avoit un fonds de 200,000 francs, dont elle pouvoit disposer, et on croit qu'elle l'a fait en faveur de sa petite nièce, mademoiselle d'Armagnac ; cependant cela n'est point encore sûr, car le testament n'est point encore ouvert. — L'électeur de Brandebourg est arrivé à la Haye et y a pris le nom de Ravensberg, pour éviter apparemment l'embarras du rang qu'il auroit prétendu du prince d'Orange ; on y attendoit l'électeur de Bavière le 9 de ce mois.

* Cette duchesse d'Épernon étoit sœur du père des ducs de Coislin et de la comtesse d'Harcourt, mère de M. le Grand, du chevalier de Lorraine, de M. de Marsan, et sœur aussi de M. de Pont-Château, si célèbre par sa vie sainte et inconnue tant qu'il a pu, habitant à Port-Royal des Champs, et mort en 1690, à cinquante-six ans, après vingt-cinq ans de la plus austère pénitence. Leur mère à tous étoit Louise du Plessis, sœur du père du cardinal de Richelieu, qui prit soin de la fortune de ses cousins germains du Cambout, enfants de cette tante. M. d'Épernon, le grand et le premier, mort à Loches à quatre-vingt-huit ans, le 13 janvier 1642, en disgrâce et en retraite, plus grand encore que dans sa plus haute splendeur, avoit eu trois fils de l'héritière de Foix Candale, dont la mère étoit fille et sœur des deux derniers connétables de Montmorency. Ces trois fils furent M. de la Valette, qui fut duc-pair par son mariage avec la duchesse d'Haluyn, et qui le demeura après leur démariage, en sorte qu'elle, ayant épousé ensuite M. de Schomberg, le premier des deux qui arrivoit au parlement excluoit l'autre, au-devant duquel venoit le premier huissier lui dire que M. le duc d'Haluyn étoit en place. Il ne se remaria point et n'eut point d'enfants, et mourut à Cazal, 11 février 1639, à quarante-huit ans, commandant les armées avec le cardinal son frère, si connu par la bizarrerie de ses emplois. Le second fut celui qui a porté le nom de duc d'Épernon après son père, et qui épousa, en 1622, la bâtarde de Henri IV, sœur de père et de mère du duc de Verneuil, et qu'il perdit quatre ou cinq ans après en couches, à Metz. Il n'en resta qu'un fils, ce M. de Candale, si à la mode et si galant, mort à Lyon sans avoir été marié, 28 janvier 1658, étant déjà à trente ans général d'armée, de son chef, gouverneur d'Auvergne, et survivancier de son père de colonel-général de l'infanterie, et une fille carmélite du faubourg Saint-Jacques à Paris, qui refusa le roi de Pologne, et qui fut une sainte qui se fit tard religieuse sans avoir jamais voulu se marier, et qui mourut, le 22 août 1701, à soixante-dix-sept ans, et cinquante-trois de religion. Madame d'Épernon, sa belle-mère, qui a donné lieu à cette addition, avoit été la seconde femme de son père, dont elle n'avoit point eu d'enfants. Elle l'avoit épousé en 1634, et en étoit devenue veuve à Paris, 25 juillet 1661, à soixante et onze ans.

Mercredi 14, à Marly. — L'après-dînée, le roi vint ici en chassant, et s'enferma dès qu'il fut arrivé, car il avoit à faire à travailler. Monseigneur vint avec madame la princesse de Conty. Madame la Duchesse est du voyage; c'est le premier qu'elle ait fait depuis sa couche; il n'y a de gens qui n'aient pas coutume d'y venir que madame de Chanlay. — Il est venu ce soir un courrier de Rome qui apporte la nouvelle que le pape mourut le 1er de ce mois. Le jour avant sa mort, il fit venir les cardinaux et publia devant eux une bulle datée du 4 du mois d'août passé, par laquelle il casse tout ce qui a été fait à Paris dans l'assemblée du clergé de 1682 contre l'autorité des papes.

Jeudi 15, à Marly. — Le roi, après son dîner, alla voir tailler ses arbres derrière les pavillons. Monseigneur alla en traîneau sur le canal de Marly avec Mademoiselle et les princesses; Mademoiselle étoit venue dîner ici de Versailles. Le courrier de Rome qui arriva hier apporta aussi la nouvelle de la mort du cardinal de Bichi (1), mort

---

(1) La nouvelle de la mort du cardinal de Bichi n'est pas vraie. (*Note de Dangeau.*)

quelques jours avant le pape, et le pape avoit déjà voulu donner son chapeau à un homme qui avoit deux charges, dont il lui seroit revenu 400,000 francs. Avant de mourir, le pape avoit distribué tout ce qu'il avoit d'argent à ses neveux, et sur cela Pasquin dit qu'il auroit mieux valu que l'Église eût été sa nièce que sa fille. Le cardinal Bichi étoit évêque de Frascati, qui est un des six évêchés des cardinaux-évêques; le premier, qui est Ostie, est toujours pour le doyen des cardinaux; le second, qui est Porto, est pour le sous-doyen.

Vendredi 16, *à Marly.* — Le roi s'amusa le matin à faire tailler ses arbres, et alla tirer l'après-dînée. Monseigneur courut le cerf. Le roi et la reine d'Angleterre vinrent sur les sept heures et jouèrent au lansquenet jusqu'à neuf, et puis s'en retournèrent à Saint-Germain. — Le roi a demandé aux Génois deux de leurs galères pour porter les cardinaux françois à Livourne, et les galères doivent être le 1er de mars à Antibes, où ils s'embarqueront. — Le roi a dit à Monseigneur qu'il lui feroit commander une armée cette année; mais il ne lui a point encore dit si ce seroit en Flandre ou en Allemagne.

Samedi 17, *à Versailles.* — Le roi, après son dîner, revint ici de Marly en chassant. Monseigneur demeura à Marly et revint sur les six heures avec madame la princesse de Conty. — Le cardinal de Bouillon partit de Paris pour Rome; l'abbé de Polignac va avec lui, et le fils de M. de Châteauneuf ira avec M. le cardinal de Bonzy. — M. le duc de Villars a eu la permission de se défaire de son régiment; sa mauvaise santé l'a obligé à quitter le service. — Nous avons commencé du 10 de ce mois à jeter des bombes dans Montmélian.

Dimanche 18, *à Versailles.* — Le roi ne sortit point de tout le jour. Le soir, il y eut appartement. M. de Santénas, Piémontois, colonel d'infanterie, a demandé permission au roi de se défaire de son régiment pour payer ses dettes; il s'est jeté dans la grande dévotion, et va se mettre aux

Pères de l'Oratoire. — M. le cardinal d'Estrées partit de Paris pour le voyage de Rome. — M. de Vandeuvre, brigadier de cavalerie, se trouvant vieux et incommodé, a demandé permission au roi de se défaire de son régiment, et le roi a choisi pour l'acheter........, qui étoit lieutenant colonel du régiment de Vaillac.

Lundi 19, *à Versailles*. — Le roi dîna à son petit couvert et alla tirer. Monseigneur courut le cerf. — Le roi a donné le soir à M. l'évêque de Noyon la place au conseil qu'avoit feu M. l'archevêque de Rouen. Comme il est pair, il sera à la tête du conseil après M. l'archevêque de Reims *. M. de Metz n'a place que du jour de sa réception, et ainsi il est encore le dernier. — Les députés d'Artois ont harangué le roi ce matin; le prince d'Elbeuf les a présentés; M. l'évêque de Saint-Omer portoit la parole. Ils ne haranguent jamais que le roi; ils ne harangueroient pas même la reine, s'il y en avoit une.

* Les pairs qui ont séance et voix délibérative en tous les parlements et au grand conseil, l'ont toujours eue de même au conseil privé ou des parties, au-dessus du doyen, et le chancelier leur demande leur avis, découvert. Les conseillers d'État s'étant ridiculement multipliés pendant la minorité de Louis XIV, et encore depuis, il fut fait un règlement pour le conseil, en 1666, qui fixe le nombre de tout ce qui y doit être, la voix et le rang. Les pairs n'y furent point nommés comme n'ayant pas besoin de l'être, et comme n'étant pas du corps du conseil; aussi n'en furent-ils pas exclus, et les honneurs qu'ils y avoient au-dessus du doyen, etc., seulement maintenus. Le chancelier Séguier avertit plus d'une fois les ducs de Sully et de Coislin, fils de ses deux filles, d'aller au conseil et d'y faire aller d'autres pairs, parce que très-assurément ils en perdroient l'entrée par le non-usage. Ces sages avis ne purent vaincre une négligence qui est tantôt venue à bout de toutes leurs distinctions; et le cas prédit par le chancelier est si bien arrivé, que M. de Reims, fils du chancelier Le Tellier, ne fut pas honteux d'avouer tacitement une exclusion si honteuse, et longtemps après, M. de Noyon, à son exemple, en acceptant une place de conseiller d'État d'église.

Mardi 20, *à Versailles*. — Le roi dîna à son petit couvert, et alla tirer. Monseigneur courut le cerf. — Les États

FÉVRIER 1691.

d'Artois ont levé un régiment de dragons à leurs dépens, et le roi a choisi pour colonel..... — Comme le contrat de mariage de M. de Turenne ne sera point signé par le secrétaire d'Etat, on fera les fiançailles à Paris, et ils ne se serviront pas du privilége qu'ils auroient eu de les faire dans le cabinet du roi *. Depuis le mariage de M. de Valentinois avec mademoiselle d'Armagnac, où M. de Seignelay ne signa point, les secrétaires d'État n'ont plus signé et ne signeront plus aux mariages des princes étrangers.

* Ce n'est pas là le fait. Le roi trouva à la longue trop de similitude entre les fiançailles des princes du sang et celle de ces messieurs-là, et déclara qu'il n'en feroit plus. Mais quel moyen de refuser l'ancienne beauté de madame de Soubise, qui, bien des années après, obtint que les fiançailles de madame de Tallard se feroient dans le cabinet du roi ?

Mercredi 21, à Versailles. — Le roi dîna à son petit couvert et alla tirer, et puis revint à quatre heures à Trianon. Monseigneur y étoit arrivé avec les princesses. Le roi et la reine d'Angleterre y arrivèrent un peu après ; ils furent enfermés une heure avec le roi, et puis ils allèrent dans la tribune de la salle des comédies, d'où ils entendirent le *Bourgeois gentilhomme.* Monseigneur et Monsieur étoient dans la tribune avec les deux rois et la reine ; Madame étoit en bas avec les princesses. Depuis quelque temps madame de Maintenon ne vient plus à Trianon quand il y a des spectacles. — Le roi a appris ce soir la mort du vieux Villarceaux ; il avoit une pension de 8,000 francs, et les chiens pour renards qui lui en valoient quatorze ou quinze.

Jeudi 22, à Versailles. — Le roi dîna à son petit couvert et alla tirer, puis alla voir voler pour la première fois de l'année ; les princesses le joignirent à la volerie. Monseigneur courut le cerf. Le soir, il y eut appartement. Le roi n'y vint point, parce qu'il avoit beaucoup à travailler. Monseigneur joua toujours au lansquenet, et on ne joua point aux portiques. — Madame de Montchevreuil et madame de Maré ont présenté au roi la fille de Villarceaux ; le roi lui a promis de lui faire donner les 40,000 écus qu'il avoit promis à son père sur la charge des chevau-légers Dauphin qu'avoit son fils qui fut tué à Fleurus. — Le roi et la reine d'Angleterre allèrent à Saint-Cyr, où il y eut une répétition d'*Athalie.* — Le roi et Monseigneur signèrent le contrat de mariage de M. de Turenne avec mademoiselle de Ventadour. M. de Ventadour et M. de Turenne l'apportèrent de Paris à signer au roi. Il est signé d'un notaire, et non pas d'un secrétaire d'État, comme autrefois l'étoient les contrats de ceux que le roi reconnoissoit pour princes.

Vendredi 23, *à Versailles.* — Le roi dîna à son petit couvert, et alla tirer. Monseigneur, après la messe, partit pour Anet, où il va passer quelques jours. Monsieur le Duc, M. le prince de Conty, M. du Maine et plusieurs jeunes courtisans sont du voyage. — Beaucoup de gens ont demandé les chiens pour renards qu'avoit Villarceaux ; mais on croit qu'on supprimera cette charge-là ; elle n'a été créée que par le feu roi, et c'est une chasse où personne de la maison royale ne va présentement. — Monseigneur trouva à Anet quatre ou cinq des meilleurs comédiens, quelques-uns des bons danseurs de l'Opéra, ce qu'il y a de meilleur pour la musique de l'orchestre, et trois ou quatre des meilleurs chanteurs ; et, pendant qu'il y demeurera, on lui donnera tous les soirs quelques divertissements nouveaux, mais ce sera dans une chambre et non pas sur un théâtre ; on ne veut pas que cela ait l'air d'une fête.

Samedi 24, *à Versailles.* — Le roi, après son dîner, alla voir voler ses oiseaux avec Madame et les princesses. — Monseigneur, à Anet, voulut courre le loup, mais on n'en trouva point ; il alla faire des battues, revint jouer au lansquenet de bonne heure, et le soir il vit le divertissement qu'on lui avoit préparé, qui étoit tout différent de celui d'hier. — M. le marquis de Gesvres a vendu son régiment; le roi a choisi pour acheteur Souternon, neveu du P. de la Chaise, qui étoit lieutenant-colonel de Villeroy.

Dimanche 25, à Versailles. — Le roi dîna à son petit couvert et alla tirer, et revint entendre le salut à Saint-Cyr. — Toutes les princesses allèrent à Paris à la noce de M. de Turenne et de mademoiselle de Ventadour, qui se fit chez la duchesse de la Ferté avec beaucoup de magnificence. Monsieur et Madame ont fait de très-beaux présents de diamants à la mariée*. — Monseigneur courut le loup à Anet avec les chiens de M. de Vendôme, joua au retour de la chasse, et le soir il y eut encore un divertissement nouveau, où Raisin se surpassa. — M. de Roussillon, beau-frère de la Salle, se trouvant par sa mauvaise santé hors d'état de servir, a demandé permission au roi de se défaire du régiment de cavalerie de la reine; le roi lui a permis, et n'a pas encore choisi l'acheteur. — On a appris la mort de M. de Webenom; il étoit gouverneur de Breda, et un des meilleurs officiers de cavalerie qui fût dans les troupes des ennemis; il avoit longtemps servi en France dans les troupes de M. de Lorraine.

* Par-ci par-là, les princes du sang se souvenoient encore de leurs parentés, et celle de M. de Ventadour avec toute la maison de Condé ne pouvoit être plus proche. Pour Monsieur et Madame, ils ne se cachoient pas de tenir à fort grand honneur que madame de Ventadour fût dame d'honneur de Madame.

Lundi 26, à Versailles. — Le roi dîna à son petit couvert, et alla tirer. Monseigneur passa la journée à Anet à jouer, et le soir vit le spectacle qu'on lui avoit préparé, composé à l'ordinaire de scènes nouvelles, de comédies, d'entrées de ballets et d'opéra. — Madame la Duchesse donna à Mademoiselle une petite fête au Désert, où toutes les dames étoient en masque.

Mardi 27, à Versailles. — Le roi prit médecine (1). Mon-

(1) « Le 27 février, après une longue et rigoureuse gelée, le temps s'étant

sieur et Madame revinrent de Paris, où ils avoient passé quelques jours. Le soir, Mademoiselle et les princesses allèrent en masque chez lui. — Monseigneur courut le loup à Anet avec son équipage, et le soir eut encore un spectacle nouveau.

Mercredi 28, à Marly. — Le roi, après son dîner, vint ici en chassant. Monseigneur revint d'Anet droit ici. En arrivant, on joua aux portiques et au lansquenet comme à l'ordinaire. Mademoiselle de Blois n'est pas du voyage parce qu'elle est malade. — Ces jours passés, à Saint-Germain, des Anglois, frères du comte de Salisbury, se querellèrent, se battirent et se blessèrent très-dangereusement. Après leur combat, ils se raccommodèrent, se demandèrent pardon l'un à l'autre, firent venir un prêtre et abjurèrent la religion protestante, dont ils étoient. Depuis ce temps-là, l'aîné, qui avoit dix-neuf ans, est mort de sa blessure, et le cadet est encore fort malade, et l'on dit qu'il n'attend que sa guérison pour se mettre à la Trappe.

Jeudi 1er mars, à Marly. — Le roi, Monseigneur, Madame et les princesses allèrent courre le cerf dans la forêt de Marly, et puis revinrent dîner ici; l'après-dînée, le roi vit jouer au lansquenet et joua aux réjouissances; après souper, il y eut portique. — Mademoiselle d'Espesses, fille de feu madame de Langeron, mourut à Paris; madame la Princesse l'avoit toujours gardée avec elle depuis la mort de sa mère. — M. de Pontchartrain est allé à Paris pour terminer deux ou trois affaires, dont il reviendra plus de 10,000,000 au roi sans qu'il lui en coûte rien.

Vendredi 2, à Versailles. — Le roi, Monseigneur, Madame et les princesses allèrent après dîner à la volerie; le

---

un peu relâché, par une nécessité de plénitude, je persuadai à S. M. de se servir de l'occasion pour prendre son bouillon purgatif, duquel il vida quantité d'excréments et beaucoup de bile, dont il se trouva très-bien. » (*Journal de la Santé du Roi*, par Daquin. *Manuscrit de la Bibliothèque impériale.*)

roi d'Angleterre y vint et retourna avec le roi à Marly, mais il n'y arrêta point. La reine d'Angleterre s'est trouvée mal ces jours-ci. — M. d'Usson, frère de Bonrepaux, qui s'en va maréchal de camp en Irlande, a vendu le régiment de Touraine à M. de Courchamps, maître d'hôtel du roi; ils sont convenus du prix à 48,000 francs argent comptant. On lui en offroit davantage à crédit; il y a longtemps que Courchamps étoit capitaine d'infanterie dans un vieux corps.

Samedi 3, à Versailles. — Le roi alla le matin à la chasse, et revint dîner à Marly; l'après-dînée, il alla à Saint-Germain voir le roi et la reine d'Angleterre. Monseigneur demeura à Marly avec les princesses jusqu'à sept heures du soir. — Le comte de Flamanville, qui étoit enseigne des gendarmes d'Anjou, a eu la sous-lieutenance des chevau-légers de Berry avec commission de colonel, et l'enseigne des gendarmes d'Anjou a été achetée par M. de Messey, qui avoit été, il y a cinq ou six ans, dans cette petite gendarmerie-là, et qui en étoit sorti pour quelques démêlés qu'il avoit eus avec M. de Mouy, qui les commandoit.

Dimanche 4, à Versailles. — Le roi ne sortit pas de tout le jour; il entendit le sermon du P. de la Roche, et ensuite alla au salut. Le soir, il y eut appartement. — Hier au soir, M. le marquis de Mouy *, capitaine-lieutenant des gendarmes écossois, donna au roi la démission de sa charge; c'est la première compagnie de ce qu'on appelle la petite gendarmerie; elle a même le pas devant les mousquetaires du roi, quoiqu'elle ne soit pas de ce qu'on appelle de la maison du roi. — Villeneuve, barbier du roi, et qui servoit auprès de Monseigneur, fut chassé de la cour, avec défense de jamais se présenter devant le roi ni Monseigneur; on le chasse pour des débauches qu'on a découvertes.

* Ce M. de Mouy étoit le plus prodigieux menteur de son temps et

débauché à l'excès, bien fait, et avec de l'esprit. Il entra fort agréablement dans le monde, jusque-là que M. de Louvois, qui cherchoit à s'attacher des sujets, eut quelque temps la pensée de lui faire un commandement de la gendarmerie et de lui en donner le détail, sous prétexte que la compagnie écossoise qu'il avoit étoit la première de ce corps avec des distinctions particulières; mais, le sujet s'étant bientôt déclaré tel qu'il étoit, la chose en demeura là, et il mena une vie obscure. Il avoit épousé une fille unique du vieux comte Broglio, le premier des Broglio qui vint en France, qui fut lieutenant général et gouverneur de la Bassée, où par les contributions il s'enrichit énormément, et d'une sœur du duc d'Aumont, fille du maréchal. C'étoit une femme fort singulière et quelque chose de plus. Elle étoit assez souvent à....... dont son mari eut le gouvernement, et où elle traitoit tout le monde avec une hauteur et des manières dont son mari portoit sa bonne part, et qui étoient telles que les officiers en rioient plutôt que de s'en fâcher. Entres autres fantaisies, elle ne se laissoit saluer, c'est-à-dire baiser, que des officiers généraux ou les plus distingués, et refusoit net tous les autres. Roquelaure passant là pour aller joindre l'armée, madame de Broglio s'avança pour le saluer au milieu de beaucoup de monde. Roquelaure, qui étoit un plaisant de profession, se mit à reculer; elle à s'avancer, et l'autre toujours en reculades et en révérences. Enfin il recula ainsi toute la chambre, et comme il se vit acculé et qu'il n'y avoit plus à s'en dédire : Madame, s'écria-t-il, je ne suis qu'à brevet, qu'à brevet, Madame, encore une fois, je vous le dis, et se laissa saluer parmi la risée de toute la compagnie dont la vieille Broglio ne se déferra point du tout. Sa fille étoit fort sage et fort vertueuse, et malheureuse avec son mari. Il étoit d'une branche de la maison de Ligne, dans laquelle étoit fondue celle de Vaudémont, de la reine Louise de Lorraine, veuve de Henri III, c'est-à-dire la branche cadette de celle-là. M. de Vendôme épousa l'héritière de Mercœur, fille de l'aîné des frères de cette reine et de tous ses autres frères d'autre lit. Il ne resta qu'une fille qui épousa un Ligne avant que d'être ni de pouvoir penser à devenir héritière, mais qui la devint depuis, et c'est de là que sa postérité a pris, non les armes ni le nom, mais les croix et les livrées de Lorraine. De ce M. de Mouy il est resté un fils marié fort étrangement et avec d'étranges suites à mademoiselle de Mézières, sœur de la princesse de Montauban, et une fille qui avoit épousé le fils de Chambonas, fils du capitaine des gardes de M. du Maine et de la dame d'honneur de madame du Maine, morte brouillée avec eux tous et fort riche, qui a laissé des enfants.

Lundi 5, à Versailles. — Le roi dîna à son petit couvert, et alla à la volerie avec les princesses. Monseigneur courut le cerf, et monseigneur le duc de Bourgogne étoit avec lui pour la première fois. — M. de Villayer* mourut à Paris; il étoit doyen du conseil et un des quarante de l'Académie françoise. M. Pussort est présentement doyen du conseil. Le doyen a 10,200 livres d'appointements, qui est le double des autres conseillers d'État. Quand le chancelier lui demande son avis, il lui ôte son chapeau, honneur qu'il ne fait dans le conseil qu'aux ducs et aux maréchaux de France, quand il y en avoit. — Tous les officiers de la marine ont eu ordre de partir; les principaux ont déjà pris congé du roi.

* Ce bonhomme Villayer étoit plein d'inventions singulières, et avoit beaucoup d'esprit. C'est peut-être à lui qu'on doit celle des pendules et des montres à répétition pour en avoir excité le désir. Il avoit disposé à sa portée dans son lit une horloge avec un fort grand cadran, dont les chiffres des heures étoient creux et remplis d'épices différentes, en sorte que, conduisant son doigt le long de l'aiguille sur l'heure qu'elle marquoit ou au plus près de la division de l'heure, il goûtait ensuite, et par le goût et la mémoire connoissoit la nuit l'heure qu'il étoit. C'est lui aussi qui a inventé ces chaises volantes, qui par des contre-poids montent et descendent seules entre deux murs à l'étage qu'on veut, en s'asseyant dedans par le seul poids du corps et s'arrêtant où l'on veut. M. le Prince s'en est fort servi à Paris et à Chantilly. Madame la Duchesse, sa belle-fille et fille du roi, en voulut avoir une de même pour son entresol à Versailles, et voulant y monter un soir, la machine manqua et s'arrêta à mi-chemin, en sorte qu'avant qu'on pût l'entendre et la secourir en rompant le mur, elle y demeura bien trois bonnes heures engagée. Cette aventure la corrigea de la voiture, et en a fait passer la mode.

Mardi 6, à Versailles. — Le roi dîna à son petit couvert, et alla tirer. Monseigneur ne sortit pas de tout le jour. Le soir, il y eut appartement, où le roi n'alla point parce qu'il avoit beaucoup à travailler. Monseigneur et Monsieur jouèrent au lansquenet, et il n'y eut ni musique ni portique. — Le roi fit M. le maréchal de Lorges duc; la duché passera au parlement, comme celle de M. de Duras et de M. d'Humières. Il y avoit deux ans

que M. le maréchal de Lorges avoit demandé cette grâce-là au roi; depuis ce temps-là il ne lui en avoit pas parlé.
— Le roi a donné à M. de Fourcy, gendre de M. le chancelier, la place vacante dans le conseil par la mort de M. de Villayer; il est prévôt des marchands, et en sortira à la fin de cette année. — M. le maréchal d'Humières a cédé sa duché à M. d'Humières, son gendre; il avoit promis dès l'année passée de la céder au mois de mars, et il a tenu sa parole.

Mercredi 7, à Versailles. — Le roi, après son dîner à Versailles, alla au sermon et puis vint ici en chassant. Monseigneur y étoit déjà arrivé, après avoir couru le cerf à Saint-Germain. Il y a plus de dames à ce voyage-ci qu'à l'ordinaire, et le roi a fait mettre une troisième table. Plusieurs de ces dames couchent dans les antichambres des princesses, parce qu'il n'y auroit pas assez de logements pour les mettre séparément; il y a quatre filles du voyage qui n'avoient pas accoutumé d'y venir, mesdemoiselles d'Estrées, de Melun, d'Uzès et de Croissy.
— M. l'abbé de Belesbat mourut hier à Paris; il a laissé sa légitime, qui montoit à près de 100,000 francs, à Belesbat, son neveu. Il avoit plusieurs pensions sur des bénéfices; il avoit cédé, il y a quelques années, le prieuré de Saint-Benoît du Sault à l'abbé de Choisy, son neveu.
— On a nouvelles que le prince d'Orange a déclaré, à la Haye, qu'il ne retournera point en Angleterre avant la campagne.

Jeudi 8, à Marly. — Le roi, Monseigneur, Madame et les princesses allèrent courre le cerf et revinrent dîner ici; après dîner, le roi alla tirer pour essayer une chienne nouvelle que lui a donnée Montal. — Le comte de Roucy, qui étoit ici, eut ordre de s'en aller à son régiment qui marche. Beaucoup de troupes, qui étoient en quartier d'hiver en Lorraine, à Trèves et dans le royaume, marchent en Flandre; cela fait beaucoup raisonner en ce pays-ci — M. de Chevigny, de la maison de Choiseul, a acheté le régiment de cavalerie de la reine, qu'avoit M. de Roussillon. Il lui en donne 24,000 écus; M. de Chevigny n'a servi que dans les dragons; il étoit capitaine. — Le roi a donné ordre à M. de Catinat d'assiéger Nice; nos galères sont parties pour cela de Toulon le 4 de ce mois, et nos troupes doivent arriver le 12 devant la place. M. de Catinat aura sous lui, pour maréchaux de camp, MM. de Vins et de Laré.

Vendredi 9, *à Marly*. — L'après-dînée, le roi alla tirer. Monseigneur ne sortit point de tout le jour. Le roi et la reine d'Angleterre vinrent ici sur les six heures; ils amenèrent avec eux le duc de Berwick, qui revint hier d'Irlande. Il en est parti depuis que M. de Tyrconnel y est arrivé, et il vient servir en France. Le roi et la reine d'Angleterre s'en retournèrent à neuf heures; ils ne firent que jouer au lansquenet. — On a appris que M. des Farges, son fils, et M. Bruan, qui avoient été envoyés à Siam pour y mener des troupes en 1687, sont morts sur la mer en revenant. On a appris cela par un vaisseau de la Compagnie qui a trouvé en mer le vaisseau sur lequel ils revenoient; il a rapporté aussi que le capitaine du vaisseau étoit mort; il s'appeloit M. de l'Estrille.

Samedi 10, *à Versailles*. — Le roi partit de Marly après avoir dîné, et revint ici en chassant; Monseigneur, Monsieur, Madame et les princesses y demeurèrent à jouer jusqu'à six heures. — Le roi a ordonné qu'on mette en prison, jusqu'à la campagne, le marquis de Rochefort et M. de Souvré, pour un démêlé qu'ils ont eu chez le marquis d'Huxelles, à Strasbourg. — M. de Saint-Ruth et les officiers qui vont en Irlande, ont pris congé du roi et vont s'embarquer à Belle-Isle. Le roi a augmenté la pension de M. de Montgommery, brigadier de cavalerie, de 1,000 écus; il n'avoit que 6,000 francs, il en a à présent neuf.

Dimanche 11, *à Versailles*. — Le roi et Monseigneur allèrent au salut et ne sortirent point de tout le jour. Le soir, il y eut appartement. — Le bruit continue toujours que l'on va faire un gros siége ; on ne doute plus que le roi ne parte. On dit que les princesses et les dames ne sont pas du voyage ; on parle du siége de Mons et de Namur, mais rien n'est encore déclaré. — On a eu nouvelles que M. de Jarnac, qu'on avoit dit mort plusieurs fois, est mort véritablement ; il n'avoit de charge que la lieutenance de roi de Saintonge et d'Angoumois, que le roi donna à Ligondez sur les premiers bruits de sa mort.

Lundi 12, *à Versailles.* — Le roi dîna à son petit couvert, et alla tirer. Monseigneur courut le cerf. — On a eu nouvelle que les Hollandois et Anglois ont enfin consenti que les vaisseaux danois et suédois vinssent trafiquer en France comme avant la guerre ; le prince d'Orange avoit fort travaillé pour empêcher cela. — M. de Hanovre ne veut plus que ses troupes viennent servir en France, et il y a grande apparence qu'il les gardera dans son pays pour ses affaires particulières. — Le roi veut que M. le comte de Recheim se défasse du régiment de Furstemberg dont il étoit colonel, parce qu'il a appris qu'il est dans les ordres, étant chanoine à Strasbourg. Il lui conserve la pension de 4,500 livres qu'il avoit. Le roi a dit à M. le cardinal de Furstemberg de nommer un autre colonel.

Mardi 13, *à Versailles.* — M. de Louvois partit d'ici, disant qu'il alloit se promener à Meudon et qu'il reviendroit le soir ; mais il a couché à Paris, d'où il repartira cette nuit pour aller en Flandre. Il a dit seulement que le roi déclarera demain la place que l'on attaquera en Flandre. — Le roi aura dans son armée deux cents escadrons et soixante-huit bataillons de campagne. Il y aura une armée sur la Lys que commandera le maréchal d'Humières, qui sera composée de cinquante escadrons et de dix-sept bataillons de ces troupes-là ; ainsi le roi n'aura que cinquante-un bataillons dans son armée. — Le roi a fait M. le grand Prieur maréchal de camp. — Nous aurons au siége quatre-vingt-dix pièces de canon et quarante mortiers en batterie, et de quoi faire subsister deux mois grassement 30,000 chevaux et 100,000 hommes.

Mercredi 14, à Versailles. — Le roi, à son lever, déclara qu'il marcheroit samedi pour aller à Mons, qui est investi par M. de Boufflers. MM. les maréchaux de Luxembourg et de la Feuillade commanderont l'armée sous Monseigneur, qui commande sous le roi. Il y aura six lieutenants généraux, qui sont MM. de Vendôme, de Soubise, de Boufflers, de Joyeuse, Rose et Rubantel; il y aura sept maréchaux de camp, qui sont M. le Duc, M. le prince de Conty, M. du Maine, M. le grand Prieur, le marquis de Villars, le chevalier de Montchevreuil et Congis. Dans l'armée du maréchal d'Humières, qui sera sur la Lys, il y aura deux lieutenants généraux, qui sont le duc de Choiseul et Dauger, quatre maréchaux de camp, qui sont Gacé, Vatteville, Vivans et la Valette. M. du Maine commandera la cavalerie dans l'armée du roi. — S. M. renvoie à leurs gouvernements plusieurs lieutenants généraux, savoir: Montal à Mont-Royal; le comte de Choiseul à Saint-Omer; le chevalier de Tilladet à Aire; Maulevrier à Tournay; le duc d'Aumont à Boulogne. Le duc de Noailles, qui étoit capitaine des gardes en quartier, laissera le bâton au maréchal de Duras, qui y va entrer dans quinze jours, et qui servira de capitaine des gardes auprès du roi. Le maréchal de Lorges partira dans quelques jours pour aller commander l'armée d'Allemagne.

Le roi a été cette après-dînée dire adieu au roi et à la reine d'Angleterre, qui demeureront à Saint-Germain. — Le roi a fait venir M. le comte de Toulouse, et veut qu'il serve à la tête de son régiment. M. le duc de Chartres marchera avec Monsieur. Le roi ne veut pas que pas un officier de ceux qui sont destinés à servir cet été dans d'autres armées le suivent à cette expédition-ci. Le duc de Villeroy, qui est destiné à servir de lieutenant général en Allemagne, a fort pressé le roi pour cela, et a été refusé. — M. le cardinal de Furstemberg suivra le roi dans son voyage. — Le jour que Monseigneur revint de l'armée d'Allemagne, le roi lui dit qu'il assiégeroit Mons à la fin de l'hiver, et depuis ce temps-là il ne s'est quasi point passé de jour qu'il ne lui ait dit les préparatifs qu'il faisoit pour cela. Il y a huit jours qu'on a envoyé à M. de Boufflers l'instruction pour en former le siége ; la dépêche est de cent quarante sept pages de papier. M. de Louvois a été quatre heures à la lire au roi assez vite (1).

Jeudi 15, *à Versailles.* — Monsieur a demandé au roi de commander l'armée sous Monseigneur, et le roi lui en a fait expédier les patentes; M. le Prince souhaitoit commander sous Monsieur, mais jusqu'ici le roi ne le lui a pas accordé. — Madame de Montespan*, qui est depuis quelques jours à Saint-Joseph, a fait dire au roi, par M. de Meaux, que le parti qu'elle prenoit étoit un parti de retraite pour toujours; elle demeurera une partie du temps à Fontevrault et l'autre à Saint-Joseph (2). Le roi a donné l'appartement des Bains qu'elle avoit à M. le duc du Maine, et on donne l'appartement qu'avoit M. le duc du Maine à mademoiselle de Blois, qui ne suivra point madame de Montespan; elle demeurera à la cour, et madame de Montchevreuil est chargée par le roi de sa conduite. Madame de Jussac demeurera auprès d'elle comme elle étoit. — Le roi, après dîner, a été tirer, et Monseigneur a couru le cerf.

---

(1) Cette instruction est du 26 février; la minute en est conservée au Dépôt de la Guerre (dans le volume 1024, *Minutes de Louvois*, 1691, février). Elle se compose d'un cahier de 173 pages; mais, en défalquant quelques pages blanches ou biffées, il ne reste en effet, ainsi que le dit notre exact annaliste, que 147 pages. A la date du 26 février, on trouve dans ce volume 71 lettres de Louvois; entre autres la lettre adressée à M. de Boufflers, en même temps que l'instruction sur le siége de Mons.

(2) Voir le *Journal de Dangeau*, au 15 avril suivant.

* Madame de Montespan s'étoit armée contre tous les dégoûts imaginables qu'elle recevoit depuis plusieurs années. Madame de Maintenon, qu'elle avoit fort connue à l'hôtel d'Albret, lui devoit plus d'une fois sa fortune. Elle l'avoit mise auprès des enfants qu'elle avoit eus du roi, avec lesquels elle vint à la cour quand ils parurent. Le roi, qui par sa fonction la voyoit souvent chez madame de Montespan, en avoit pris un tel éloignement qu'il pressa souvent madame de Montespan de s'en défaire avec une légère récompense. Il lui donna pourtant, à force de persécutions, une partie de la somme pour l'acquisition de Maintenon pour lui faire changer son nom de madame Scarron, et un jour que madame de Montespan, étant à sa toilette, pressoit le roi en présence du maréchal de Lorges, capitaine des gardes en quartier, de donner quelque chose pour accommoder le jardin de Maintenon, il le refusa rudement, et dit plusieurs choses fâcheuses sur madame de Maintenon. A la fin la chance tourna : madame de Montespan avoit toujours eu beaucoup d'humeur et de hauteur, et le roi s'en lassa assez pour s'en plaindre quelquefois à madame de Maintenon, qui à la fin prit si bien la place de sa bienfaitrice, qu'elle en usurpa une que la vie de la reine et celle de M. de Montespan avoient rendue impossible à l'autre d'espérer. Établie de la sorte, elle ne songea plus qu'à multiplier le dégoût du roi et ses scrupules à l'égard de madame de Montespan, et à usurper par ses fréquentes absences l'autorité et la confiance à l'égard de ses enfants qui demeuroient toujours à la cour. Elle s'attacha surtout à M. du Maine, qui, s'apercevant de plus de l'augmentation de l'ascendant de l'une sur le roi, et de la diminution de l'autre, prit aisément son parti là-dessus. Ce fut aussi de lui dont le roi se servit pour porter à madame de Montespan les premiers ordres de ne plus venir à la cour, qu'elle ne lui a pardonnés que lorsqu'elle s'est sincèrement convertie. M. de Meaux, qui avoit déjà entré plus d'une fois dans les diverses séparations de ces trop célèbres amants, suivit de près M. du Maine avec des ordres si positifs, que madame de Montespan n'a jamais vu le roi depuis. Mais sa sœur, madame de Thianges, continua à demeurer à la cour avec toutes ses privances et sa familiarité, et n'en sortit que pour faire quelque voyage à Fontevrault avec madame de Montespan chez leur sœur commune, qui étoit un prodige de beauté, d'esprit, de science et d'agrément, et qui ne laissoit pas d'être religieuse et abbesse, surtout depuis qu'elle n'étoit plus attirée à la cour et dans un particulier, avec le roi et madame de Montespan, aussi indécent pour une personne de son état. Elle demeura depuis toute renfermée dans ses devoirs, et mourut à Fontevrault, en 1704, à cinquante-neuf ans. Madame de Montespan entra quelque temps après peu à peu dans la voie de la pénitence, et fit voir jusqu'à sa mort que la grâce surabonde où le péché a abondé. Le P. de la

Tour, général de l'Oratoire, fut son conducteur, et la mena par les sentiers les plus âpres et les plus difficiles.

Vendredi 16, *à Versailles.* — Le roi ne sortit point de tout le jour, ni Monseigneur non plus ; le roi et la reine d'Angleterre vinrent ici prendre congé d'eux. Le roi d'Angleterre souhaitoit fort d'accompagner le roi au siége de Mons, et l'a fort pressé là-dessus ; mais le roi, à cause des embarras que cela auroit pu faire, l'a prié de vouloir bien demeurer à Saint-Germain. — La maison du roi et tous ses équipages sont partis aujourd'hui ; on ne laisse ici pour la garde des princes qu'un lieutenant aux gardes, et quatre-vingts soldats des moins en état de marcher. Il reste quatre-vingts gardes du corps pour demeurer auprès d'eux et auprès du roi d'Angleterre à Saint-Germain. Le roi n'a point encore nommé ses aides de camp ; il a dit seulement que tous ceux qui l'avoient été et qui lui demanderoient à servir le seroient, et qu'il choisiroit les autres quand il seroit arrivé au camp. Monseigneur nommera les siens en même temps. — Madame la Duchesse et madame la princesse de Conty, la douairière, demeureront à Versailles, et beaucoup de dames demeureront avec elles.

VOYAGE DU ROI A MONS.

Samedi 17, *à Verberie.* — Le roi et Monseigneur partirent de Versailles à neuf heures, le roi seul dans sa calèche et Monseigneur dans sa chaise roulante. Monsieur est depuis deux jours à Paris, et compte joindre à Noyon. Le roi vint coucher à Verberie ; il y arriva, le soir, un courrier de M. de Louvois, qui lui mande que Vauban, qu'on avoit cru malade, étoit parti de Valenciennes pour se rendre au camp devant Mons. Il mande que plus d'un tiers des officiers de la garnison de cette place en sont absents, la plupart étant allés à la Haye pour faire leur cour au prince d'Orange. — M. de Castanaga ne veut point encore croire que Mons est assiégé et que le roi vienne en personne à la tête de son armée. — L'électeur de Bavière est à Bruxelles, où il étoit venu se promener par curiosité avant que de retourner dans ses États ; il y a appris la nouvelle que Mons étoit investi.

Dimanche 18, *à Noyon.* — Le roi vint dîner à Compiègne ; au bout du pont, il monta à cheval au sortir de la forêt, et vint à la dînée en chassant ; il vint coucher à Noyon à l'évêché. Monsieur n'a pas pu joindre aujourd'hui, parce que ses équipages sont demeurés. — M. de Louvois mande au roi qu'il laisse sortir un bourgeois de Mons qui porte des lettres au P. de la Chaise de la part des chanoinesses et des jésuites de la ville, pour le prier d'obtenir du roi qu'on ne tirât point de bombes sur leurs églises ; ce bourgeois dit qu'ils comptent dans la place d'être bientôt pris. — Le soir, en arrivant, le roi se renferme, travaille ou écrit ; M. de Croissy et M. de Saint-Pouanges suivent le roi à journée. Monseigneur joue, en arrivant, à culbas et au lansquenet avec les courtisans.

Lundi 19, *à Saint-Quentin.* — Le roi et Monseigneur vinrent dîner à Ham dans une abbaye qui est à l'évêque d'Agde, et couchèrent ici dans la maison du gouverneur. — Il revint un courrier de Rome qui a laissé nos cardinaux à Savone, le 12 de ce mois ; ils en alloient repartir pour Gênes. Il a trouvé aussi nos troupes arrivées devant Nice, mais nos galères et nos vaisseaux n'y étoient pas encore ; il dit qu'on croit à Rome que le conclave sera fort long. Le cardinal Bichi, qu'on avoit dit mort deux jours avant le pape, est mort enfin. — Monsieur a joint le roi ce soir. — M. de Louvois mande au roi que la plus grande partie de notre canon est déjà arrivée au camp, et les lignes sont fort avancées. On ne sait point encore où sera le quartier du roi ; le roi le veut choisir lui-même, quand il sera arrivé. Le roi a dit à M. le prince d'Elbeuf, à Ham, qu'il le feroit servir de son aide de camp ; il l'a déjà été.

Mardi 20, *au Quesnoy*. — Le roi dîna dans une grange en chemin, à un quart de lieue du Cateau-Cambrésis; il arriva ici à la nuit. Beaucoup d'équipages sont demeurés en chemin, car la journée est fort grande. — M. de Louvois mande au roi qu'on a pris deux officiers qui vouloient se jeter dans Mons; l'un de ces officiers est le baron de Bressé, maréchal de bataille, qui avoit ordre de commander dans la place sous le gouverneur; c'est un franc-comtois, homme de réputation parmi les Espagnols. — Le marquis de Sillery * est mort à Liancourt; il avoit soixante-quinze ans, et s'étoit retiré depuis deux ans dans cette maison-là que lui avoit prêtée M. de la Rochefoucauld. — Madame de Morstein, femme du grand trésorier de Pologne, est morte à Paris depuis quelques jours; son fils, le marquis de Châteauvillain, servira d'aide de camp à Monseigneur.

* Ce M. de Sillery étoit d'excellente compagnie, mais n'avoit jamais été que cela. Il étoit fils de Puysieux, secrétaire d'État, et petit-fils du chevalier de Sillery. Il avoit épousé une sœur du duc de la Rochefoucauld, père du grand veneur, et s'étoit ruiné. Sa veuve se retira chez son neveu, à Liancourt, où elle vécut encore plusieurs années.

Mercredi 21, *du camp devant Mons*. — Le roi partit du Quesnoy à la pointe du jour. Avant que d'en partir, il nomma les aides de camp et tira leur rang au sort, comme on a accoutumé de faire; on en fit de même pour les aides de camp de Monseigneur.

Aides de camp du roi.	*Aides de camp de Monseigneur.*
Le chevalier de Nogent,	La Chesnaye,
Le prince d'Elbeuf,	Châteauvillain,
Cominges,	Sainte-Maure,
Et le prince de Turenne (1).	Et Coigny.

(1) Quincy mentionne « le marquis d'Angeau » au nombre des aides de camp du roi.

Le roi vint dîner à la vue des lignes, puis vint à l'abbaye de Bethléem (1), où il a choisi son quartier. Il alla se promener à l'entour de la place, et fut assez longtemps à la demi-portée du mousquet. Une de nos vedettes l'arrêta; on lui dit : « Est-ce que tu ne connois pas le roi? Je le connois bien, répondit le cavalier; mais ce ne devroit pas être lui qui vînt si avant. » Un coup de canon tua le cheval de la Chesnaye assez près du roi et à côté de M. le comte de Toulouse, qui d'abord commanda qu'on donnât un cheval à la Chesnaye, et dit : « Quoi! un coup de canon, n'est-ce que cela? » M. le comte de Toulouse n'a pas encore treize ans.

Voici les dispositions des officiers généraux qui servent à ce siége, et les quartiers où ils commanderont et dont ils rendront compte au roi d'un côté et à M. de Luxembourg de l'autre. — Le quartier du roi tient depuis Gumappe (2) jusqu'au Dieu de Pitié. Monseigneur, Monsieur et M. de la Feuillade sont dans Bethléem avec le roi. Le quartier du roi se partage, savoir : depuis Gumappe jusqu'à la grande ravine ou grand chemin de Frameries; M. Rose, lieutenant général, et Congis, maréchal de camp; depuis la ravine de Frameries jusqu'à la Trouille, qui est le quartier derrière l'abbaye de Bethléem, M. de Boufflers, lieutenant général, et M. le duc du Maine, maréchal de camp; depuis la Trouille jusqu'au Dieu de Pitié, M. de Vendôme, lieutenant général, et M. le grand Prieur, maréchal de camp. Le chevalier de Montchevreuil, maréchal de camp, est à l'artillerie, dont le parc est de-

---

(1) Bethléhem, abbaye de chanoinesses de l'ordre de Saint-Augustin, dans la prévôté et à un mille de Mons. » (*Bruzen de La Martinière.*) Le *Mercure* dit qu'on prononce *Beleam*, les manuscrits écrivent Belliane et Beljames, et le *Journal des marches, campements, etc.*, par Vaultier, l'appelle l'abbaye des Dames de Bellion. Nous avons rétabli les noms de lieux de cette campagne d'après l'*Histoire militaire du règne de Louis le Grand* par le marquis de Quincy.

(2) Aujourd'hui Jemmapes.

vant le quartier du roi. Le quartier de M. de Luxembourg tient depuis le Dieu de Pitié jusqu'à Glain et la communication de Gumappe, et se partage, savoir : depuis le Dieu de Pitié jusqu'au Nimy, M. de Joyeuse, lieutenant général, et M. le prince de Conty, maréchal de camp; depuis Nimy jusqu'à Glain, M. de Soubise, lieutenant général, et M. le Duc, maréchal de camp; depuis Glain jusqu'à la communication de Gumappe, M. de Rubantel, lieutenant général, et le marquis de Villars, maréchal de camp.

Jeudi 22, *du camp devant Mons.* — Le roi, Monseigneur, et Monsieur firent le tour des lignes, et furent six heures à le faire en marchant un assez grand train. Ils vont le soir voir monter le bivouac; il monte cent hommes par bataillon, et cinquante maîtres par escadron. — M. de Mesgrigny, gouverneur de la citadelle de Tournay est ici, et travaille à détourner la rivière de Trouille. Si cet ouvrage réussit, comme il y a grande apparence, cela nous donnera de grandes facilités pour le siége, car c'est l'eau de la Trouille qui entretient l'inondation du côté où nous voulons attaquer la place. Il y a déjà une grande partie de notre canon arrivé et placé dans le parc de l'artillerie. Outre les pièces de batteries, nous avons soixante pièces de campagne qu'on fera tirer à barbette, la nuit, avec des boulets rouges, et on retirera ces pièces à la pointe du jour. On n'ouvrira la tranchée que samedi; mais, dès demain matin, on ouvrira un boyau qu'on appelle un dispositif, et qui est proprement une tranchée, hormis qu'on n'y monte point par bataillon. — Le roi n'est pas un moment sans travailler; car, après avoir donné ses ordres comme général, qu'il veut tous donner lui-même, il travaille comme roi aux autres affaires de son état, dont il ne néglige pas la moindre.

Vendredi 23, *du camp devant Mons.* — Le roi alla se promener au travail qu'on a commencé ce matin, qui est assez proche de la place; il y fut assez longtemps, et alla jusqu'au bout. Monseigneur et M. de Chartres étoient avec lui; heureusement qu'on n'y tira point pendant qu'ils y furent, quoiqu'on y tira assez avant qu'ils y arrivassent et après qu'ils en furent sortis. Le soir, le roi alla voir le parc de l'artillerie et monter le bivouac. Monseigneur fit le tour des lignes en dehors, depuis Gumappe jusques ici, et fit achever d'accommoder les endroits qui n'étoient pas encore dans l'état qu'il faut. — On amena au roi, à son dîner, un officier de l'artillerie des ennemis qui vouloit se jeter dans Mons par le travail qu'on a commencé ce matin. Il y avoit trois jours qu'il étoit dans le camp, et avoit fait beaucoup de tentatives pour entrer; mais tous les postes sont si bien gardés qu'il n'avoit pu y réussir. Le roi l'a fort interrogé; il dit qu'il devoit commander l'artillerie dans Mons. Il a fort assuré le roi qu'il ne prendroit pas la place sans donner bataille. Le roi lui a répondu fort froidement : « Monsieur, nous sommes ici pour cela ». — Le roi a donné le rang de colonel à tous les capitaines de son régiment des gardes, et celui qui commandera les gardes sera regardé comme colonel des gardes, et par conséquent comme premier colonel de l'armée.

Samedi 24, au camp devant Mons. — Le roi, Monseigneur et Monsieur allèrent le matin, à cheval, jusqu'au bout du travail qu'on commença hier, qui n'est qu'à la demi-portée du mousquet de la place. Vauban n'appelle pas ce travail la tranchée, quoique c'en soit une véritable, et le nomme le dispositif. Après avoir visité ce travail-là et celui que Mesgrigny fait faire pour détourner le cours de la Trouille, le roi alla visiter les derrières du quartier de M. de Luxembourg, qui est l'endroit par où l'on croit que les ennemis viendront, s'ils veulent tenter de secourir Mons, et le roi résolut de faire marcher ici l'armée que commande le maréchal d'Humières, et de la poster dans la bruyère de Casteau, ou dans une petite plaine qui est près de Saint-Guillain. Outre ces troupes-là, le roi fait encore approcher la cavalerie qui étoit dans le Luxembourg, et l'infanterie qui étoit dans Trèves, aux ordres du marquis d'Harcourt; ainsi le roi mettra dans son camp, quand il voudra, deux cent quarante escadrons et quatre-vingts bataillons. Le soir, au retour de la promenade, le roi vit monter la tranchée aux deux bataillons des gardes françoises et à un bataillon des suisses. Ces trois bataillons montent à la droite, au village de Hions; M. de Joyeuse monte comme lieutenant général, et Boisseleau pour brigadier. La gauche est à Quesine, et il y monte les deux bataillons de Navarre et le bataillon de Provence, et Congis monte comme maréchal de camp.

Dimanche 25, au camp devant Mons. — Le roi, Monseigneur et Monsieur allèrent reconnoître le pays d'ici vers Binch, et revinrent le long de la Haisne, par Avré. Le roi a voulu voir tous les endroits par où les ennemis pourront venir à lui; en revenant de sa promenade, il passa sur le mont Barizet, d'où l'on voit à revers et les travaux de la place et nos attaques. En descendant de la montagne, on lui tira quelques coups de canon. Avant que de rentrer chez lui, il vit défiler les trois bataillons du régiment du roi qui montent ce soir la tranchée à la droite, M. de Soubise, lieutenant général de jour, et Vertillac, brigadier; les deux bataillons de Champagne et celui de Saint-Laurent montent à la gauche; Montchevreuil y est comme maréchal de camp. — Le soir, le roi sentit d'assez grandes douleurs de goutte qu'il s'est attiré par se trop fatiguer; à son coucher, le prince d'Elbeuf, son aide de camp de jour, lui vint dire que nous avions chassé les ennemis d'un moulin où ils avoient cent hommes qui pouvoient fort incommoder la tranchée; le capitaine qui les commandoit s'enfuit avec la plupart de son monde, et nous prîmes ou tuâmes vingt soldats qui y demeurèrent, et n'en perdîmes pas un des nôtres.

Lundi 26, du camp devant Mons. — Le roi sent un peu

moins de douleur de sa goutte; mais il ne peut marcher qu'en chaise; il n'a pu monter à cheval aujourd'hui. A son lever, M. le prince de Turenne lui a rendu compte de la tranchée, qui est fort avancée, et nous n'avons eu que quatre ou cinq soldats blessés. A dix heures, nous avons eu une batterie de vingt pièces de canon et une de huit qui ont commencé à tirer; et un peu après, deux batteries de bombes, une de douze mortiers et l'autre de treize. Après dîner, une batterie de sept pièces a tiré encore. Monseigneur a été sur les deux heures à la tranchée, et a été jusqu'au travail le plus avancé; M. le duc de Chartres étoit avec lui. Avant que de sortir de la tranchée, il y a vu entrer les deux bataillons du régiment Dauphin et Nivernois, qui ont relevé le régiment du roi. Boufflers, lieutenant général, et le comte de Solre, brigadier, sont de jour; les régiments d'Auvergne, de Castries et de Dauphiné montent à la gauche avec Villars, maréchal de camp de jour. — La duchesse de Powis est morte à Saint-Germain; elle étoit gouvernante du prince de Galles.

Mardi 27, au camp devant Mons. — Cominges, aide de camp du roi de jour, vint rendre compte à S. M., à son lever, de ce qui s'est passé cette nuit à la tranchée. Nous avons poussé le travail jusqu'à quinze ou vingt toises des ouvrages qu'on attaqua; nous n'avons eu qu'un ingénieur et cinq ou six soldats blessés. Le roi, malgré sa goutte, a voulu monter à cheval, et est allé droit à la tranchée; il n'a mis pied à terre que vis-à-vis de la batterie. Ensuite il a visité tout le travail qu'on a fait et a été aux travaux les plus avancés. Il ne s'est pas contenté de cela, et, pour mieux voir, il s'est montré fort à découvert; il s'est même mis fort en colère contre les courtisans qui l'en vouloient empêcher, et a monté sur le parapet de la tranchée, où il a demeuré assez longtemps. Il étoit aisé aux ennemis de reconnoître son visage, tant il étoit près. M. le Grand, qui étoit près de lui, a été renversé de la terre du parapet que le canon a percé, et en a été tout couvert sans en être blessé pourtant. L'après-dînée, le roi a vu monter la tranchée aux deux bataillons de la reine, qui vont à la droite avec Rubantel, lieutenant général de jour, au régiment de Poitou et à un bataillon de Porlié, qui vont à la gauche avec M. du Maine, maréchal de camp de jour; au régiment de Touraine et à un bataillon de Stoppa, qui vont au Rivage. C'est une manière de fausse attaque, qui peut-être deviendra la bonne, et qui est à la gauche de la gauche; le brigadier y monte, et c'est le marquis de Créquy qui est de jour.

Mardi 28, *du camp devant Mons.* — Le roi travailla tout le matin avec ses ministres, comme il a accoutumé de faire à Versailles; l'après-dînée, il a été voir monter la tranchée. Les deux bataillons des vaisseaux sont à la droite avec M. Rose, lieutenant général de jour; le régiment de Guiche et un bataillon de Greder sont à la gauche avec M. le Duc, maréchal de camp de jour, et les deux bataillons de Royal-Roussillon sont à la tranchée du Rivage avec M. de la Roche-Guyon, brigadier de jour. Le roi alla ensuite voir les nouvelles lignes que l'on a faites au quartier de M. le prince de Conty. Ces lignes occupent toutes les hauteurs qui regardent vers l'abbaye de Saint-Denis et le long de la Haisne, et nous pourrions mettre une armée entre cette ligne-là et la première que nous gardons toujours. — On devoit envoyer ce soir un parti de 500 chevaux de la maison du roi et de la gendarmerie vers Bruxelles, commandé par Druy; mais cela a été changé; on envoie seulement cinquante chevaux pour avoir des nouvelles. — On dit que le prince d'Orange doit arriver à Bruxelles aujourd'hui ou demain, et qu'il a donné rendez-vous à toutes ses troupes à Notre-Dame de Hall pour le 6 d'avril. — Nous avons eu, la nuit passée, un capitaine des bombardiers tué et cinq ou six soldats, et environ vingt de blessés. Notre travail est présentement au bord du fossé de la demi-lune et de l'ouvrage à corne, qu'on veut embrasser encore davantage avant que de l'attaquer.

Jeudi 29, *au camp devant Mons.* — Le chevalier de Nogent est venu ce matin, au lever du roi, lui rendre compte de la tranchée ; on a poussé cette nuit le travail vers la branche gauche à notre égard de l'ouvrage à corne, et l'on travaille à de nouvelles batteries. Le fossé de l'ouvrage à corne est plus large et plus profond qu'on ne l'avoit cru d'abord ; nous avons eu cette nuit quarante hommes tués ou blessés. Sur les dix heures du matin, Mesgrigny, qui niveloit à la gauche de tout, où il faisoit travailler à l'écoulement des eaux, a été blessé d'un coup de canon qui lui a effleuré les deux bras ; il n'y a point de chair emportée, mais les contusions sont grandes, et la blessure est assez considérable pour le mettre hors d'état de servir à ce siége ; on le fait porter à Tournay. Après son dîner, le roi a vu monter la tranchée aux régiments de Vermandois et de Toulouse à la droite, avec M. de Vendôme, lieutenant général ; au régiment du Perche et à un bataillon des fusiliers à la gauche, avec M. le prince de Conty, maréchal de camp ; et à deux bataillons de Stoppa, qui vont à la tranchée du Rivage, avec d'Avejan, brigadier ; ensuite S. M. a été visiter les lignes du quartier de MM. de Vendôme et les bords de la Trouille. M. le comte de Toulouse a monté la tranchée à la tête de son régiment, mais le roi n'a pas voulu qu'il y passât la nuit.

Vendredi 30, *au camp devant Mons.* — Nous n'avons pas eu beaucoup de gens blessés cette nuit ; mais, ce matin, le feu des ennemis s'est réveillé, et ils nous ont tué un lieutenant de grenadiers et huit ou dix soldats qui travailloient à la sape. On a commencé à jeter des fascines dans le fossé, et il est plus qu'à demi comblé. Le roi a vu monter la tranchée aux deux bataillons de Greder-Allemand qui vont à la droite avec M. de Joyeuse, lieutenant général ; à deux bataillons de Porlié qui vont à la gauche avec M. le grand Prieur, maréchal de camp ; et à deux bataillons de Greder-Suisse qui vont au Rivage avec le colonel Stoppa, brigadier. — Le roi a appris aujourd'hui que la ville et le château de Villefranche s'étoient rendus à M. de Catinat. Nous n'avons eu que quatre ou cinq soldats de blessés à cette affaire-là, et le duc de la Ferté, brigadier, a été blessé à la tête et à la mamelle d'un éclat d'une de nos bombes. — Malgré toutes les occupations du siége, le roi tient tous ses conseils à l'ordinaire, et donne ordre à toutes les affaires de l'État, comme s'il étoit à Versailles.

Samedi 31, *au camp devant Mons.* — Le roi ne sortit point le matin ; Monseigneur alla à la tranchée, et il y fit de grandes libéralités, à son ordinaire. Quand le roi y fut, il y a trois jours, il donna 500 pistoles aux soldats ; Monseigneur en a donné aujourd'hui 300. Nous avons pris cette nuit la contre-garde tenaillée et la demi-lune. Vauban a dit au roi que, s'il étoit pressé de prendre Mons, on pouvoit dès aujourd'hui se rendre maître de l'ouvrage à corne ; mais, puisque rien ne pressoit, il valoit mieux encore attendre un jour ou deux et lui sauver du monde. Nous avons perdu peu de gens dans la nuit et dans la journée ; la huitième garde de tranchée a monté ce soir, et nous n'avons pas encore cent cinquante hommes à l'hôpital. On a changé aujourd'hui les gardes de la tranchée ; il n'y a plus que deux attaques, car la droite et la gauche se sont jointes devant l'ouvrage à corne. — Le roi a vu, après dîner, monter trois bataillons des gardes de ce côté-là avec M. de Boufflers, lieutenant général de jour, parce que M. de Soubise est malade, et Polastron pour brigadier. Les régiments de Solre et de Provence ont monté au Rivage avec Congis, maréchal de camp de jour.

Dimanche 1er *avril, au camp devant Mons.* — Le matin, le roi alla voir arriver dans le camp dix-huit bataillons qui étoient avec M. le maréchal d'Humières. Ils ne monteront point la tranchée ici ; les cinquante-un qui y étoient sont suffisants pour achever le siége ; ceux-ci ne sont qu'en cas que le prince d'Orange veuille tenter de secourir la place. Après dîner, le roi reçut un billet de M. de Vauban qui lui mandoit qu'on avoit fait le passage du fossé de l'ouvrage à corne, et que, s'il vouloit lui envoyer six compagnies de grenadiers, il prendroit son temps pour le faire attaquer. Le roi vit les trois bataillons des gardes suisses qui alloient monter la tranchée avec Rubantel, qui alloit entrer lieutenant général de jour, et Reynold, lieutenant-colonel des gardes suisses, comme brigadier des Suisses, et les deux bataillons de Navarre, qui vont monter au Rivage avec Polastron, brigadier de jour. Le maréchal de camp qui devoit monter hier à cette attaque-là a prié le roi de trouver bon qu'il montât à la grande attaque ; ainsi ils y demeureront toujours ; on ne laissera qu'un brigadier à celle-ci. Après avoir vu monter la tranchée, le roi alla voir les changements qu'on fait dans le camp pour les nouvelles troupes qui sont arrivées aujourd'hui. Pendant sa promenade, on lui vint dire qu'on avoit empêché les Suisses de monter la tranchée, et que les gardes-françoises avoient attaqué l'ouvrage à corne. Peu de temps après, M. de Turenne arriva, qui rendit compte au roi de ce qui s'est passé en cette occasion. D'abord les deux compagnies de grenadiers de garde sont entrées dans l'ouvrage, et en ont chassé les ennemis ; mais ensuite le grand feu qu'ils ont fait des demi-lunes du rempart et du chemin couvert a inquiété nos soldats ; et les ennemis revenant à eux dans ce temps-là, ils se sont retirés un peu vite, quoi que les officiers aient pu faire pour les arrêter. Les ennemis sont entrés dans l'ouvrage à corne, et en sont demeurés maîtres. Nous avons perdu assez de monde à cette affaire-là :

Officiers aux gardes. Beauregard, capitaine des grenadiers, tué (1) ; le chevalier de Saillant, pris ou tué ;

---

(1) « M. de Beauregard fut fait prisonnier : comme on n'en eut aucune

Boissy, fort blessé; Brisard, blessé; la Pradence, tué; Contades, fort blessé; le comte de Hautefort, blessé de plusieurs coups; Vaurouy, fort blessé; Dujardin, aide-major, blessé.

M. de Boufflers, qui commandoit, a été blessé d'un coup de mousquet à côté de l'oreille. Le chevalier d'Estrades est mort ou pris. Le marquis de Coigny, aide de camp de Monseigneur, blessé d'un coup de mousquet à la jambe. Le marquis de Pluvau le fils, blessé. Longueuil, aide de camp de Monsieur, blessé. Sainte-Maure, blessé très-légèrement. Cormaillon, blessé légèrement; et c'est lui, du consentement de tout le monde, qui est entré le premier dans l'ouvrage à corne. Le duc de Montfort a eu un coup de mousquet à la tête; on croit qu'il faudra le trépaner.

Lundi 2, au camp devant Mons. — Ce matin, sur les onze heures, le roi a fait attaquer l'ouvrage à corne par les trois compagnies de grenadiers du régiment du roi, les deux du Dauphin, les deux des vaisseaux et celle de Toulouse avec cent cinquante de ses mousquetaires, commandés par Maupertuis, Rigauville et Artagnan, pour soutenir les grenadiers en cas qu'ils fussent repoussés. Les ennemis se sont fort bien défendus, mais enfin ils ont été chassés de l'ouvrage, et nous nous y sommes établis. Notre canon et nos bombes ont été fort bien servis durant l'attaque, et les régiments des gardes suisses, qui étoient à la tranchée, ont fait un furieux feu. Presque tous les officiers des grenadiers ont été tués ou blessés, et nous avons perdu quelques mousquetaires, qui ont voulu aller jusqu'à la palissade de la demi-lune qui est derrière l'ouvrage à corne. Le fils aîné de M. de Courtenay, qui étoit mousquetaire, a été tué (1). Le roi et Monseigneur étoient à cheval

---

nouvelle, on le crut tué jusqu'à la fin du siége, ce qui fit qu'on vendit son équipage. » (*Histoire militaire de Louis le Grand*, par Quincy.)

(1) « Il eut la jambe cassée, et, voulant repasser la palissade, il reçut un coup

au-dessus de la tranchée à voir l'attaque. Ensuite le roi est allé au quartier de M. de Luxembourg, où il fait tracer une nouvelle ligne vers Nimy, comme il y en a déjà de faites au quartier de M. de Joyeuse et de M. le prince de Conty. Les trois derniers bataillons des gardes ont relevé les Suisses. M. Rose entre lieutenant général de jour, et Villars maréchal de camp. Les deux bataillons de Champagne et celui de Castres montent au Rivage avec le comte de Solre, brigadier.

Mardi 3, au camp devant Mons. — Nous n'avons eu que deux ou trois blessés cette nuit; les ennemis tirent fort peu. Nous avons fait un logement dans l'ouvrage à corne qui communique d'une tranchée à l'autre. Le petit Vizé, officier aux gardes, a été blessé à la joue ce matin. Le roi, après son dîner, a vu monter la tranchée aux trois bataillons du régiment du roi. M. de Vendôme entre de jour comme lieutenant général, et M. du Maine comme maréchal de camp; le régiment d'Auvergne et deux bataillons de Greder montent au Rivage avec le marquis de Castries, brigadier. Après avoir vu défiler les régiments, le roi est allé avec Monseigneur, Monsieur et M. de Chartres, qui le suivent toujours, à la tranchée de la gauche, où il ne monte plus personne à cette heure; il y est demeuré longtemps à voir à revers les deux demi-lunes que nous allons attaquer présentement, et qui commencent à être fort déchirées de notre canon. On avance toujours nos batteries; on a trouvé un chemin ferré pour conduire notre canon dans l'ouvrage à corne, ce qui facilite beaucoup la batterie qu'on y veut établir. A sept heures, le roi est allé voir monter le bivouac. — On ne

---

de mousquet au travers du corps, qui le fit tomber. Il voulut faire un effort dans ce moment pour se relever, et reçut un autre coup de mousquet dans la tête dont il mourut. » (*Mercure* d'avril, p. 271). Louis Gaston, prince de Courtenay, tué au siége de Mons à l'âge de vingt-deux ans, descendait de la maison royale de France par Pierre de France, seigneur de Courtenay, septième fils de Louis le Gros.

sait rien du prince d'Orange d'assuré; les uns disent qu'il est à Anvers et les autres à Bruxelles. — Il est entré un homme dans la place pendant que le roi étoit à la tranchée; il s'y est jeté habilement et de bonne grâce.

Mercredi 4, du camp devant Mons. — Nous n'avons eu que deux blessés cette nuit; et, comme les ennemis ne tirent quasi point, on avance fort le travail que l'on fait. Le roi, après son dîner, a vu monter la tranchée aux deux bataillons du Dauphin et à celui du Perche. Monseigneur a salué le roi à la tête de son régiment; M. de Joyeuse est lieutenant général de jour et M. le Duc maréchal de camp. A l'attaque du Rivage, M. d'Avejan est brigadier de jour, et avec lui les régiments de Poitou, de Saint-Laurent et du Dauphiné. — Le roi a eu nouvelle que le prince d'Orange étoit à Vilvorde et s'approchoit de Bruxelles. Le roi fait venir M. le maréchal d'Humières à Saint-Guillain avec les trente-huit escadrons qu'il a. On a envoyé ordre aussi à toute la cavalerie qui étoit destinée à servir à ce siége-ci, mais qu'on avoit laissée dans les places, de s'approcher d'ici, et on a marqué le camp pour toutes ces troupes-là dans les lignes. — M. le marquis de Sessac*, qui a eu permission de revenir en France, a passé dans l'armée de M. le maréchal d'Humières, s'en allant à Paris; il y a longtemps qu'il étoit exilé.

---

* Sessac avoit été maître de la garde-robe et grand joueur, et ç'avoit été là son unique métier, ce qui l'avoit fort répandu dans le monde; mais il n'étoit pas fidèle, et gagnoit à toutes mains : l'esprit, l'adresse et l'effronterie le soutenoient; bon homme d'ailleurs et de la maison de Clermont-Lodève, dont il fut le dernier. Il étoit déjà beaucoup plus que soupçonné, lorsqu'à un gros reversi où il jouoit avec le roi, un ministre vint parler au roi, qui donna son jeu à tenir au maréchal de Lorges et ne revint point. Sessac crut en avoir bon marché; mais le maréchal le prit sur le fait à un fort gros coup, et se crut obligé de le dire au roi le soir même. Cette affaire combla la mesure : il eut ordre de se défaire de sa charge et de s'en aller chez lui, d'où, quelque temps après, il eut permission d'aller en Angleterre, où il demeura longtemps, et gagna beaucoup d'argent.

Jeudi 5, au camp devant Mons. — Nous avons poussé notre travail cette nuit sur le bord de l'avant-fossé de la demi-lune, à la droite, et nous avons comblé l'avant-fossé de la demi-lune gauche à notre égard. Nous avons eu fort peu de blessés; les ennemis ne tirent quasi plus de leur chemin couvert. Le régiment de la reine et de Toulouse ont monté la tranchée avec M. de Soubise pour lieutenant général et M. le prince de Conty pour maréchal de camp; à l'attaque du Rivage, M. de Rebé y étoit comme brigadier avec les bataillons du Royal-Roussillon et de Guiche. — Le roi a reçu nouvelles sûres que le prince d'Orange étoit en deçà de Bruxelles et venoit camper ce soir à Notre-Dame-de-Hall. On ne sait pas combien de troupes il a encore avec lui; on sait seulement que celles de Brandebourg, de Zell et de Liége y sont. — Le roi a fait tout le tour des lignes; on a comblé les premières qu'on avoit faites à Nimy, et on les a portées plus loin. Outre cela, on a retenu les eaux qui font une petite inondation de ce côté-là. Le roi a fait mener beaucoup d'artillerie au quartier de M. de Luxembourg. Le roi, en faisant le tour des lignes, a passé à l'hôpital pour voir si l'on avoit bien soin des blessés et des malades, si les bouillons étoient bons, s'il en mouroit beaucoup, et si les chirurgiens faisoient bien leur devoir. Toute la cavalerie qui étoit à Maubeuge, à Landrecies et au Quesnoy, est entrée aujourd'hui dans le camp. — L'abbé de Feuquières*, qui avoit soixante et dix ans passés, et qui étoit venu par curiosité pour voir le siége, tomba malade dans la tranchée en arrivant; on le porta le lendemain à Valenciennes, et il y est mort ce matin.

* Cet abbé de Feuquières étoit un oncle de Feuquières et de Rebenac, fort dans le monde autrefois, et qui s'étoit mis toute sa vie sur le pied de suivre le roi à l'armée, où le roi, pour la singularité, le traitoit bien, et le voyoit rarement ailleurs.

Mercredi 6, du camp devant Mons. — Nous n'avons eu

que trois ou quatre blessés cette nuit, et nous avons comblé l'avant-fossé de la demi-lune de la gauche; ce matin, nous avions huit compagnies de grenadiers commandées pour faire le logement de la contrescarpe, mais nous n'en avons eu nul besoin, car les ennemis ont abandonné le chemin couvert, et nous avons fait un grand logement appuyé contre la palissade, sans avoir perdu personne; et cette après-midi, nous avons ouvert des sapes pour entrer dans le chemin couvert. Nous n'étions pas si avancés sur la droite, mais le roi a appris ce soir, à son coucher, par M. le prince d'Elbeuf, son aide de camp de jour, que l'avant-fossé étoit comblé. — Ce matin, à neuf heures, M. de Lostanges, enseigne des gardes du corps, a été tué d'un coup de mousquet en portant des fascines. — M. de Mézières, qu'on avoit envoyé hier à la guerre du côté de Bruxelles, a rapporté qu'il avoit vu cette nuit, à deux heures du matin, les feux de l'armée du prince d'Orange qui est campé à Hall. Depuis cela, il nous est venu des rendus qui assurent qu'elle n'a pas marché aujourd'hui, et M. Rose, qui est de ce côté-là avec 1,000 chevaux, a mandé ce soir au roi que les ennemis faisoient accommoder les chemins vers Enghien, vers Braine-le-Comte et vers les Écossines; ainsi on ne sait pas encore par où ils marcheront. M. de Rubantel et M. le grand Prieur sont entrés de jour avec les deux bataillons des vaisseaux et celui de Vermandois; le marquis de Créqui est à l'attaque du Rivage avec les bataillons de Touraine, de Nivernois et un des fusiliers. Le roi a été, après dîner, sur la digue de Gumappe, où il avoit donné rendez-vous à M. de Luxembourg. — Les 3,000 chevaux que le chevalier de Gassion amène de Trèves sont arrivés aujourd'hui dans le camp. — M. le maréchal d'Humières est venu ce soir prendre l'ordre du roi; il lui a dit qu'il le feroit entrer dans les lignes quand il seroit à propos, mais que rien ne pressoit encore; il est campé à Bossu avec trente-huit escadrons. — Le roi a donné l'enseigne des gardes qu'avoit

Lostanges à Castan, le plus ancien des exempts de la compagnie, et il a donné la place d'exempt au fils de Druy; et le roi a donné au fils de Lostanges, capitaine dans le régiment de Nassau, la lieutenance de roi que S. M. avoit donnée à son père il y a trois ou quatre mois.

Samedi 7, du camp devant Mons. — Nous nous sommes logés cette nuit sur la palissade de la demi-lune à notre droite, comme nous étions logés sur la palissade à la gauche. — Monseigneur le Dauphin a vu monter la tranchée, est entré dans la demi-lune et dans l'ouvrage à corne, a passé l'avant-fossé, et a vu le logement que nous avons sur la contrescarpe. L'après-dînée, le roi a résolu de faire marcher demain M. de Luxemboug avec 14 ou 15,000 chevaux, dix compagnies de grenadiers et quelques pièces de canon pour aller incommoder la marche de l'armée du prince d'Orange. M. Dauger et M. Rose sont les lieutenants généraux qui marchent avec M. de Luxembourg; Rose est dejà devant, il y a deux jours, avec 1,000 chevaux. Il y a aussi quatre maréchaux de camp commandés pour ce détachement, qui sont Vatteville, M. du Maine, M. le Duc et M. le prince de Conty. Le roi a choisi le marquis de Créqui pour commander les dix compagnies de grenadiers. — On a eu nouvelles, ce soir et à midi, que les ennemis n'ont point encore marché; mais on dit dans leur armée qu'ils marcheront demain. — M. le duc de Vendôme et M. de Congis sont de jour avec les trois bataillons de Porlié; à l'attaque du Rivage sont les trois bataillons de Stoppa.

Dimanche 8, au camp devant Mons. — On commence à jeter des fascines dans le fossé de la demi-lune à gauche, qui est plus en dommage que l'autre; nous n'avons eu cette nuit qu'un capitaine suisse et quelques soldats blessés. M. Rose est revenu; il a laissé 300 chevaux dehors, et le prince d'Orange ne fera point de mouvement qu'on n'en soit averti. Ce matin, à six heures, il étoit encore campé à Hall; ainsi apparemment il ne marche point aujourd'hui. — Le roi, en sortant de son dîner, est allé voir monter la tranchée aux trois bataillons des gardes françoises. M. de Joyeuse et le chevalier de Montchevreuil entrent de jour. Ensuite le roi a marché pour aller voir monter la tranchée à l'attaque du Rivage, et en chemin M. le marquis de Chavigny lui est venu dire, de la part de M. de Vendôme, que les assiégés avoient battu la chamade, et qu'ils alloient envoyer des otages au roi; ensuite M. le prince d'Elbeuf les a amenés au logis du roi. — Il est arrivé ce matin un courrier de M. de Catinat qui a apporté au roi la nouvelle de la reddition de la ville et du château de Nice. Nous n'avons perdu que vingt-cinq ou trente soldats à ce siége-là; nos bombes ont fait sauter les deux magasins qui étoient dans le château, et c'est ce qui a obligé le comte de Frosasque, qui en étoit le gouverneur, à capituler; le château n'a duré que trois jours, et la ville s'est rendue tout d'abord.

Lundi 9, au camp devant Mons. — Les otages qui vinrent hier trouver le roi n'avoient point apporté d'articles de capitulation; le roi les renvoya hier au soir avec le prince d'Elbeuf, et lui donna des articles et ordre de dire au gouverneur que, s'il ne les signoit tels que le roi les envoyoit, on alloit recommencer à tirer. Le prince d'Elbeuf a passé la nuit dans la ville à disputer avec le gouverneur, qui, enfin, a signé tout ce que le roi vouloit; il livrera aujourd'hui une porte à midi, et demain à pareille heure, la garnison sortira. Le roi a donné le gouvernement de Mons à Vertillac, brigadier d'infanterie et lieutenant-colonel du régiment Dauphin. Bonnet, major du régiment de la reine, a été fait lieutenant de roi, et Villefort, qui étoit major de Valenciennes, sera major de Mons. Le roi a donné ce matin à Vauban 100,000 francs, et l'a prié à dîner*, honneur dont il a été plus touché que de l'argent; il n'avoit jamais eu l'honneur de manger avec le roi. S. M. a aussi donné 2,000 pistoles à Vigny, qui commandoit l'artillerie. A midi, nous avons pris possession de la porte de Bertamont, qui étoit le côté de l'attaque. Le roi, après son dîner, a fait la revue du détachement de cavalerie qu'avoit amené Gassion; ensuite il a été entre Bossu et Saint-Guillain voir les trente-huit escadrons qu'avoit amenés le maréchal d'Humières; puis il a repassé à la tête de la ligne et a vu les troupes en bataille, c'est-à-dire celles qui sont campées depuis Gumappe jusqu'à la Trouille; il verra demain le reste de la cavalerie, qui est au quartier de M. de Luxembourg. Le roi remonta à cheval à sept heures, et s'alla mettre sur une hauteur pour voir les trois décharges qu'il fit faire à l'infanterie en réjouissance de la prise de Nice.

* Il falloit un grade très-élevé aux gens de fortune pour manger avec le roi. On voit ici que Vauban, qui étoit lieutenant général et l'âme de ses siéges, n'y avoit jamais mangé. Il falloit, sans grade, une qualité distinguée, et à peine la plus distinguée y étoit-elle admise dans les grades subalternes, et jamais dans les plus subalternes. C'étoit à peu près de même pour Monseigneur, et un peu moins pour messieurs ses enfants, mais rien, à cent piques près, de la confusion qui s'introduisit tout d'abord à la table de Louis XV, où le même titre, en qui que ce fût qui excluoit des autres, devint titre d'admission à celle-là, qui est la domesticité des princes du sang, d'où on ne put après s'empêcher de l'accorder à tout le monde.

Mardi 10, au camp devant Mons. — Le roi fit la revue de la cavalerie qui étoit campée depuis la Trouille jusqu'à la communication de Gumappe, sous les ordres de M. de Luxembourg. Monseigneur alla voir sortir la garnison de la place; il passa devant lui près de 5,000 hommes de différentes troupes; celles de Brandebourg et de Suède étoient fort belles, celles de Hollande médiocres, et les Espagnoles fort mauvaises. Le gouverneur salua Monseigneur de l'épée et sans mettre pied à terre; il lui dit qu'il étoit bien fâché de n'avoir pu tenir plus longtemps, afin de contribuer davantage à la gloire du roi. Le colonel Fagel, Hollandois, après avoir salué Monseigneur à la tête de son régiment, vint lui faire la révérence, et se tint toujours auprès de lui pendant que l'infanterie défila. — Le roi a donné six pièces de canon à la garnison, et conserve tous les priviléges aux bourgeois, hors d'avoir les clefs de la ville. — Nos bombes et notre canon ont fait un désordre si furieux dans la ville, que plus de la moitié des maisons sont brûlées ou renversées. — Beauregard, capitaine des grenadiers des gardes, et le chevalier d'Estrades, qu'on avoit cru tués à la première attaque de l'ouvrage à corne, étoient prisonniers dans la ville, et en bonne santé : le chevalier d'Estrades blessé fort légèrement; mais on n'a point retrouvé le chevalier de Saillant.

Mercredi 11, *du camp devant Mons.* — Le roi a donné 2,000 pistoles à M. de Mesgrigny; il lui en avoit déjà envoyé 300 le jour qu'il fut blessé; il a fait beaucoup d'autres libéralités dans le camp. Il a donné 600 pistoles aux religieuses de l'abbaye de Bethléem, où il a logé durant le siége. Il a fait l'après-dînée le tour de la place sur les remparts, et n'est pas entré dans la ville; ensuite il est allé faire la revue de son régiment. Plus de 500 soldats de la garnison qui est sortie de Mons ont pris parti dans nos troupes, et nous n'en avions pas perdu 500 au siége. Le roi renvoie toutes les troupes dans leurs quartiers. — M. le maréchal d'Humières s'en va tenir les États de Lille; M. de Boufflers demeurera pour quelque temps dans Mons, qui est, comme les autres villes conquises, sous l'autorité du gouverneur général de Flandre; le maréchal d'Humières a son congé pour revenir à Paris, quand il aura tenu les États, et conserve à M. de Boufflers le commandement dans tout ce pays-ci. M. de Luxembourg, M. de la Feuillade et tous les officiers généraux s'en retournent à Versailles. — J'ai appris que, durant le siége, le roi avoit été un peu en colère contre M. de Louvois de l'opiniâtreté avec laquelle il avoit voulu que les commissaires des guerres marquassent le camp de la cavalerie, qu'on fit entrer dans les lignes ces jours passés. Ce soin regardoit naturellement le maréchal des logis de la cavalerie, et le roi vouloit que cela se fît dans les formes ordinaires.

Jeudi 12, *au Quesnoy.* — Le roi est parti ce matin du camp de Bethléem, est venu dîner à Bavay, et est arrivé ici sur les quatre heures. — M. de Louvois est demeuré à Mons pour quelques jours. — Le duc de la Ferté est arrivé ce matin avant que le roi fût parti du camp; M. de Catinat l'a envoyé au roi pour lui apporter le détail de la prise de Nice. On a laissé dans cette place-là le chevalier de la Fare pour y commander et dans Villefranche et dans tous les forts qui sont à l'entour. — M. de Luxembourg a eu des nouvelles de l'armée du prince d'Orange, et M. le Duc les a dit au roi de sa part. Ces nouvelles portent que le prince d'Orange séparoit toutes ses troupes, et que celles de Brandebourg et de Hollande, s'étant querellées, en étoient venues aux mains; que leurs officiers avoient eu beaucoup de peine à empêcher le désordre, et qu'il y avoit eu assez de monde tué de part et d'autre. — Le roi a eu nouvelles de Rome que nos cardinaux entrèrent au conclave le 27 du mois passé; ils sont tous en fort bonne intelligence, et mandent au roi qu'ils croient pouvoir répondre de trente-trois voix. Le cardinal Spinola, évêque de Lucques, qui étoit un sujet fort papal, est mort; il y a encore un cardinal de ce nom-là.

Vendredi 13, *à Saint-Quentin.* — Le roi est parti du Quesnoy ce matin, est venu dîner au village de Maré, et est arrivé ici à cinq heures. M. de Louvois lui a mandé ce matin qu'il étoit venu cinquante soldats espagnols se rendre tous ensemble, qui confirment la querelle qu'il y a eu entre les soldats hollandois et les brandebourgeois. Ils assurent que M. de Castanaga n'a voulu voir personne depuis la prise de Mons, et que tous les autres soldats espagnols veulent tous s'en retourner en Espagne. — Beaucoup de gens ont demandé au roi le grand bailliage de Hainaut; mais il n'a point voulu en disposer. — Le roi a donné une commission de colonel à M. Bielk, Suédois, neveu du maréchal Bielk, qui a été ambassadeur en France; il est capitaine dans le régiment Royal-Allemand, et revient présentement de Poméranie, où il a laissé son oncle. Il a trouvé en arrivant que le roi lui avoit fait cette grâce en son absence.

Samedi 14, à Compiègne. — Le roi vint dîner de Saint-Quentin à Magny, dans le château; il arriva à Compiègne sur les cinq heures. Il trouva madame de Maintenon et les princesses déjà arrivées. Madame de Maintenon est venue seule dans sa calèche; madame la Duchesse a emmené madame de Caylus, et madame la princesse de Conty amena mademoiselle de Lislebonne; mademoiselle de Blois n'est point venue. Le soir, le roi mangea avec les princesses, Monseigneur, Monsieur et M. de Chartres. M. de Louvois manda au roi qu'il continue à venir beaucoup de déserteurs de l'armée du prince d'Orange, qu'il sépare ses troupes, et qu'on dit qu'il veut retourner en Angleterre.

Dimanche 15, jour de Pâques, à Compiègne. — Le roi entendit la grand'messe à la paroisse, vêpres à Saint-Corneille (1), et le salut à la paroisse; entre vêpres et le salut,

---

(1) « L'après-dînée, S. M., qui avoit fait avertir les religieux Bénédictins de l'abbaye de Saint-Corneil, de la congrégation de Saint-Maur, qui est l'église principale de la ville, qu'elle iroit y entendre vêpres, s'y rendit sur les deux heures, accompagnée de toute la cour. Le P. prieur, revêtu d'une chappe, avec les chantres et les autres officiers, l'alla recevoir à la tête de sa communauté, à la porte de l'église, où il lui présenta une croix précieuse de l'empereur Charlemagne, dans laquelle il y a une partie très-considérable de la vraie croix. Le roi, s'étant mis à genoux, la baisa avec sa dévotion ordinaire; après quoi, ayant été conduit à la place qu'on lui avoit préparée dans le chœur, il entendit les vêpres, qui furent chantées solennellement, et à la fin desquelles on vint encenser S. M. Pendant tout le temps qu'elles durèrent, elle donna des marques de sa solide piété et de la vénération qui est due à ce saint jour, en se joignant avec les religieux pour chanter à haute voix les louanges de Dieu, aussi bien que monseigneur le Dauphin et plusieurs seigneurs de la cour. Les vêpres finies, le P. prieur, avec toute sa communauté, reconduisit ce monarque hors de l'église. S. M. se recommanda à leurs prières en les quittant, et fit distribuer de grandes aumônes. (*Mercure* d'avril, p. 341-342.)

il fut deux heures dehors à la chasse. — Madame de Montespan a été quelques jours à Clagny et s'en est retournée à Paris, et elle dit qu'elle n'a point absolument renoncé à la cour; qu'elle verra encore le roi quelquefois, et qu'à la vérité on s'est un peu hâté de faire démeubler son appartement; mademoiselle de Mortemart demeurera avec mademoiselle de Blois, et le roi lui donne 1,000 écus de pension. — Les nouvelles de Hongrie portent que les Turcs commencent déjà à paroître auprès d'Eszek, et qu'on ne doute pas qu'ils n'en forment le siége au commencement de la campagne; d'un autre côté, ils ont déjà assiégé la Valone, que les Vénitiens avoient prise l'année passée.

Lundi 16, *à Luzarches.* — De Compiègne, le roi est venu coucher ici, et a fort chassé en chemin. Monsieur est allé dîner à Chantilly et coucher à Paris, où Madame a demeuré pendant le voyage. — Fontenelle a été choisi par MM. de l'Académie françoise pour remplir la place de M. de Villayer; le roi l'a agréé. — Le roi et Monseigneur n'ont point fait leurs dévotions à Compiègne; ils attendent à les faire qu'ils soient arrivés à Versailles. — M. de Louvois est parti de Mons, et l'on a fait remarcher dans leurs quartiers la cavalerie et l'infanterie qu'on avoit laissées camper sous la place; on travaille fort à en réparer les fortifications; elles seront bientôt rétablies.

Mardi 17, *à Versailles.* — Le roi arriva ici sur les quatre heures; il trouva au bas de son degré les enfants de France, Madame, qui revint de Paris pour le voir, les princesses, toutes les dames, et tout ce qui étoit resté à Paris de courtisans. — Les officiers destinés à servir en Allemagne ne sont point encore partis. — Le roi et la reine d'Angleterre vinrent ici sur les six heures. — Il est venu nouvelle au roi que le prince d'Orange étoit repassé en Angleterre. — Monseigneur ne reprendra point le deuil de madame la Dauphine; l'année est presque finie.

Mercredi 18, *à Versailles.* — Le roi dîna de bonne heure, et alla tirer. Monseigneur ne sortit point de tout le jour. On a déjà chanté le *Te Deum* pour la prise de Nice, et, mercredi prochain, on le chantera pour la prise de Mons.

Jeudi 19, *à Versailles.* — Le roi, après son dîner, alla voir le roi et la reine d'Angleterre. Monseigneur alla courre le cerf avec les chiens de M. le duc du Maine. — Le roi a déclaré qu'il ne vouloit point être harangué, ni par le parlement, ni par aucun corps. — M. le maréchal de Lorges a ordre de partir, la semaine qui vient, pour aller commander l'armée d'Allemagne.

Vendredi 20, *à Versailles.* — Le roi dîna à son petit couvert, et alla tirer. Monseigneur voulut aller à Saint-Germain voir le roi d'Angleterre, mais il étoit allé à Paris pour voir Monsieur. Ainsi Monseigneur demeura ici, donna à dîner chez lui à madame la princesse de Conty, et puis [ils] allèrent se promener à Trianon. — M. de Sessac a eu permission de revenir à la cour, et a salué le roi. — C'est aujourd'hui le bout de l'an de madame la Dauphine; mais, comme on est dans la semaine de Pâques, on a remis le service, et il ne se fera que de lundi en huit jours.

Samedi 21, *à Versailles.* — Le roi alla à vêpres, et puis se promena en carrosse avec les dames. Lui et Monseigneur se sont confessés ce soir pour faire leur bon jour demain. — Madame de Lancosme mourut aujourd'hui à Paris.

Dimanche 22, *à Versailles.* — Le roi et Monseigneur firent leur bon jour; ils allèrent à vêpres et au salut. — Le roi a donné à l'abbé de Pas de Feuquières la meilleure des abbayes qui vaquoient par la mort de M. l'archevêque de Rouen, et l'abbaye qu'avoit son oncle, l'abbé de Feuquières, a été donnée à l'abbé de Grancey, neveu de l'archevêque de Rouen. Ces deux abbayes sont à peu près de même revenu, et le roi a fait ce changement-là pour montrer qu'il ne veut point que les bénéfices se perpétuent dans les familles. L'autre abbaye, qu'avoit le feu archevêque de Rouen, a été donnée au fils de Villacerf; et l'abbé de Maulevrier-Langeron, qui étoit aumônier de feue madame la Dauphine, a eu une abbaye en Bourgogne, qu'on reprend à l'abbé de Feuquières en lui donnant celle de l'archevêque de Rouen.

Lundi 23, *à Versailles.* — Depuis que le roi est revenu de Mons, il a recommencé à tenir tous ses conseils comme il a toujours fait. Ce devoit être aujourd'hui un conseil de dépêches; mais, comme il a beaucoup d'affaires importantes, il a voulu que ce soit un conseil royal, où il n'y a que les ministres qui y entrent. — Monseigneur courut le cerf le matin, revint dîner ici, et puis alla à Saint-Germain voir LL. MM. BB.

Mardi 24, *à Versailles.* — Le roi dîna à son petit couvert, et alla tirer. Monseigneur alla à Paris avec madame la princesse de Conty pour voir le nouvel opéra de *Coronis*; la musique en est de Théobald.

Le roi a fait dix maréchaux de champ, qui sont : MM. Dubourg, maréchal des logis de la cavalerie; le duc de Roquelaure; le marquis de Créqui; le prince d'Elbeuf; des Bordes, gouverneur de Philipsbourg; Laubanie; de Nave; Artagnan, major des gardes; Polastron, lieutenant-colonel du régiment du roi; Vertillac, gouverneur de Mons. — Le roi a donné trois commissions de mestre de camp à trois sous-lieutenants de la gendarmerie, qui sont : MM. de Mézières, de Béthomas et le chevalier de Seppeville.

Mercredi 25, *à Marly.* — Le roi vint ici l'après-dînée en chassant; Monseigneur y vint avec madame la princesse de Conty. Le roi, avant que de partir de Versailles, a déclaré les maréchaux de camp nouveaux qui furent nommés hier. Le prince d'Elbeuf et Dubourg serviront en Italie.

Le roi a fait aussi plusieurs brigadiers, qui sont, savoir, dans l'infanterie : MM. Greder, Allemand; de Mailly; Caraman, des gardes; Sorbeck. — Brigadiers de dragons :

d'Asfeldt; de Sailly. Dans la cavalerie : MM. Coade; Rottembourg; Courtebonne; Montgon; Gassion l'aîné; Saint-Viance; Artagnan, des mousquetaires; Rigauville; le chevalier de Saint-Saëns; de Ruy; Toiras; Phélippeaux.

Noms de ceux qui ont des commissions de mestre de camp : Cerisy, Dachy, Resigny, de Heuche, Barzin, Vertilly, le chevalier de Courcelles.

Jeudi 26, *à Marly*. — Le roi se promena le matin, et alla courre le cerf l'après-dînée dans la forêt de Marly, et, au retour de la chasse, il se promena avec les dames. Monseigneur s'est remis à jouer à l'anneau tournant. Le roi, au retour de sa promenade, le vint voir jouer; il y a toujours musique avant souper, et portique après souper. Monsieur et Madame sont du voyage; M. le duc de Chartres en est aussi pour la première fois. On les a mis, M. le Prince et lui, au premier pavillon. M. d'Arcy couche dans la chambre de M. de Chartres. Le prince d'Elbeuf a eu une chambre ici pour la première fois. — On a eu nouvelle que la cérémonie du mariage du prince Jacques, fils du roi de Pologne, avec la princesse Palatine s'étoit faite à [Varsovie]. — Mademoiselle Pirou a épousé ce matin à Paris M. le marquis de Villars; elle a eu en mariage 20,000 écus d'argent comptant, et pour 50,000 francs de pierreries ou de meubles. Les affaires du marquis de Villars étoient fort embarrassées; avec l'argent qu'il tire de ce mariage, il sauve une terre assez considérable qu'il a auprès de Mantes.

Vendredi 27, *à Marly*. — Le roi vouloit aller voler; le grand vent l'en empêcha, et il alla tirer. Monseigneur ne chassa point et joua tout le jour. — On augmente considérablement l'armée qui doit servir en Piémont; elle sera de plus de cinquante bataillons et quatre-vingts escadrons. Les habitants de Turin font transporter leurs plus beaux meubles dans le Milanois et à Verceil, où les princesses royales se sont retirées; on croit même que M. de Savoie les suivra bientôt. Il a fait un voyage à

Milan, d'où il est revenu peu satisfait, les Espagnols n'étant guère en état de lui donner secours ni d'hommes ni d'argent. M. de Catinat commandera l'armée de Piémont, et aura six maréchaux de camp, qui sont : MM. de Tessé, Feuquières, Saint-Sylvestre, le marquis de Créqui, le prince d'Elbeuf et Dubourg. Outre cela, M. de Vins et M. de la Hoguette en Savoie, Laré en Dauphiné, et Bulonde, lieutenant général, en Provence, sont sous ses ordres. — M. le marquis de Feuquières partit de Pignerol, le 18 de ce mois, et arriva le lendemain matin devant Lucerne, où il y avoit 1,200 Barbets qu'il força. Il en tua beaucoup et leur prit trois drapeaux aux armes de Hollande et d'Angleterre, et fit mettre le feu à la ville et brûler les magasins; mais, comme il se retiroit, les ennemis, ayant été fortifiés par de nouvelles troupes et s'étant saisis des hauteurs, attaquèrent les nôtres dans la retraite, et nous tuèrent ou blessèrent plus de cent hommes et plusieurs officiers.

Samedi 28, *à Versailles*. — Le roi se promena fort le matin dans les jardins de Marly; il en partit après son dîner, et revint ici en chassant. Monseigneur y demeura à jouer jusqu'à six heures du soir, et revint avec madame la princesse de Conty. — M. le maréchal de Lorges est venu ce soir; il prend congé du roi pour aller commander l'armée en Allemagne. Celle de Flandre s'assemble le 10 de mai à Aarlebeck; M. de Luxembourg la commandera. Il a pour officiers généraux, savoir : lieutenants généraux : MM. de Joyeuse, Soubise, Rose, le duc de Choiseul, le duc de Vendôme, le marquis de Tilladet; maréchaux de camp : MM. de Vatteville, Montchevreuil, le grand Prieur, le duc du Maine, Polastron. — M. de Boufflers commandera l'armée sur la Moselle, et a sous lui pour officiers généraux, savoir : lieutenants généraux : MM. Dauger, Rubantel; maréchaux de camp : MM. de la Valette, Gassé, Villars, duc de Roquelaure.

Dimanche 29, *à Versailles*. — Le roi alla se promener

en carrosse avec les dames et descendit à Trianon. Monseigneur se promena avec madame la princesse de Conty. — M. le maréchal de Lorges n'aura dans son armée que quatre lieutenants généraux et six maréchaux de camp, qui sont: lieutenants généraux: MM. de Villeroy, le comte d'Auvergne, la Feuillée, d'Huxelles; maréchaux de camp: MM. Bertillac, Tallard, Coigny, Mélac, M. le Duc, M. le prince de Conty. M. de Noailles, qui commande l'armée de Catalogne, n'a sous lui que Chazeron pour lieutenant général, et Quinson pour maréchal de camp. — Il y a quinze ou vingt officiers généraux qui ne servent point cette année. — Le roi a signé le contrat de mariage du marquis d'Estrades avec mademoiselle le Normand, et celui de Zurlauben avec mademoiselle de Sainte-Maure. — Le prince d'Orange s'embarqua le 22 par un bon vent, et on le croit arrivé en Angleterre du 24. Il y a eu un assez grand incendie à Whitehall; l'appartement qu'avoit le roi d'Angleterre, étant duc d'York, a été entièrement brûlé et plusieurs autres.

Lundi 30, *à Versailles*. — Le roi dîna à son petit couvert, et alla tirer. Monseigneur courut le cerf, et revint dîner chez madame la princesse de Conty à la ville (1). — On a fait à Saint-Denis le service du bout de l'an de madame la Dauphine, qui avoit été remis à ce jour-là. Monseigneur le duc de Bourgogne, monseigneur le duc d'Anjou, M. de Chartres, M. le Prince, M. le Duc, M. le prince de Conty, M. du Maine et M. de Toulouse y étoient dans les hauts bancs à la droite; et, dans les hauts bancs à la gauche, Madame, Mademoiselle, madame de Guise, madame la Princesse, madame la Duchesse et madame la princesse

---

(1) La maison de ville de la princesse de Conty se trouvait sur l'avenue de Paris, en face du Chenil. C'est aujourd'hui l'hôtel de ville de Versailles. A l'extrémité des jardins était situé le pavillon des bains, qui existe encore sur l'avenue de Sceaux n° 1; on voit au plafond du salon quelques peintures, et aux angles le chiffre de la princesse, composé d'un A et d'un M. (Le Roi, *Histoire anecdotique des rues, places et avenues de Versailles*, tome II.)

de Conty, sa belle sœur. Madame la princesse de Conty, la douairière, étoit demeurée à Versailles pour tenir compagnie à Monseigneur. M. le duc de Beauvilliers étoit dans les hauts bancs avec les enfants de France, et avoit laissé une place vide entre eux et lui. M. de Meaux officia; madame la duchesse d'Arpajon et moi étions sur des siéges, entre la représentation et l'autel, tournant le dos aux enfants de France.

Mardi 1ᵉʳ mai, à Versailles. — Le roi, après son dîner, alla tirer; Monseigneur courut le cerf. — Une escadre de nos vaisseaux, qui étoit dans la Méditerranée, a passé dans l'Océan et arriva le 26 à Brest. C'est le chevalier de Flacourt qui la commande. Ils ont fait dans leur route deux prises considérables; quatre de nos frégates ont pris aussi neuf vaisseaux marchands anglois, partis de Bilbao richement chargés. Sans un coup de vent, qui a séparé nos vaisseaux qui attaquoient ces vaisseaux marchands ennemis, chargés de l'argent qui leur revenoit de la flotte arrivée à Cadix, nous aurions fait une prise beaucoup plus considérable. — Le duc de Zell, après avoir reçu l'ordre de la Jarretière du prince d'Orange, est reparti de la Haye, et on dit qu'il viendra cette campagne commander en Flandre l'armée des ennemis en l'absence du prince d'Orange. Les troupes de Munster sont retournées en leur pays, et celles de Hanovre demeurent dans le leur aussi; ce qui fait croire aux alliés que ces princes veulent demeurer neutres. — Les rois de Danemark et de Suède ont fait un traité d'union pour entretenir le commerce, et ont fait des représailles sur les Hollandois, qui avoient arrêté quelques-uns de leurs vaisseaux.

Mercredi 2, à Versailles. — Le roi alla, l'après-dînée, se promener à Marly, et revint ici le soir. Monseigneur partit le matin en chaise de poste pour aller à Chantilly, où M. le Prince, M. le Duc, M. le prince de Conty et M. le duc du Maine sont depuis lundi. Madame la Princesse, madame la princesse de Conty, sa fille, et madame la Duchesse y sont aussi. On n'y attendoit pas Monseigneur; il arriva à l'assemblée pour courre le cerf avant que les princes y fussent arrivés, et après la chasse, il alla coucher à Chantilly. — Le roi a fait donner ce matin 1,000 pistoles de sa cassette au prince d'Elbeuf pour faire son équipage. — Le marquis de Villacerf commandera cette année les carabiniers dans l'armée d'Allemagne. — On avoit dit le duc de Saint-Simon et le duc de Grammont morts tous deux dans leurs gouvernements; mais on a eu nouvelle de Bayonne et de Blaye qu'ils se portent considérablement mieux l'un et l'autre. — Les troupes des Turcs qui étoient au siége de la Valone ont eu ordre, depuis la prise de cette place, d'aller joindre leur armée en Hongrie. — Monsieur et Madame sont allés à Saint-Cloud pour quelque temps.

Jeudi 3, à Versailles. — Le roi a donné ce matin à M. le duc de Montmorency 500,000 francs de retenue sur la charge de capitaine des gardes de M. le duc de Luxembourg, et en même temps il l'a fait gouverneur de Normandie, et M. son père en aura la survivance. Il rend le gouvernement de Champagne; on lui donne le titre de gouverneur, quoique M. de Longueville soit encore en vie et que M. de Montauzier n'eût que le titre de commandant, mais on ne le donne que pour trois ans, comme le roi le fait présentement pour tous les gouvernements. Celui de Normandie vaut 20,000 francs plus que celui de Champagne. — Monseigneur est reparti de Chantilly. Il a chassé en chemin, et a été ensuite à l'opéra à Paris, où madame la princesse de Conty est venue de Versailles. Après l'opéra, ils sont revenus ensemble ici. — M. de Vins a attaqué des Barbets retranchés dans la vallée de Barcelonnette; il les a forcés dans leurs retranchements, en a tué plus de deux cents, et fait plusieurs prisonniers. Il a eu un cheval tué sous lui, et Chemerault, qui étoit là avec son régiment, a été blessé au visage. M. de Vins a détruit toutes les habitations et les endroits où les Barbets se pouvoient réfugier dans cette vallée-là; il a eu cinquante ou soixante soldats blessés dans cette expédition-là.

Vendredi 4, à Versailles. — Le roi alla tirer après son dîner; Monseigneur courut le cerf. — M. de Melun, second fils de madame d'Épinoy, est mort à Philippeville; il sortoit des mousquetaires, et on l'avoit fait capitaine de cavalerie. Il laisse au prince d'Épinoy, son frère aîné, 30,000 livres de rente du moins. — Il est arrivé un courrier de Rome, parti du 25 de l'autre mois. Les lettres qu'il a apportées marquent que les affaires du conclave n'avancent point, et qu'on croit que les factions auront peine à s'accommoder. Le cardinal Capisucchi est mort, et laisse une troisième place vacante dans le sacré collége. — Nos vaisseaux qui vont en Irlande porter M. de Saint-Ruth, et les secours que nous envoyons en ce pays-là, ne sont point encore partis de Belle-Isle; mais ils n'attendent qu'un vent favorable.

Samedi 5, à Versailles. — Le roi, après son dîner, alla à Marly et à Saint-Germain voir le roi et la reine d'Angleterre. — M. de Ris, premier président du parlement de Rouen, est mort. Le roi a donné le régiment qu'avoit Santenas, Piémontois, à ......, qui en étoit lieutenant-colonel, et qui est aussi Piémontois. Santenas s'est retiré au noviciat des pères de l'Oratoire.

Dimanche 6, à Versailles. — Le roi, après le salut, s'alla promener à pied dans ses jardins. Monseigneur alla, l'après-dînée, à Saint-Cloud voir Monsieur. — Le roi a donné à M. le comte de Marsan 40,000 écus; il avoit donné, il y a quelques mois, un avis dont S. M. a tiré beaucoup d'argent. Le roi a fait donner 2,000 pistoles au chevalier de Nogent, qui lui a servi encore d'aide de camp cette année au siége de Mons.

Lundi 7, à Versailles. — Le roi dîna à son petit couvert et alla tirer. Monseigneur prit médecine. Monsieur

vint ici de Saint-Cloud pour être au conseil de dépêches.
— Le roi a donné 2,000 écus de gratification à M. d'Urfé pour le dédommager en partie de ce qu'il perd en Piémont; le roi en a déjà fait donner autant à M. de Revel et autant à M. de Rivarolles, qui perdent aussi du bien en ce pays-là. — On a eu nouvelles que seize officiers et beaucoup de soldats du régiment des gardes écossoises du prince d'Orange, qui étoient en garnison à Gand, ont déserté et sont venus se rendre à Lille et à Menin.

Mardi 8, *à Versailles.* — Le roi, après son dîner, alla tirer. Monseigneur alla avec madame la princesse de Conty à Saint-Germain pour voir le roi et la reine d'Angleterre. — M. de Luxembourg prêta serment pour le gouvernement de Normandie. Les capitaines des gardes du corps ont le privilége de prêter serment l'épée au côté; demain il en donnera sa démission à son fils, mais il en gardera les appointements, et le roi lui en laisse le commandement sa vie durant. Il a, outre ce gouvernement, le bailliage de Rouen, qui donne beaucoup d'autorité dans la ville, dont il donne aussi sa démission à son fils — On a eu nouvelles que M. de Savoie a remis Verceil et Verrue entre les mains des Espagnols, quoiqu'il eût paru dans le voyage qu'il a fait à Milan qu'il n'étoit pas content d'eux.

Mercredi 9, *à Marly.* — Le roi vint ici l'après-dînée en chassant. Monseigneur courut le cerf le matin, et vin ici tout droit. — Le matin, à Versailles, M. de Montmorency a prêté le serment de gouverneur de Normandie, sur la démission que lui en a faite M. son père au bout de vingt-quatre heures. — Monsieur et Madame ne sont pas de ce voyage de Marly. — Le roi a choisi M. d'Esclainvilliers pour acheter le régiment de M. de Roquelaure, qui est obligé de le vendre parce qu'il est maréchal de camp. — M. et madame de Pontchartrain sont du voyage de Marly; M. de Pontchartrain n'y étoit jamais venu.

Jeudi 10, *à Marly.* — Le roi se promena le matin et

le soir dans ses jardins; Monseigneur ne sortit point et fut tout le jour avec lui. Le roi et la reine d'Angleterre devoient venir, et le roi manda de remettre la partie parce qu'on croyoit qu'il feroit vilain temps. — La flotte angloise et hollandoise a paru vers Calais et Boulogne, forte de quarante vaisseaux; ils s'assemblent dans la Manche. Le prince d'Orange est arrivé à Chatam; il a trouvé qu'il manquoit encore plus de cinq mille matelots sur sa flotte.

Vendredi 11, *à Marly.* — Le roi se promena le matin, et alla courre le cerf l'après-dînée. Les princesses montèrent à cheval, et le roi fit venir des carrosses pour toute les dames; on se promena fort dans toutes les routes de la forêt de Marly. Le roi d'Angleterre étoit à la chasse. — On a eu nouvelle que notre convoi pour l'Irlande est parti de Belle-Isle par un bon vent; on le croit arrivé présentement. Nous y avons trente-deux gros vaisseaux de guerre commandés par le chevalier de Nesmond, et, à son retour, il sera joint par le reste de notre flotte, et nous aurons quatre-vingts gros vaisseaux à la mer. On ne croit pas que les Anglois et Hollandois ensemble en puissent avoir autant. — Le roi se promena dans ses jardins avec les princesses après le portique, avant de se coucher.

Samedi 12, *à Versailles.* — Le roi revint ici l'après-dînée en chassant. Monseigneur revint avec madame la princesse de Conty, à son ordinaire. — M. de Luxembourg prit hier congé du roi à Marly; son armée s'assemble à Harlebeck. — Monsieur et M. de Chartres vinrent hier voir le roi à Marly. — La reine d'Angleterre a choisi pour gouvernante du prince de Galles la comtesses d'Errol, arrivée depuis peu d'Écosse; elle est veuve. Son mari étoit connétable héréditaire du royaume d'Écosse.

Dimanche 13, *à Versailles.* — Le roi alla entendre le salut à Saint-Cyr, et puis revint avec les dames se promener dans ses jardins. Monseigneur alla à Paris avec madame la princesse de Conty voir l'opéra de *Cadmus*. M. le Duc, M. le prince de Conty et M. le duc du Maine ont pris congé du roi; les deux premiers vont en Allemagne et l'autre en Flandre. — M. du Terrail, mestre de camp de cavalerie, se trouvant en mauvaise santé, a demandé permission de se défaire de son régiment. — M. le Grand n'étant pas content de M. l'abbé de Lorraine, son fils, l'a mis depuis quelque temps à Saint-Lazare pour le corriger *.

* Il y avoit longtemps que M. l'abbé de Lorraine méritoit une forte correction; mais son âge, son état et sa naissance firent crier bien haut contre une de si grand éclat, après ses parents, et qui lui coûta le chapeau auquel, du consentement du roi, le Portugal l'avoit nommé. Jamais M. le Grand ni madame d'Armagnac ne se fussent portés à une extrémité si étrange, sans la furie où madame d'Armagnac entra à la fin, de n'avoir pu réduire son fils à lui laisser empocher le revenu de ses bénéfices. Cette avanie ne le changea ni sur sa bourse ni sur ses mœurs. Longues années depuis, il en prit de meilleures, et devint évêque de Bayeux, pendant la régence de M. le duc d'Orléans, où il est mort dans une assez sauvage mescolance (1) de la principauté avec l'apostolat.

Lundi 14, à Versailles. — Le roi se promena le soir à Trianon avec les dames, et il y eut une grande collation dans le jardin. Madame la princesse de Conty et mademoiselle de Blois y avoient amené des dames; madame la Duchesse n'y étoit pas; elle est allée à Paris avec M. le Duc, qui part pour l'armée. — M. de Jarzé, colonel d'infanterie, se trouvant fort incommodé du coup de canon qu'il reçut à Philipsbourg, se défait de son régiment; le marquis de Montendre en a eu l'agrément, et l'achète 40,000 francs.

Mardi 15, à Versailles. — Le roi, après son dîner, alla tirer; Monseigneur dîna à la maison de madame la princesse de Conty. Monsieur vint ici de Saint-Cloud et dîna avec le roi à son petit couvert. — M. de Léry, brigadier

---

(1) *Mescolanza*, en italien, mélange.

de cavalerie, qui a servi en Irlande, va commander quelques troupes qu'on envoie en Normandie sous l'autorité des lieutenants généraux de la province; Zurlauben, brigadier d'infanterie, va aussi servir en ce pays-là.

Mercredi 16, *à Versailles.* — Le roi alla se promener à Trianon. Monseigneur et les princesses s'embarquèrent sur le canal avec de la musique, et on revint ensuite souper à la colonnade qui étoit fort éclairée. Il n'y a à ces promenades-là que les dames priées; mademoiselle de Blois en mène de son côté, comme madame la Duchesse et madame la princesse de Conty. — Le prince d'Orange a revu M. de Sunderland, qui a repris sa séance dans le parlement d'Angleterre. Le comte Ménard de Schomberg, qui est duc aussi bien que le prince Charles, son cadet, demeurera en Angleterre et commandera les troupes que laisse le prince d'Orange, qui se prépare à repasser en Hollande pour se mettre à la tête de l'armée de Flandre. Le prince d'Orange a démis l'archevêque de Cantorbéry et sept ou huit évêques, et a donné leurs évêchés à des docteurs qui lui sont dévoués. Ces prélats n'avoient pas voulu signer les actes que le prince d'Orange leur avoit fait présenter.

Jeudi 17, *à Versailles.* — Le roi dîne presque tous les jours à son petit couvert et va tirer l'après-dînée. — M. le duc de la Force, qui est sorti de la Bastille depuis quelque temps et qui a été à Saint-Magloire, où il a achevé de se faire instruire dans la religion et a communié, a eu permission de revenir à la cour et a fait la révérence à S. M. Sa femme est encore dans le château d'Angers. — On a eu nouvelles que le prince d'Orange a fait moins de séjour en Angleterre qu'on ne croyoit; il a repassé en Hollande. Il arriva le 13 de ce mois à Honslaerdick, et s'en va à Loo, où quelques princes de l'Empire le doivent venir joindre.

Vendredi 18, *à Versailles.* — M. le duc de Chartres va faire la campagne en Flandre, volontaire, et le roi a réglé les traitements qu'on lui fera. On lui rendra un peu moins d'honneur qu'à Monsieur, mais beaucoup plus qu'aux princes du sang. Un capitaine des gardes suisses et un capitaine des gardes françoises monteront tous les jours la garde chez lui avec leurs compagnies et leurs drapeaux, au lieu que, chez les princes du sang, il ne monte un capitaine aux gardes que le premier et le dernier jour qu'ils sont à l'armée. On battra aux champs les deux premiers jours, et puis on ne fera qu'appeler le reste de la campagne. Pour Monsieur, on bat toujours aux champs, quand le roi ni Monseigneur n'y sont pas. M. le duc de Chartres aura trente gardes de Monsieur; les princes du sang n'ont point de gardes qui les suivent à l'armée, et Monsieur en a soixante. M. de Chartres donnera l'ordre les deux premiers jours; les princes du sang ne le donnent que le premier jour; Monsieur le donneroit toute la campagne.

Samedi 19, *à Versailles.* — Les nouvelles de Rome du 28 portent que les affaires du conclave ne sont pas plus avancées que le premier jour. — M. le maréchal de Bellefonds marie sa troisième fille au marquis de Maulevrier-Vergetot; il lui donne en mariage 10,000 écus, et mademoiselle de Haucourt lui assure aussi 10,000 écus sur son bien. M. de Maulevrier est gentilhomme de condition de Normandie, et a, dit-on, 20,000 livres de rente. — Madame de Montespan, qui étoit depuis quelque temps à Saint-Joseph à Paris, en est partie pour aller à Fontevrault. Comme elle n'a plus d'appartement à Versailles, elle compte d'être toujours à Fontevrault ou à Saint-Joseph à Paris.

Dimanche 20, *à Versailles.* — Le roi, après le salut, alla à Trianon avec les dames; les trois princesses en menèrent aussi chacune de leur côté; il y eut une grande collation. — L'armée de M. de Luxembourg a marché de Harlebeck et va camper sur la Dendre; le prince d'Orange assemble la sienne vers Tirlemont.

MAI 1691.

Lundi 21, *à Versailles*. — Le roi, au retour de la chasse, vint trouver les dames au Désert (1), petite maison de madame la Duchesse, où il y eut une collation magnifique. Monseigneur y étoit venu après avoir couru le cerf. Il y avoit de dames : madame la Duchesse, madame de Maintenon, madame de Beauvilliers, mesdames de Chevreuse, la comtesse de Grammont, de Croissy, d'O, la duchesse de Bracciano (2), d'Urfé et de Dangeau. Au retour de Marly, il y aura aussi une fête chez madame la princesse de Conty, à la ville; mademoiselle de Blois n'étoit point à la fête de madame la Duchesse, parce qu'elle étoit un peu incommodée. — On a dit au roi que Croly, lieutenant des gendarmes anglois, est mort de maladie à Saint-Quentin. — Madame, qui étoit venue courre le cerf avec Monseigneur, demeura à souper avec le roi, et est repartie après souper pour Saint-Cloud.

Mardi 22, *à Versailles*. — Le roi devoit aller faire collation avec les dames, mais madame de Maintenon se trouva un peu incommodée, ce qui empêcha le roi d'y aller. Le roi alla chasser. Monseigneur alla coucher à Villeneuve-Saint-Georges pour courre le loup dans la forêt de Senart. M. le duc de Chartres est venu prendre congé du roi; il part demain pour l'armée de Flandre. — Quoique plusieurs gens eussent demandé au roi la charge de Croly, il est certain qu'il n'est pas mort. — Madame la Princesse a pris auprès d'elle une fille d'honneur, qui s'appellera mademoiselle de Bar; elle est fille d'un gentilhomme d'auprès de Sens, qui s'appelle M. de Burenlure.

Mercredi 23, *à Versailles*. — Le roi signa le contrat

---

(1) Le Désert étoit une terre située sur la route de Versailles à la Minière. Il ne reste des bâtiments que la maison du garde, qu'on appelle encore la maison du Désert. Voir le plan manuscrit du Petit parc de Versailles par Lemoine, 1728, à la bibliothèque de la ville de Versailles.

(2) C'est la fameuse princesse des Ursins. Les manuscrits l'appellent la duchesse de Branchanne ou de Brachasne.

de mariage de M. Bignon, avocat général du grand conseil, neveu de M. de Pontchartrain, avec mademoiselle Brunet, à qui le père donne 400,000 francs. — On a eu nouvelles que notre convoi d'Irlande y étoit arrivé.

— Monseigneur revint de Villeneuve-Saint-Georges après avoir couru le loup dans la forêt de Senart.

Jeudi 24, *à Marly*. — Il n'y a point eu de conseil ce matin à Versailles. Monsieur et Madame sont venus de Saint-Cloud à Versailles voir le roi. Après le salut, le roi est parti de Versailles. Madame la Princesse et madame la princesse de Conty, sa fille, sont du voyage. Monsieur et Madame sont retournés à Saint-Cloud. M. de Louvois viendra samedi à Marly, où le roi demeurera jusqu'à lundi. Le marquis de Coigny a eu une chambre ici pour la première fois. Mademoiselle, la Grande, est venue souper et se promener avec le roi à Marly, et s'en est retournée coucher à Versailles.

Vendredi 25, *à Marly*. — Le roi se promena le matin dans ses jardins, et, l'après-dînée, il alla tirer. Le roi et la reine d'Angleterre vinrent ici sur les six heures; il les mena promener sur les hauts de Marly en carrosse, et sur les réservoirs, puis ils revinrent dans les jardins; on leur donna une grande collation, et se promenèrent jusqu'à neuf heures. — Notre armée d'Italie s'assemble à Suse; elle commencera d'agir à la fin de ce mois. — M. le Prince a pris congé du roi, et s'en va tenir les états de Bourgogne.

Samedi 26, *à Marly*. — Le roi se promena tout le matin dans ses jardins, et alla courre le cerf l'après-dînée, en calèche; le roi et la reine d'Angleterre le vinrent trouver à la chasse, et la reine monta dans sa calèche, avec madame de Maintenon, la duchesse de Tyrconnel et la comtesse de Gramont; les princesses étoient à cheval. Au retour de la chasse, le roi tint conseil avec M. de Louvois, qui est arrivé ce soir. Il y a eu beaucoup d'appartements vides ce voyage-ci. Le roi même avoit eu envie d'y mener beaucoup moins de gens; il se propose d'y faire un voyage où il n'y menera que Monseigneur et les princesses.

Dimanche 27, *à Marly*. — Le roi alla tirer l'après-dînée, et puis alla se promener en calèche avec les dames; il a tenu conseil ce matin avec ses quatre ministres, comme à Versailles : M. de Pontchartrain et M. Pelletier sont venus ce matin, et M. de Louvois et M. de Croissy sont ici. Monsieur est venu de Saint-Cloud voir le roi et dîner avec lui, et s'en est retourné après dîner; on a fort peu joué ce voyage-ci. — Les fiançailles de M. l'électeur palatin avec la princesse de Toscane sont faites, et la princesse partira de Florence pour aller le trouver en Allemagne.

Lundi 28, *à Versailles*. — Le roi tint le conseil à Marly, le matin, avec ses quatre ministres, et l'après-dînée avec M. de Louvois; puis il se promena jusqu'à huit heures du soir, et ne revint ici que tard. Monseigneur, après avoir dîné à Marly, alla courre le cerf et revint ici de bonne heure. — Le roi a créé un million de rente à la maison de ville, au denier dix-huit. Outre cela, il a créé soixante charges de secrétaires du roi, qui seront vendues 50,000 francs chacune; il fait encore d'autres nouvelles créations, et il tirera de ces trois articles-là 25,000,000. — M. de Luxembourg marche à Hall, où les ennemis font toujours travailler; ils y ont 2,000 hommes, mais apparemment ils n'attendront pas que nos troupes y arrivent. — On a eu nouvelles que les troupes de Saxe, qui devoient venir sur le Rhin et qui étoient déjà en marche, retournoient en leur pays.

Mardi 29, *à Versailles*. — Le roi alla tirer l'après-dînée, et puis revint, le soir, à la maison de Madame la princesse de Conty, où il se promena fort. Il y eut une grande collation. Monseigneur en faisoit les honneurs avec la princesse. Il y avoit de dames : mesdames de Maintenon, de Chevreuse, de Mortemart, de Gramont, la princesse d'Harcourt, mesdemoiselles de Lislebonne et d'Uzès, mesdames de Roucy, d'Urfé et de Dangeau. — M. de Boufflers est en marche avec son armée; il va vers Liége, et l'on croit qu'il bombardera cette ville-là. Il mène beaucoup de bombes et quelques pièces de batteries. — On a eu nouvelles que notre flotte d'Irlande paroissoit; il en est déjà venu deux bâtiments d'avis qui portent qu'elle est proche d'Ouessant. — Les armateurs de Dunkerque ont pris un vaisseau de guerre anglois qui escortoit trente-deux vaisseaux marchands que nous avons tous pris. Il y en a déjà treize arrivés à Dunkerque. Les autres n'ont pu entrer dans le port par le vent, qui a obligé nos armateurs à prendre au nord de l'Écosse.

Mercredi 30, à Versailles. — Le roi, après son dîner, alla tirer. Monseigneur alla coucher à Villeneuve-Saint-Georges pour y courre le loup le lendemain. — Les troupes qui étoient dans Hall l'ont abandonné, et sont allées camper sous Bruxelles. M. de Luxembourg en a pris quatre-vingts ou cent qui avoient attendu un peu tard à se retirer. Nous allons faire raser les fortifications et les maisons même de Hall; nous n'y laisserons que les églises. — Le prince d'Orange est encore à Loo. — Nous avons ici un beau-frère de.... à qui le roi a fait donner 400,000 francs. S. M. lui promet encore 100,000 écus quand il aura exécuté ce dont on est convenu avec lui. — On a présenté aujourd'hui au roi la comtesse d'Arrol, gouvernante du prince de Galles. La reine d'Angleterre, sans savoir qu'elle se fut sauvée d'Écosse et sans avoir su même ce qu'elle avoit souffert pour le roi d'Angleterre, en parloit toujours depuis la mort de la duchesse de Powis, comme de la femme du monde qu'elle eût le plus souhaité pour gouvernante de son fils, et justement elle se sauva d'Écosse dans le temps que la reine la souhaitoit tant.

Jeudi 31, à Versailles. — Le roi alla se promener à Marly. Monseigneur revint de Villeneuve-Saint-Georges, et avoit couru le matin le loup dans Senart; il arriva ici de fort bonne heure, et se promena dans tous les bosquets, où il fit aller toutes les fontaines. — Les bruits continuent que M. l'électeur de Bavière va commander les troupes ennemies en Piémont. Nous avons ici un député de Nice, fils de M. de Provana, qui étoit ambassadeur de M. de Savoie, et que le roi fit demeurer à Orléans, ne le voulant point voir. Ce fils, ici, a été fort bien reçu; il vient assurer le roi de la fidélité des Nizzards, et de la joie qu'ils ont de se voir réunis à la France.

Vendredi 1ᵉʳ juin, à Versailles. — Le roi d'Angleterre vint ici sur les quatre heures, et fut longtemps enfermé avec le roi. Après qu'il fut parti, le roi fut longtemps avec le P. de la Chaise, puis il s'alla promener dans ses jardins. — M. de Tourville est parti de Brest avec quarante vaisseaux de guerre, et va à Belle-Isle attendre les trente-trois vaisseaux qui reviennent d'Irlande, où ils ont mené notre convoi. — L'archevêque de Cantorbéry et les évêques que le prince d'Orange a déposés, n'ont point voulu se mettre à cette déposition-là, et disent qu'ils attendront qu'on les chasse de leur église par force.

Samedi 2, à Versailles. — Le roi fit ses dévotions le matin; l'après-dînée, il entendit vêpres, où M. de Metz, prélat de l'ordre, officia. Monseigneur se confessa pour communier demain. — Le roi a donné l'abbaye d'Hières, qu'avoit une sœur de madame de Montauzier, à madame d'Uzès, sœur de M. le duc d'Uzès. L'abbaye vacante par la mort de l'abbé Gobelin a été donnée à l'abbé de Cavoie, frère de celui qui est colonel de milice et brigadier. — Le roi a eu des nouvelles de M. de Boufflers, qui n'est plus qu'à quatre lieues de Liége. — Les secrétaires du roi lui ont donné les 3,000,000 qu'il auroit tiré de la création des soixante charges nouvelles; il a augmenté leurs gages, et leur donne une diminution de 200,000 livres.

Dimanche 3, à Versailles. — Le roi, après la grand'-

messe, reçut M. de Richelieu, chevalier du Saint-Esprit. L'après-dînée, le roi alla à Trianon pour y régler les logements qu'il veut y donner quand il ira coucher, ce qu'il a résolu de faire bientôt. — M. de Noailles, qui a dans son armée dix-huit escadrons et quatorze bataillons, a mandé au roi qu'il alloit assiéger la Seu-d'Urgel; il n'y a que six cents hommes dans la place, qui ne vaut rien, et point d'armée ennemie en campagne. — Le roi entendit l'après-dînée le sermon de l'abbé Bignon, neveu de M. de Pontchartrain. — Mademoiselle de Chabot est morte à Paris; elle a déchiré avant de mourir le testament qu'elle avoit fait en faveur de M. de Rohan; ainsi la succession, qui est de près de 100,000 écus, sera partagée entre lui et ses sœurs.

Lundi 4, à Versailles. — Le roi chassa l'après-dînée. Monseigneur alla à Saint-Cloud avec madame la princesse de Conty; ils y firent collation. — On a eu nouvelles que le prince d'Orange étoit arrivé le 2 de ce mois à la Bigarde, où son armée étoit postée. En arrivant il a fait changer le camp qu'avoit choisi M. de Valdeck, et tâche à rassurer ses troupes en faisant abattre les retranchements et ouvrir les passages, comme un homme qui ne craindroit point d'être attaqué; heureusement pour lui, son poste n'est point attaquable.

Mardi 5, à Versailles. — Le roi a eu nouvelles que M. de Boufflers étoit arrivé le 2 de ce mois devant Liége. Les ennemis ont fort peu défendu quelques petits postes, et des passages qu'ils avoient sur la rivière d'Ourde, mais ils se sont retirés à la Chartreuse où ils se retranchent. M. le comte de Guiche est commandé avec tous les grenadiers de l'armée pour l'attaquer le lundi, qui étoit hier; mais on croit que, dès que le canon tirera, ils abandonneront le poste. — Monseigneur alla coucher à Villeneuve-Saint-Georges pour courre le loup le lendemain. — M. le maréchal de Lorges a laissé son infanterie sur le Spierbach et s'est avancé avec la cavalerie du côté de Mayence vers

Niederulm, comme il fit l'année passée ; les ennemis assemblent leur armée vers Sintzheim.

Mercredi 6, à Marly. — Le roi vint ici en chassant; on avoit cru que, ce voyage-ci, il n'y auroit de dames que les princesses; mais, outre celles qu'on a accoutumé d'y mener, madame la duchesse de Chaulnes y est pour la première fois; il y a beaucoup moins d'hommes qu'à l'ordinaire. — Le roi a eu nouvelles, avant que de partir de Versailles, que les ennemis avoient abandonné la Chartreuse de Liége et que M. de Boufflers faisoit travailler aux batteries de bombes et de canon ; mais, comme il y a beaucoup de troupes dans la ville, il y a apparence que les bourgeois se laisseront bombarder. — Le roi a eu nouvelles ce soir que M. de Catinat avoit pris Veillane; les ennemis s'y sont défendus quelque temps de derrière leurs palissades. Ils nous ont tué ou blessé une vingtaine de soldats, et Tessé, maréchal de camp, y a été blessé d'un éclat de grenade à la fesse. Les ennemis, après avoir été forcés derrière leurs palissades, où on leur a tué quarante ou cinquante hommes, se retirèrent dans une tour d'où ils demandèrent à capituler, et ils se sont rendus prisonniers de guerre. Ils étoient environ trois cents hommes, et M. de Savoie y étoit venu le jour auparavant, et avoit fort assuré, en retournant à Turin, que les François n'oseroient attaquer Veillane.

Jeudi 7, à Marly. — L'après-dînée, le roi courut le cerf en calèche avec les dames; il fit mettre madame de Chaulnes auprès de lui. Au retour de la chasse, le roi s'est fort promené dans ses jardins, et, après souper, il est encore retourné à la promenade avec toutes les dames; il n'y a point eu de portique. — M. de Luxembourg a quitté Hall, où il ne pouvoit plus subsister, les fourrages lui manquant. Il a marché en bataille, et est venu camper à Braine-le-Comte; les ennemis n'ont point songé à l'inquiéter dans sa marche. M. le prince d'Orange, qui est encore à la Bigarde, faisoit refermer les passages qu'il avoit fait ouvrir d'abord. — M. de Boufflers fait tirer forces bombes et des boulets rouges, qui vont dans le milieu de la ville de Liége; on croyoit d'abord qu'il n'y auroit que le quartier d'outre-Meuse qui en seroit incommodé.

Vendredi 8, *à Marly.* — Le roi se promena le matin, et alla tirer l'après-dînée; Monseigneur ne sortit point de tout le jour. Après souper, on joua au portique comme à l'ordinaire. — On a eu nouvelles que le prince d'Orange avoit fait passer ses bagages dans Bruxelles, et qu'il marchoit avec toute son armée du côté de Liége. Il y arrivera un peu tard, car le roi a reçu des lettres de M. de Boufflers du 6, qui mande qu'il n'a presque plus de bombes à tirer, que toute la ville est à moitié brûlée, que les boulets rouges ont mis le feu à plusieurs endroits, et qu'il remarchera le lendemain 7 de ce mois. — On avoit cru que mademoiselle de Chabot avoit déchiré le testament qu'elle avoit fait en faveur de M. de Rohan, mais il s'est retrouvé dans son entier. Par ce testament, elle laisse tout son bien au prince de Léon, fils aîné de M. de Rohan, à la réserve d'environ 50,000 francs, savoir: 16,000 francs pour madame de Soubise, 10,000 francs pour madame de Coetquen, et 10,000 francs pour madame d'Épinoy, et le reste en legs pieux ou pour des domestiques.

Samedi 9, *à Versailles.* — Le roi partit de Marly sur les quatre heures, et vint ici en chassant. Monseigneur demeura quelque temps à Marly, après le roi, et revint avec madame la princesse de Conty à son ordinaire. Monsieur et Madame revinrent ici de Saint-Cloud, où ils ont demeuré plus d'un mois. — On a nouvelles que le prince d'Orange est revenu dans son camp, et qu'il n'a point du tout marché, comme on avoit dit, pour aller vers Liége; ce n'est qu'une feinte qu'il a faite. — M. de Luxembourg est toujours campé à Braine-le-Comte.

Dimanche 10, *à Versailles.* — Le roi alla entendre le salut à Saint-Cyr, et puis revint avec les dames se promener à Trianon. Monseigneur alla coucher à Villeneuve-

Saint-Georges pour courre demain le loup dans la forêt de Senart. — On a eu nouvelles de M. de Boufflers; il a remarché du 7 de devant Liége. Il mande qu'il y a eu plus de trois mille maisons de brûlées dans la ville, et que les troupes qui y étoient en garnison pilloient les habitants en faisant semblant de les secourir. M. de Boufflers détache dix bataillons et vingt escadrons pour les envoyer à M. de Luxembourg, et il remarche sur la Meuse vers Dinant et Charlemont.

Lundi 11, *à Versailles.* — Le roi, après son dîner, alla tirer. — Monseigneur revint de Villeneuve-Saint-Georges après avoir couru le loup dans Senart. — M. de Catinat a pris Rivoli, qui n'a point été défendu, et il marche présentement à Carmagnole, où l'on dit que M. de Savoie a mis trois mille hommes. — Le roi a fait encore cette semaine pour 3,000,000 d'affaires extraordinaires, qui sont presque tous de créanciers de charges. — On a eu nouvelles de Hollande que Tromp étoit mort. C'étoit lui qui étoit destiné à commander leur flotte, et c'étoit le meilleur homme de mer qui fût parmi eux; sa mort fait raisonner en ce pays-là.

Mardi 12, *à Versailles.* — Le roi et la reine d'Angleterre vinrent ici sur les sept heures; ils descendirent à l'orangerie, où le roi les attendoit avec Monseigneur, Monsieur, Madame et les princesses. Après qu'ils se furent promenés longtemps dans l'orangerie, le roi les mena à la salle du bal, où il y eut une collation magnifique et de la musique. La reine d'Angleterre avoit amené six dames avec elle, et il n'y eut de françoises que les dames des princesses et la comtesse de Gramont. Après la collation, on alla encore se promener à d'autres fontaines. — On a eu nouvelles d'Irlande du duc de Tyrconnel; le secours qu'on a envoyé en ce pays-là étoit bien nécessaire. Ils demandent encore quelques secours d'argent; il n'y a pas un sol en ce pays-là, de quoi payer les troupes, qui sont en assez grand nombre.

Mercredi 13, *à Versailles*. — Le roi alla tirer l'après-dînée à son ordinaire, et puis revint se promener dans les jardins. Monseigneur dîna chez madame la princesse de Conty, à la ville, et alla se promener avec elle. — M. de Luxembourg est toujours campé à Braine-le-Comte, et M. le prince d'Orange auprès de Bruxelles. Le bruit avoit couru qu'il étoit retourné à la Haye, mais cela ne s'est point trouvé vrai. — Par des nouvelles qu'on a de Liége, il paroît que le dommage qu'a reçu cette ville-là, soit par l'embrasement et la démolition des maisons, soit par les pilleries des troupes ennemies, est estimé de plus de 10,000,000.

Jeudi 14, *jour de la Fête-Dieu, à Versailles*. — Le roi alla à la paroisse quérir le Saint-Sacrement et l'accompagna jusqu'à la chapelle, et le remena à la paroisse, où il entendit la grand'messe. Monseigneur, Monsieur, Madame et toutes les princesses suivirent le roi à la procession; l'après-dînée, ils furent à vêpres et au salut. Après le salut, le roi alla se promener à Trianon avec les dames; Monsieur étoit en carrosse avec lui et Monseigneur suivoit à cheval. Le roi eut nouvelles, en sortant de vêpres, que M. de Catinat avoit pris Carmagnole le troisième jour de tranchée ouverte. Nous n'avons perdu que vingt soldats à ce siége; le lieutenant-colonel de Feuquières y a été dangereusement blessé. La garnison étoit de trois mille hommes, dont plus de quinze cents ont pris parti dans nos troupes. M. de Catinat avoit permission du roi d'accorder le pardon aux François qui se trouveroient dans la place et qui voudroient rentrer dans le service. Dès que Carmagnole a été pris, M. de Catinat a détaché Feuquières avec quelque cavalerie et quelque infanterie pour aller investir Coni. M. de Catinat a ordre de relever la garnison de Casal, dès qu'il sera à portée de pouvoir le faire.

Vendredi 15, *à Versailles*. — Le roi ne sortit qu'après le salut. Monseigneur alla se promener avec madame la princesse de Conty. — Le roi envoie deux lieutenants généraux servir en Catalogne sous M. de Noailles, qui sont M. de Revel et milord Montcassel. M. de Chazeron revient commander en Roussillon. — Le prince d'Orange est toujours dans son même camp près de Bruxelles, et M. de Luxembourg toujours à Braine-le-Comte.

Samedi 16, *à Versailles*. — Le roi alla se promener après le salut. — M. de Noailles a pris la Seu-d'Urgel après trois jours de tranchée ouverte (1); il y avoit dans la place un lieutenant général espagnol, nommé Agullo, et deux terces (2) qui faisoient huit cents hommes; ils se sont rendus prisonniers de guerre. M. de Noailles s'étoit avancé jusqu'à un passage dans la montagne par où le secours pouvoit venir, et M. de Chazeron faisoit le siége derrière lui. Cette conquête nous rend maîtres de toute la Cerdagne. Nos galères ont ordre de s'approcher des côtes de Catalogne.

Dimanche 17, *à Versailles*. — Le roi, Monseigneur et Monsieur, après le salut, allèrent se promener à Trianon avec les dames et les princesses; il y eut une grande collation. — On a eu nouvelles que le prince d'Orange, de son autorité, avoit fait le prince de Vaudemont général des armées en Flandre, comme le marquis de Caracene l'étoit autrefois sous Don Juan; cet emploi a accoutumé d'être joint à celui de gouverneur des Pays-Bas. Le roi d'Espagne a approuvé la disposition qu'avoit fait le prince d'Orange, et en a envoyé les patentes à M. de Vaudemont, malgré les remontrances de M. de Castanaga.

Lundi 18, *à Versailles*. — Le roi, après le salut, alla tirer. Monseigneur et Monsieur passèrent la journée chez madame la princesse de Conty, à la ville; le soir, elle donna une grande collation à madame la Duchesse et à beaucoup de dames; Monseigneur en fit les honneurs. —

---

(1) Voir, pour les détails de cette campagne de Catalogne, les *Mémoires du duc de Noailles*, dans le tome XXXIV de la collection Michaud.

(2) *Tercio*, en espagnol, régiment.

Notre armée d'Allemagne est toujours entre Neustadt et Mayence; elle subsiste sur le pays ennemi; celle des ennemis s'assemble vers Sintzheim; on dit que les troupes de Saxe sont arrivées sur le Mein près de Francfort. M. l'électeur de Bavière n'est point encore parti pour aller commander en Piémont.

Mardi 19, *à Versailles.* — Le roi alla chasser après le salut. Monseigneur alla coucher à Villeneuve-Saint-Georges pour courre demain le loup dans la forêt de Senart. — Le détachement de l'armée de M. de Boufflers, qui est de dix bataillons et de trente-un escadrons, doit joindre aujourd'hui l'armée de M. de Luxembourg. C'est M. de Rubantel qui commande ce détachement. Sur l'avis que M. de Luxembourg a eu que les ennemis faisoient marcher quelque cavalerie vers nos lignes, il a détaché le duc de Choiseul avec treize escadrons, qui va camper à Leuse, en Hainaut, et le lendemain il détacha encore le marquis de Joyeuse avec quinze escadrons, afin de défendre les lignes si les ennemis en veulent approcher. M. le duc du Maine est de ce détachement avec M. de Joyeuse, et M. le duc de Chartres a tant prié M. de Luxembourg de l'y laisser aller qu'il y a consenti.

Mercredi 20, *à Versailles.* — Le roi ne sortit qu'après le salut. Monseigneur revint de Villeneuve-Saint-Georges. Monsieur et Madame retournèrent à Saint-Cloud pour quelque temps. — Depuis le changement des monnoies, on en a déjà frappé à la marque nouvelle pour 327,000,000, et on continue toujours de porter les vieilles espèces. On n'avoit pas cru qu'il y eût tant d'argent dans le royaume; on ne croyoit pas que cela pût aller à 200,000,000. — M. le chevalier de Bissy, fils du lieutetenant de roi de Lorraine, a eu, ces jours passés, l'agrément d'acheter le régiment de cavalerie dont M. du Terrail a été obligé de se défaire par sa mauvaise santé.

Jeudi 21, *à Marly.* — Le roi partit de Versailles après le salut, et vint ici avec les dames; Monseigneur vint, à son ordinaire, avec madame la princesse de Conty. Le roi a amené ici le duc de la Force, qui n'y avoit jamais été, et M. de Torcy, des chevau-légers, qui n'avoit pas coutume d'y venir non plus. — Il est arrivé un courrier de Rome, qui a apporté des lettres du 10; les courriers passent présentement par Turin, comme en pleine paix. Les affaires du conclave ne paroissent pas plus avancées que le premier jour; les Zélanti ont donné cinq ou six voix à des gens qui ne sont point cardinaux, et il paroît que Chigi et Altieri sont plus brouillés que jamais. — Le soir, après souper, le roi se promena, et on joua au lansquenet dans les jardins.

Vendredi 22, à Marly. — Le roi se promena toute la journée dans ses jardins; il ne sortit que sur les sept heures, et alla faire un tour en carrosse avec les dames, et revint se promener encore à pied dans ses jardins; Monseigneur fut toujours avec le roi. Monsieur et Madame ne sont point de ce voyage ici; ils sont à Saint-Cloud. On a eu nouvelles de Flandre qu'un de nos partis de cent cinquante maîtres, commandé par le chevalier du Rozet, en avoit trouvé un de trois cents maîtres des ennemis. Malgré l'inégalité du nombre, le chevalier du Rozet les attaqua et les battit; il en a tué quarante ou cinquante, a pris dix officiers et quarante cavaliers, et a ramené cent chevaux; nous n'avons perdu qu'un cavalier à cette affaire-là. — Le soir, après souper, il y eut portique à l'ordinaire; il fit trop froid pour jouer dehors.

Samedi 23, à Marly. — Le roi se promena tout le matin, et l'après-dînée, il alla courre le cerf. Le roi et la reine d'Angleterre vinrent à la chasse. — M. de la Hoguette marche avec huit ou dix mille hommes dans le duché d'Aoste pour s'en rendre maître et empêcher la communication de ce pays-là aux troupes de M. de Savoie. On a eu nouvelles de Piémont que Bodo, lieutenant-colonel des dragons de Gramont, qui étoit détaché avec trois cents chevaux, avoit battu le régiment de Saluces et deux mille hommes de milice, qui vouloient se jeter dans Coni, que nous allons assiéger. La place est déjà investie par des troupes qu'a amenées M. de Feuquières; il y a eu plus de cinq cents des ennemis tués à cette affaire de Bodo, et nous n'y avons quasi perdu personne.

Dimanche 24, *à Marly*. — Le roi se promena l'après-dînée dans ses jardins, et, à six heures, il monta en carrosse et alla dans les routes de la forêt avec Monseigneur, les princesses et les dames; puis ils revinrent faire collation à la table qui est dans les routes de la forêt. — On a eu nouvelles que M. le prince d'Orange a marché et est campé sous Louvain, et on dit dans son armée qu'il va faire le siége de Dinant. M. de Boufflers a mis dans la place les deux bataillons du régiment de Piémont; il y avoit déjà une très-bonne garnison; c'est M. de Guiscard qui commande dans la place. — Le roi tint conseil le matin avec ses ministres. M. de Louvois vint hier au soir coucher ici. M. de Croissy y est du commencement du voyage, et M. de Pontchartrain et M. Pelletier sont venus ici ce matin de Versailles, et s'en sont retournés après le conseil.

Lundi 25, *à Versailles*. — Le roi tint conseil à Marly, ce matin, avec ses ministres, comme à Versailles, et l'après-dînée avec M. de Louvois; puis il alla se promener dans les hauts de Marly, où il fait accommoder quelque chose, et revint ici le soir. Monseigneur alla coucher à Frémont chez M. le chevalier de Lorraine, où Monsieur et Madame étoient. — Les détachements qu'avoit envoyés M. de Luxembourg vers nos lignes sont tous rentrés; les ennemis n'ont point songé à y rien entreprendre. — M. de Bulonde est arrivé avec des troupes devant Coni; c'est lui qui en fera le siége. Il est lieutenant général, et M. de Feuquières n'est que maréchal de camp. La tranchée doit être ouverte du 18 de ce mois.

Mardi 26, *à Versailles*. — Le roi se promena le soir dans ses jardins. Monseigneur revint de Frémont avec madame la princesse de Conty, qui y alla dîner pour le chercher. Monseigneur et Madame avoient couru le loup le matin dans la forêt de Sénart. Le soir, au souper du roi, un homme eut l'insolence de jeter en l'air un assez gros peloton de franges d'or, qu'il avoit dérobé dans les appartements du roi ; le peloton tomba fort près du roi. On trouva parmi la frange un billet, où il y avoit : « Bontemps, je te rends ta frange, la peine passe le profit ; fais mes baisemains au roi. » On voit bien, par la lettre et par le procédé, que c'est un fou, et on ne doute pas qu'on ne sache bientôt qui c'est. — On a eu nouvelle de M. de la Hoguette, qui s'est rendu maître de tout le duché d'Aoste, sans avoir trouvé aucune résistance.

Mercredi 27, *à Versailles.* — Le roi, après son dîner, alla tirer. Monseigneur passa la journée à la maison de madame la princesse de Conty, à la ville. — On a eu nouvelles que le prince d'Orange marche toujours vers la Sambre, et qu'il est campé à Gembloux. M. de Luxembourg marche aussi, et est campé près de Binch ; M. de Boufflers se dispose à joindre M. de Luxembourg avec ce qui lui reste de troupes. — La flotte angloise et hollandoise a passé devant l'île de Wight, forte de plus de quatre-vingts vaisseaux de guerre, mais il y a peu de matelots et peu de soldats.

Jeudi 28, *à Versailles.* — Le roi, après son dîner, alla à Saint-Germain voir le roi et la reine d'Angleterre, et puis revint se promener à Marly, où Monseigneur le vint trouver. — La Fitte, qui a été longtemps lieutenant des gardes du corps, est mort à Guise, dont il avoit été gouverneur, et où le roi le laissoit commander. Il changea l'année passée le gouvernement de Guise contre celui de Pecquay, parce que le roi voulut bien donner la survivance de cette dernière place à son fils, qui est exempt dans les gardes du corps. — M. le prince d'Orange étoit encore à Gembloux le 26 ; il a fait un grand amas de canons et de bombes à Namur, et a fait un détachement assez considérable de son armée, qui marche vers lui.

Vendredi 29, *à Versailles*. — Le roi, après son dîner, alla tirer, et puis revint se promener avec les dames à Trianon. Monseigneur alla se promener à Meudon avec madame la princesse de Conty; ils firent collation au château, et se promenèrent longtemps dans le parc et dans les jardins. — M. de Vivans, maréchal de camp dans l'armée de M. de Luxembourg, y est mort de la blessure qu'il reçut l'année passée à la bataille de Fleurus; on lui a trouvé la balle dans la cervelle. — M. de Luxembourg est toujours campé à Haisne Saint-Pierre et à Haisne Saint-Paul, près de Binch.

Samedi 30, *à Versailles*. — Le roi, après son dîner, alla se promener; Monsieur et Madame étoient venus de Saint-Cloud dîner avec lui. Le roi d'Angleterre alla courre le cerf dans la forêt de Saint-Léger, et coucha à Saint-Léger. — On a eu nouvelle que M. de Tourville étoit sorti de Brest avec notre flotte, composée de soixante-sept vaisseaux de guerre. Elle doit être encore jointe dans peu de jours par trois de nos gros vaisseaux, l'un desquels est celui que montoit M. d'Amfreville, qui est un peu endommagé; il a touché à un banc de sable qu'on ne connoissoit pas. M. de Tourville va croiser depuis l'île d'Ouessant jusqu'aux Sorlingues; si les ennemis veulent sortir de la Manche, ils le trouveront.

Dimanche 1ᵉʳ *juillet, à Versailles*. — Le roi d'Angleterre vint ici dîner au chenil chez M. de la Rochefoucauld. Après dîner, il fut enfermé assez longtemps avec M. de Louvois, et, le soir, le roi mena le roi d'Angleterre se promener à la Ménagerie, dans une calèche découverte où ils étoient seuls, et puis le roi le mena au bout du canal, et le roi d'Angleterre s'en retourna à Saint-Germain. Monseigneur alla coucher à Villeneuve Saint-Georges. — Le roi a eu des nouvelles de Coni; M. de Bulonde fit attaquer, le 25 de l'autre mois, les dehors de la place que nous emportâmes, et ensuite nous fûmes contraints d'abandonner la demi-lune, et nous n'avons gardé que la contrescarpe et nous avons fait une batterie sur le chemin couvert. M. de Brouilly, colonel du régiment de Tournaisis, y fut tué.

Lundi 2, à Versailles. — Le roi alla à la chasse, et puis revint se promener à Trianon avec les dames. Monseigneur revint de Villeneuve-Saint-Georges, après avoir couru le loup, puis il alla se promener avec madame la princesse de Conty en gondole sur le canal. — Notre armée d'Allemagne est toujours à Niederulm près Mayence, et M. de Villacerf, mestre de camp du régiment de Berry, parlant sur parole avec un officier des ennemis pour l'échange de quelques prisonniers, envoya dans Mayence le major des carabiniers, que M. de Tinghen, qui en est gouverneur, fit arrêter, et puis envoya quelques cavaliers qui prirent M. de Villacerf et Pelissier, major de Berry, qui étoient sur la bonne foi à parler sur parole. — M. le prince d'Orange est toujours à Gembloux, et M. de Luxembourg à Haisne Saint-Pierre et Haisne Saint-Paul.

Mardi 3, à Versailles. — Le roi et la reine d'Angleterre vinrent ici sur les six heures; le roi les mena promener à beaucoup de fontaines, et puis il leur donna une grande collation au Marais, et, après la collation, ils se promenèrent jusqu'à neuf heures. — Le roi a donné le régiment de Tournaisis à M. Pucelle, neveu de M. de Catinat. — M. l'électeur de Bavière n'est point encore passé en Piémont, où on dit toujours qu'il ira commander l'armée ennemie. Il est encore à Munich, où il a la fièvre tierce. — Le prince Louis de Bade n'a point encore accepté le commandement de l'armée de Hongrie.

Mercredi 4, à Marly. — Le roi vint ici de Versailles en chassant. Monsieur et Madame ne sont point du voyage; ils sont à Saint-Cloud. Mademoiselle de Blois n'y est point; elle s'est trouvée un peu incommodée; madame la Princesse et madame la princesse de Conty, sa fille, y sont. — M. le Prince est revenu depuis quelques jours des États de Bourgogne. — M. de Canaples a eu ici une chambre pour la première fois. — On a eu nouvelles que M. le prince d'Orange est toujours à Gembloux, et M. de Luxembourg à Haisne-Saint-Pierre et à Haisne-Saint-Paul. — Les Anglois et Hollandois, joints ensemble, nous ont pris les îles de Marie-Galante et de la Guadeloupe, et nous ont aussi pris un coin de celle de Saint-Domingue; la principale habitation nous en est demeurée.

Jeudi 5, à Marly. — Le roi se promena toute la journée dans ses jardins; le soir, il monta en carrosse, et alla joindre les dames qui étoient allées entendre le salut à Noisy, et puis revint voir Monseigneur et les princesses qui étoient à *l'escarpoulette*, divertissement fort à la mode pour ce voyage-ci. — On a eu nouvelles que les assiégés de Coni ont fait une sortie fort vigoureuse, où il y a eu beaucoup de monde tué de part et d'autre. Nous avons été chassés d'un poste avancé que nous avions; cela éloigne la prise de la place. Le roi a fort loué Clérambault, qui étoit de garde à la tranchée le jour de la sortie.

Vendredi 6, à Marly. — Le roi se promena le matin dans ses jardins, et alla tirer l'après-dînée. Monseigneur courut le cerf le matin avec les chiens de M. le duc du Maine. — M. le prince d'Orange est toujours à son camp de Gembloux; le bruit de notre armée de Flandre est qu'on va bombarder Bruxelles, si M. le prince d'Orange fait quelque entreprise; mais il n'y a guère d'apparence qu'il fasse un siége, notre armée étant aussi forte que la sienne. — M. de Mélac a pris, près de Mayence, le château d'Aiguesheim; il s'est défendu dix heures. La Rare, frère de Mélac, mestre de camp de cavalerie, y a été blessé à mort, et Gobert, colonel de dragons, dangereusement blessé.

Samedi 7, à Versailles. — Le roi revint ici de Marly en chassant. Monseigneur revint avec madame la princesse de Conty à son ordinaire. — On a eu des nouvelles de Constantinople du 1er juin, par lesquelles il paroît qu'il n'y a eu aucun mouvement considérable dans Constantinople, comme on le disoit en Hollande ; ulement on avoit étranglé quelques séditieux dans le sérail ; que tout étoit calme et soumis, que le Grand-Seigneur étoit parti pour Andrinople, et que son armée seroit composée de 70,000 hommes de troupes réglées et de 60,000 Tartares commandés par le nouveau khan. — Les Anglois attendent un convoi de Smyrne fort richement chargé, et il y a des lettres qui portent qu'il est arrivé à Kinsale en Irlande.

Dimanche 8, à Versailles. — Le roi, après le salut, alla se promener avec les dames à Trianon. Monseigneur alla coucher à Villeneuve-Saint-Georges. — On a eu nouvelles que M. de Bulonde leva le siége de Coni, le 29 du mois dernier, sur un avis qu'il eut que le prince Eugène venoit avec 4,000 chevaux au secours de la place. Il a laissé une pièce de canon dans la batterie, beaucoup de farines et les blessés qui étoient dans le camp. M. de Bulonde s'est retiré sans les ordres de M. de Catinat, et on croit que le roi le fera arrêter, tant il est malcontent de sa conduite. — Le petit Froulay est mort à Mons d'une blessure qu'il reçut pendant que notre armée étoit campée à Hall.

Lundi 9, à Versailles. — Le roi alla tirer l'après-dînée ; Monseigneur revint ici, après avoir couru le loup à Villeneuve-Saint-Georges dans la forêt de Sénart. — M. de Luxembourg a décampé de Haisne-Saint-Pierre et de Haisne Saint-Paul ; il va camper à Soignies. — M. le prince d'Orange est toujours à Gembloux, où il a été joint par le landgrave de Hesse, qui lui amène 6,000 hommes de troupes. — M. le comte d'Estrées a mis à la voile et est parti des côtes de Provence, et a ordre d'aller sur les côtes d'Espagne. — Il y a beaucoup de changements dans le conseil d'Espagne à Madrid ; le comte d'Oropesa n'est plus à la tête des affaires ; don Emmanuel de Lyra, secrétaire *del Despacha universal*, avoit quitté quelques jours auparavant.

Mardi 10, *à Versailles.* — Le roi alla tirer l'après-dînée. M. le maréchal de Lorges est campé avec sa cavalerie sur la Nake; les ennemis sont sur le Necker, et on croit qu'ils peuvent avoir 25,000 hommes dans leur armée. Ils font courre le bruit qu'ils vont passer le Rhin à Mayence; mais on n'en croit rien. — Le roi a envoyé ordre à M. de Catinat de faire arrêter M. de Bulonde, et de l'envoyer dans la citadelle de Pignerol. — On a des nouvelles de Rome du 19 de l'autre mois, qui portent que les affaires du conclave ne sont pas plus avancées que le premier jour; Chigi et Altieri, qui sont les deux principaux chefs des factions, sont plus brouillés que jamais.

Mercredi 11, *à Versailles.* — Le roi et la reine d'Angleterre vinrent ici sur les six heures; le roi les mena d'abord voir les écuries. Le roi d'Angleterre dit qu'il n'avoit jamais vu tant de beaux chevaux anglois ensemble. Ensuite le roi les mena sur le canal où étoit toute la musique; toutes les dames suivoient dans des gondoles et des chaloupes; ils allèrent aborder à Trianon, qui étoit fort éclairé. Après s'y être promenés, ils vinrent souper sous le péristyle, où il y avoit cinq tables : la première tenue par le roi, avec le roi et la reine d'Angleterre, la seconde tenue par Monseigneur, la troisième par Monsieur, la quatrième par Madame, et la cinquième par Mademoiselle; il y avoit soixante-quinze dames. — Le roi signa, le matin, le contrat de mariage du marquis de Gouvernet avec mademoiselle de la Roche-Allard; madame de Maintenon a chargé M. d'Aubigny de faire la noce, s'intéressant fort à la demoiselle comme étant nièce de feu madame de Villette.

Jeudi 12, *à Versailles.* — Le roi alla tirer, et n'a jamais tant trouvé de gibier dans son parc comme il y en a cette année. Trianon est présentement meublé; tous les lits y sont posés, ainsi le roi y peut coucher quand il voudra; il y aura même plus de logements qu'on ne pensoit, par de petits changements qu'on y fait. — On a eu nouvelle que M. le prince d'Orange, sur le bruit de la marche de M. de Luxembourg, qui est campé à Soignies, a détaché M. de Castanaga avec sept ou huit bataillons et quinze ou vingt escadrons, pour se jeter dans Bruxelles. On dit que le prince d'Orange a changé la garnison de Namur, et y a mis des troupes angloises et hollandoises, au lieu de celles d'Espagne qui y étoient. — L'abbé de la Motte est mort : c'étoit un homme qui avoit été dans les affaires du cardinal de Retz, très-connu pendant les troubles de la Régence.

Vendredi 13, *à Versailles*. — Le roi, Monseigneur, Monsieur, Madame, Mademoiselle, les princesses et les dames allèrent dîner à Trianon. L'après-dînée, les courtisans et toutes les dames eurent permission d'y aller; il y eut grande collation, après quoi Monseigneur s'embarqua sur le canal avec les princesses et les dames qui avoient été de la collation; les autres dames demeurèrent et soupèrent à Trianon avec le roi, qui ne revint qu'à minuit. — On a eu nouvelles que les troupes ennemies sont entrées dans l'île de Saint-Ouen, et l'on fait passer quelques régiments dans la plaine de Frankenthal. M. le maréchal de Lorges, qui étoit campé à Flonheim avec notre cavalerie, remarche pour joindre notre infanterie qui étoit demeurée à Kerweiler.

Samedi 14, *à Versailles*. — Le roi alla tirer l'après-dînée; Monseigneur alla à Saint-Germain voir le roi et la reine d'Angleterre. — M. de Luxembourg est campé aux Estrinnes. On dit toujours que M. le prince d'Orange veut passer la Sambre, mais il est encore à Gembloux. — M. de Feuquières a mené dans Casal une garnison nouvelle, et en a retiré celle qui y étoit; les régiments que commande Château-Renaud sont de cette garnison nouvelle. M. de Feuquières, en allant et en revenant de Casal, n'a trouvé aucunes troupes des ennemis.

Dimanche 15, *à Versailles*. — Le roi, après le salut, alla se promener à Trianon. Monseigneur alla coucher à Vil leneuve Saint-Georges. — M. de Barillon est à l'extrémité, et on n'espère plus qu'il en puisse réchapper. — Nos galères et les vaisseaux que commande le comte d'Estrées dans la Méditerranée vont à Barcelone. M. de Noailles, avec son armée, marche de ce côté-là; •M. de Louvois a dit aujourd'hui que nous allions bombarder cette grande ville-là. Cela augmentera bien le désordre qu'il y a déjà dans la cour d'Espagne. — Les troupes du prince d'Orange, en Irlande, ont assiégé Athlone.

Lundi 16, *à Versailles.* — Le roi travailla l'après-dînée avec M. de Louvois, et, sur les quatre heures, il s'aperçut que M. de Louvois se trouvoit mal. Il le renvoya chez lui. En y arrivant, il se sentit plus pressé; il se fit saigner. Son oppression augmentant toujours, il se voulut faire saigner de l'autre bras; il envoya chercher son fils, et mourut un instant après (1). Madame de Louvois étoit allée ce jour-là à Armainvilliers. Une mort si prompte fait soupçonner qu'il pourroit y avoir du poison; le roi devoit aller ce jour-là à Saint-Cloud, il n'y fut point, et sur les six heures, il alla se promener dans ses jardins (2). M. Pelletier et M. de Pontchartrain allèrent chez M. de Louvois pour faire sceller tous les papiers. M. de Louvois étoit ministre et secrétaire d'État de la guerre, surintendant des bâtiments, chancelier de l'ordre du Saint-Esprit, grand vicaire de l'ordre de Saint-Lazare. Il avoit l'inten-

---

(1) Voir les *Lettres de madame de Sévigné* du 23 et du 26 juillet. On fit à propos de Louvois l'épitaphe suivante :

Ici gît sous qui tout plioit
Et qui de tout avoit connoissance parfaite,
Louvois que personne n'aimoit
Et que tout le monde regrette.

(2) « Je remarquai qu'au lieu d'aller voir ses fontaines et de diversifier ses promenades, comme il faisoit toujours, dans les jardins, le roi ne fit jamais qu'aller et venir le long de la balustrade de l'Orangerie, et d'où il voyoit, en revenant vers le château, le logement de la surintendance où Louvois venoit de mourir, qui terminoit l'ancienne aile du château sur le flanc de l'Orangerie, et vers lequel il regarda sans cesse toutes les fois qu'il revenoit vers le château. » Saint-Simon, *Mémoires*, t. XXIV, p. 98.

dance de toutes les fortifications et des haras ; il avoit le revenu de toutes les postes des pays étrangers et des chevaux de louage du dedans du royaume *.

Je partis ce jour-là pour Forges.

* M. de Louvois étoit le plus grand homme en son genre qui ait paru depuis plusieurs siècles, mais dont les talents ont été aussi les plus funestes à la France par les conjonctures où il s'est trouvé. Rien de plus vaste, de plus fertile, de plus juste que son esprit pour les plus grandes entreprises et pour le secret d'en masquer tous les préparatifs et les dispositions les plus immédiates, dans l'exécution exacte et entière desquelles il excelloit encore plus. Infatigable dans le travail (1), et dans un travail de tous les jours et de toutes les années, [il] pesoit, perçoit, dirigeoit tous les détails avec une aisance inconcevable, dont aucun ne lui échappoit jusqu'aux plus petits, et, autant que cela peut être dit d'un homme mortel et borné de sa nature, rien ne lui étoit impossible. Il connoissoit les choses et les gens avec un sens exquis, et s'en servoit à ce à quoi ils étoient propres avec un merveilleux discernement. La récompense et la punition étoient avec lui certaines, et toujours dans la proportion des gens et de leur service ou de leur manquement. En tout, d'une grande suite ; le plus dangereux ennemi et le plus difficilement réconciliable, l'ami le plus sûr, le plus ardent, le plus voulant par lui-même, magnifique en tout, noble en tout, libéral à pleines mains, et faisant à ses amis et à ses proches des présents de souverain, des terres, des maisons, des régiments achetés exprès en entier, des prix entiers de belles et grandes charges à la cour; le meilleur parent du monde, et le père des pauvres, à qui il ne refusa jamais rien, et dont les aumônes alloient entre 2 et 300,000, fr. par an; car cela dépendoit des œuvres que des personnes de piété lui proposoient de 20, de 30, de 40 et 50,000 fr. à la fois; vivant en petit roi chez lui, et néanmoins sans insolence, et parlant librement de sa basse naissance, et de toute la distance qui étoit entre ceux qui étoient entrés dans son alliance et lui. Il vivoit avec le chancelier, son père, avec un grand respect et une grande confiance, et avec sa femme avec beaucoup de considération, et beaucoup de déférence pour ses parents et son alliance. Du reste, il aimoit les femmes et en entrete-

---

(1) Les 280 volumes in-folio de minutes, de dépêches, de mémoires et de papiers divers sur des affaires de guerre ou d'administration militaire, conservés au Dépôt de la Guerre, sont là pour témoigner du *travail infatigable* de ce Louvois qui, ainsi que nous l'avons vu plus haut, écrivait ou dictait soixante-onze lettres en un jour.

noit chèrement. Il faut finir son personnel par un bel endroit et bien rare dans un homme de sa sorte. Il eut envie d'une parfaitement belle fille qu'il avoit vue en quelque part, et, comme c'étoit une fortune sûre que de condescendre à ses plaisirs, la mère, veuve et pauvre, fut assez malheureuse pour la lui amener. Dès qu'ils furent tête à tête, M. de Louvois, ravi de son bonheur, crut la posséder, et fut bien surpris de voir sa belle toute en pleurs. Il les prit pour un reste de modestie mourante, mais il le fut bien davantage, quand elle lui témoigna son désespoir d'être ainsi livrée par une misérable mère à un péché honteux qu'elle n'avoit jamais voulu connoître et auquel elle ne pouvoit encore se résoudre. M. de Louvois ne balança pas un moment : il la rassura, lui fit des excuses, lui protesta qu'il n'avoit jamais su que le rendez-vous ne fût pas de son consentement; il la renvoya sans lui toucher le bout du doigt, lui donna de quoi subsister et la maria très-bien, peu de temps après : c'étoit une pauvre demoiselle. Mais voici la contre-partie de tant de bien. M. de Louvois n'étoit bon qu'à être premier ministre en plein, et il est fort douteux que son esprit, tout tourné aux détails et aux entreprises, eût eu ce vaste général et cette combinaison immense qui est si nécessaire à un premier ministre pour tout embrasser, le digérer, le distribuer et l'administrer; plus douteux encore qu'il fût instruit des intérêts de tout ce qui compose l'Europe, avec quelque suffisance; et qu'un esprit inflexible naturellement comme le sien eût pu manier des négociations avec quelque moelleuse adresse, même par l'interposition d'autrui. C'étoit un homme altier, brutal, grossier dans toutes ses manières, comme sa figure le montroit bien, qui souffroit tout pour peser et résoudre quand c'étoit surbordonnément avec lui, et fort capable par sa supériorité de génie de saisir le bon et de s'y rendre contre son premier avis, de quelque part qu'il lui vînt, mais qui étoit incapable d'aucun examen, d'aucune discussion d'égal à égal, parce qu'il vouloit être maître en tout et partout, qu'il ne pouvoit souffrir aucune résistance, et qu'il brisoit les obstacles au lieu de les aplanir; homme terrible et absolu, et qui vouloit et se piquoit de l'être. Mais à quoi il auroit été le plus excellent, c'eût été à être sous un premier ministre ou sous un roi capable de s'en bien servir, et de le tenir de si court qu'il n'eût osé les embarquer en rien, et eût été réduit à l'unique exécution de leurs ordres, ou à leur proposer des projets de grandes choses, sans avoir le crédit et l'ascendant sur eux de les y faire entrer, qu'autant qu'ils leur auroient paru bons à leurs vues et à la situation des affaires. C'est alors que, sans avoir aucun embarquement à craindre ni aucuns pièges des vues particulières de Louvois, ils en auroient tiré des secours infinis, qui, outre un soulagement incroyable, auroient fait tout l'honneur de leur administration, et procuré les plus grands et les plus solides avantages. Mais le malheur de la France fut tel que ce grand homme fut employé dans un milieu qui fit le malheur du royaume pour plus d'un siècle, si jamais au moins il s'en peut relever, et qui fit enfin la perte de ce ministre. Il travailloit sous un roi jaloux de tout, qui vouloit paroître tout faire, et qui avoit un extrême désir de gloire personnelle. Le département de Louvois étoit la guerre, et il se trouvoit vis-à-vis d'un autre ministre (Colbert), le plus grand génie qui ait peut-être jamais paru en France pour le ministère où il étoit employé, qui étoit les finances, le commerce, la marine, les manufactures, les sciences, les bâtiments publics non militaires et les bâtiments du roi.

Le frère de ce ministre avoit eu les affaires étrangères après Pomponne, que Louvois avoit aidé à perdre. Lui et Colbert étoient rivaux en tout, et rivaux avec une haine ouverte. Tout poussa donc Louvois à abuser du goût du roi pour la guerre. Par là, il devenoit le maître de presque toutes les grâces; par là, il épuisoit les fonctions du ministère des affaires étrangères; par là, il ruinoit autant qu'il pouvoit la marine et le commerce, qui, s'exerçant loin des yeux du roi, ne le frappoient point et ne lui laissoient que le regret aux dépenses qui s'y faisoient, et dont il aimoit mieux grossir celles de sa cour et de ses armées; par là, il réduisoit Colbert à une dure nécessité d'expédients pour ne laisser pas manquer d'argent, quelques trésors que le roi voulût dépenser, à exciter par là les cris publics contre lui, et des remontrances des parlements qui mettoient le roi de mauvaise humeur contre son ministre des finances, que Louvois ne cherchoit qu'à épuiser pour perdre Colbert, et n'avoir plus ni compétiteur dans l'autorité et dans la confiance, ni contradicteur dans ses vues et ses projets. C'est ce qui engagea la guerre d'Hollande, l'occupation de la Lorraine, de la Franche-Comté, de Luxembourg, de Strasbourg, les étranges réunions de la chambre, puis du parlement de Metz, qui mirent toute l'Europe ensemble contre la France; c'est ce qui fit les travaux de la rivière d'Eure, plus marqués au coin de la folie qu'à celui des Romains; c'est ce qui rasa et éleva tant de places; c'est ce qui grossit les armées à un point insoutenable et qu'on ne peut diminuer, parce que celles de nos ennemis le furent à proportion, et bien plus aisément que nous par l'étendue bien plus grande des pays à faire des recrues et de pays bien plus peuplés; c'est ce qui fit enfin la guerre de 1688, de gaieté de cœur, pour ainsi dire; qui la nourrit, au lieu de l'éteindre ou par la force des armes portée où il le falloit, ou par des traités, en se contentant du glorieux et de l'utile supportable aux autres; c'est enfin ce qui poussa M. de Savoie à bout, à force d'insultes à l'insu du roi, et le jeta malgré lui à la guerre, et ce qui désespéra toute l'Allemagne par les incendies et les barbaries du Palatinat et de presque tout le cours du Rhin, et conjura toute l'Europe contre la France. Bien que M. Colbert fût mort, après avoir été réduit à forcer le premier les anciennes barrières qui retenoient encore nos rois sur les levées d'argent, et qui ont ouvert la voie à n'en plus laisser subsister pas une des plus inviolables, M. de Louvois, qui vouloit régner, ne se put déprendre de sa route. Mais voici par où il périt. Il avoit subjugué les généraux d'armée; M. de Turenne et ceux qu'il avoit trouvés lui avoient fait trop de peine par leur capacité et leur réputation qui donnoient du poids à leurs avis, et de l'autorité à leurs démarches, et il ne voulut du poids et de l'autorité que par lui et pour lui : c'est ce qui lui en fit avancer d'incapables de lui faire ombrage, et qui l'appliqua à tenir de si court ce peu de bons qui restoient, qu'ils ne fussent plus en état de lui échapper. De là, les projets de campagne indépendamment de ceux qui les devoient exécuter; de là, les changements dans ces projets entamés; de là enfin, peu à peu, le commandement de toutes les armées dévolu à lui seul, et nul mouvement, nul moyen ni liberté de profiter de ceux d'un ennemi que par l'envoi et le retour d'un courrier, qui trouvoit presque toujours l'occasion échappée. La cour étoit dans la même dépendance, et jusqu'au peu de ceux à qui la guerre générale laissoit quelque emploi au dehors, dépendoit bien plus de lui que du ministre des affaires étrangères, qui ne pouvoit rien, tandis que Louvois étoit tout-puissant. Mais cette démesurée puissance le perdit. Il sentit trop ses forces et trop peu celles de madame de Maintenon. Ils luttèrent, ils se brouillèrent; il lui tint formellement rigueur. Devenu surintendant des bâtiments, à la mort de Colbert, son humeur, par trop intraitable à force de prospérité, ne put ployer sous le roi même, dont les bâtiments furent une occasion si continuelle, qu'après ce qui s'appelleroit des prises entre des particuliers, ses amis et sa famille gagnèrent plutôt de le faire absenter de Marly, sous prétexte de s'aller reposer dans son superbe Meudon, que de le rendre complaisant aux goûts et aux fantaisies de faire et de défaire. Madame de Maintenon sut profiter de l'humeur et des absences, et M. de Louvois, qui le sentit de plus en plus, lui donna lieu, de plus, d'intéresser la conscience par les terribles exécutions du Palatinat. Il vouloit ajouter l'incendie de Trèves, qu'il croyoit nécessaire pour ôter une place d'armes aux ennemis ou la nécessité d'occuper sans cesse tout ce pays et une place ouverte à force de troupes mieux employées ailleurs; il avoit essuyé déjà tant de reproches de tant d'autres saccagements, qu'il n'osa prendre sur lui une destruction si odieuse. Il prit donc le parti d'en parler au roi, qui le rejeta jusqu'à deux fois. Voulant tenter un dernier effort, il dit au roi, en repliant son sac, qu'il avoit pris sur sa conscience la décharge de celle du roi, qui étant l'unique raison de la conservation de Trèves contre de si décisives pour la détruire, il avoit envoyé ordre de la brûler. A l'instant, le roi, transporté de colère, se jette sur les pincettes de la cheminée et court sur son ministre, qui fait le plongeon. Au même moment, madame de Maintenon se jette entre eux deux et se met à vouloir ôter au roi les pincettes, qui disoit rage à Louvois et qui conclut par lui commander de dépêcher à l'instant un contre-ordre, et ajouta de prendre garde à choisir un bon courrier, parce que, s'il n'arrivoit pas à temps, Louvois lui en répondoit de sa tête. Le ministre, éperdu, gagna la porte, et ne put cacher son trouble ni dissimuler à ses plus intimes amis qu'il se croyoit perdu. Il ne craignoit pas que le contre-ordre arrivât trop tard; il n'avoit eu garde d'envoyer l'ordre de brûler Trèves qu'il n'eût vu le succès de sa ruse. L'ordre alloit partir à son retour, et étoit tout prêt, si le roi n'eût témoigné que des regrets; mais un emportement si terrible dans un maître déjà fort aliéné, qui ne tomboit jamais même dans les plus légers, et cet emportement en présence de son ennemie, ne laissa plus vivre Louvois en repos. Ce fut ce qui le fit résoudre de tenter une expédition qui séparât pour un temps le roi d'avec elle, et qui le lui livrât cependant tout entier. Chanlay, qu'un talent singulier de l'exacte connoissance des pays avoit fait une sorte d'échappé de ministre sous la protection de Louvois, et fort dans sa confidence, lui représenta vainement que ce remède deviendroit le comble de ses crimes par un essai de séparation dont madame de Maintenon ne voudroit plus, à quelque prix que ce fût, essuyer les hasards; rien ne pût détourner Louvois de son idée. Le siége de Mons fut résolu. Le roi le fit, et les dames demeurèrent sans que madame de Maintenon le pût éviter; mais le ministre n'y gagna rien, et il s'aperçut tellement de sa perte, aussitôt après le retour à Versailles, qu'étant à Meudon et y menant lui-même une petite calèche où étoient sa bonne amie la maréchale de Rochefort et sa fille, il les conduisit droit dans un bassin, et ces paroles lui échappèrent assez haut pour qu'elles l'entendissent : « Je suis perdu, et après tout ce que j'ai fait, l'osera-t-il? » Ces dames se jetèrent aux rênes tout sur le bord du bassin, et réveillèrent M. de Louvois d'une sorte de léthargie qui le tenoit extérieurement absorbé, et dont, tout libre qu'il étoit avec elles, il demeura fort embarrassé. Le jour qu'il mourut subitement, les ordres étoient donnés pour le conduire à la Bastille, d'où il ne seroit jamais sorti. Longtemps depuis, le roi le dit à Chamillart, qui occupa sa place; mais la mort ôta cet embarras et sauva la fortune de son fils. La même main qui perdit le père trop puissant soutint le fils, de l'âge duquel elle n'avoit rien à craindre.

Madame de Maintenon prit ouvertement la protection de Barbezieux, et flatta si bien le roi du plaisir de le former aux affaires et d'en avoir cependant tout l'honneur, que le roi s'en expliqua souvent d'une manière peu décente, et compta de recouvrer ainsi la gloire qu'il se croyoit dérobée par le père. Chanlay, à qui la place fut offerte, la refusa généreusement, et Barbezieux l'obtint sous la direction du roi, la tutelle de madame de Maintenon, et sous [les yeux de Chamlay et de Saint-Pouanges. Lui et sa famille firent sagement. Ils étouffèrent tant qu'ils purent le bruit de poison qui couroit, et qui fut si fondé qu'un frotteur en fut arrêté. Ils étouffèrent avec la même prudence l'éclat de la mort de Seron, médecin du défunt ministre, arrivée peu de mois après, seul enfermé dans sa chambre au château de Versailles, sans vouloir d'aucun secours, et s'écriant dans des douleurs horribles comme un désespéré, qu'il le méritoit bien, qu'il mouroit enragé et sans ressource, et que c'étoit le juste salaire de la mort de son maître. Un tel oiseau en prison est à la fin pesant, et, y étant destiné, sa mort devient un grand soulagement et d'autant moins soupçonnée. Ce fut au moins le raisonnement d'alors, bien ou mal fondé, par le monde qui raisonne et qui sait ou qui cherche et est en lieu de savoir. C'est donc à l'ambition de Louvois que la France dut ses guerres continuelles, sa triste réputation sur la foi des traités, la perte de la marine et du commerce bien commencés, le nombre de troupes monstrueux qui a ruiné l'Europe engagée, pour n'en être pas inondée, à l'imitation forcée de cet exemple, la réunion organisée et durable de toute l'Europe contre elle, qui, joint à l'épuisement où elle étoit tombée par une suite de tant de guerres et de tant d'autres choses, par la dépense de la construction d'un nombre démesuré de places, fit acheter si chèrement la paix de Ryswick, laissa la France dans une situation à ne pouvoir bien profiter de la mort et du testament du roi Charles II d'Espagne, et l'Europe entière dans une union assez bien cimentée pour y mettre obstacle, arracher les pièces principales de la monarchie d'Espagne, et mettre la France au point de ne s'être sauvée que par miracle des mains de ses ennemis. C'est encore à Louvois qu'est dû l'usage, si funestement conservé par ses successeurs, de commander les armées du fond et de l'ignorance de leur cabinet, de n'avancer que des gens dont ils ne puissent avoir d'ombrage, et de perdre les autres avant que leur mérite ait assez percé pour les soutenir; la cessation d'écrire *Monseigneur* aux ducs et de se le faire écrire par quiconque n'est pas duc ou maréchal de de France, ce qui a privé les armées de grands sujets, et le fatal décret d'ouvrir toutes les lettres à la poste, qui a été si longtemps caché, qui est devenu enfin si public et dont l'abus est dégénéré en une violation entière du commerce le plus intime, le plus nécessaire et le plus innocent, comme le plus du droit naturel des familles, des amis et de tous les hommes. C'est ainsi qu'un ministre doué de tant et de si grands talents est devenu le malheur de sa patrie pour n'en avoir pas été le maître ou n'en avoir pas trouvé qui le sussent être de lui et de s'en servir dans ses justes bornes, au lieu qu'il en eût pu être le plus grand appui, sans cette malheureuse lutte entre Colbert et lui, qui a ôté à ce dernier tout le fruit de ses talents et de ses travaux. Finissons toutefois par un endroit magnifique : c'est l'hôtel des Invalides, qui le rendra immortel, non que les soldats estropiés ou vétérans ne fussent entretenus aussi bien et mieux peut-être auparavant qu'ils ne le sont dans cette maison, mais comme c'étoit chez eux ou dans les lieux qu'eux-mêmes choisissoient pour leur retraite, souvent en qualité de moines laïcs dans les abbayes qui étoient chargées de ce droit, ils ne faisoient ni le même honneur aux soins du monarque, ni ne donnoient la même confiance à leurs semblables, que ramassés ensemble dans une vaste et superbe maison à la porte de la capitale. Le chef-d'œuvre a donc été que cet entretien de tous ensemble coutât moins au roi et lui fît plus d'honneur que l'entretien dispersé dans toutes les parties du royaume. L'ordre admirable que M. de Louvois a établi pour l'administration du temporel et du spirituel des Invalides célébrera à jamais son grand génie, et fera une des principales décorations du dernier règne. Aussi y avoit-il élu sa sépulture ; aussi le roi l'en fit-il ôter peu de jours après qu'il y eut été mis, tant sa jalousie fut peu capable de se contraindre. Il se hâta encore, aussitôt après la mort de ce ministre, d'arrêter les bâtiments de la place de Vendôme, qui devoit être carrée, et que M. de Louvois avoit toute destinée au public. La bibliothèque du roi avec ses dépendances, le balancier, toutes les différentes académies, le grand conseil et le logement du chancelier de France devoient en occuper les quatre côtés. Cela avoit du grand, de l'utile, et d'autant plus que Paris, et la France entière, est pauvre en bâtiments publics. Le roi, qui a témoigné par ceux qu'il a laissés quel a été son goût là-dessus, changea toute l'économie de cette place, et la fit telle qu'elle est présentement.

Mardi 17, *à Versailles.* — Hier, le roi, au conseil des dépêches, donna une pension de 1,000 francs à mademoiselle de Cominges. — Cette après-dînée, on a ouvert le corps de M. de Louvois ; les avis des médecins et des chirurgiens sur le poison n'ont point été différents. — M. de Barbezieux, qui avoit la survivance de la charge de secrétaire d'État de M. son père, a travaillé avec le roi. S. M. envoya, dès hier au soir, des courriers à tous les généraux de ses armées, et leur ordonne d'écrire à M. de Barbezieux comme ils écrivoient à M. de Louvois. Le roi a ordonné que tous les commis demeurassent et continuassent à travailler. — Le roi d'Angleterre lui ayant envoyé faire des compliments sur la mort de M. de

Louvois, S. M. a répondu à celui qui venoit de sa part :
« Monsieur, dites au roi d'Angleterre que j'ai perdu un
bon ministre ; mais que ses affaires et les miennes n'en
iront pas plus mal pour cela. »

Mercredi 18, *à Marly.* — Le roi, après son dîner, vint
ici en chassant. Monseigneur y vint avec madame la princesse de Conty à son ordinaire. Le roi a amené M. de Barbezieux pour travailler avec lui. L'archevêque de Reims,
qui apprit à Forges la nouvelle de la mort de M. son
frère, a salué le roi ce matin à Versailles. S. M. l'a assuré
qu'elle se souviendroit des services de M. de Louvois et
de M. le Tellier, et qu'il auroit soin de sa famille. Le roi
manda dès avant-hier à M. de Chanlay (1), qui étoit dans
l'armée d'Allemagne, de se rendre incessamment auprès
de lui. — M. le maréchal de Lorges est campé avec toute
son armée sur le Spierbach, à Wintzingen sous Neustadt ;
l'armée des ennemis est toute passée en deçà du Rhin et
campée dans la plaine de Frankenthal.

Jeudi 19, *à Marly.* — Le roi a longtemps travaillé avec
M. de Barbezieux aujourd'hui ; il aura la charge de général
des postes ; cette charge payoit paulette. Le roi réunit aux
domaines les postes étrangères, qui montent à de fort
grosses sommes. M. Pelletier, le ministre, fera rendre
compte aux maîtres des postes. Le roi supprime tous les
droits qu'avoient les loueurs de chevaux dans tout le
royaume, qui étoient fort à la charge du peuple. Les particuliers auront liberté tout entière de louer leurs chevaux. On dit que les particuliers qui avoient le droit de
louer des chevaux achetoient ce droit de M. de Louvois,
ce qui lui valoit encore beaucoup. Les trésoriers des fortifications et ceux de l'artillerie feront présentement leurs

---

(1) M. de Chanlay, maréchal des logis des armées du roi, était chargé de faire à Louis XIV les mémoires ou rapports sur les mouvements des armées françaises et étrangères. Voir Saint-Simon, t. XXIV, p. 99 et 100.

charges; M. de Louvois les faisoit faire par l'extraordinaire des guerres.

Vendredi 20, *à Marly.* — Le roi s'est promené l'après-dînée dans la forêt de Marly avec les princesses et toutes les dames. Il y eut une collation à la table dans les routes ; Monseigneur, Monsieur et Madame y étoient avec le roi. Le soir, après souper, il y eut portique comme à l'ordinaire. — M. de Santenas, Piémontois, qui avoit un régiment d'infanterie en France, et qui s'étoit mis à l'institut de l'Oratoire, est allé à la Trappe et y a pris l'habit (1). — M. le Grand-Duc, à qui l'empereur a donné le rang des têtes couronnées, comme l'a M. le duc de Savoie, pour montrer l'autorité que lui donne ce nouveau rang, a fait quatre ducs dans ses États, et a vendu ces dignités-là.

Samedi 21, *à Versailles.* — Le roi revint ici en chassant. Monseigneur revint avec madame la princesse de Conty à son ordinaire. — On a fait emprisonner un frotteur savoyard qu'on soupçonne d'avoir mis du poison dans une aiguière qui étoit dans la chambre de M. de Louvois, dans laquelle il buvoit souvent; il y avoit même bu après son dîner le jour qu'il mourut. — M. de Luxembourg a passé la Sambre, et M. le prince d'Orange doit aussi, à ce qu'on croit, l'avoir passée entre Charleroy et Namur; il fait toujours courre le bruit dans son armée qu'il va assiéger Dinant.

Dimanche 22, *à Versailles.* — Le roi a fait M. Pelletier, l'intendant des finances, directeur général de toutes les fortifications du royaume, comme l'étoit M. de Louvois; il sera ordonnateur de tous les fonds; les trésoriers ne payeront que sur ses ordres; il aura 20,000 francs d'appointements, et tous les samedis il rendra compte au roi de tout ce qui regarde cette administration. Le roi laisse

---

(1) Voir la lettre de Boileau sur la retraite du marquis de Santenas à la Trappe, *Mercure* d'août 1691, pages 222-236.

à M. de Barbezieux tous les logements qu'avoient M. et madame de Louvois; M. le duc de la Roche-Guyon aura le logement qu'avoit M. de Barbezieux.

Lundi 23, *à Versailles.* — Le roi prit médecine (1). — M. de Luxembourg est campé à Floreffes, et M. le prince d'Orange à Gerpines, à deux petites lieues l'un de l'autre. — M. le comte de Soissons étoit allé à l'armée de Flandre sans avoir pris congé du roi; il y a été quelques jours. Le roi l'a su, et a donné ordre à M. de Luxembourg de le renvoyer. — M. de Barillon mourut à Paris après une longue maladie; il étoit conseiller d'état ordinaire; il avoit été plénipotentiaire à Cologne pour la paix, et depuis ambassadeur en Angleterre, où il a demeuré jusqu'à ce que le roi en soit sorti.

Mardi 24, *à Versailles.* — Il y eut à Trianon un grand souper et une grande collation; toutes les dames y étoient; celles qui ne firent point collation avec Monseigneur demeurèrent à souper avec le roi. S. M. veut que Monseigneur le Dauphin entre dans tous les conseils; jusqu'ici il n'étoit entré que dans les conseils des finances et des dépêches; le roi l'avoit dit à Monseigneur samedi passé, mais cela n'a été public qu'aujourd'hui. — Le roi fait M. le duc de Beauvilliers ministre d'État, et fait rentrer dans son conseil M. de Pomponne. Il avoit conservé la pension de ministre, qui est de 20,000 francs, mais il n'en avoit fait aucune fonction depuis l'année 79 qu'il eut ordre de se défaire de sa charge de secrétaire d'État des étrangers entre les mains de M. de Croissy. — M. de Chanlay est arrivé d'Allemagne, et a été enfermé cette après-dînée avec le roi; il y entra et en sortit avec M. de Barbezieux.

Mercredi 25, *à Versailles.* — Il est arrivé aujourd'hui un courrier de Rome, par lequel on apprend que le car-

---

(1) Voir le *Journal manuscrit de la Santé du Roi.*

dinal Pignatelli fut élu pape le 12 de ce mois. Il a soixante-seize ans passés. Il est de très-grande naissance ; les ducs de Monteleone, grands d'Espagne, sont de sa maison ; ils sont tous Napolitains. Ils ont pris leurs noms de leurs armes, qui sont trois pots (*tre pignati*), et il y a plusieurs opinions sur la raison qui leur fit prendre ces armes-là ; mais toutes sont honorables pour cette famille, et il y a plus de cinq cents ans qu'ils les portent. Il a été référendaire vice-légat d'Urbin, nonce à Florence, en Pologne et à Vienne, maître de chambre de Clément X et d'Innocent XI, qui le fit évêque de Faenza, légat à Bologne et archevêque de Naples. Il a pris le nom d'Innocent XII par reconnoissance. Il fut couronné le 15 de ce mois avec les cérémonies accoutumées, et conduit à Monte Cavallo. Il a choisi pour secrétaire d'État le cardinal Spada. — Monseigneur, M. de Beauvilliers et M. de Pomponne ont commencé d'entrer aujourd'hui dans le conseil royal. S. M. leur a fait un plan de toutes les affaires de l'État, et les ministres conviennent tous qu'ils n'ont jamais entendu un plus beau discours.

Jeudi 26, à Versailles. — Le prince d'Orange est toujours campé à Gerpines et M. de Luxembourg à Floreffes. — On a eu nouvelle d'Irlande que les troupes du prince d'Orange ont pris Athlone ; ils ont tué presque toute la garnison ; ils n'ont donné de quartier qu'à cent hommes, parmi lesquels est le général-major Maxwell, qui commandoit dans la place. — Le roi ne peut encore disposer de la charge de chancelier de l'ordre, mais il a donné à M. Boucherat, chancelier de France, les sceaux de l'ordre, ce qui lui donnera le droit de porter le cordon. Il y a des exemples qu'il y a eu des chanceliers et des gardes des sceaux de l'ordre en même temps, quoi qu'il n'y eût point de gardes des sceaux dans la création.

Vendredi 27, à Versailles. — Le roi, après son dîner, alla à Saint-Germain voir le roi et la reine d'Angleterre, puis s'alla promener à Marly. Monseigneur alla tirer le matin dans la plaine Saint-Denis, et dîner à Saint-Ouen pour rechasser encore l'après-dînée. — On a eu nouvelles que le prince Louis de Bade a enfin accepté le commandement de l'armée de Hongrie, et qu'il est parti de Vienne. — M. le maréchal de Lorges a quitté son camp de Wintzingen sous Neustadt, et est venu camper à Offenbach, près Landau. Il se plaint un peu du marquis d'Huxelles, de ce qu'il ne s'est point opposé aux ennemis au passage du Rhin. M. de Boufflers a joint M. de Luxembourg. — Notre flotte est toujours dans la croisière d'Ouessant aux Sorlingues. La flotte ennemie s'est retirée dans la Manche. — M. le chancelier a prêté aujourd'hui le serment de garde des sceaux de l'ordre.

Samedi 28, à Versailles. — Le roi a donné à M. de Villacerf* la charge de surintendant des bâtiments par commission, avec 10,000 écus d'appointements, et à M. Mansart la charge qu'avoit M. de Villacerf (1), avec 10,000 francs de pension, et permission de vendre sa charge de directeur des bâtiments, dont il tirera plus de 100,000 francs. La direction des Gobelins sera sous la charge de M. de Villacerf, comme elle y étoit. Toutes les autres manufactures du royaume et le balancier sont donnés à M. de Pontchartrain, aussi bien que les haras. — M. de Caprara a renvoyé fort honnêtement M. le marquis de Villacerf et les deux officiers qui avoient été pris avec lui auprès de Mayence. Ils sont arrivés à Landau, et disent que, dans l'armée des ennemis, on ne doute pas que la paix du Turc ne soit bientôt conclue; nous ne croyons pas cela ici.

---

* On rencontre trop souvent dans ces Mémoires les noms de Villacerf et de Saint-Pouanges, son frère, pour ne pas expliquer ce que c'étoit. Leur père et celui de M. Colbert étoient fils des deux frères, et eux fils d'une sœur de M. le Tellier, qui est mort chancelier de France.

---

(1) Celle d'inspecteur général des bâtiments du roi.

Lors du mariage de ces gens-là, ils étoient bien éloignés d'imaginer la fortune de leurs familles, et que la jalousie et la haine qui en naîtroient seroient si importantes et si fatales à la France et à toute l'Europe. Villacerf et Saint-Pouanges étoient donc Colbert de leur nom et cousins germains de M. de Louvois, par leur mère. Ils s'étoient attachés à leur oncle le Tellier, dont ils prirent les livrées, et tout à fait à lui et à M. de Louvois, contre MM. Colbert et de Seignelay. Ils travaillèrent dans les bureaux de M. le Tellier et de Louvois, moins en commis qu'en neveux, de toute confiance. Villacerf acheta la charge de premier maître d'hôtel de la reine, et se fit estimer par sa probité et sa bonté. Il eut part en plusieurs occasions à la confiance du roi personnellement, avec lequel il avoit acquis de la familiarité. On n'en aura jamais oublié une de lui jouant à la paume en partie contre le roi. Il fit un coup douteux : le roi voulut qu'il fût jugé par la galerie. La reine, qui y étoit, prononça pour le roi; sur quoi Villacerf, en colère, s'écria, mais de la meilleure foi du monde, et en jurant, que s'il ne tenoit qu'à faire venir leurs femmes, il feroit aussi venir la sienne. Son fils aîné fut tué à un fourrage, et avoit un régiment fait royal pour lui; un autre est mort riche en bénéfices, dans une honteuse vie; le troisième acheta la charge de premier maître d'hôtel de madame la Dauphine de Savoie, à son arrivée en France, et l'a été ensuite de la reine. Il a des enfants de la sœur de Senneterre, chevalier de l'ordre en 1724.

A l'égard de Saint-Pouanges, il étoit secrétaire du cabinet, et travailla toute sa vie sous M. de Louvois, dont il fut le premier de tous les commis, mais avec une autorité et une distinction qui le rendit un échappé de ministre, avec lequel tout militaire, quel qu'il fût, avoit à compter. C'étoit un bon homme, obligeant, sûr et bon ami, de peu d'esprit et d'une gloire insupportable en tout genre, qui lui sortoit de partout, fort bien fait et fort débauché aussi. C'étoit lui qui travailloit avec le roi en l'absence M. de Louvois, qui avoit la confiance de tous les projets, qui lui avoit acquis celle du roi. Lui et son frère, mais lui surtout, étoient fort mêlés dans les bonnes compagnies de la cour, où ils firent une sorte de personnage. Il devint le directeur des premiers temps de M. de Barbezieux, à la mort de M. de Louvois, par ordre du roi et par le désir de la famille. Sur la fin de sa vie, plus considéré qu'aimé de Barbezieux, il quitta son emploi et obtint la charge de grand trésorier de l'ordre, dont il étoit intendant depuis longtemps, qui est une des petites charges, mais dont il portoit mal volontiers la petite croix à la boutonnière, sans avoir imaginé pourtant ce que son successeur obtint de M. le duc d'Orléans régent. Il mourut, laissant un fils unique, extrêmement riche, et marié, fort au-dessus d'espérance, à l'héritière d'Escoubleau, comme il se verra ailleurs, qui tous deux ont peu vécu, et ont laissé un seul fils qui, comme son père, a pris le métier de la guerre et a épousé une Colbert, fille de Croissy, frère de M. de Torcy.

Dimanche 29, *à Versailles*. — M. de Luxembourg est toujours à son camp de Floreffes et M. le prince d'Orange à Gerpines. Il a défendu la messe dans son armée, et on mande même que M. de Vaudemont est obligé de se cacher pour l'entendre. — M. le maréchal de Lorges est toujours à Offenbach près Landau, et les ennemis à Frankenthal, où ils font travailler. On mande de notre armée d'Italie que nous décampâmes le 23 pour repasser le Pô. — Le comte Ménard de Schomberg vint avec quelques escadrons pour charger notre arrière-garde ; il fut vigousement repoussé, avec perte considérable des ennemis. On en tua grand nombre, et on fit quelques prisonniers. On leur fit repasser le Pô avec précipitation. Nous n'avons perdu que douze ou quinze cavaliers à cette affaire-là. Nantillac, lieutenant-colonel, y a été blessé.

Lundi 30, *à Versailles*. — Nous avons eu des nouvelles de Brest que M. de Tourville, qui a fait un détachement de quelques vaisseaux pour aller à la découverte de la flotte de Smyrne, a pris quatorze vaisseaux anglois qui alloient à l'Amérique, dont il y a trois vaisseaux de guerre, l'un de cinquante-deux, l'autre de trente-six et l'autre de dix-huit pièces de canon ; on ne sait pas la cargaison des onze vaisseaux marchands. On a vu une autre flotte au large, dans laquelle on a compté jusqu'à quarante vaisseaux ; le vilain temps en a fait perdre la vue. On croit la grande flotte des ennemis aux Sorlingues ; la nôtre est à vingt-cinq lieues d'Ouessant. — On mande de Flandre que les prisonniers qu'on a faits, et les rendus qui viennent, disent tous que M. le prince d'Orange se retranche dans son camp.

Mardi 31, *à Versailles*. — Le roi a donné à M. de Marillac la place de conseiller d'État ordinaire qu'avoit M. de Barillon, et à M. Chauvelin*, intendant en Picardie, la place de conseiller d'État de semestre qu'avoit M. de Marillac. — MM. les cardinaux d'Estrées, de Bouillon, de Bonzy et le Camus reviennent de Rome; il n'y restera que le cardinal de Forbin, qui demeure chargé des affaires. M. le duc de Chaulnes, notre ambassadeur, revient aussi; il y a déjà quelque temps qu'il y est incognito, depuis que le prince de Lichtenstein a pris la qualité d'ambassadeur de l'empereur. — Monseigneur a couru le loup aujourd'hui à Villeneuve-Saint-Georges, est ensuite allé à l'Opéra à Paris, où madame la princesse de Conty l'est allé trouver.

* Ce M. Chauvelin, intendant de Picardie, fait conseiller d'État, étoit fils d'une sœur de la femme du chancelier le Tellier et père de MM. Chauvelin, dont l'aîné mourut avocat général peu avant Louis XIV, et le cadet est devenu garde des sceaux, ministre et secrétaire d'État des affaires étrangères, en 1727, à quarante et un ans, et fait collègue et coadjuteur de M. le cardinal Fleury au premier ministère du dernier mars 1732. De conseiller au grand conseil, il fut maître des requêtes, puis avocat général après son frère; et il étoit des derniers présidents à mortier, quand il eut les sceaux.

Mercredi 1ᵉʳ août, à Marly. — Le roi est venu ici en chassant. Monsieur et Madame sont de ce voyage. — M. le maréchal de Bellefonds y a eu une chambre pour la première fois. M. l'évêque de Lisieux est mort; il étoit frère de M. de Matignon; il avoit deux abbayes dont il y en avoit une très-bonne. Son évêché valoit beaucoup. — Madame la duchesse de Schomberg* est morte à Paris; elle étoit sœur de M. de Hautefort, premier écuyer de la reine. Elle avoit été dame d'atours de la reine-mère étant fille, et avoit été aimée de Louis XIII et toujours en grande réputation de vertu. — M. Jeannin de Castille** est mort à Paris depuis quelques jours. Il avoit été autrefois trésorier de l'épargne et avoit été officier de l'ordre, mais il n'en avoit pas conservé le cordon, quand le roi l'obligea de s'en défaire.

* Cette duchesse de Schomberg que, par parenthèse, on n'appeloit

point la maréchale, comme cela a été remarqué ailleurs, étoit sœur de M. d'Hautefort, premier écuyer de la reine Marie-Thérèse, femme de Louis XIV, et chevalier de l'ordre, 1661, et du père du marquis d'Hautefort, chevalier de l'ordre en 1724, de Surville, etc. Étant fille d'honneur de la reine Anne d'Autriche, Louis XIII en devint amoureux, ce qui est fort connu dans l'histoire. Mais un fait qui lui a échappé est digne de ne pas périr. Le roi, de l'amour de qui toute la cour s'apercevoit, ne pouvoit se lasser de parler d'elle à M. de Saint-Simon, son favori, qu'il fit depuis duc-pair; et ce favori, jeune et fort galant, ne pouvoit comprendre une passion qui n'alloit point au but. Un jour, lassé de ses propos peu concluants, il en demanda la raison au roi, et ajouta, avec la liberté de la faveur et de l'âge, que s'il avoit peine à faire quelque proposition à sa belle, il n'avoit qu'à l'en charger, et que son affaire seroit bientôt faite ; mais à l'instant Louis XIII, prenant un visage sévère : « Ne vous avisez jamais, lui répondit-il, de me tenir de pareils discours. Il est vrai que je suis amoureux, et que je n'ai pas pu m'en défendre, parce que je suis homme; mais je sais [ce] que je dois à Dieu, qui me défend d'aller plus loin, et que je dois d'autant plus d'obéissance et de soumission, qu'il m'a mis au-dessus de tout. » Plût à Dieu, qu'en une si grande chose et en bien d'autres, le roi son fils l'eût imité ! Ce fut en faveur de cette mademoiselle d'Hautefort, que Louis XIII fit dame d'atour, qu'il régla que les dames d'atour des reines, quoique filles, seroient appelées Madame, ce qui a été poussé depuis à celles des filles de France, dont la dernière Madame a fourni deux exemples. Madame d'Hautefort, ainsi Madame, quoique fille, épousa en 1646 M. de Schomberg, dont elle n'eut point d'enfants, et mourut en 1691 à Paris, à soixante-quinze ans, ayant toute sa vie été fort vertueuse. M. de Schomberg étoit de fort ancienne maison de Misnie, petit-fils de Gaspard de Schomberg, qui, venu colonel de reîtres au service de Charles IX, aux guerres civiles des huguenots, devint gouverneur de la Marche et surintendant des finances, et le demeura sous Henri III. D'une Chasteigner, il laissa une fille, mariée au comte de Lude, gouverneur de Monsieur Gaston, grand-mère du duc de Lude, et le maréchal de Schomberg, qui eut le bâton en 1625, surintendant des finances dès 1619, qui eut les plus grands emplois de paix et de guerre, et qui défit et prit M. de Montmorency à la bataille de Castelnaudary, en 1632, qui en eut la tête coupée à Toulouse, et son gouvernement de Languedoc fut donné au maréchal de Schomberg, qui mourut à la fin de la même année à cinquante-neuf ans. D'une Espinay, il laissa le maréchal de Schomberg, qui épousa madame d'Hautefort, et la duchesse de Liancourt, si célèbre par son esprit, mais surtout par sa vertu, son insigne piété et par la retraite où elle engagea son mari, et d'où l'un et l'autre méprisèrent les charges et la fortune de cette maison de Liancourt dont elle fit un si beau lieu pour amuser M. de Liancourt. C'est pourtant elle qui, ayant été mariée contre son gré au comte de Brissac, grand-père de la dernière maréchale de Villeroy, et sans avoir dit oui, n'en voulut point souffrir les approches, et dit résolûment à son père, dès la seconde nuit de cette querelle, qu'elle ne seroit jamais femme que de M. de Liancourt, tellement que les deux familles de concert firent rompre le mariage, et que celui de M. de Liancourt se fit. Ce dernier maréchal de Schomberg, son frère, épousa l'héritière d'Halluyn qui, par son droit, avoit fait duc et pair d'Halluyn, le fils aîné de M. d'Épernon, dont elle fit casser le mariage ensuite, et fit duc et pair ce second mari, sans préjudice du premier, à qui la dignité demeura, comme il a été dit ci-devant. Il fut chevalier de l'ordre comme son père, colonel général des Suisses et Grisons, gouverneur des Trois-Évêchés et de Metz, en rendant le Languedoc pour Monsieur Gaston, dont il demeura lieutenant général, capitaine des chevau-légers de la garde, fut maréchal de France en 1637, et eut les plus grands emplois de guerre, et souvent fort heureux, au milieu desquels il mourut de la pierre à cinquante-six ans, en 1656, sans enfants de ses deux femmes, ni personne de son nom en France. Il étoit aussi frère de la duchesse de Montbazon, grand'mère de tous ceux-ci, femme de celui qui est mort fou, enfermé à Liége, qui étoit posthume du premier maréchal de Schomberg et de sa seconde femme, fille de M. de la Guiche, grand-maître de l'artillerie.

** Ce M. Castille n'étoit rien. Son père, qui avoit fait fortune jusqu'à être contrôleur général des finances sous les surintendants, c'est-à-dire commis médiocrement renforcé, lui fit épouser une Jeannin pour le décrasser. Il fut trésorier de l'épargne et greffier de l'ordre, qu'il eut du président de Novion en 1657. Il fut culbuté avec M. Fouquet, prisonnier, puis exilé vingt-cinq ans en Bourgogne; on lui ôta sa charge de l'ordre avec le cordon, qu'il cessa de porter, quoiqu'il s'opiniâtrât à refuser de vendre et de se démettre, dans l'espérance de retour de fortune, et cependant Châteauneuf, secrétaire d'État, fils et père des deux La Vrillière, eut la charge et le cordon par commission jusqu'en 1683, que Castille à la fin lui céda. Son fils vécut conseiller au parlement de Metz, et d'une Dauvet, il laissa une fille fort riche, qui a épousé le fils du prince d'Harcourt-Lorraine, dont est venue la dernière duchesse de Bouillon, une autre fille et un fils. Ce prince d'Harcourt, riche des pillages de sa dévote mère, l'amie de madame de Maintenon, de sa femme, et du Mississipi, etc., et qui a infiniment tiré de M. de Lorraine, le gendre de Monsieur, obtint de lui une terre en Lorraine avec le nom de Guise, qu'il a porté depuis.

Jeudi 2, à Marly. — Le roi a envoyé des ordres à M. le maréchal de Lorges de passer le Rhin à Philipsbourg, et l'on compte qu'il le passera aujourd'hui ou demain. Nos bâtiments, qui étoient demeurés en Irlande dans la rivière de Limerick et qui n'avoient pas pu en revenir avec notre flotte, sont arrivés dans nos ports. Notre flotte est toujours dans la croisière d'Ouessant aux Sorlingues, et l'on n'a point nouvelle de celle des ennemis; on croit qu'ils ne songent qu'à nous empêcher de tomber sur la flotte marchande qui revient de Smyrne très-richement chargée. — Le prince d'Orange est toujours campé à Gerpines; M. de Castanaga l'a rejoint avec son détachement. M. de Luxembourg est toujours à Floreffes où le marquis de Villars l'a rejoint avec les troupes qu'il avoit menées pour défendre notre ligne, en cas que M. de Castanaga songeât à entrer dans notre pays.

Vendredi 3, à Marly. — La reine d'Angleterre, qui a pris des eaux de Forges, s'est trouvée fort incommodée sur la fin de ses eaux. — M. de Pontchartrain a chargé M. d'Aguesseau de travailler aux affaires des manufactures; le roi a trouvé bon qu'il se reposât de ce soin sur M. d'Aguesseau, son proche parent. — On a arrêté un Suisse à Strasbourg, qui a fait sauter deux ou trois petits magasins (1); les ennemis lui donnoient cinquante pistoles pour chaque magasin qui sauteroit; il a dit qu'un de ses camarades s'étoit chargé de tuer M. de Chamilly. — Bart, qui étoit sorti de Dunkerque avec quelques petits vaisseaux, malgré le grand nombre de vaisseaux ennemis qui investissent le port, a pris trois bâtiments anglois, et, ne pouvant les ramener dans le port de Dunkerque, il les emmène en Norwége. — Les corsaires Ma-

---

(1) Voir le *Détail curieux de tout ce qui s'est passé à Strasbourg touchant le feu mis aux magasins de cette ville,* dans le *Mercure* d'août pages 141-160.

louins ont fait depuis peu encore des prises considérables sur les Anglois.

Samedi 4, à Versailles. — Le roi vint ici en chassant. Monseigneur revint avec madame la princesse de Conty, à son ordinaire. — Monsieur et Madame sont allés à Saint-Cloud, où ils passeront un mois. — Les Algériens, à qui nous renvoyons les esclaves pour les échanger contre les François qu'ils avoient pris, ont retenu ceux que nous leur renvoyons et gardé ceux que nous redemandions. Le roi est fort irrité de leur procédé, qui est contre toute la bonne foi. — M. le prince d'Orange est toujours à Gerpines et M. de Luxembourg à Floreffes; on lui porte beaucoup d'avoine de Champagne et de Picardie, et il mande qu'il a de quoi subsister dans son camp jusqu'au 15 septembre, et ainsi M. le prince d'Orange sera obligé de décamper avant lui.

Dimanche 5, à Versailles. — Le roi d'Angleterre a eu nouvelles que son armée d'Irlande avoit été battue par les troupes du prince d'Orange; on dit qu'il y a eu 3,000 Irlandois tués sur la place. Les troupes du prince d'Orange attaquèrent les Irlandois, qui étoient dans un poste et bien retranchés, et les emportèrent après trois heures de combat; la cavalerie prit la fuite et l'infanterie s'est dispersée; on croit que M. de Saint-Ruth a été tué. — Les Anglois, qui nous avoient pris l'île de Marie Galante et la Guadeloupe, en ont été rechassés; on leur a tué 500 hommes, et on leur a pris sept pièces de canon; ils se sont rembarqués fort à la hâte.

Lundi 6, à Versailles. — On a eu nouvelles de Catalogne que M. de Noailles avoit pris un château, à trois journées par delà la Seu d'Urgel, qui le rend le maître d'une grande étendue de pays. — Nos galères, après avoir bombardé Barcelone, où les bombes ont fait un grand désordre, sont allées sur la côte d'Espagne, et vont, dit-on, bombarder Carthagène et Alicante. — Nous avons eu nouvelles que notre armée d'Allemagne avoit passé le Rhin sur le pont de Philipsbourg, le 3 de ce mois, et étoit allée camper à Graben ; ils avoient proposé d'abord de marcher sur le Necker et d'aller renverser les travaux que les ennemis font à Manheim ; mais, dans la marche, le maréchal de Lorges eut avis que les ennemis repassoient le Rhin, et ainsi, croyant qu'ils arriveroient auparavant lui à Manheim, il prit le parti d'aller camper à Graben.

Mardi 7, à Versailles. — On a eu nouvelles que le Grand Seigneur est mort ; le grand vizir a fait mettre à sa place son frère cadet, et cela n'a point empêché le grand vizir de marcher, pour s'en aller commander l'armée en Hongrie. — C'est la nouvelle que notre ambassadeur a mandé de Constantinople ; ces lettres sont du dernier juin. M. de la Hoguette a pris la ville de Montmeillan, dont il a fait raser les fortifications ; on laissera le château investi, mais on ne l'attaquera point. — M. le marquis d'Hocquincourt, colonel d'infanterie, a été blessé dangereusement à ce siége. Les troupes allemandes que l'empereur envoie au secours de M. de Savoie sont arrivées en Piémont ; ce secours est au moins de 12,000 hommes. — On parle fort du mariage de M. le prince d'Épinoy avec mademoiselle de Commercy.

Mercredi 8, à Versailles. — Le roi a été à Trianon se promener. Il y a eu souper et collation ; les dames qui n'avoient point fait collation avec Monseigneur et les princesses demeurèrent à souper avec le roi. — Il arriva un courrier d'Irlande, qui apporta au roi la confirmation du combat donné en ce pays-là. Les troupes du prince d'Orange ont eu tout l'avantage, quoiqu'ils aient eu presque autant de gens de tués que les Irlandois du parti du roi ; l'infanterie irlandoise a combattu vaillamment, mais la cavalerie prit la fuite de bonne heure. M. de Saint-Ruth fut tué d'un coup de canon, et le chevalier de Tessé, qui commandoit sous lui, a été blessé de trois ou quatre coups qui ne sont pas dangereux ; le plus considérable est un coup de pistolet à la mamelle ; il s'est

retiré sous Galloway, où il a rassemblé la cavalerie; l'infanterie est fort dispersée; il ne désespère point des affaires de ce pays-là. Il demande du secours au roi, avec quoi il espère encore soutenir les affaires de ce pays-là.
— Le roi a donné le gouvernement de Sommières, qu'avoit Saint-Ruth, au chevalier de Nogent; c'est un gouvernement en Languedoc qui vaut 8 ou 10,000 livres de rente.

Jeudi 9, à Versailles. — M. de Fieubet* s'est retiré pour toujours aux Camaldules de Grosbois, près Paris; il avoit confié au roi son dessein mardi passé, et a prié S. M. de ne point encore disposer de sa place dans le conseil. — On a eu nouvelle d'Allemagne que les ennemis, voyant M. le maréchal de Lorges au delà du Rhin, avoient quitté la plaine de Frankenthal, où ils étoient, et avoient repassé sur le pont qu'ils avoient à Mayence. Ils sont campés sur le Necker, leur droite à Manheim, où ils font travailler 4 ou 5,000 paysans pour fortifier ce poste. M. le maréchal de Lorges est toujours à Graben. — M. le prince Louis de Bade, qui est parti de Vienne pour aller commander l'armée de Hongrie, a mené avec lui les ministres de Pologne et de Venise pour pouvoir signer la paix, en cas que le Turc la veuille faire.

---

* Fieubet avoit été chancelier de la reine. C'étoit un des hommes de France qui avoit le plus d'esprit, et le plus agréable, et le plus désiré dans toutes les meilleures compagnies de la cour; ami particulier des gens les plus distingués, et avec cela capable, intègre et appliqué. Avec ces talents, qu'il sentoit, il ne put jamais, quoi qu'il fît, arriver à rien de plus qu'à être conseiller d'État. Cela, et la mort de sa femme sans enfants, le détermina à la retraite, où il s'ennuya tant que la jaunisse le prit, dont il mourut après quelques années. Mais il soutint ce grand parti avec courage et une piété non démentie. M. de Pontchartrain envoya un jour son fils le voir aux Camaldules, qui, assez peu discrètement, lui demanda ce qu'il faisoit là. « Ce que je fais, dit-il tout franchement, voulez-vous le savoir? Je m'ennuie, mais c'est ma pénitence, et je me suis assez bien diverti toute ma vie pour m'ennuyer présentement. » C'étoit un homme magnifique, galant et fort de plaisir,

et qui avoit de la grâce à tout. Il y a de lui, entre mille, une histoire excellente. On voloit fort en ce temps-là dans Paris et sur les chemins. Il s'en alloit à Saint-Germain avec M. Courtin, autre conseiller d'État, fort dans le grand monde, et fort connu par ses ambassades; viennent des voleurs, le pistolet à la main, qui les arrêtent du côté de M. Fieubet. Ces messieurs ne se le font pas dire deux fois, et donnent leurs montres, leurs bourses et ce qu'ils avoient, et se défont des voleurs. Comme le carrosse commençoit à marcher et que Fieubet n'étoit pas encore bien revenu de l'aventure, voilà Courtin qui tire une autre bourse de ses chausses et qui la montre à Fieubet, pleine d'or : «Voilà pourtant, dit-il, ce que m'a valu mon bon jugement et qu'il s'y soient pris par votre côté; car tout d'abord j'ai eu le temps de la couler dans mes chausses, et, Dieu merci, ils ne nous ont pas fouillés. » Au même instant, Fieubet, pour toute réponse, se jette à la portière et crie de toute sa force : Messieurs, messieurs; et rappelle les voleurs qui ne s'éloignoient guère qu'au pas. Courtin, bien étonné, lui demande ce qu'il prétend faire et après qui il crie, et dans le moment il revoit les voleurs. Arrête, arrête, crie Fieubet au cocher; puis s'adressant aux voleurs : « Messieurs, leur dit-il, je vois à vos manières que vous êtes d'honnêtes gens, qui êtes dans le besoin, et qui en usez le plus galamment du monde, ne fouillant point et croyant les gens sur leur parole. Monsieur que voilà, en montrant Courtin, vous a escroqués; je ne veux pas en être complice : cherchez bien sur ma parole, et vous n'y perdrez pas vos peines. » Courtin, confondu, avoit encore sa bourse sous ses mains, et les voleurs aussi surpris, mais plus aises que lui, la lui prirent, remercièrent Fieubet, et rirent beaucoup d'un nouveau gain si plaisamment fait. Courtin ne pouvoit revenir : l'étonnement, la peur, l'indignation, la douleur le rendirent muet. L'aventure devint publique par Fieubet même, en arrivant à Saint-Germain, et les plaisanteries que Courtin essuya le mirent plus en colère que la perte de son argent, et le rendirent difficile à se raccommoder. A la fin, les amis communs y parvinrent, et il n'y parut bientôt plus entre eux deux.

Vendredi 10, *à Versailles.* — On a eu nouvelle que M. le prince d'Orange est campé à Ham sur Heure, sa droite à Beaumont, où il a mis 2,000 hommes dans le château. M. de Luxembourg est venu camper assez près de lui, ayant le ruisseau de Beaumont devant lui, et derrière lui un pays fort plein de fourrages, où son armée ne pâtira point. — Le roi a eu nouvelle que M. le comte d'Estrées a bombardé Alicante et que Papachin étoit venu avec quinze gros vaisseaux pour empêcher cette bombarderie ; mais que le comte d'Estrées, avec les cinq vaisseaux qu'il avoit et les galères, s'étant mis en devoir de l'attendre et de combattre, Papachin s'étoit retiré sans oser l'attaquer.

Samedi 11, *à Versailles.* — Les évêques qui n'ont point de bulles, et qui étoient de l'assemblée de 82, ont écrit une lettre au pape dont on espère que S. S. sera contente et qu'elle enverra les bulles au premier jour; cette lettre est signée de sept abbés nommés à des évêchés ; il ne s'en est trouvé que cela à Paris. — On parle d'envoyer encore un secours en Irlande, mais il n'y a encore rien de réglé là-dessus. — M. le maréchal de Lorges est toujours campé à Graben, et les ennemis toujours près de Manheim, qu'ils continuent à fortifier. — Il est venu beaucoup de vaisseaux danois à Bordeaux et dans la rivière de Loire, chargés de nos vins; les vaisseaux anglois et hollandois n'osent plus songer à troubler ce commerce.

Dimanche 12, *à Versailles.* — Le roi, après le salut, alla se promener. Monseigneur alla coucher à Villeneuve Saint-Georges. — M. le maréchal de Lorges a mandé au roi que le duc de Villeroy avoit pris Pforzheim, petite ville du marquisat de Dourlach; il y avoit dedans 150 hommes des troupes de Wurtemberg et 150 hommes du cercle de Souabe, commandés par le comte de Furstemberg de Mœskirch, qui ont tous été faits prisonniers de guerre; nous avons perdu fort peu de monde à cette affaire-là ; le marquis de la Châtre y a été blessé d'un coup de mousquet à la jambe. — M. le prince d'Orange est toujours à son camp de Ham sur Heure, où il est mal aisé qu'il subsiste longtemps, n'ayant plus de fourrage derrière lui. M. de Luxembourg le tient fort resserré dans son camp.

Lundi 13, *à Versailles.* — Il y eut une fête à Trianon où le roi donna une grande collation et un grand souper comme la dernière fois. — Le roi donna le matin à M. de Barbezieux la charge de chancelier de l'ordre qu'avoit M. de Louvois son père; M. le chancelier rendra les sceaux et gardera l'ordre. — Le roi avoit promis à M. de Reims, il y a trois semaines, qu'il donneroit cette charge-là à M. de Barbezieux. — Les articles du mariage de M. le prince d'Épinoy avec mademoiselle de Commercy sont signés. — J'ai appris que M. de Villacerf avoit prêté serment de la charge de surintendant des bâtiments, quoiqu'il ne l'ait que par commission. — Monseigneur revint de Villeneuve Saint-Georges trouver le roi à Trianon.

Ce jour-là, je revins de Forges.

Mardi 14, à Versailles. — Le roi et Monseigneur allèrent à vêpres, et, le soir, ils se promenèrent à pied dans les jardins. — M. le prince d'Orange est toujours à son camp de Ham sur Heure; M. de Castanaga remarche comme s'il vouloit aller vers notre ligne; mais il marche si lentement qu'il n'est encore qu'à Gaure. — Le marquis de Villars commande un corps de troupes derrière nos lignes. M. le maréchal de Lorges a quitté le camp de Graben, et est présentemement campé vers Dourlach; les ennemis sont toujours près de Manheim.

Mercredi 15, à Versailles. — Le roi et Monseigneur firent leurs dévotions, et, l'après-dînée, vinrent à vêpres. Après vêpres, le roi travailla avec le P. de la Chaise à la distribution des bénéfices qui étoient vacants. Il n'y en avoit point de considérables; le plus important étoit une abbaye de 5 ou 6,000 livres de rente, qui a été donnée à à M. l'abbé de Tonnerre, neveu de M. l'évêque de Noyon. Elle étoit vacante par la mort de l'abbé Blondel, qui fut assassiné ces jours passés à Paris. — On a nouvelle par l'Angleterre et par la Hollande que la ville de Galloway s'est rendue aux troupes du prince d'Orange sans faire aucune résistance.

Jeudi 16, à Marly. — Le roi vint dîner ici avec les dames. Monseigneur vint avec madame la princesse de

Conty. Monsieur et Madame ne sont point de ce voyage-ci.
— Le roi a amené à ce voyage-ci madame de Turenne et madame de Bouillon, qui n'y étoient jamais venues. M. le chevalier de Nogent y a eu une chambre pour la première fois. Sur les six heures du soir, le roi sortit en carrosse avec les dames et alla voir Monseigneur et les princesses, qui étoient à la roulette. On n'avoit encore point eu ce divertissement-là à Marly. On l'a placée dans un endroit bien moins rapide que celui où elle étoit autrefois à Versailles. — M. de Castanaga est arrivé avec son détachement à Oudenarde, et M. de Luxembourg a détaché de son côté Boisseleau, qui mène quelque renfort au marquis de Villars, qui commande derrière notre ligne. Ainsi on ne craint point M. de Castanaga.

Vendredi 17, *à Marly.* — Le roi alla tirer sur les cinq heures, et puis il se promena en carrosse avec les dames. Monseigneur et les princesses allèrent à la roulette jusqu'à la nuit. — Le soir, après souper, Monseigneur et les princesses allèrent à l'*escarpoulette*, qui étoit fort éclairée ; le roi s'y amusa quelque temps ; on n'a point joué au portique ce voyage-ci. — M. le maréchal de Lorges est campé à Kretzingen, près de Dourlach, et les ennemis sont sur la hauteur de Bretten. Le manque de fourrage nous a empêché d'aller camper à Pforzheim, d'où nous leur aurions donné encore plus de jalousie.

Samedi 18, *à Versailles.* — Le roi partit de Marly sur les six heures, après s'être longtemps promené dans ses jardins, où il fait toujours accommoder quelque chose, et revint ici en chassant. Monseigneur joua avec les princesses et ne revint que pour le souper. M. de Guiscard, qui commande dans Dinant, en sortit, il y a deux jours, avec cinq cents chevaux et quinze cents hommes de pied, et rompit les écluses qui sont entre Charleroy et Namur, ce qui en empêchera entièrement la navigation. Il brûla des bateaux chargés de fourrages qu'avoit fait amasser le prince d'Orange. Deux mille hommes de la garnison de Namur en sortirent, mais ils n'osèrent attaquer nos gens. M. de Guiscard s'est très-bien conduit dans cette petite affaire-là, et le roi a ordonné à M. de Barbezieux de lui mander que S. M. étoit très-contente de lui.

Dimanche 19, *à Versailles.* — Le roi sortit sur les cinq heures, et alla entendre le salut à Saint-Cyr. Monseigneur se promena avec madame la princesse de Conty. — Raimondi, major de la marine, est arrivé. Notre flotte a été obligée de revenir à trois lieues de Brest pour faire de l'eau et prendre des vivres dont elle avoit besoin. Il y avoit assez de malades sur nos vaisseaux ; elle se remettra incessamment en mer, et a ordre d'y demeurer jusqu'au 20 de septembre. M. de Tourville, qui la commande, a fait signer à tous les capitaines de vaisseau qu'il étoit nécessaire de retourner à Brest. Il avoit des ordres tout contraires.

Lundi 20, *à Versailles.* — Le roi alla tirer sur le soir. Monseigneur partit d'ici à une heure ; il alla tirer dans la plaine de Choisy jusqu'au soir, et puis alla coucher à Villeneuve-Saint-Georges. — M. de Luxembourg mande au roi que M. le prince d'Orange se prépare à repasser la Sambre, et qu'il espère pouvoir attaquer son arrière-garde. Les gardes du corps sont déjà commandés pour cela. — Le prince d'Orange fait démolir le château de Beaumont, qui étoit un entrepôt de Maubeuge à Philippeville. Nous avons abondance de tout dans notre camp. — Le roi a fait partir Chanlay en poste pour se rendre à notre armée de Piémont ; on ne sait point quelle est sa mission.

Mardi 21, *à Versailles.* — Le roi, après son dîner, alla à Trianon. Monseigneur l'y vint trouver, après avoir couru le loup à Villeneuve Saint-Georges ; il y eut une grande collation à l'ordinaire, et le roi nomma les dames qui devoient demeurer à son souper. — On attend dans huit jours que le pape envoie les bulles aux évêques, tant ceux qui étoient de l'assemblée de 1682, que ceux qui n'en étoient pas. S. S. a fait espérer qu'avant la fin de ce mois toutes les affaires de la cour de Rome avec la France seroient accommodées. — M. le maréchal de Lorges a fait pousser la grande garde des ennemis, et avoit même envie de les attaquer dans leur camp; mais il les a trouvés si bien postés sur la hauteur de Bretten, qu'il n'a pas jugé à propos de l'entreprendre. — Notre armée de Piémont est présentement à Pontcallier, et celle des ennemis à Mille-Fleurs; il n'y a qu'un ruisseau qui les sépare. — Le roi nous a dit à Trianon que M. de Bavière commanderoit leur aile droite avec Caraffa sous lui; que M. de Savoie commanderoit la gauche avec Loùvigny sous lui; que M. de Catinat cherchoit à les combattre, et qu'il avoit présentement dans son armée trente-neuf bataillons et quatre-vingt-dix escadrons.

Mercredi 22, *à Versailles.* — Le roi dîna à son petit couvert, comme il fait presque toujours à cette heure, et sur le soir, après avoir longtemps travaillé, il sortit et alla tirer. Monseigneur dîna dans le cabinet des bains avec madame la princesse de Conty, et, sur les sept heures, alla en gondole faire collation à la Ménagerie. — Duquesne est revenu des îles de la Martinique avec six vaisseaux marchands armés en guerre; ils ont rapporté une charge assez riche. On a appris par eux que les dernières nouvelles de Siam n'étoient point véritables; que l'ambassadeur que nous avons eu ici n'étoit point roi. Duquesne, en revenant, a fait quelques prises assez considérables sur les Anglois.

Jeudi 23, *à Versailles.* — Le roi travailla beaucoup l'après-dînée. Depuis la mort de M. de Louvois, il travaille encore trois ou quatre heures par jour plus qu'il ne travailloit; il écrit beaucoup de choses de sa main. On a trouvé, à l'extraordinaire des guerres, chez M. de Turménil, un fonds de 15,000,000, et, chez M. de Touanne, un fonds de 3,000,000. Ce fonds de 18,000,000 avoit été amassé pour le roi par M. de Louvois, tant des contributions qu'on avoit tirées de Flandre, que des épargnes qu'on avoit faites, et cet argent étoit d'un grand usage pour le service du roi; car, ayant toujours cela d'avance, on n'étoit point embarrassé pour les dépenses extraordinaires des guerres qu'il falloit faire, soit pour des magasins, soit pour des siéges d'hiver, comme par exemple Mons. — M. le prince d'Orange fait toujours quelques petits mouvements, et le bruit de son armée est qu'il ne songe point à repasser la Sambre, et qu'il veut assiéger Dinant.

Vendredi 24, à Versailles. — Le roi, en sortant de son dîner, alla à Trianon. Il y eut collation et souper; toutes les dames y étoient; le roi nomma celles qu'il vouloit qui soupassent avec lui, et toutes les autres firent collation avec Monseigneur. — M. de Noailles a envoyé un courrier au roi, et lui mande que le roi d'Espagne a envoyé ordre au duc de Médina-Sidonia, vice-roi de Catalogne, de combattre l'armée de France à quelque prix que ce soit, ne voulant pas qu'elle établisse aucun poste en ce pays-là. Suivant cet ordre, M. de Médina marche à M. de Noailles, et M. de Noailles, de son côté, marche à lui, et on croit qu'il y aura bientôt une bataille en ce pays-là. — Monsieur et Madame sont revenus de Saint-Cloud, où ils retourneront après le premier voyage de Marly, jusqu'au voyage de Fontainebleau, qui sera le 15 septembre.

Samedi 25, à Versailles. — Monseigneur alla dès le matin tirer dans la plaine de Saint-Denis et dîna à Saint-Ouen. — Le roi se trouva un peu incommodé (1) l'après-dînée, et n'alla point à Saint-Cyr, où on l'attendoit au salut. — M. de Luxembourg a mandé au roi que M. le prince d'Orange marche vers Dinant; qu'il va camper, dit-on, à

---

(1) Voir le *Journal manuscrit de la Santé du Roi.*

l'abbaye du Moulin, et qu'il fait toutes les démarches d'un homme qui voudroit assiéger Dinant. — Le roi donne à M. de Chartres un régiment d'infanterie, que l'on compose de vieilles compagnies qui sont dans des garnisons. M. de Chartres a choisi le chevalier d'Estrades pour colonel de son régiment, et le roi l'a agréé. — Le roi donna à madame la maréchale de Rochefort 9,000 francs de pension; elle n'avoit que cela d'appointements comme dame d'atour; feu madame de Béthune, après la mort de la reine, eut la même pension.

Dimanche 26, *à Versailles*. — Le roi, qui n'avoit pas trop bien passé la nuit, entendit la messe dans son lit, et mangea un petit potage à midi; il ne sortit point de tout le jour, et, sur le soir, se portant beaucoup mieux, il mangea en public et se coucha à son ordinaire. — On a eu nouvelles de M. de Luxembourg, qui est campé à Ham sur Heure, à peu près dans le camp où le prince d'Orange a été longtemps. Il mande au roi qu'il ne croit pas M. le prince d'Orange si fort que l'on disoit; qu'il s'est promené dans son camp et a compté les bataillons et les escadrons, et que l'armée du roi est du moins aussi forte que la sienne. M. le prince d'Orange est campé à l'abbaye Saint-Gérard et non pas à l'abbaye du Moulin, comme on l'avoit dit ces jours passés; cependant le bruit court toujours dans son armée qu'il va assiéger Dinant.

Lundi 27, *à Versailles*. — Le roi a fort bien passé la nuit. Il a été à la messe et a mangé à son ordinaire; il a même été à la chasse après midi, sur les cinq heures. Un petit dévoiement qu'il a eu ces jours passés n'est qu'une augmentation de santé. Monseigneur devoit aller coucher hier à Villeneuve Saint-Georges, mais il demeura pour tenir compagnie au roi, qui ne sortit point; il y est allé coucher aujourd'hui. — M. de Barbezieux a eu nouvelle que les Turcs avoient fait un traité avec les Moscovites, par lequel ils leur donnent l'Ukraine et Kaminiek, à condition que les Moscovites se joindront à eux pour faire la guerre à la Pologne et à l'empereur, et qu'ils leur donneront trente mille hommes pour servir sous le grand vizir dans l'armée de Hongrie. Si cette nouvelle est véritable, la paix du Turc avec l'empereur est bien éloignée.

Mardi 28, *à Marly.* — Le roi, après avoir dîné à Versailles, alla à Saint-Germain voir le roi et la reine d'Angleterre. Il régla avec eux qu'ils viendroient de Saint-Germain passer dix jours à Fontainebleau. Le roi revint ici et se promena dans ses jardins, devant et après souper. — Monseigneur revint de Villeneuve Saint-Georges à Versailles, et vint ici avec madame la princesse de Conty. En arrivant, les princesses et lui allèrent à la roulette, qui est le divertissement à la mode. — M. de Noailles a mandé au roi que les ennemis n'avoient pas été longtemps dans le dessein de l'attaquer, et que, voyant qu'il marchoit à eux, ils s'étoient retirés la nuit à la sourdine.

Mercredi 29, *à Marly.* — Le roi tint conseil ici le matin. Il n'y avoit de ses ministres ici que Monseigneur et M. de Croissy; les quatre autres vinrent de Versailles l'après-dînée. S. M. travailla avec M. de Barbezieux, et, sur le soir, il alla se promener en calèche avec les dames. Après souper, il se promena dans ses jardins. Monseigneur alla, sur les six heures, à la roulette avec les princesses. — On a eu des nouvelles d'Irlande fort fraîches, du 17 de ce mois; le duc de Tyrconnel écrit au roi qu'on a rassemblé sous Limérick une armée de dix-huit à vingt mille hommes, dont plus de la moitié sont bien armés; qu'on a intercepté des lettres de ces Irlandois qui étoient venus ici cet hiver se plaindre de sa conduite, et à qui le roi d'Angleterre avoit donné un peu trop de croyance. Leur trahison a été découverte, et on devoit les faire mourir le lendemain. Les affaires de ce pays-là, quoiqu'en mauvais état, ne sont point encore sans ressource; milord Tyrconnel prétend encore les soutenir, si on lui envoie quelque secours.

Jeudi 30, *à Marly.* — Le roi ne sortit point de Marly de tout le jour; il travailla beaucoup l'après-dînée, et puis il se promena dans ses jardins avec les dames. Monseigneur joua le matin et l'après-dînée, et, le soir, il alla à la roulette avec les princesses. Après souper, le roi et lui se promenèrent dans les jardins avec toutes les dames. — Il est venu un courrier de M. de Luxembourg, qui est campé à Strée, près Beaumont, qu'il a fait raccommoder. M. le prince d'Orange l'avoit voulu faire sauter ; mais les mines y avoient fait fort peu de désordre ; le poste est tout aussi bon qu'il étoit. M. le prince d'Orange est toujours campé à Saint-Gérard, et M. de Luxembourg mande au roi qu'il ne croit plus qu'il songe à assiéger Dinant.

Vendredi 31, *à Marly.* — Le roi se promena tout le matin dans ses jardins; il travailla beaucoup l'après-dînée, comme il fait présentement tous les jours, et, sur le soir, alla tirer. — Monseigneur courut le cerf; le roi d'Angleterre vint à la chasse. — Notre armée de Piémont est toujours à Pontcallier et celle des ennemis à Montcallier ; ils ont détaché un assez grand corps de troupes pour aller par le val d'Aoste, en Savoie, et tâcher de faire lever le blocus de Montmeillan ; mais nous sommes plus forts qu'eux en ce pays-là. — Le soir, après souper, le roi joua aux portiques, ce qu'il n'avoit point fait de ce voyage-ci. — Le fils de M. de Montal est mort à Landau ; cela avoit fait courre le bruit que le père étoit mort; on les avoit confondus.

Samedi 1er *septembre, à Versailles.* — Le roi se promena fort dans ses jardins de Marly, et puis revint ici en chassant. Monseigneur revint avec madame la princesse de Conty. Monsieur et Madame sont retournés à Saint-Cloud. — M. de Luxembourg est toujours campé à Strée, et est obligé d'aller au fourrage fort loin. M. le prince d'Orange est toujours campé dans la plaine de Saint-Gérard, où il y a abondance de fourrages, et il est à craindre que nous ne soyons obligés de repasser la Sambre avant lui. — Nous remettons trente vaisseaux à la mer, qui seront commandés par M. le chevalier de Château-Renaud; ils porteront en Irlande un secours d'armes et d'argent. — On a nouvelles de notre armée d'Allemagne que M. le prince de Conty avoit été commandé pour attaquer la petite ville de Gerbach, près de Bade. Les ennemis y avoient quelques troupes qui n'ont pas attendu l'arrivée de M. le prince de Conty. Il y avoit dedans beaucoup de fourrages, mais malheureusement le feu s'y est mis, qui a brûlé toute la ville.

Dimanche 2, à Versailles. — On a eu des nouvelles par des lettres de Rome écrites du 14 du mois passé, qui portent que, selon toutes les apparences, on aura les bulles à la fin du mois. M. de Chaulnes a pris congé du pape, et doit partir de Rome le 22; il revient sur une galère de M. le Grand-Duc. — On a eu nouvelles de Hongrie que M. le prince Louis de Bade avoit attaqué et battu les Turcs sur la Save, près de Belgrade; il leur a tué plus de 10.000 hommes, a pris tout leur bagage et leur canon; les Allemands ont perdu assez de monde à cette affaire-là; c'est le fils de M. de Vaudémont qui en a apporté la nouvelle à Vienne. On ne doute pas que cette nouvelle ne soit véritable.

Lundi 3, à Versailles. — Le roi prit médecine(1). — M. de Guiscard mande au roi, de Dinant, que M. le prince d'Orange fait faire des ponts sur la Sambre, auprès de Namur, et qu'il ne doute pas qu'il ne la repasse bientôt; M. de Luxembourg, de son côté, se prépare aussi à la repasser à la Bussière. — On mande d'Allemagne qu'il y a tant de maladies dans l'armée des ennemis qu'ils ont été contraints de mettre les troupes dans différents quartiers; il y a aussi beaucoup de malades dans notre armée. Les

---

(1) Voir le *Journal manuscrit de la Santé du Roi*.

ennemis ne travaillent plus à rétablir Manheim ni Frankenthal; tout ce qu'ils avoient fait, c'étoient quelques redoutes à la tête de leur pont du côté de Manheim. Notre armée est toujours campée près de Rastadt, dans le marquisat de Bade.

Mardi 4, à Versailles. — Le roi alla tirer après son dîner. Monseigneur prit médecine. — On a eu avis de Brest, du 31 du mois passé, que M. Desfrancs, capitaine de vaisseau, a attaqué un vaisseau hollandois de soixante pièces de canon, chargé de marchandises pour la valeur de 200,000 écus, qu'il portoit en Espagne; le canon du vaisseau françois a mis le feu au vaisseau hollandois, qui a été entièrement consumé. — Le duc de Saxe-Gotha, qui étoit ici il y a trois ans, est mort aux eaux d'Ems en Allemagne. Le comte d'Apremont, neveu du cardinal de Furstemberg, a été condamné par l'empereur à une prison perpétuelle, pour avoir enlevé la princesse Ragotzy, qui vouloit bien l'épouser; mais l'empereur la veut marier à un autre. Le prince de Furstemberg a eu ordre aussi de se retirer de la cour de Vienne.

Mercredi 5, à Versailles. — Le roi, après son dîner, alla à la chasse. Monseigneur alla à Saint-Germain voir le roi et la reine d'Angleterre. — M. le prince d'Orange a repassé la Sambre et est campé à Timéon. M. de Luxembourg a repassé la Sambre à la Bussière, et est venu camper à Felluy. — M. Hennequin, procureur général de la chambre des comptes, a été choisi pour premier président du parlement de Rouen. Il donnera 100,000 francs à la veuve de M. de Ris, qui les avoit par un brevet de retenue.

Jeudi 6, à Versailles. — Le chevalier de Nesmond, qui devoit passer en Irlande avec le comte de Château-Renaud, a été choisi pour commander une escadre de dix-huit vaisseaux qu'on envoie aux îles de l'Amérique. — M. le Dauphin alla voir Monsieur à Saint-Cloud, et en revint de bonne heure. On commence à parler du mariage de M. de Barbezieux avec mademoiselle d'Uzès; jusques ici on avoit cru que ce seroit M. de Courtenvaux ; mais la famille de mademoiselle d'Uzès a mieux aimé le cadet que l'aîné, et, le roi ayant conseillé à M. de Barbezieux de se marier, il n'a cru mieux choisir que mademoiselle d'Uzès. Le roi a fort approuvé son choix ; on ne sait point encore si M. de Courtenvaux consentira à ce mariage.

Vendredi 7, à Versailles. — Le roi alla chasser l'après-dînée. Monseigneur passa la journée à tirer dans la plaine de Saint-Denis, et dîna à Saint-Ouen. — On a eu nouvelles que M. le prince d'Orange sépare son armée dans des quartiers pour la raccommoder un peu ; elle étoit fort fatiguée. Celle de M. de Luxembourg est dans le meilleur état du monde ; il est campé à Felluy. — On envoie dix-huit vaisseaux en deux escadres dans la Méditerranée ; le chevalier de Flacourt, qui est chef d'escadre, commandera neuf de ces vaisseaux ; et les neuf autres, on n'y mettra point d'officier général ; ils seront commandés par le plus ancien capitaine ; c'est le chevalier de Coëtlogon qu'on envoie avec M. de Château-Renaud.

Samedi 8, à Versailles, jour de Notre-Dame. — Le roi et Monseigneur, après le salut, allèrent se promener dans les jardins. — On a eu nouvelle de Rome du 21 du mois passé ; nos cardinaux et M. de Chaulnes y sont encore ; il ne paroît pas que l'affaire des bulles soit si avancée qu'on le croyoit ces jours passés. Le pape donne 30,000 écus au roi d'Angleterre et a vendu sa vaisselle pour faire cette somme-là, et en même temps aussi il fait donner 50,000 écus à l'empereur pour continuer la guerre contre le Turc. — Madame d'Heudicourt a l'appartement qui est au-dessus de celui du maréchal d'Humières ; c'étoit un commis de M. de Louvois, nommé Beaurepaire, qui l'avoit, qui est à présent attaché à M. de Pontchartrain.

Dimanche 9, à Versailles. — Le roi, après le salut, alla se promener. Monseigneur alla à Paris à l'Opéra avec madame la princesse de Conty. — M. de Chanlay est revenu de Piémont ; il a trouvé notre armée en très-bon état ;

les démêlés qu'il y avoit entre les officiers généraux étoient si peu de chose qu'ils ont été terminés facilement. — Carmagnole est assez bien fortifié pour soutenir un grand siége; nous y avons une grosse garnison; nous sommes maîtres de Suse, de Fossano et de Savigliano; cela nous donne plus du tiers du Piémont, et nos troupes pourront aisément demeurer en quartier d'hiver dans ce pays-là. Les ennemis ont de belle cavalerie et leur infanterie est fort mauvaise; et, comme c'est un pays fort serré et fort coupé, il n'y a quasi que l'infanterie qui puisse agir, et M. de Catinat peut toujours mettre ensemble quarante bataillons, quand il voudra. — M. de Laré est à Suse avec sept ou huit bataillons et un régiment de dragons. Les ennemis ont envoyé quelques troupes dans le val d'Aoste; mais il leur sera difficile d'entrer en Savoie; il paroît même qu'ils n'y songent plus. Montmeillan est toujours bloqué; mais on croit qu'il y a des vivres pour longtemps.

Lundi 10, *à Versailles.* — Le roi alla tirer après son dîner. — On a eu des nouvelles de M. de Luxembourg, qui marche sur la Dender, vers Gramont et Ninove; on croit que le prince d'Orange vouloit marcher de ce côté-là, mais M. de Luxembourg a gagné le devant. — On a eu des nouvelles de Catalogne. M. le duc de Noailles mande au roi que le duc de Médina-Sidonia avoit marché à Pratz de Mollo, en Roussillon, à dessein de l'attaquer; que les habitants paroissoient bien résolus à se défendre, et qu'il se préparoit à marcher pour faire lever le siège à M. de Médina-Sidonia. — On commence à dire que le combat qu'a donné M. le prince Louis de Bade contre les Turcs a été bien moins avantageux aux Allemands que l'on n'avoit dit d'abord; les Turcs se sont remis dans le camp qu'ils avoient sur la Save, auprès de Belgrade, et il ne paroit nulle épouvante dans leur armée.

Mardi 11, *à Versailles.* — Le roi chassa toute l'après-dînée. Monseigneur alla avec madame la princesse de Conty à la roulette de Marly; Mademoiselle y vint de Saint-Cloud trouver Monseigneur. — Notre armée d'Allemagne est à présent près d'Offenbourg; nous y avons beaucoup de malades, mais il n'en meurt point. L'armée des ennemis est affoiblie de plus de la moitié, et les maladies y sont fort dangereuses. — M. de Luxembourg est campé entre Gramont et Ninove; il a trouvé une grande abondance de toutes choses dans ces deux lieux-là; il y a de quoi faire subsister l'armée plus d'un mois. M. le prince d'Orange est campé à Enghien, et on croit que son armée n'est pas si forte que la nôtre. — M. le duc de Chartres a ordre du roi de revenir le joindre à Fontainebleau, sitôt que le prince d'Orange aura quitté la tête de son armée pour s'en retourner en Hollande, ce qu'on croit qu'il va faire incessamment.

Mercredi 12, *à Versailles.* — Le roi chassa toute l'après-dînée. Monseigneur vint coucher à Frémont, à la maison de M. le chevalier de Lorraine, où Monsieur et Madame arrivèrent une heure après lui; ils avoient passé, en revenant de Saint-Cloud, chez M. le cardinal de Furstemberg, à Berny. Mademoiselle est, avec Monsieur et Madame, du voyage de Fontainebleau. — Le roi a donné à M. l'archevêque de Rouen un appartement au grand commun, qu'avoit Berthelot, secrétaire des commandements de feue madame la Dauphine. — M. de Luxembourg mande au roi qu'il a étendu son armée depuis Gramont jusqu'à Ninove, et qu'il fait accommoder des passages sur les chemins de Lessines, où on dit que M. le prince d'Orange doit venir camper, et qu'en cas que M. le prince d'Orange prenne ce parti-là, il espère l'attaquer dans sa marche, qu'il ne sauroit faire sans lui prêter le flanc. — Madame la Duchesse s'est trouvée mal ces jours-ci; elle a eu d'assez grands accès de fièvre; elle prend du quinquina, et elle ne pourra venir à Fontainebleau que la semaine qui vient.

Voyage de Fontainebleau.

Jeudi 13. — Le roi partit à neuf heures de Versailles, et vint dîner à Frémont; il n'avoit dans son carrosse que madame la princesse de Conty et mademoiselle de Blois; l'après-dînée, il prit Monsieur, Madame et madame de Ventadour dans son carrosse. Monseigneur étoit parti de Frémont à la pointe du jour pour venir courre le loup dans la forêt de Fontainebleau. Monseigneur le duc de Bourgogne et Monseigneur le duc d'Anjou sont du voyage de Fontainebleau et vont coucher à Corbeil; c'est la première fois de leur vie qu'ils eussent découché de Versailles. Le conseil suit à Fontainebleau. — Le soir, en arrivant ici, le roi eut nouvelle que le duc de Médina-Sidonia, voyant que les habitants de Pratz de Mollo étoient résolus de se défendre, s'étoit retiré de devant la place; il y étoit arrivé le 1er de ce mois, et est décampé du 4. M. de Noailles n'avoit point marché encore; mais il auroit marché le lendemain; il avoit seulement détaché M. de Juigné, brigadier d'infanterie, avec cinq ou six bataillons, et se préparoit à le suivre. M. de Médina-Sidonia n'a pas jugé à propos de les attendre.

Vendredi 14, *à Fontainebleau.* — Le roi dîna de bonne heure, et ensuita alla courre le cerf; Monseigneur et Madame étoient à la chasse; après la chasse du cerf, le roi alla tirer. Messeigneurs les ducs de Bourgogne et d'Anjou arrivèrent ici; ils sont logés à la concergerie. — M. de Boufflers, qui est demeuré avec quelques troupes sous Charlemont, mande au roi que les troupes de Hesse, commandées par le landgrave en personne, ont joint celles des généraux Flemming et Tzerclaës, et ont toutes passé dans Namur. On croit que c'est pour aller joindre M. le prince d'Orange, auquel cas M. de Boufflers avec les siennes ira joindre M. de Luxembourg. — Le roi a eu ce soir des nouvelles de M. de Luxembourg, qui lui mande que le prince d'Orange est venu à Cambron et à Brugelette, et M. de Luxembourg s'est mis dans le camp de Lessines.

Samedi 15, *à Fontainebleau.* — Le roi a couru le cerf en calèche avec les dames, et puis revint dîner dans son grand cabinet en ovale, avec Monsieur, Madame, les princesses et les dames qui avoient été de la chasse. Après dîner, le roi alla tirer ; le soir, il y eut comédie où Monseigneur et Madame allèrent; il n'y a ici que les comédiens françois, il n'y a point de comédiens italiens. — Le roi nous a dit à son coucher que le général Schœning, qui commande les troupes de Saxe, avoit envoyé un trompette à M. le maréchal de Lorges, pour lui dire que, s'il vouloit repasser le Rhin, toutes les troupes de Saxe retourneroient dans leur pays. M. le maréchal de Lorges mande au roi que tous les officiers qui étoient malades reviennent presque tous à l'armée. — Le roi nous a dit aussi que les troupes du landgrave de Hesse, qui avoient passé à Namur, étoient entrées dans le Condros ; elles sont jointes aux troupes que commandent le général Flemming et le comte de Tzerclaes. M. de Boufflers mande au roi que cette armée est de 16 ou 17,000 hommes. La sienne, qui a été renforcée de quelques bataillons que lui a envoyés M. de Luxembourg, et des troupes que lui a amenées M. le marquis d'Harcourt, sera aussi forte que celle des ennemis.

Dimanche 16, *à Fontainebleau.* — Le roi, sur les quatre heures, alla se promener autour du canal avec les dames. Monseigneur, après la messe, alla courre le cerf avec les chiens de M. de Bouillon. — On eut nouvelles d'Irlande que le duc de Tyrconnel étoit mort à Limérick, et que les troupes du prince d'Orange se préparoient à attaquer cette place ; on n'a encore ces nouvelles que par la Hollande. — M. de la Feuillade est demeuré à Paris avec la fièvre continue ; et comme il y a longtemps qu'il traînoit, cela fait craindre pour son mal. — On dit toujours que M. le prince d'Orange quittera son armée au

premier jour pour retourner en Hollande; on l'attend à
Loo, où il doit être quelques jours à chasser. M. de Valdeck commandera l'armée ennemie en son absence. —
On avoit dit en Italie que M. de Bavière s'ébranloit pour
s'approcher de notre armée; mais cela n'a eu aucune
suite.

Lundi 17, *à Fontainebleau.* — Le roi et Monseigneur
allèrent à la chasse; le soir, il y eut appartement à sept
heures; le roi n'y alla point. — M. de Courtenvaux,
qu'on avoit envoyé quérir à l'armée pour le faire consentir au mariage de M. son frère avec mademoiselle
d'Uzès, ne veut point encore donner son consentement;
cependant on croit que le mariage ne laissera pas de se
faire. — L'abbé de Chamilly est mort; il laisse une assez
bonne abbaye vacante. — Notre armée d'Allemagne est
toujours près d'Offenbourg; celle des ennemis est fort
affoiblie par les maladies. — On avoit dit la reine
d'Espagne morte; on a nouvelle qu'elle est hors de
danger.

Mardi 18, *à Fontainebleau.* — Le roi et Monseigneur
chassèrent. Le soir, il y eut comédie. — On a eu nouvelle
d'Italie que M. de Catinat est campé à...... et les ennemis
sont venus à Pontcallier, qui est le camp que nous avons
eu si longtemps, et où il n'y a plus du tout de fourrages;
il n'y a pas une lieue entre l'armée ennemie et la nôtre;
mais le Pô est entre deux. Dans la marche qu'ont faite
les ennemis pour venir à Pontcallier, une des colonnes
de leur armée a passé si près de notre camp, la rivière
toujours entre deux, que notre canon leur a tué quelques
gens dans les rangs. Le marquis de Mortara, Espagnol,
a été tué; il étoit colonel d'un de leurs meilleurs *terces*;
il étoit fils du marquis de Mortara, autrefois gouverneur
de Milan. — M. de Boufflers mande que le landgrave de
Hesse, avec les troupes du général Flemming et de
Tzerclaës, est venu camper à Chiny. M. de Boufflers est
venu camper à Rochefort, et il y pourroit bien avoir une

action de ce côté-là. — M. de Luxembourg décampa hier de Lessines et vint à Renai; il doit venir camper aujourd'hui à Herine. — M. le prince d'Orange marcha hier aussi, et vint camper à Leuze. M. de Luxembourg songe à prendre ses derrières pour tâcher à l'attaquer dans sa marche en l'obligeant à décamper.

Mercredi 19, *à Fontainebleau.* — Le roi a appris ce matin la mort de M. de la Feuillade *; il mourut hier au soir à Paris fort subitement, et sans s'être préparé à la mort; on le croyoit même beaucoup mieux qu'il n'avoit été ces jours passés. Il ne laisse que deux enfants, qui sont M. le duc d'Aubusson, mestre de camp de cavalerie, et mademoiselle de la Feuillade, qui est aux petites Carmélites. Il étoit duc, maréchal de France, chevalier de l'ordre, colonel général des gardes et gouverneur du Dauphiné; il avoit les grandes entrées chez le roi. Il avoit soixante ans passés; son père fut tué au combat de Castelnaudary, en 1631. — Le roi a dit qu'il ne donneroit la charge de colonel des gardes de plus de trois mois, et qu'il la vouloit faire lui-même, pour mieux savoir tout ce qui s'y passoit. Il y a présentement huit places vacantes dans les chevaliers de l'ordre, et il ne reste plus que six maréchaux de France. Mademoiselle Prudhomme s'est jetée dans un couvent; tout le monde croit que M. de la Feuillade l'avoit épousée, et même il y a longtemps. M. de la Feuillade avoit des brevets pour 100,000 écus sur la charge des gardes; il n'en avoit point sur le gouvernement. Il avoit fait demander, il y a quinze jours, mademoiselle de Louvois pour son fils, et c'est M. l'évêque de Troyes qui en avoit fait la demande de sa part à M. l'archevêque de Reims.

* M. de la Feuillade étoit de fort ancienne maison, qui doit pourtant sa plus grande illustration au fameux Pierre d'Aubusson, élu grand maître de Rhodes, en 1476, dont, en 1480, il fit lever le siège à 100,000 Turcs, cardinal d'Innocent VIII en 1489, et général de la croisade contre les Turcs, qui n'eut point d'effet, dont il mourut e déplaisir en

1503. Son frère unique n'eut qu'un fils, non marié, qui finit cette branche. M. de la Feuillade étoit fils d'une Brachet, petit-fils d'une Lignières, et parmi quelques alliances considérables, il y en a un grand nombre des plus communes. Son père et son frère aîné étoient chambellans de M. Gaston, [ce] qui n'étoit pas un grand état. L'un fut tué à Castelnaudary, l'autre à Sens. Celui-ci se poussa à la guerre, et fut fort aidé à la cour par son frère, l'archevêque d'Embrun, qui y étoit en considération, et qui lui céda ses droits d'aînesse. De l'esprit, une grande valeur, une plus grande audace, une pointe de folie gouvernée toutefois par l'ambition, et la probité et son contraire fort à la main, avec une flatterie et une bassesse insignes pour le roi, firent sa fortune et le rendirent un personnage à la cour, craint des ministres et surtout aux couteaux continuels avec M. de Louvois. Il se distingua toujours par son assiduité et sa magnificence. Il a renouvelé les anciennes apothéoses fort au delà de ce que la religion chrétienne pouvoit souffrir; mais il n'attendit pas que le roi fût mort pour faire la sienne, dont il n'auroit pas recueilli le fruit. Il poussa la servitude jusqu'à monter une fois derrière le carrosse du roi, pour le suivre où il avoit été refusé d'aller, et cela lui réussit à merveille. Une autre fois, s'étant aperçu à l'armée que le roi le voyoit frappant un palefrenier avec sa livrée, il lui cria de ne pas prendre garde à deux de ses valets qui se battoient. Il poussa la flatterie de sa place et de sa statue, outre la bassesse de sa substitution, jusqu'à traiter avec les Petits-Pères pour lui creuser sa sépulture sous le piédestal avec un corridor qui y conduiroit de leurs caves; mais, si cela ne se put exécuter, au moins il en eut le gré auprès du roi, qui est tout ce qu'il en vouloit. Peu de gens furent la dupe d'une reconnoissance si grossièrement marquée au coin de l'intérêt à l'égard d'un roi vivant, qui se nourrissoit volontiers des prologues d'opéras et des peintures de sa galerie de Versailles. Avec tant de faveur et tant de soin de l'augmenter, il étoit devenu si à charge au roi qu'il ne le pût dissimuler à sa mort. Son ardeur, sa vivacité, son audace, tout ce qu'il avoit fait pour le roi lui faisoit usurper des libertés et des demandes qui pesoient au roi étrangement, et ce fut en cette occasion que ce prince ne put se tenir de dire plusieurs fois, et une entre autres à table parlant à Madame par un hasard qui y donna lieu, qu'il n'avoit jamais été si à son aise que lorsqu'il s'étoit vu délivré de Louvois, de Seignelay et de la Feuillade. Les courtisans souhaitèrent chacun qu'il se trouvât aussi importuné d'eux, puisque ces trois hommes avoient fait avec lui tout ce qu'ils avoient voulu toute leur vie. M. de Chevreuse lui dut la conservation de sa charge; je ne sais quel mécontentement ou quelle intrigue s'étoit élevée, mais le roi, tout lent à parler qu'il étoit, la destina à Montrevel (qui, longues années après, fut maréchal de France), et le lui dit. Montrevel, bouffi de cette faveur, la confia à la Feuillade, et celui-ci craignant apparemment un rival en faveur, et voulant faire un signalé service à qui étoit en place de le lui bien rendre, courut en avertir Colbert. Celui-ci rompit ce coup et sauva son gendre, et Montrevel fut longtemps mal avec le roi de son indiscrétion, qui lui coûta doublement cher. M. de la Feuillade laissa un fils pour le malheur de l'État, et qui fut sans contredit le plus faux et le plus malhonnête homme de France, en qui sa branche et son duché ont fini. Mademoiselle Prud'homme étoit la fille d'un baigneur, chez qui M. de la Feuillade logeoit avant sa fortune, et qui lui avoit été souvent de beaucoup de secours. Il eut toute sa vie une confiance entière en lui, et personne ne doutoit qu'il n'eût épousé sa fille, qui fut maîtresse de son bien, de ses enfants et de tout chez lui jusqu'à sa mort. C'étoit une personne de beaucoup d'honneur, de vertu et de piété, de bon sens, capable de lui donner de bons conseils, qui n'abusa jamais de son crédit sur lui, qui étoit sans mesure, et qui se contint toujours décemment et modestement dans son état, sans que madame de la Feuillade, tant qu'elle vécut, et qui l'aimoit et l'estimoit, ait jamais eu lieu de s'en plaindre. C'étoit à l'occasion de son mariage que M. de la Feuillade avoit eu des lettres enregistrées de duc, sur la démission de M. de Roannais, son beau-frère, qui étoit dans la plus haute dévotion, et y persévéra jusqu'à la mort sans être marié. Il étoit fort attaché à Port-Royal des Champs. C'étoit lui qui vouloit fournir à la plupart de la dépense de l'acquisition d'une île en Amérique, où les solitaires de cette même liaison eurent un temps dessein de s'aller établir pour se dérober aux persécutions qu'ils essuyoient en Europe. Pour le mariage du fils unique de M. de la Feuillade avec la fille de M. de Louvois, qui étoit mort, et laquelle épousa depuis le duc de Villeroy, ce fut la complaisance d'un mourant pour son frère et pour donner à son fils le secrétaire d'État de la guerre pour beau-frère, et le soutenir par là après eux.

Jeudi 20, à Fontainebleau. — M. l'archevêque de Reims vint hier de Paris; il a parlé au roi, et le mariage de M. de Barbezieux avec mademoiselle d'Uzès est arrêté; ils épouseront au retour de Fontainebleau, sans le consentement de M. de Courtenvaux. Mademoiselle d'Uzès aura 200,000 francs. — Sur les sept heures du soir, M. le duc de Montmorency est arrivé de Flandre, qui porta au roi la nouvelle d'un grand combat de cavalerie où nous avons eu tout l'avantage; trente de nos escadrons, dont étoient la maison du roi et la gendarmerie, ont battu plus de soixante-dix escadrons des ennemis, auprès du ruisseau de Leuze. M. de Luxembourg fit attaquer l'arrière-garde des ennemis, qui marchoient de Leuze pour aller à Cambron. Il fut averti de leur marche par Marsilly, enseigne des gardes du corps, qu'il avoit envoyé dehors avec quatre cents maîtres de la maison du roi. M. le duc de Chartres, M. le duc du Maine et presque tous les officiers principaux de l'armée avoient suivi M. de Luxembourg. La maison du roi a chargé six fois les ennemis et les a toujours renversés, quoiqu'ils se soient toujours assez bien battus ; nous avons eu assez de gens tués à ce combat, mais les ennemis en ont perdu six fois plus que nous ; nous avons bien trois cents prisonniers. M. de Montmorency partit hier, à quatre heures du soir, de l'armée, deux heures après le combat, qui avoit commencé à midi ; M. de Luxembourg enverra demain M. de Turenne, qui apportera davantage de particularités ; tout ce qu'on sait jusqu'à cette heure, c'est que nous avons eu tout l'avantage, et que nous avons fait repasser le ruisseau de Leuze aux ennemis, qui se sont ralliés derrière leur infanterie, qui étoit venue border le ruisseau. Nous avons perdu à cette occasion Riotor, qui commandoit les grenadiers à cheval ; Neufchelles, lieutenant des gardes, qui les commandoit là (il étoit, outre cela, maréchal de camp) ; la Troche, aussi lieutenant des gardes ; Toiras, capitaine-lieutenant des chevau-légers de monseigneur le Dauphin. On ne retrouve point Montpipeau ; on ne sait ce qu'il est devenu ; le chevalier de la Vallière, aide de camp du duc de Choiseul, est blessé de trois coups ; Rothelin, des gendarmes, blessé aussi dangereusement ; Bignon, capitaine au régiment des gardes, qui étoit là volontaire, dangereusement blessé ; Marsilly, fort blessé ; Vignau, blessé, et plusieurs autres officiers blessés. — Il est venu un officier d'Irlande qui confirme la mort de M. de Tyrconnel et le siége de Limérick par les troupes du prince d'Orange. Les lettres sont du 10 et la place étoit attaquée dès le 4; c'est M. d'Usson, frère de Bonrepos, qui commande dans la place et qui a envoyé ici cet officier.

Vendredi 21, *à Fontainebleau.* — M. le duc de Chartres a envoyé ici le chevalier d'Estrades pour rendre compte du combat à Monsieur, et en même temps, il lui demande permission, avant de revenir à la cour, d'aller à Lille, à Saint-Omer et à Dunkerque; il est bien aise de voir des places de Flandre qu'il n'a point vues; on lui prépare ici l'appartement qu'avoit M. de la Feuillade dans la cour en ovale. — M. le duc du Maine a envoyé au roi le chevalier d'Aunay; il est parti du camp de M. de Luxembourg après M. de Montmorency. Il arriva hier, après le coucher du roi, et S. M., étant dans son lit, le fit entrer; ils disent tous que M. le prince d'Orange avoit quitté son armée dimanche dernier pour s'en aller à Bruxelles et de là en Hollande. M. de Luxembourg avoit laissé, le mardi au soir, toute son infanterie et son aile gauche à Hérine; il avoit marché avec l'aile droite et la réserve sous Tournay pour être plus près des ennemis. Son dessein étoit de s'emparer des hauteurs d'Antoing, si les ennemis fussent demeurés à Leuze. — Ce soir, au coucher du roi, M. de Courtenvaux est venu dans le cabinet de S. M., amené par l'archevêque de Reims, et lui a dit que, puisqu'elle avoit voulu le mariage de son frère avec mademoiselle d'Uzès, il venoit à ses pieds lui sacrifier tout son ressentiment. Ensuite le roi, en se couchant, nous a dit qu'il étoit très-content de M. de Courtenvaux; qu'il avoit bien vu la peine qu'il se faisoit en lui parlant, et qu'il lui savoit d'autant meilleur gré que ce sacrifice-là lui avoit beaucoup coûté à faire.

Samedi 22, *à Fontainebleau.* — M. de Turenne arriva à neuf heures du matin, au lever du roi; il rapporte trente étendards, et on en a laissé encore cinq ou six qu'on n'avoit pas eu le loisir de rassembler. Il est même à remarquer que les ennemis n'avoient que deux étendards par escadron. Nous avons plus de cinq cents prisonniers dans Tournay, parmi lesquels il y a quatre-vingts officiers. Des trompettes, qui sont venus de leur armée pour savoir des nouvelles de quelques prisonniers, disent qu'ils ont eu plus de deux mille hommes blessés, sans compter les morts, et tous de coups d'épée. Parmi les prisonniers, nous avons un major général nommé le baron de Stern et deux colonels, qui sont le comte de Lippe et le comte de Bentheim. M. de Luxembourg enverra par le premier courrier la liste des morts et des blessés de notre côté; on ne sait ce qu'est devenu M. Dauger, lieutenant général, qui commandoit notre aile gauche. — Le roi alla jusqu'à Chailly au-devant du roi et de la reine d'Angleterre, et vit voler ses oiseaux en les attendant; ils arrivèrent fort tard; en arrivant, ils descendirent de leur carrosse et se mirent dans le carrosse du roi, les deux rois au derrière et la reine au milieu d'eux. Il étoit venu trois dames angloises avec la reine d'Angleterre. Madame en fit mettre une au devant avec elle, et les deux autres aux portières. On avoit préparé une chasse de loup aux lévriers sur le chemin, et Monseigneur, voyant que la reine d'Angleterre arrivoit tard, y alla avec madame la princesse de Conty, et fut revenu avant que la reine arrivât.

Dimanche 23, *à Fontainebleau.* — Le roi, à midi et demi, alla prendre la reine d'Angleterre à son appartement, et la mena à la messe. Les princesses et les dames étoient toutes chez la reine. Après dîner, les deux rois allèrent tirer. Le soir, il y eut appartement à sept heures. Le roi et la reine d'Angleterre n'y vinrent qu'à neuf, et le roi n'y vint qu'un moment avant le souper. La reine d'Angleterre joua au lansquenet. Hier au soir, après souper, il y eut portique où le roi étoit; mais le roi et la reine d'Angleterre n'y vinrent point. — Le roi a donné au fils de Neufchelles le gouvernement de Sainte-Menehould, qu'avoit son père; il vaut 9 à 10,000 livres de rente. M. de Rothelin est mort des blessures qu'il avoit reçues au combat de Leuze; il étoit premier enseigne des gendarmes du roi. — Madame Pelletier, femme de l'intendant des finances, mourut ces jours passés à Paris ; elle ne fut malade qu'un jour. — La Fitte, exempt des gardes du roi, est mort aussi de sa blessure; il étoit gouverneur de Pequay; ce gouvernement vaut 12 à 15,000 livres de rente, et n'oblige point à résidence.

Lundi 24, *à Fontainebleau.* — Après dîner, les rois et la reine allèrent à la chasse du sanglier dans les toiles. Le soir, il y eut comédie. — Le roi envoie Chanlay en Flandre pour dire ses intentions à M. de Luxembourg sur ce qu'il veut qu'on fasse jusqu'au quartier d'hiver. — Le président de la Barroire mourut ces jours passés à Paris; il a fait un testament par lequel il donne la valeur de 400,000 francs à un de ses amis, qui étoit conseiller dans sa chambre, que l'on nomme M. Sevin. M. de la Barroire étoit bailli du Soissonnois. Plusieurs gens ont déjà demandé au roi cette charge-là; outre cela, il étoit premier conseiller du conseil de Monsieur, et en cette qualité il a place dans ce conseil après les deux secrétaires du commandement, et a 2,000 livres d'appointements. Monsieur a donné cette charge-là à vendre à M. le chevalier de Lorraine, et il l'a vendue à M. de Montfuron, président au parlement; il lui en a donné 2,000 pistoles. — La mère Agnès est morte à Paris; elle étoit carmélite d'une grande réputation et tante du maréchal de Bellefonds.

Mardi 25, *à Fontainebleau.* — Le roi et le roi d'Angleterre allèrent tirer séparément. Monseigneur courut le loup, le matin, avec le roi d'Angleterre, et, après dîner, il se promena autour du canal avec madame la princesse de Conty. Après souper, il y eut portiques. — L'armée des ennemis en Flandre est à Enghien, et celle de M. de Luxembourg va camper par delà Courtray. M. Dauger fut tué dans le combat, et n'a pas été prisonnier. — Notre armée en Piémont est campée vers Saluces, et celle des ennemis à Staffarde, entre Pignerol et l'armée du roi. — L'armée du landgrave de Hesse et [celle] des généraux Flemming et Tzerclaës, qui étoient entrées depuis quelques jours dans le Condros et qui menaçoient de mettre tout à feu et à sang dans le pays de Luxembourg, se sont retirées vers Liége fort précipitamment. M. de Boufflers les a fait suivre dans leur retraite par Saint-Frémont et par le comte de Gramont, qui, avec leurs dragons, les ont fort harcelés et leur ont pris beaucoup de traîneurs. — Le marquis de Raré est mort. Il avoit les chiens pour le chevreuil; son fils, qui fut tué à Mons, en avoit la survivance; on croit que le roi supprimera cette charge, où il ne va jamais et qui lui coûtoit 20,000 francs.

Mercredi 26, *à Fontainebleau*. — Le roi, après son dîner, courut le cerf en carrosse avec la reine d'Angleterre, Monsieur et Mademoiselle. Le roi d'Angleterre, Monseigneur, Madame et les princesses étoient à cheval. Le soir, il y eut appartement.

LISTE DES OFFICIERS TUÉS OU BLESSÉS AU COMBAT DONNÉ LE 19 SEPTEMBRE PRÈS DE LEUZE.

M. Dauger, lieutenant général, mort; M. de la Valette, maréchal de camp, blessé.

MAISON DU ROI. — *Noailles*. M. Vignau, lieutenant, blessé; M. de Saint-Viance, lieutenant, blessé; M. de Vacqueuil, exempt, mort; M. de Lanson, exempt, blessé.

Duras. Marsilly, enseigne, blessé; Chazeron, enseigne, blessé; d'Avignon, enseigne, blessé; le chevalier de la Chaise, exempt, mort; de Pruines, exempt, mort; de la Fitte, exempt, mort; de Tracy, exempt, le bras cassé; le chevalier de Clermont, exempt, blessé à mort.

Luxembourg. Neufchelles, commandant la maison du roi, lieutenant des gardes et maréchal de camp, tué; de

Villaine, enseigne, blessé à mort; la Tomelle, exempt, tué; de Brisac, exempt, blessé à mort; de Guéry, exempt, la cuisse cassée; de la Cambre, exempt, blessé; de Parifontaine, exempt, blessé.

De Lorges. De la Troche, lieutenant, tué; de Montpipeau, enseigne, perdu ou tué; de Lassurance, exempt, blessé à mort; de Maune, exempt, blessé; de Busca, exempt, prisonnier; de Laval, enseigne, blessé légèrement; de Renneville, lieutenant, blessé légèrement; le chevalier de Broslé, exempt, tué; de Gondra, exempt, blessé.

Grenadiers à cheval. M. de Riotor, capitaine, tué; de Mondésir, lieutenant, la jambe cassée; de Villemur, sous-lieutenant, blessé.

Gendarmes du roi. De Rothelin, enseigne, mort de sa blessure; de Trenel, enseigne, légèrement blessé.

Chevau-légers du roi. Le comte de la Mothe, sous-lieutenant, blessé légèrement; Bezemeaux, cornette, légèrement blessé.

RÉGIMENT DE MÉRINVILLE. Le marquis de Bresne, capitaine, tué; Castilly, major, tué.

GENDARMERIE. De Toiras, capitaine des chevau-légers-Dauphins, tué; de Pierrecourt, exempt des gendarmes de Bourgogne, blessé; le chevalier de la Vallière, aide de camp du duc de Choiseul, blessé; de Villevrar, capitaine des gardes de M. de Luxembourg, légèrement blessé.

Jeudi 27, *à Fontainebleau.* — Le roi et le roi d'Angleterre allèrent à la chasse l'après-dînée. Le soir, il y eut comédie. Les rois ni la reine n'y ont point encore été. — La flotte angloise a essuyé un furieux coup de vent; quatre de leurs plus gros vaisseaux ont péri, et, de deux mille hommes qui étoient dessus, il ne s'en est pas sauvé cinquante; le vaisseau qu'ils appeloient *la Coronation*, et qui avoit été bâti au couronnement du prince d'Orange, a tourné sens dessus dessous. Il étoit de quatre-vingt-dix pièces de canon ; outre la perte, qui est considérable, cela a été regardé à Londres comme un mauvais augure pour le gouvernement présent. — L'abbé de Villarceaux mourut à Paris. Il avoit une abbaye considérable à Beauvais. Il vaque encore une autre abbaye assez bonne qu'avoit l'abbé de Bourbonne, mort ces jours passés. M. le cardinal de Bouillon est parti de Rome le 5. Il s'en va à Livourne attendre M. de Chaulnes, qui doit partir le 12. Le cardinal le Camus part aussi, mais il ne s'en va pas avec eux. — Le pape ne se porte pas bien, et durant sa maladie il ne veut point entendre parler d'affaires; ainsi les bulles n'avancent point.

Vendredi 28, *à Fontainebleau.* — Les rois allèrent tirer chacun de leur côté dans la forêt. La reine alla à Melun aux Filles de Sainte-Marie. — M. le duc de Chartres revint ici de sa campagne de Flandre. Monsieur et Madame allèrent au-devant de lui jusqu'à Chailly ; on lui fait accommoder l'appartement de M. de la Feuillade et de madame de Ventadour, joints ensemble, pour l'année qui vient. Il logera présentement à Ferrare (1), et, quand le roi d'Angleterre sera parti, il aura l'appartement de la reine-mère. — Il est venu des nouvelles de Brest qui portent que les troupes du prince d'Orange ont levé les siéges de Limérick et de Sligo, et qu'on leur a tué cinq mille hommes. Ces nouvelles ont besoin de confirmation. —M. de Valery, mestre de camp et brigadier de cavalerie, est mort en Italie. — Le roi a donné à Gassion, enseigne de ses gardes, qui sert présentement auprès de Monseigneur, le bailliage de Soissonnois, qu'avoit le président de la Barroire.

---

(1) L'hôtel de Ferrare, bâti par le cardinal Louis d'Este, se trouvait sur la grande place du château de Fontainebleau, en face de la principale entrée de la cour du Cheval blanc, et avoit été réuni au domaine de Fontainebleau, par Henri IV, en 1603. L'emplacement de cet hôtel est occupé aujourd'hui par un quartier de cavalerie.

Samedi 29, *à Fontainebleau*. — Le roi se promena en carrosse autour du canal avec le roi et la reine d'Angleterre. Monseigneur, M. de Chartres et les princesses étoient à cheval. — Le roi a donné à la Salle, maître de la garde-robe, le justaucorps à brevet qu'avoit M. de la Feuillade. — On a eu nouvelles de Hongrie que Duneval, feld-maréchal de l'armée de l'empereur, y étoit mort de maladie. On mande aussi que Caprara, feld-maréchal de l'armée de l'empereur sur le Rhin et qui commandoit sous l'électeur de Saxe, est mort. C'étoient deux des meilleurs officiers d'Allemagne. — Le roi et la reine d'Angleterre, qui ne devoient demeurer ici que dix jours, y feront un plus long séjour; ils ne doivent plus retourner à Saint-Germain que de lundi en huit jours; ils ne vont point aux comédies, et n'entrent aux appartements qu'à neuf heures du soir.

Dimanche 30, *à Fontainebleau*. — Le roi alla tirer. Le roi et la reine d'Angleterre allèrent se promener en carrosse. Le soir, il y eut comédie. — Notre armée en Piémont est campée à Saluces; celle des ennemis est à..... Nous avons abondance de fourrages, et ils en manquent. — Le roi, qui veut prendre une connoissance plus particulière de la charge de colonel des gardes avant que d'en disposer, se fait donner des mémoires par les officiers qui les commandent; il veut savoir même s'il y a un fondement aux accusations que l'on fait contre M. de la Feuillade, principalement sur ce qui regarde les logements dans Paris. — Les articles du mariage de M. de Barbezieux avec mademoiselle d'Uzès ont été signés. M. et madame d'Uzès sont d'accord sur les 200,000 francs qu'ils étoient convenus de donner à leur fille. — Monseigneur et madame la princesse de Conty virent jouer les bons joueurs de paume.

Lundi 1er *octobre, à Fontainebleau*. — Les rois et la reine d'Angleterre allèrent au bout de la forêt, vers Moret, faire la revue des deux compagnies des mousquetaires. Les princesses revinrent à cheval. Après souper, il y eut portique. — Notre armée d'Allemagne est campée dans la plaine de Wihl; celle des ennemis est séparée dans des quartiers différents, et est fort éloignée de nous. — On mande de Hongrie que l'empereur donne au prince Louis de Bade le même titre qu'avoit M. de Lorraine pour commander toutes ses armées. Le prince Louis a passé le Danube et marche sur le Tibisque (1) pour aller assiéger, dit-on, le grand Varadin. Les députés de Transylvanie ont fort sollicité à la cour de Vienne pour qu'on fît ce siége-là.

Mardi 2, à Fontainebleau. — Les rois et la reine d'Angleterre furent à la chasse du sanglier dans les toiles. Le soir, il y eut appartement. Le roi n'y vint pas. Le roi et la reine d'Angleterre n'y vinrent qu'à neuf heures. — Le roi a signé le contrat de mariage du prince d'Espinoy avec mademoiselle de Lislebonne. La noce se fera jeudi, à Paris, chez le duc d'Elbeuf. Monseigneur et madame la princesse de Conty font chacun un présent de diamants à la mariée — On a nouvelle que les ennemis en Piémont marchent du côté de Carmagnole. Ils font même courir le bruit dans leur armée et dans leur gazette qu'ils vont en entreprendre le siége. Nous avons cinq mille hommes dans la place, et pour gouverneur le Plessis-Bellière.

Mercredi 3, à Fontainebleau. — Le roi vit dans la cour de l'ovale faire l'exercice à ses deux compagnies de mousquetaires. Le roi et la reine d'Angleterre étoient avec lui dans son cabinet. — L'escadre que nous envoyons en Irlande au secours de Limérick doit partir de Brest le 5 de ce mois; nous n'y envoyons que quinze vaisseaux, qui seront toujours commandés par le comte de Château-Renaud. Les ennemis ont une assez grosse escadre dans

---

(1) La Theiss, en latin *Tibiscus*.

la rivière de Limérick; mais on ne croit pas qu'elle ose y attendre la nôtre. Nous portons aux assiégés du blé, de la poudre et des mousquets. — M. le prince d'Orange est à Loo à chasser. Le bruit court que Lippa s'est rendu aux troupes de l'empereur; il n'y avoit dedans que deux cent cinquante Turcs. On dit aussi que les Tartares remarchent vers la Moldavie, où le roi de Pologne est entré.

Jeudi 4, à Fontainebleau. — Le roi alla tirer l'après-dînée. Le roi d'Angleterre courut le cerf avec Monseigneur. Le soir, après souper, il y eut portique; la reine d'Angleterre n'y demeura pas. — Chanlay revint de Flandre; il a laissé M. de Luxembourg campé auprès de Deinze; les ennemis sur la Dender, auprès d'Alost. Madame Lavocat, belle-mère de M. de Pomponne, est morte à Paris; elle a laissé M. Lavocat, le maître des requêtes, son fils, son légataire universel. Madame de Pomponne et madame de Vins n'auront que leur légitime.

Vendredi 5, à Fontainebleau. — Le roi tira l'après-dînée. Le roi d'Angleterre et Monseigneur coururent le loup. Le soir, il y eut appartement, où le roi, le roi et la reine d'Angleterre n'allèrent point. — M. Charuel, qui mourut il y a environ un mois, étoit intendant de Lorraine, des Trois-Évêchés et du pays de Luxembourg. Le roi sépare cette intendance en deux; il donne l'intendance des Trois-Évêchés et du pays de Luxembourg à M. de Sève, premier président de Metz, et celle de Lorraine à M. de Vaubourg, qui étoit intendant d'Auvergne, et l'intendance d'Auvergne a été donnée à M. d'Ablèges-Maupeou, cousin germain de madame de Pontchartrain. — On ne fait guère les premiers présidents intendants de la même province; mais on en a déjà un exemple en Provence dans la personne de M. le Bret.

Samedi 6, à Fontainebleau. — Le roi et la reine d'Angleterre allèrent voir prendre des loups aux lévriers. Le soir, il y eut comédie. — Le roi a donné la lieutenance de la compagnie de Luxembourg à Montesson, qui en étoit enseigne, et l'enseigne qu'avoit Montesson a été donnée à Lucé, qui étoit exempt de cette compagnie, et qui s'étoit fort distingué au combat de Leuze. — La lieutetenance qu'avoit la Troche, dans la compagnie de Lorges, a été donnée à Romery, enseigne de la même compagnie, et le roi n'a point encore donné l'enseigne. — Le roi a aussi donné le rang de lieutenant à Taste, et lui laisse l'aide-majorité. — On a eu nouvelles de Rome du 17 ; M. de Chaulnes en partit le 12. Les Espagnols n'ont point voulu lui donner de passe-port. Le pape se porte mieux ; le cardinal Ginetti est mort et laisse un cinquième chapeau vacant ; il y en aura bientôt un sixième, car le cardinal Colonne est à l'extrémité. — On mande de Londres du 25 que les troupes du prince d'Orange en Irlande ont commencé à bombarder Limérick, et qu'une des filles de la duchesse de Tyrconnel a été tuée de la première bombe qui a été tirée. Ces lettres portent qu'ils craignent dans cette armée que le vilain temps ne les oblige de se retirer de devant la place.

Dimanche 7, à Fontainebleau. — Le roi et la reine d'Angleterre allèrent voir prendre des sangliers dans les toiles. Le soir, après souper, il y eut portique. Le roi a donné le gouvernement de Mézières, qu'avoit Dauger, à Vignau, lieutenant des gardes du corps, et le gouvernement de Pequay, qu'avoit la Fitte, à Vandeuil, aussi lieutenant des gardes du corps. M. du Maine avoit fort demandé ce gouvernement-là pour Vandeuil, qui fait le détail de la cavalerie sous lui dans l'armée de Flandre. — Le bruit continue que les ennemis en Piémont songent à faire le siége de Carmagnole, où il est certain qu'ils ont marché. M. de Catinat attend dix bataillons et quelques escadrons qui le viennent joindre. — M. le maréchal de Lorges, en Allemagne, est toujours campé à Endingen, dans la plaine de Wihl. — Le roi dit à M. de Montmorency, quand il partit, qu'il lui avoit destiné un présent de pierreries pour la nouvelle qu'il lui avoit apportée, et qu'il le lui donneroit à son retour à Versailles, parce qu'il avoit oublié d'en apporter ici.

Lundi 8, à Fontainebleau. — Le roi devoit sortir l'après-dînée pour aller à la chasse ; mais il eut tant d'affaires qu'il demeura à travailler tout le jour. — Le roi d'Angleterre, Monseigneur et Madame allèrent courre le cerf après la messe du roi. — Le soir, il eut appartement ; le roi n'y fut point ; le roi et la reine d'Angleterre y allèrent à neuf heures. — On a nouvelles sûres du siége de Carmagnole ; les ennemis ont ouvert la tranchée. — La connétable Colonne, qui a eu permission de passer par la France pour aller en Italie, est arrivée à Bayonne et s'en va à Toulouse, et de là à Arles, puis à Gênes, où elle verra ses enfants ; de là elle s'en retournera en Espagne. M. de Nevers, son frère, la verra pendant qu'elle sera dans le royaume ; il est parti pour aller au-devant d'elle. — L'électeur de Saxe est mort à Tubingen ; il laisse plusieurs enfants et son fils aîné est déjà reconnu électeur.

Mardi 9, à Fontainebleau. — On eut nouvelles de Flandre que l'armée de M. de Luxembourg étoit toujours campée auprès de Deinze, à...... L'armée des ennemis est sur la Dender, près de Grammont. Le prince d'Orange est à Loo. La princesse, sa femme, lui a mandé de Londres que sa présence n'y étoit pas nécessaire, et qu'elle gouverneroit les affaires de ce pays-là en son absence aussi heureusement que s'il y étoit en personne ; et l'on dit qu'il passera l'hiver à Bruxelles. — Le roi et la reine d'Angleterre, qui partent d'ici jeudi, vont faire leurs adieux chez toutes les princesses. — Le roi augmente toute son infanterie de cinq hommes par compagnies ; elles seront présentement de cinquante-cinq hommes ; on tire trois compagnies des bataillons de campagne, dont on fera de nouveaux régiments ; les bataillons ne seront plus que de douze compagnies et de la compagnie des grenadiers.

Mercredi 10, à Fontainebleau. — Le roi alla tirer l'après-dînée, et, sur le soir, il alla chez le roi et la reine d'Angleterre, où il fut quelque temps enfermé avec eux. — M. de la Trousse mourut à Paris; il étoit chevalier de l'ordre, lieutenant général et gouverneur d'Ypres. Ce gouvernement lui valoit plus de 45,000 francs. Voilà présentement neuf places vacantes parmi les chevaliers de l'ordre. — Le roi a donné le régiment de cavalerie qu'avoit M. de Saint-Valéry à Sainte-Livière, qui commandoit le régiment de Berry sous Blanchefort, et qui avoit déjà le titre de mestre de camp.

Jeudi 11, à Fontainebleau. — Le roi et la reine d'Angleterre partirent d'ici à dix heures. Le roi les alla conduire jusqu'au bout de la forêt, du côté de Chailly, et puis revint dîner dans son grand cabinet avec toute la maison royale et les dames. Après le dîner du roi, M. de la Vauguyon vint dans sa chambre, et fit demander au roi, qui étoit enfermé dans son cabinet, permission d'entrer. Le roi lui permit; il se jeta aux genoux du roi, lui dit qu'il lui apportoit sa tête et venoit lui demander pardon d'avoir mis l'épée à la main dans sa maison. Le roi ne savoit rien encore de l'affaire qui venoit de se passer entre M. de Courtenay et lui, et S. M. lui ordonna seulement de s'en aller chez lui en attendant que le grand prévôt eut fait informer. L'affaire se passa sur les deux heures dans le passage qui va de la galerie des Réformés (1) chez madame d'Armagnac, et tout ce qu'on en sait, c'est que M. de la Vauguyon obligea M. de Courtenay de mettre

---

(1) Galerie de François Ier dite *des Réformés.* « Quelques officiers que Louis le Grand réforma dans cette galerie l'an 1664, après la paix des Pyrénées, et dont il composa une compagnie pour monseigneur le Dauphin, peuvent avoir donné à cette galerie le nom des Réformés, sous lequel elle est plus connue aujourd'hui, quoiqu'elle ne soit ainsi nommée nulle part avant

l'épée à la main, et que M. de Courtenay cria : à moi gardes; on m'assassine ! On les sépara dans le salon qui est entre la chapelle et l'appartement de la reine-mère, où le roi passa un quart d'heure après, en allant à la chasse. Jusqu'ici le sujet de la querelle paroît fort léger. Le roi a ordonné ce soir que ces deux messieurs soient envoyés demain à la Bastille, et le grand prévôt les interrogera avant qu'ils partent; ce qu'il y a de fort extraordinaire, c'est que ces deux hommes ont été jusqu'ici fort sages et ont tous deux cinquante ans passés. — Le roi a dit ce soir à M. de Metz qu'il donnoit le gouvernement de Dauphiné à son neveu, le duc d'Aubusson, fils de feu M. de la Feuillade. Ce gouvernement vaut plus de 50,000 livres de rente, et le gouverneur a même des honneurs dans le parlement de Grenoble que les autres gouverneurs n'ont pas dans les autres gouvernements où il y a des parlements.

Vendredi 12, à Fontainebleau. — Les quartiers d'hiver sont expédiés pour toutes les armées. M. de Boufflers demeurera à commander en Flandre: il aura sous lui le marquis de Villars, qui commandera aux retranchements; le marquis de Créqui, qui commandera vers la mer, et le marquis de la Valette commandera dans l'Artois. — Pour l'Allemagne, le marquis d'Huxelles demeurera commandant en Alsace, et aura sous lui Bertillac; Gacé demeurera sur la Moselle; Tallard sur la Sarre; Harcourt dans le Luxembourg. — Le roi courut le cerf l'après-dînée avec les dames. Le soir, il y eut comédie. — Le roi a envoyé ordre à M. du Plessis-Bellière, qui commande dans Carmagnole, de se rendre, pour conserver la garnison qui est de six bataillons; il doit avoir déjà reçu l'ordre; ainsi

---

ce temps. D'autres prétendent que le nom de Réformés a été donné à cette galerie à cause d'une requête que les calvinistes, dits de la Religion prétendue réformée, présentèrent à François Ier en cet endroit. » (*Description historique des château, bourg et forest de Fontainebleau,* par l'abbé Guilbert, 1731, t. I, p. 78.)

on ne doute pas que la place ne soit rendue. — Le roi a envoyé M. de Courtenay et M. de la Vauguyon à la Bastille. Ils sont conduits chacun par un exempt du grand prévôt.

Samedi 13, à Fontainebleau. — Il vient tant d'avis de la mort du grand vizir, qu'on n'en sauroit quasi plus douter. — On apprend d'Irlande que O'Donnel a fait son accommodement et qu'ensuite il a marché à Sligo, qui s'est rendu aux troupes du prince d'Orange. Il paroît aussi que Limerick est fort pressé, et on ne doute pas que la place ne soit bientôt réduite à capituler. Ainsi voilà toute l'Irlande perdue pour le roi d'Angleterre. — Nous ne conservons que Suse de ce que nous avons en Piémont; M. de Catinat demeurera commandant de toutes les troupes qu'on laisse de ce côté-là; il aura sous lui Langallerie, lieutenant général, et Vins, maréchal de camp, en Provence; Laré en Dauphiné; Dubourg, dans les Cévennes; Tessé, dans Pignerol; la Hoguette, en Savoie; et Saint-Sylvestre, en Bresse et dans le Bugey. — M. de Feuquières et le prince d'Elbeuf reviennent ici, et le marquis de Créqui va en Flandre.

Dimanche 14, à Fontainebleau. — On a eu nouvelles de Piémont que Carmagnole s'est rendu aux ennemis après sept jours de tranchée ouverte et après avoir reçu l'ordre du roi de se rendre. — M. du Plessis-Bellière a eu toutes les bonnes compositions qu'il pouvoit désirer pour sa garnison, qui sera conduite à Pignerol. — M. de Bavière dit fort qu'il ne veut point retourner en Allemagne qu'il n'ait aussi pris Suse, et ainsi chassé les François de tout le Piémont. — M. le prince d'Elbeuf avoit été commandé avec 1,800 hommes pour attaquer quelques troupes de Barbets, et raser des habitations dans la montagne où ils se retiroient; mais il les a trouvés en si grand nombre et si bien retranchés, qu'il n'a pas jugé à propos de les attaquer. Ils sont commandés par un de leurs ministres. Il y a eu quelques escarmouches à cette affaire-là dans la retraite du prince d'Elbeuf, et nous y avons eu cent hommes tués ou blessés.

Lundi 15, *à Fontainebleau*. — Le roi, Monseigneur, Monsieur, Madame, les princesses et les dames allèrent à la chasse du sanglier dans les toiles. Les princesses étoient à cheval. Le soir, il y eut comédie. — On a eu nouvelles que l'électeur de Mayence a cédé l'électorat au prince de Neubourg, qu'il avoit fait son coadjuteur depuis quelques mois; il se réserve une partie du revenu et se retire à Aschaffenbourg. — Les nouvelles de Rome portent que le pape est toujours malade et que l'affaire des bulles ne s'avance point. M. de Chaulnes doit être arrivé en France présentement avec M. le cardinal de Bouillon et milord Melford, qui y étoit ambassadeur du roi d'Angleterre. Le cardinal le Camus est déjà arrivé à Grenoble, et on ne croit pas qu'il vienne à la cour. — Laval, enseigne des gardes du corps de la compagnie de Lorges, est mort; il avoit été fort incommodé, au combat de Leuze, d'un escadron qui lui passa sur le corps, son cheval ayant été tué. Les trois enseignes de la compagnie de Lorges sont vacantes.

Mardi 16, *à Fontainebleau*. — Le roi a donné le gouvernement de la Champagne à M. de Soubise, et le gouvernement du Berry, qu'avoit M. de Soubise, à M. d'Aubigné; il ne valoit que 20,000 francs, on le fera valoir 30,000. Le gouvernement d'Aigues-Mortes, qu'avoit M. d'Aubigné, a été donné à Busca, lieutenant des gardes du corps; ce gouvernement vaut 20,000 livres. — Le roi a aussi donné le gouvernement d'Ypres, qu'avoit M. de la Trousse, à M. de Tessé, mestre de camp de dragons et maréchal de camp. — Le roi a donné à M. de Bussy (1), autrefois mestre de camp général de la cavalerie, une pension de 4,000 francs; il y a longtemps qu'il est hors du service, et a essuyé depuis une fort longue disgrâce.

Mercredi 17, *à Fontainebleau*. — Notre armée d'Alle-

---

(1) Voir la *Lettre de Bussy à madame de Sévigné*, 5 novembre 1691.

magne commencera à se séparer demain. M. le Duc et M. le prince de Conty seront à Versailles quand le roi y arrivera. — M. le maréchal de Lorges a été un peu malade; il est présentement en bonne santé. — Monseigneur a donné les entrées chez lui à M. le chevalier de Bouillon. — Toutes les nouvelles d'Allemagne confirment la mort du grand vizir, et portent que les janissaires et les spahis ont eu de grands démêlés, et que les janissaires ont marché à Andrinople, et on dit qu'ils veulent élire pour sultan le fils de celui qu'ils avoient déposé.

Jeudi 18, *à Fontainebleau.* — Le roi a donné à M. d'Urfé la lieutenance des chevau-légers de monseigneur le Dauphin, vacante par la mort de M. de Toiras, tué au combat de Leuze. M. d'Urfé étoit lieutenant des gardes du corps dans la compagnie de Duras, et on croit que cette place-là sera donnée à Marsilly, qui est le premier enseigne de cette compagnie. — Le soir, il y eut comédie; le Baron, comédien fameux, la quitte et se retire après le voyage de Fontainebleau. — Le roi augmente toute son infanterie de cinq hommes par compagnie; elles n'étoient qu'à cinquante, elles seront présentement à cinquante-cinq, et l'on ôte trois compagnies par bataillon, dont on fera des régiments nouveaux; ainsi les bataillons ne seront plus que de douze compagnies et de la compagnie des grenadiers (1).

Vendredi 19, *à Fontainebleau.* — Le roi alla tirer à son ordinaire. Monseigneur courut le loup. Le soir, après souper, il y eut portique. — Le roi d'Angleterre va aujourd'hui de Saint-Germain coucher à la Trappe; il y demeurera samedi et dimanche et reviendra lundi coucher à Anet, pour voir M. de Vendôme et sa maison. — Le bruit commence à se répandre que M. le marquis de Béthune, notre ambassadeur en Pologne, a passé en

---

(1) Dangeau a déjà donné ce renseignement à la date du 9 octobre.

Suède, où il va entamer d'autres négociations. On dit aussi que M. le marquis de Rebenac s'en va aux princes d'Italie et aux républiques de Venise et de Gênes en qualité d'envoyé extraordinaire du roi. — Il est mort un des comtes de Lyon, qui laisse l'abbaye de Savigny vacante; on dit qu'elle vaut 7 ou 8,000 livres de rente.

Samedi 20, *à Fontainebleau.* — Le roi, après son dîner, alla tirer. Monseigneur courut le cerf. Le soir, il y eut appartement. — Toute notre cavalerie qui étoit en Piémont a repassé les monts. M. de Catinat a envoyé quelques bataillons à Suse, que les ennemis font toujours courre le bruit qu'ils veulent assiéger; mais il n'y a pas d'apparence qu'ils osent entreprendre ce siége-là. — On mande d'Allemagne que le prince Hermann de Bade * est mort à Ratisbonne; il étoit chef du conseil de guerre de l'empereur, et un des plus anciens feld-maréchaux. Le prince Louis de Bade, son neveu, continue à marcher vers le grand Varadin, qu'il veut assiéger.

* Ce prince Hermann de Bade étoit chef du conseil de guerre, ministre de conférence (c'est comme nos ministres d'État), et à la tête du parti opposé au duc de Lorraine, qu'il faisoit très-ordinairement prévaloir, tout grand capitaine et beau-frère de l'empereur qu'étoit ce prince, qui essuyoit souvent de grands dégoûts, et qui préféroit le séjour d'Inspruck à celui de Vienne à cause de cela.

Dimanche 21, *à Fontainebleau.* — Le roi, après dîner, sortit pour aller tirer; mais la pluie le fit revenir, et il vint au jeu de paume, où Monseigneur faisoit jouer les bons joueurs. Le soir, il y eut comédie, où le Baron joua pour la dernière fois, car il l'a quittée absolument. — M. de Luxembourg a fait relever les fortifications de Courtray, de Dixmude et de Furnes. On laissera douze ou treize bataillons dans ces places-là durant l'hiver. Davejean commandera dans Furnes, Caraman dans Courtray, et Boisseleau dans Dixmude. — On a eu nouvelles que M. le prince d'Orange est revenu à la Haye et qu'il doit incessamment repasser en Angleterre. — On a renvoyé tous les prisonniers que nous avions faits au combat de Leuze, qui ont payé leur rançon suivant le cartel qui a été réglé. — Benserade mourut à Paris. Il étoit un des quarante de l'Académie françoise, et avoit été autrefois fort à la mode, surtout pour les vers qu'il faisoit pour les ballets du roi.

Lundi 22, *à Fontainebleau.* — Le roi, Monseigneur, les princesses et les dames allèrent à la chasse du cerf. Monseigneur monta à cheval avec les princesses, et le roi demeura en carrosse avec les dames. Après la chasse, il leur donna à dîner à toutes dans son grand cabinet. Après le dîner, il les mena au jeu de paume voir jouer les bons joueurs. Messeigneurs les ducs de Bourgogne et de Berry sont allés coucher à Corbeil pour être demain à Versailles en même temps que le roi. Le soir, après souper, il y eut portique. — On a nouvelle par la Hollande que Limerick s'est rendu aux troupes du prince d'Orange. On ne sait point le détail des conditions.

Mardi 23, *à Versailles.* — Le roi, en partant de Fontainebleau, vint dîner au Plessis, et arriva ici de bonne heure. — Monsieur et Madame s'en allèrent à Saint-Cloud, où ils demeureront quelque temps. — Monseigneur courut le cerf avant de partir de Fontainebleau et revint ici en chaise. Il n'y aura point à Versailles d'appartement ni de comédie qu'au retour du premier voyage de Marly, qui sera le lendemain de la Toussaint. — M. le Duc et M. le prince de Conty sont revenus de l'armée d'Allemagne et ont salué le roi. — On a eu nouvelles de Constantinople du 3 septembre; elles portent la confirmation de la mort du grand vizir Koprogli; il fut tué d'un coup de canon à la bataille de Salankemen. L'avantage de cette bataille avoit toujours été du côté des Turcs jusqu'au moment qu'il fut tué; sa mort cause un grand désordre dans les affaires de ce pays-là.

Mercredi 24, *Versailles.* — Le roi a eu des nouvelles

de l'Amérique qui portent que M. de Ragny, qui commandoit en ce pays-là, est mort à la Martinique. Cet emploi vaut du moins 10,000 écus de rente, et on pourroit bien y envoyer M. le marquis de Blénac, qui y commandoit avant M. de Ragny.

Jeudi 25, *à Versailles.* — Le roi alla l'après-dînée se promener à Marly. — M. de Vendôme vint hier saluer le roi; il est entièrement guéri de la grande opération qu'on lui a faite. — M. le duc du Maine revint de l'armée de Flandre; les troupes sont séparées; elles marchent à leurs quartiers d'hiver. — On a augmenté les régiments de cavalerie, qui ont douze compagnies de dix maîtres par compagnie, et ils feront présentement quatre escadrons, qui ne seront plus que de trois compagnies; les compagnies n'étoient qu'à quarante, et elles seront à cinquante : cette augmentation est de plus de dix mille chevaux, car il y a plus de quatre-vingts régiments de douze compagnies. On ne touche point aux régiments de huit compagnies; ils ne feront que deux escadrons comme ils faisoient, et leurs escadrons seront plus forts de dix maîtres que ceux des régiments de douze compagnies. Cette augmentation-là faite, il y aura près de quatre-vingt-dix mille chevaux en France en comptant la gendarmerie et les dragons.

Vendredi 26, *à Versailles.* — Le roi signa le matin le contrat de mariage de M. de Barbezieux avec mademoiselle d'Uzès. Le roi alla tirer l'après-dînée. Monseigneur courut le loup. — On a eu des nouvelles de Rome du 9 de ce mois; il ne paroît pas que l'affaire des bulles avance. — M. le cardinal de Bonzy est arrivé à Antibes, et s'en va en Languedoc pour tenir les États. — On a appris de Florence que l'abbé de Villars y est mort, revenant de Rome; il avoit une abbaye considérable en Champagne; il avoit été agent du clergé. — M. le maréchal de Lorges revient d'Allemagne; le roi l'entretint longtemps le matin; il s'en retourne à Paris pour quelques jours, et puis reviendra prendre le bâton ; car il est en quartier.

Samedi 27, *à Versailles.* — On a nouvelles de Piémont que les ennemis font fortifier Veillane. Ils disent toujours dans leur armée qu'ils assiégeront Suze, et qu'ils attendront pour cela que les neiges soient venues. — M. de Castanaga, gouverneur de Flandre, a demandé son congé ; il est mal avec le prince d'Orange. — J'ai appris aujourd'hui que M. de Sainctot, qui étoit maître des cérémonies, avoit acheté la moitié de la charge d'introducteur des ambassadeurs de M. de Bonneuil ; il en donne 80,000 écus ; il en a déjà fait les fonctions ; il a vendu celle de maître des cérémonies 40,000 écus à M. des Granges, premier commis de Pontchartrain pour la maison du roi.

Dimanche 28, *à Versailles.* — Le roi tient présentement des conseils d'État l'après-dînée, outre ceux qu'il tient le matin. — Le chevalier de la Vrillière est mort d'apoplexie en Allemagne ; il étoit mestre de camp du régiment Dauphin-étranger-cavalerie. — M. de Luxembourg est arrivé au lever du roi, et le roi l'a fait entrer, même avant les brevets d'affaires. — M. le maréchal d'Humières est parti pour aller en Flandre tenir les États de Lille ; et pendant qu'il sera en ce pays-là, M. de Boufflers, qui y commande, a ordre de vivre avec lui d'une manière dont il soit content. — On a nouvelles que M. le prince d'Orange s'embarquera le 29 pour repasser en Angleterre.

Lundi 29, *à Versailles.* — Le roi, Monseigneur et les princesses allèrent à la volerie. Au retour de la chasse, madame la Duchesse eut la fièvre. — On a appris aujourd'hui que la flotte des Indes étoit arrivée à Cadix, et qu'elle est plus riche qu'aucune qui soit jamais arrivée ; on prétend qu'elle est riche de 40,000,000 d'écus ; ils ont perdu trois vaisseaux dans leur navigation. M. de Hamilton, troisième frère de madame la comtesse de Grammont, qui avoit été blessé à la dernière bataille d'Irlande, est mort à Dublin de ses blessures. — Le roi aliène pour 500,000 livres de rente de ses domaines; il tirera dix millions de cette affaire-là. — Le cardinal Colonne est mort à Rome; il vaque présentement six places dans le sacré collége.

Mardi 30, *à Versailles.* — Le roi tint encore conseil d'État l'après-dînée. Monseigneur courut le loup le matin et revint pour le conseil de l'après-dînée. — Le roi a donné ce matin à M. le prince de Turenne et à M. de Montmorency chacun 1,000 louis d'or pour la nouvelle qu'ils portèrent à Fontainebleau du combat de Leuze. Le roi avoit accoutumé de faire ces présents-là en pierreries; mais il est plus commode pour ceux qui les reçoivent d'avoir de l'argent. — On a eu ce soir nouvelle que les ennemis en Piémont assiégoient véritablement Suze. M. de Laré, maréchal de camp, commande dans la place avec dix-sept bataillons; cependant M. de Catinat ni M. de Laré n'ont point encore mandé cette nouvelle-là. M. de Laré mande seulement que les ennemis commencent à paroître.

Mercredi 31, *à Versailles.* — Le roi a dîné à son grand couvert, ce qui n'arrive que très-rarement à cette heure (1). Après-dîner, il y eut vêpres du roi, et ensuite S. M. fut longtemps enfermée avec le P. de la Chaise. Monseigneur se confessa aussi. — Le roi a fait donner 4,000 pistoles à M. le Grand et 2,000 pistoles au comte de Gramont, pour des avis qu'ils avoient donnés à M. de Pontchartrain. — Le roi donna, ces jours passés, une pension de 2,000 francs au fils de Dauger, qui est capitaine dans le régiment de Berry. C'est lui qui tua l'année

---

(1) « Le dîner étoit toujours au petit couvert, c'est-à-dire seul dans sa chambre... De grand couvert à dîner, cela étoit extrêmement rare. » (*Saint-Simon*, tome XXV, page 7 à 15.) Le souper, au contraire, était toujours au grand couvert; le roi soupait avec la maison royale, c'est-à-dire avec les fils et filles, petits-fils et petites-filles de France.

passée le petit Valbelle, et le roi lui donna sa grâce en considération des services de son père, qui vient d'être tué au combat de Leuze.

Jeudi 1ᵉʳ novembre, à Versailles. — Le roi et Monseigneur firent leurs dévotions, entendirent le sermon du P. Bourdaloue, vêpres et le salut. Après le salut, le roi travailla avec le P. de la Chaise et fit la distribution des bénéfices. Il a donné l'abbaye qu'avoit l'abbé de Villarceaux dans Beauvais à l'aîné des abbés de Montchevreuil; elle vaut 10,000 livres de rente; il en rend une au roi qui en valoit trois ou quatre, et il quitte à son frère cadet une pension de 500 écus qu'il avoit sur ces bénéfices. L'abbé de Beuvron, aumônier du roi, a eu l'abbaye de Moutiers, en Champagne, qu'avoit l'abbé de Villars. Le frère du P. de la Chaise a eu l'abbaye d'Ambournay, qu'avoit l'abbé de Bourbonnes, et il rend celle de la Chassaigne, qui est quasi aussi bonne pour le revenu, mais dont l'habitation est fort triste pour un homme comme lui, qui réside à son bénéfice. Cette abbaye de la Chassaigne a été donnée à l'abbé de Vaubecourt, aumônier du roi. L'abbaye de Royal-Lieu, près Compiègne, a été donnée à madame d'Arrest, sœur de la marquise de la Vieuville, et l'abbaye de Saint-Amand de Rouen à madame de Barentin, tante de madame de Louvois.

Vendredi 2, à Marly. — Le roi vint ici de Versailles en tirant. Monseigneur alla le matin tirer dans la plaine Saint-Denis, et arriva ici de bonne heure. — Le roi, à son lever, a eu des nouvelles de la reddition de Limerick, par M. d'Usson qui commandoit dans la place; il a fait la capitulation la plus honorable qu'il se pouvoit faire; il est permis à tous les Irlandois, tant de la garnison que de l'armée, de passer en France, et les Anglois sont obligés de leur donner des vaisseaux, en cas que notre flotte ne fût pas arrivée. Sarsfield, qui les commande, doit repasser en France avec eux; il compte qu'il en amènera 12 ou 15,000. Le courrier qui a apporté cette nouvelle croit que notre flotte est présentement arrivée en Irlande ; on craint que le prince d'Orange ne veuille pas ratifier la capitulation qu'a faite M. Ginkle. — Le roi, en arrivant ici, a eu nouvelle par un courrier de M. de Catinat que l'électeur de Bavière et le duc de Savoie s'étoient retirés de devant Suse ; ils avoient déjà pris tous leurs quartiers devant la place ; mais, dès qu'ils apprirent que M. de Catinat marchoit à eux, ils ne songèrent plus qu'à rassembler leurs quartiers et à se retirer. On a attaqué leur arrière-garde et on leur a tué 3 ou 400 hommes et fait quelques prisonniers.

Samedi 3, *à Marly*. — Le roi courut le cerf en calèche avec les dames; Monseigneur et Madame, qui étoit venue de Saint-Cloud, et les princesses étoient à cheval. Le roi d'Angleterre vint de Saint-Germain à la chasse. On revint dîner ici. — Le roi a donné au duc de Noailles la lieutenance de roi de Guienne ; il y avoit longtemps qu'elle étoit vacante ; elle n'avoit pas été remplie depuis la mort de Montaigu ; le roi la donne à M. de Noailles pour la vendre ; il en tirera bien 200,000 francs, car elle vaut 20,000 livres de rente. — M. le prince de Robecque-Morbecque, de la maison de Montmorency, est mort en revenant de notre armée d'Italie. Il étoit brigadier, et avoit un régiment d'infanterie que le roi a donné à son fils.

Dimanche 4, *à Marly*. — Le roi alla tirer l'après-dînée. Monseigneur fut à la roulette et à l'*escarpoulette* avec les princesses. Il y eut portique après souper, à l'ordinaire. — Le roi augmente sa compagnie de grenadiers à cheval ; il la met à cent cinquante, afin qu'elle puisse faire un escadron raisonnable ; il en augmente aussi le nombre des officiers ; il y aura trois lieutenants, trois sous-lieutenants et un cornette. Le roi leur donne un étendard ; ils n'en avoient point eu jusqu'ici. Le roi donne cette compagnie à commander au frère de feu Riotor, qui étoit capitaine des grenadiers dans le régiment du roi, et donne une pension à......, qui en est premier lieutenant, pour le consoler de ne pas monter.

Lundi 5, à Marly. — Le roi s'amusa tout le jour à faire planter et accommoder ses allées. — Marsilly, à qui le roi avoit donné la lieutenance de ses gardes dans la compagnie de Duras qu'avoit M. d'Urfé, est mort de ses blessures. C'est à Chazeron à monter comme le plus ancien enseigne de cette compagnie-là, quoiqu'il ne soit enseigne que de l'année passée. — On croit que le roi augmentera ses gardes du corps de cinq hommes par brigade, et qu'ils feront douze escadrons, au lieu qu'ils n'en faisoient que huit. — Le roi a fait le marquis du Plessis-Bellière maréchal de camp; il étoit ancien brigadier d'infanterie.

Mardi 6, à Marly. — Le roi s'amusa jusqu'à la nuit à faire planter dans ses jardins. Monseigneur alla à la roulette avec madame la Duchesse. M. le duc de Chartres est de ce voyage-ci, quoique Monsieur et Madame soient à Saint-Cloud. Le roi et la reine d'Angleterre vinrent ici sur les sept heures jouer au portique et au lansquenet, demeurèrent à souper avec le roi, et, en sortant de table, retournèrent à Saint-Germain. — On a eu nouvelles d'Italie que les ennemis, depuis leur retraite de devant Suse, ne songent plus qu'à aller prendre leurs quartiers d'hiver. — On commence à parler du mariage de M. de Courtenvaux avec mademoiselle d'"Estrées, la fille du maréchal.

Mercredi 7, à Marly. — Le roi alla le matin sur la *brière* de Marly, devant la grille, faire la revue de deux compagnies de ses gardes du corps, celle du Luxembourg et celle de Lorges. Il les vit à cheval et à pied, et homme par homme, et se fit montrer les gardes qui s'étoient distingués au combat de Leuze, pour les récompenser. Après la revue, le roi revint dîner à Marly; l'après-dînée S. M. s'amusa à faire planter. Monseigneur, après la revue, alla courre le loup. — M. de la Trémouille, qui n'est point de ce voyage-ci, est venu rendre compte au roi de la proposition qui se fait dans sa famille entre madame de Lesdiguières et madame de Créqui du mariage du duc de Lesdiguières avec mademoiselle de la Trémouille. Ils sont d'accord de tout, et le mariage se fera dès qu'ils seront un peu plus âgés; le garçon n'a pas encore treize ans.

Jeudi 8, à Marly. — Le roi vit le matin, en allant à la messe, cinquante-trois cavaliers que M. de Luxembourg a choisis dans l'armée de Flandre pour remplacer les gardes qu'il a perdus dans sa compagnie. M. de Luxembourg les a tous fait habiller de même parure à ses dépens, afin que la revue en parût plus belle. Sur les quatre heures du soir, le roi vit aussi au bout de ses jardins les soixante-quinze cavaliers que M. de Boufflers a choisis dans l'armée de la Moselle pour servir de recrue à la compagnie de Duras. M. de Boufflers avoit fait aussi la dépense de faire habiller tous ces cavaliers-là de la même parure. Le roi a trouvé ces deux recrues-là parfaitement belles, et n'a rebuté aucun cavalier. — Le roi a donné au chevalier de Courcelles, qui a conduit cette recrue de l'armée de la Moselle, 500 écus de gratification, et 100 pistoles à chacun des deux majors qui sont venus avec lui. Outre cela, le roi a donné 2,000 francs de pension au chevalier de Courcelles, qui s'en va inspecteur en Savoie.

Vendredi 9, à Versailles. — Le roi alla ce matin dans cette même *brière* de Marly faire la revue des compagnies de Noailles et de Duras; il la fit avec la même exactitude qu'il avoit fait celle de Luxembourg et de Lorges. — Marsilly, lieutenant de la compagnie de Duras, est mort. Chazeron monte à sa lieutenance; et comme l'enseigne qu'avoit Marsilly avant d'être nommé lieutenant n'avoit pas été remplie, le roi a choisi, pour remplir ces deux charges vacantes, le Bourdet, exempt dans cette compagnie, et de Siennes, qui étoit lieutenant-colonel du régiment de Duras, homme de réputation dans la cavalerie. Il y avoit trois exempts dans la compagnie plus anciens que le Bourdet. Le roi a promis de placer d'Ornaison qui étoit le premier des trois. — L'après-dînée, le roi s'amusa à Marly à faire planter jusqu'à la nuit, et puis revint ici avec les dames, qui étoient allées à Saint-Germain voir la reine d'Angleterre pendant que le roi faisoit planter. — Pendant ce voyage-ci, les ministres venoient de Versailles tenir conseil avec le roi; car il n'y avoit que M. de Croissy qui fût à Marly.

Samedi 10, *à Versailles*. — L'après-dînée, le roi alla tirer. Monseigneur courut le loup. Le soir, il y eut appartement. — Monsieur et Madame sont revenus de Paris. — Le roi a donné le commandement des îles de l'Amérique, vacant par la mort de M. de Ragny, à M. le marquis de Blenac, qui a déjà commandé en ce pays-là, et dont ces peuples sont fort contents. — Le roi donna ces jours passés une pension de 1,000 écus à madame de Saint-Valéry, veuve du brigadier de cavalerie. — Les nouvelles de Piémont sont que les ennemis ont repassé delà Turin et ont séparé leur armée. Ils avoient fait courre le bruit qu'ils vouloient bombarder Pignerol, mais ils ne l'ont pas fait; on croit que nous allons incessamment assiéger Montmeillan, qui n'a été qu'investi jusqu'ici.

Dimanche 11, *à Versailles*. — Le roi, après son dîner, fit la revue de huit compagnies du régiment des gardes sur les terrains du parterre; il les vit homme par homme, entra dans tous les détails et cassa ceux qui n'étoient pas de la taille, qu'il a fixée à cinq pieds quatre pouces. Monseigneur, après la revue, s'en alla à l'Opéra, à Paris, avec madame la princesse de Conty. — Le soir, à Paris, on fit le mariage de M. de Barbezieux avec mademoiselle d'Uzès. La noce se fit chez la duchesse d'Uzès, où M. d'Uzès ne se trouva point, et lundi on dînera chez M. d'Uzès, où madame d'Uzès ne se trouvera point. La famille des Louvois a fait pour plus de 100,000 francs de présents à la mariée. —Le roi a donné le régiment Dauphin-étranger-cavalerie, vacant par la mort du chevalier de la Vrillière, à

Phélipeaux, son cousin, qui est brigadier de cavalerie.

Lundi 12, *à Versailles.* — Le roi a donné les trois enseignes de la compagnie de Lorges, qui étoient vacantes : la première à Barsum, qui a commandé longtemps le régiment de Vivans et qui avoit commission de mestre de camp; la seconde à Lassurance, exempt de la compagnie de Lorges (il y avoit quatre ou cinq exempts avant lui dans la compagnie); la troisième à Balivière, major de cavalerie. — On a appris que M. le prince d'Orange est arrivé à Londres, et n'a fait que traverser la ville, et est allé coucher à sa maison de campagne. Les maisons de Londres étoient fort illuminées, et on a fait beaucoup de désordre à celles qui ne l'étoient pas. — On a eu nouvelle que milord Hussey, ambassadeur du prince d'Orange à Andrinople, est mort.

Mardi 13, *à Versailles.* — M. le cardinal de Bouillon est revenu de Rome; on ne lui a pas encore redonné d'appartement dans le château, parce qu'il n'y en a point; on a donné celui de l'aile neuve, qu'on avoit prêté à madame de Seignelay, à Mademoiselle; et on donne à madame de Seignelay celui qu'avoit mademoiselle Bezzola. On en a ôté M. de Chamillard, et on l'a remis à son ancien appartement auprès de M. le comte de Toulouse. — Le mariage de M. de Courtenvaux avec mademoiselle d'Estrées est entièrement résolu. On n'attend plus pour le conclure que la ratification du maréchal, père de la fille, qui est en Bretagne à tenir les États. — Le soir, il y eut appartement.

Mercredi 14, *à Versailles.* — La mort de M. de Rothelin, tué au combat de Leuze, avoit fait vaquer la première enseigne de la compagnie des gendarmes du roi. S. M. fait monter tous les officiers de cette compagnie et fait donner au fils de M. de Rothelin 20,000 écus qu'on tirera de la charge du dernier guidon. Le roi a donné l'agrément de cette charge de guidon au chevalier de Clermont, qui est ancien exempt dans la compagnie des gardes de Duras. — On a eu nouvelles que nos vaisseaux, qui avoient été si longtemps arrêtés dans le port de Dunkerque, en sont sortis ; ils vont à Brest.

Jeudi 15, *à Versailles.* — Le roi dîna à son petit couvert et alla tirer à son ordinaire. Le soir, il y eut comédie ; le roi n'y va plus du tout. — M. de Chaulnes est de retour de son ambassade de Rome, et a salué le roi. — Le roi a donné une pension de 2,000 francs à M. le chevalier de Toiras, frère de celui qui a été tué au combat de Leuze. — On a eu nouvelles de Madrid que le duc de Montalte a été nommé gouverneur des Pays-Bas, en la place de M. de Castanaga qui s'en retourne en Espagne.

Vendredi 16, *à Versailles.* — Le roi a consenti à l'échange de milord Montjoye, Irlandois, prisonnier à la Bastille, avec Richard Hamilton, frère de la comtesse de Gramont ; cet échange avoit été proposé il y a longtemps, mais le roi ne le vouloit point faire, tandis qu'il y a eu quelque espérance que les affaires d'Irlande se soutiendroient pour le roi d'Angleterre, parce que milord Montjoye est fort attaché au prince d'Orange et fort accrédité dans ce pays-là. — Le soir, il y eut ici appartement. — Le bruit court que le prince Louis de Bade a pris le grand Varadin ; on attend la confirmation de cette nouvelle, et on dit toujours que la milice turque ne veut point entendre parler de paix avec l'empereur.

Samedi 17, *à Versailles.* — Le roi, après son dîner, fit sur les terrasses de ses jardins la revue de huit compagnies de son régiment des gardes, des quatre qui montent et des quatre qui descendent la garde. Il en avoit déjà fait autant dimanche ; il est plus sévère qu'aucun commissaire. Il vit aussi sur ses terrasses une recrue que M. de Grignan lui a envoyée de Provence pour les gardes du corps, qui est presque toute composée de gentilshommes. — Le soir, Monseigneur alla à la comédie italienne ; on n'en avoit pas vu à la cour depuis la mort de madame la Dauphine.

Dimanche 18, *à Versailles.* — M. de Crenan, ayant découvert que le gouverneur de la ville de Cazal, qui y avoit été mis par M. de Mantoue, conspiroit de rendre la ville aux troupes de l'empereur et d'égorger les François, s'est saisi du gouverneur et de quelques habitants qui lui étoient suspects, et les a fait mettre en prison dans la citadelle. On dit que la conspiration a été découverte par une aventure amoureuse. — La vieille maréchale d'Aumont* est morte à Paris. On avoit toujours cru dans sa famille qu'elle avoit beaucoup d'argent caché et qu'on le découvriroit à sa mort ; mais on n'a rien découvert.

* Ce maréchal d'Aumont, petit-fils du premier maréchal d'Aumont qui servit si dignement contre la Ligue, étoit fils de l'héritière de Villequier, veuve sans enfants de M. d'O, gouverneur de Paris et de l'Ile de France, si connu sous Henri IV; qui se ruina, lui et les rois Henri III et Henri IV, étant surintendant des finances; et fille de La Marck, que son père tua en 1577 à Poitiers, au-dessus de la chambre de Henri III, dont il étoit premier gentilhomme de la chambre et un des plus favoris. Ce second maréchal d'Aumont avoit un frère aîné, mort gouverneur de Touraine en 1661, qui survécut à deux fils, et ne maria aucune de ses filles, de manière que le marquis d'Aumont cadet épousa, 1629, une fille fort riche des Scarron de Paris, de laquelle il s'agit ici. Au bout de quarante ans de mariage, elle devoit être sage, puisqu'elle étoit vieille; car elle ne fut veuve qu'en 1669, et néanmoins M. de Marsan lui tourna la tête et eut d'elle des sommes immenses, qu'elle avoit amassées ou détournées, des pierreries et de toutes sortes de meubles précieux. Le duc d'Aumont, à bout de mesures, eut un ordre du roi pour la mettre dans un couvent et la fit interdire en justice, dont on cria fort contre lui, et elle y vécut longues années, et y mourut dans la même passion, et dans le désespoir de ne pouvoir plus voir ni avoir rien à donner à M. de Marsan, qui [en] a bien pillé d'autres.

Lundi 19, *à Versailles.* — On a eu avis du Havre que six vaisseaux du roi, commandés par Méricourt, ont pris deux vaisseaux de guerre anglois, l'un de soixante pièces de canon et l'autre de trente-six pièces. — Le nonce Nicolini fit hier son entrée publique à Paris, et demain aura son audience publique du roi. On espère toujours que le pape accordera les bulles avant la fin de l'année. — Le roi a donné une pension de 2,000 écus à la nourrice de Monseigneur, qui étoit première femme de chambre de madame la Dauphine. — Le soir, il y eut appartement; le roi n'y vint point. Il n'y eut point de portique. Monseigneur et Monsieur allèrent droit au lansquenet, et les princesses à la musique.

Mardi 20, à Versailles. — Le siége de Montmeillan continue; notre canon n'est pas encore arrivé, mais on prend toujours des postes à l'entour de la place. M. de Catinat fait venir le canon qui est au fort Barraux, en attendant que toute l'artillerie destinée à ce siége soit arrivée. — Les nouvelles d'Allemagne portent que, bien loin que le grand Varadin soit pris, comme on l'avoit dit, le prince Louis de Bade y a trouvé tant de difficultés, qu'il a changé le siége en blocus et est retourné à Vienne. La paix avec le Turc paroît assez éloignée. Le comte Marsilly, qui la négocioit de la part du prince d'Orange, est mort des blessures qu'il avoit reçues des Rasciens (1), lorsqu'ils tuèrent le chiaoux turc. — Le prince d'Orange envoie le sieur Herbert pour remplir la place du chevalier Heusler, ambassadeur à la Porte.

Mercredi 21, à Versailles. — Le chevalier de la Rochefoucauld *, frère du duc, mourut ici après une longue maladie. Il avoit depuis quelque temps cédé l'abbaye de Molesme qu'il avoit à l'abbé de Verteuil, son frère. — Les États de Provence, assemblés à Lambesc, ont accordé au roi, dès leur première séance, un don gratuit de 800,000 francs. — Le roi a eu nouvelles que le comte de Château-Renaud étoit à l'embouchure de la rivière de Limerick, et faisoit embarquer sur ses vaisseaux une partie des Irlandois qui doivent passer en France. Il n'en peut tenir que trois mille sur nos vaisseaux, et M. Ginkle, général des troupes du prince d'Orange, donne des

---

(1) La Servie étoit alors appelée *Rascie.*

bâtiments anglois pour porter aussi en France ceux qui ne peuvent pas tenir sur les vaisseaux françois, et a fait promettre à M. d'Usson qu'il se reviendroit mettre prisonnier à Londres, en cas qu'en France on retînt ces bâtiments anglois qui servent à porter les Irlandois.

* Le chevalier de la Rochefoucauld avoit seul pris tout l'esprit de son père. C'étoit un homme fort goutteux, toute sa vie fort considéré, qui avoit beaucoup d'amis considérables, fort compté dans sa famille, et le conseil de beaucoup de gens.

Jeudi 22, à Versailles. — Le roi alla chasser l'après-dînée à son ordinaire. Le soir, il y eut appartement. — La tranchée a été ouverte à Montmeillan le 17 de ce mois; le canon commence à y arriver. Nous y avons seize bataillons, deux compagnies de canonniers, une de bombardiers, trente mineurs, vingt-cinq ingénieurs et vingt-cinq commissaires d'artillerie. — M. de Bavière est encore à Turin et il paroît qu'il ne songe qu'à s'y divertir, n'étant point en état de secourir Montmeillan.

Vendredi 23, à Versailles. — Monseigneur le Dauphin partit d'ici à sept heures du matin, alla courre le loup dans la forêt de Sénart, et puis revint coucher chez M. le chevalier de Lorraine, à Frémont. — M. le marquis de Rebenac, envoyé du roi aux princes d'Italie, est arrivé à Gênes. — On n'a point encore nouvelles que M. le marquis de Béthune, qui s'en va ambassadeur en Suède, ait passé à Dantzick. — On mande d'Angleterre que les Algériens et ceux de Tripoli ont promis au prince d'Orange de se joindre aux Anglois et aux Hollandois pour nous faire la guerre. — Le roi fit, l'après-dînée, la revue de huit compagnies du régiment de ses gardes; et jeudi qui vient, il verra les huit qui restent à voir.

Samedi 24, à Versailles. — Monseigneur revint de Frémont dîner ici. Le soir, il y eut comédie. — M. de Soubise a acheté pour M. le chevalier de Rohan, son fils, la charge de guidon des gendarmes du roi, que madame de la Trousse avoit à vendre depuis que le chevalier de Saucourt avoit acheté la charge de lieutenant des gendarmes de Monseigneur, et avoit donné en payement cette charge de guidon des gendarmes du roi.

Dimanche 25, *à Versailles.* — Le roi signa le contrat de mariage de M. de Courtenvaux avec mademoiselle d'Estrées. — On a eu nouvelles de M. de Château-Renaud, qui est fort avant dans la rivière de Limerick ; il embarque les Irlandois. On mande qu'il y a déjà sur les vaisseaux cinq mille hommes de pied et trois cents chevaux. — On mande d'Allemagne que le duc de Croy a pris Gradisca et nettoyé tous les postes où les Turcs avoient encore garnison entre la Save et la Drave. — Le soir, il y eut appartement ici, où le roi n'alla point.

Lundi 26, *à Versailles.* — Le roi alla à la chasse à son ordinaire. Le soir, il y eut comédie. — Le roi a donné 500 écus de pension à Vaudré, capitaine de grenadiers. Vaudré est revenu depuis peu des prisons de Turin, où il avoit été mené après l'affaire de Coni, où il reçut trente-deux blessures et demeura pour mort parmi les ennemis. — Senneterre, capitaine au régiment des gardes, avoit traité avec le marquis d'Huxelles du régiment Dauphin-infanterie ; il lui en donnoit 22,000 écus ; mais le roi a refusé son agrément, ne voulant pas que Senneterre sorte des gardes.

Mardi 27, *à Versailles.* — Monseigneur alla à Paris à l'Opéra avec madame la princesse de Conty, et vit le nouvel opéra d'*Astrée;* les paroles sont de la Fontaine et la musique de Colasse. — Le soir, à Paris, se fit le mariage de M. de Courtenvaux avec mademoiselle d'Estrées ; la noce fut très-magnifique ; madame la Princesse, madame la Duchesse et madame la princesse de Conty, la mariée, y étoient. — M. le comte de Château-Renaud, qui est dans la rivière de Shannon, avoit pris deux vaisseaux anglois qu'il a relâchés pour ne point altérer la capitulation de Limerick, qui établit la neutralité pour les vaisseaux qui doivent porter les Irlandois en France.

Mercredi 28, *à Versailles.* — Il y a une mission de douze jésuites établie à Versailles pour tout l'Avent. Ils commenceront à prêcher vendredi ; ils prêcheront à la paroisse trois fois par jour : à six heures, à dix du matin et à cinq heures du soir. — Le roi a fait donner au comte d'Estrées, vice-amiral, 12,000 francs de gratification. — La nouvelle se confirme que le siége du grand Varadin a été changé en blocus, et il paroît que la paix du Turc avec l'empereur s'éloigne. — Le soir, il y eut appartement où le roi n'alla point ; il travaille plus que jamais avec ses ministres.

Jeudi 29, *à Versailles.* — Le roi fit sur la terrasse de ses jardins la revue des huit dernières compagnies de son régiment des gardes ; il a présentement vu les trente-deux compagnies et a fait tous les règlements qu'il vouloit faire pour changer certaines choses qu'avoit établies M. de la Feuillade. Ainsi on croit qu'il va bientôt nommer le colonel des gardes. — Par les nouvelles que l'on a de Dantzick, M. de Béthune y devoit arriver le 27, pour passer en Suède. — Les troupes de l'empereur, en Italie, ont pris des quartiers d'hiver sur les terres de plusieurs princes, et veulent aussi en prendre sur les terres appartenant à la république de Gênes.

Vendredi 30, *à Versailles.* — On a changé quelque chose à la disposition de l'attaque de Montmeillan ; notre canon est présentement en batterie ; nos troupes ne pâtissent point devant la place, parce qu'elles sont fort bien traitées ; on leur donne la viande pour rien ; on ne monte que 200 hommes par bataillon à la tranchée, et ils ont six jours de repos. Le siége va fort bien, et on compte que la place sera prise au 15 de décembre. — Les nouvelles d'Angleterre portent que les trente-deux vaisseaux que le prince d'Orange a envoyés sous la conduite de M. de Laval vont du côté d'Irlande ; ils pourroient bien attaquer M. de Château-Renaud, malgré la capitulation de Limerick.

DECEMBRE 1691.

Samedi 1er décembre, à Versailles. — Les articles du mariage de M. de Lesdiguières avec mademoiselle de la Trémouille sont signés; madame de Lesdiguières et madame de Créqui ont fait cette affaire-là sans la participation de M. de Canaples, de la maréchale de Créqui, ni de personne de leur famille; le mariage se fera quand le garçon aura quatorze ans; il en a treize passés. — Le soir, il y eut appartement, et le roi n'y vint point. Quand il n'y est pas, on ne joue point au portique; Madame et les princesses vont à la musique; Monseigneur et Monsieur demeurent à jouer au lansquenet. — On croit la reine d'Angleterre grosse de plus de deux mois.

Dimanche 2, à Versailles. — Le roi entendit le sermon du P. Bourdaloue, qui prêchera tout l'Avent. — Le roi d'Angleterre vint ici sur les quatre heures; les deux rois furent longtemps enfermés ensemble. — Madame de Montespan est revenue depuis quelques jours de Fontevrault à Paris; elle demeure aux Filles de Saint-Joseph; elle ne viendra point à Versailles. — Le roi a donné à M. le comte d'Auvergne les entrées pour être au botté et au débotté, quand il va et revient de la chasse. — Il y a une dispute entre M. de Bouillon, grand chambellan, et les premiers gentilshommes de la chambre, pour un banc que les gentilshommes de la chambre ont fait mettre sur le théâtre de la salle de la comédie, où M. de Bouillon prétend avoir sa place de droit.

Lundi 3, à Versailles. — Les nouvelles de Montmeillan portent que nous ne sommes plus qu'à huit toises du fossé. Le canon des ennemis nous incommode fort présentement. — Il n'y a nulle nouvelle de M. de Château-Renaud; les trente-deux vaisseaux envoyés par le prince d'Orange, sous la conduite de M. de Laval, sont à Kinsale. — Les nouvelles d'Espagne portent qu'ils ont résolu, dans le conseil, d'arrêter les effets des marchands françois qui sont sur les galions arrivés à Cadix, et qui montent à 20,000,000, selon l'estimation qu'on fait.

Mardi 4, à Marly. — Le roi est parti ce voyage-ci le mardi, voulant demeurer trois jours à son ordinaire à Marly, pour revenir vendredi et n'être pas à Marly le jour de la Notre-Dame, qui sera samedi. M. de Pomponne est de ce voyage-ci ; il n'y avoit jamais été. Madame de Barbezieux y est aussi pour la première fois. Monsieur, Madame et M. de Chartres sont venus, et Mademoiselle y dînera et soupera, et retournera coucher à Versailles. — Par les nouvelles qu'on reçut de Rome dimanche, il paroît que l'affaire des bulles n'avance point.

Mercredi 5, à Marly. — Le roi s'amusa à faire planter. Monseigneur alla à la roulette avec les princesses. — Le roi a eu des nouvelles de Montmeillan ; le siége s'avance, mais lentement, car on ne trouve que du roc ; Lappara, ingénieur qui conduit les travaux, a été blessé, et M. d'Antin aussi, légèrement tous deux. — M. de Mauroy*, missionnaire, qui étoit curé et directeur des Invalides, a fait banqueroute et a emporté plus de 40,000 écus ; on a découvert beaucoup d'histoires scandaleuses ; et même des dames de qualité sont mêlées dans cette affaire.

* Ce M. de Mauroy étoit un prêtre de la congrégation de la mission, gentilhomme de bon lieu, savant et de beaucoup d'esprit et d'intrigue, grand directeur et grand cagot, qui avoit fait longtemps avec ses poulettes de quoi être brûlé, sans qu'on en eût le moindre soupçon, et avoit volé tant et plus M. de Louvois, avec qui la cure des Invalides lui avoit donné grande relation et à qui il tiroit tant qu'il vouloit d'aumônes, et pour des sommes très-considérables. L'éclat fut donc du plus grand scandale ; néanmoins le roi ne voulut pas qu'il fût poussé à bout, et le confina dans l'abbaye de Sept-Fonts, où il se convertit si bien, qu'il y fit profession, et y a été plus de trente ans l'exemple le plus parfait de la pénitence, de la miséricorde de Dieu et des vertus de cette maison, qui est la même vie et la même règle que la Trappe. Ce grand pénitent s'éleva à tant de sainteté que l'abbé, homme rare en conduite, en esprit et en vertu, dont il est chez lui l'exemple, fit venir, sans le lui dire, les brefs de Rome nécessaires pour qu'il pût dire la messe, et ne l'y put jamais résoudre. Il est mort, depuis deux ou trois ans, si chargé de mérites, qu'il faudroit un volume pour écrire un si parfait retour à Dieu, qui ne lui avoit rien fait perdre de l'agrément naturel de l'esprit.

Jeudi 6, à Marly. — Le roi ne sortit point de tout le jour. Monseigneur et Madame allèrent courre le loup. — Le roi a donné à madame de la Troche, la mère, une pension de 2,000 francs. — On a appris que M. le prince d'Orange, quand il quitta l'armée de Flandre, soupa à Bruxelles chez M. de Vaudemont, qui lui dit en se mettant à table : « Sire, V. M. ne sait peut-être pas qu'elle soupe ici dans sa maison; c'est l'hôtel de Nassau, et il y a vingt-trois ans que j'y loge sans en avoir rien payé; à 1,000 écus par an, ce sont 23,000 écus que je dois à V. M. » Après le souper, le prince d'Orange passa dans un cabinet où il fit deux écrits qu'il donna à M. de Vaudemont. « Tenez, monsieur, lui dit-il, voilà une quittance des 23,000 écus de louage, afin qu'on ne puisse vous inquiéter pour le passé, et voilà une donation de la maison, afin que vous soyez en repos pour l'avenir. »

Vendredi 7, à Versailles. — Le roi revint ici en chassant. Monseigneur demeura à Marly avec Monsieur et les princesses à jouer jusqu'à la nuit. — Le roi a nommé douze commissaires pour examiner de nouveau les affaires de l'ordre de Saint-Lazare : M. le chancelier, M. l'archevêque, le P. de la Chaise, M. de Beauvilliers, sont des commissaires; M. d'Argouges de Rannes en est rapporteur. — Le vicomte de Coëtlogon est arrivé à Brest le 4; il a été cinq jours en mer; il dit que le comte de Château-Renaud étoit parti de la rivière du Shannon onze jours avant lui; tout l'embarquement des Irlandois ne s'étoit pas pu faire en même temps; il assure qu'il y a 12 à 14,000 hommes embarqués, 900 chevaux et 600 femmes. Les Anglois ont apporté toutes les facilités à l'embarquement, et même ont fourni les bâtiments qui chargeront des vins et des eaux-de-vie à la Rochelle.

Samedi 8, à Versailles. — Le roi a eu nouvelles que le comte de Château-Renaud étoit arrivé à Brest avec 14,000 Irlandois; Sarsfield est demeuré à Cork, et en amènera encore 4,000 sur des vaisseaux anglois. Les

Irlandois se jetoient à la nage après les vaisseaux françois, et Sarsfield n'est demeuré que pour leur donner courage. — On vient avertir les chevaliers de l'ordre, de la part du roi, de se trouver lundi au chapitre qu'on devoit tenir dans la chambre du roi à Versailles. — M. de Catinat mande au roi que Montmeillan sera bientôt pris et qu'il peut lui en répondre, et lui mande ces propres mots, qu'il voit clair dans l'affaire. — M. le Clerc, de l'Académie françoise, est mort. —Le roi a créé deux trésoriers de la marine, qui achètent 550,000 livres chacun; deux trésoriers des galères, qui donnent 350,000 livres, et deux trésoriers des places maritimes, qui financent chacun 250,000 livres. — M. de Lubert sera un des trésoriers de la marine, et n'en donne que 100,000 écus. M. de la Ravoie, receveur général de la Rochelle, achète l'autre.

Dimanche 9, à Versailles. — Le roi d'Angleterre s'en va en Bretagne vers Brest pour se faire voir aux Irlandois qui sont arrivés. Il en formera des régiments selon qu'il jugera à propos. Il partira samedi qui vient, et a prié le roi que partout où il passeroit on ne lui rendît aucuns honneurs, afin d'éviter tous les embarras. — La nouvelle qui avoit couru que le comte de Marsilly, qui négocie pour le prince d'Orange en Hongrie, étoit mort, ne s'est pas trouvée véritable; il paroît même que les négociations de paix recommencent, et on apprend que les Turcs ont envoyé un nouveau chiaoux pour la traiter. — Le soir, il y eut appartement; le roi n'y vint point.

Lundi 10, à Versailles. — Le roi a donné à M. de Guiscard le gouvernement de Sedan, qu'avoit M. de la Bourlie, son père; le roi en laisse la survivance au père, qui a quatre-vingt-cinq ans et qui a été sous-gouverneur du roi. Ce gouvernement vaut 16 ou 18,000 livres de rente et est indépendant; il n'est sous aucun gouvernement de province. — Le roi n'avoit fait assembler le chapitre des chevaliers de l'ordre que pour lui donner leur consentement sur ce qu'il vouloit tirer 250,000 francs des officiers du marc d'or.

Mardi 11, *à Versailles.* — Le roi a envoyé ordre qu'on remît M. de Bulonde en liberté; il avoit toujours été en prison depuis la levée du siége de Coni. M. de Catinat mande au roi que le siége de Montmeillan va fort bien ; il espère que le mineur sera attaché le 12 ou le 13 de ce mois au corps de la place, et il compte qu'entre le 15 et le 20, le roi en sera maître. On attaque le bastion de Beauvoisin, et, de ce côté-là, il n'y a point de retranchements en dedans la place; Lappara, ingénieur qui conduit les travaux, est guéri de ses blessures et commence à travailler.

Mercredi 12, *à Versailles.* — Le roi va tous les jours à la chasse, à son ordinaire. Le soir, il y eut appartement; le roi n'y vint point; il s'accoutume fort à n'y point venir. — M. le duc d'Aumont, qui est revenu depuis peu de son gouvernement de Boulogne, avoit traité pour son régiment de cavalerie à 28,000 francs avec le marquis de Broille; mais le roi a voulu que ce régiment ne fut vendu que 22,500 livres, qui est le prix fixé pour tous les régiments de cavalerie, et a choisi le marquis de la Vallière pour l'acheter.

Jeudi 13, *à Versailles.* — Monseigneur alla à Saint-Germain dire adieu au roi d'Angleterre, qui part samedi. Les nouvelles d'Angleterre portent que le parlement a accordé au prince d'Orange pour la continuation de la guerre 13,000,000 de livres sterling, qui font 65,000,000 de notre monnoie. — On mande de Turin que l'électeur de Bavière et M. de Savoie assemblent leur infanterie. On dit que c'est pour attaquer Suse, et le roi fait marcher seize bataillons de ce côté-là, qui leur ôteront l'envie de faire une pareille entreprise. — Il paroît un testament de la feue maréchale d'Aumont, fait il y a dix-sept ans, par lequel elle donne 100,000 écus à M. de Marsan, et fait M. de Chappes, présentement duc d'Humières, son petit-fils, son légataire universel. On croit que ce testament ne laissera pas d'être embarrassant pour la famille de M. le duc d'Aumont.

Vendredi 14, à Versailles. — M. de Canaples a parlé au roi pour le prier de trouver bon qu'il s'opposât au mariage de M. de Lesdiguières avec mademoiselle de la Trémouille. MM. de Créqui, le duc de Villeroy, et M. le Grand, qui sont les plus proches parents, sont tous joints avec Canaples, et prétendent que ce mariage, qu'on a voulu faire sans leur participation, est contre les lois. Le roi a dit à Canaples qu'il laisseroit agir la justice. — Le roi a donné à M. de Pontchartrain, pour son fils, une charge de conseiller, M. de Pontchartrain ayant voulu que son fils fût quelque temps dans le parlement pour mieux connoître le style des cours souveraines.

Samedi 15, à Versailles. — Le roi d'Angleterre partit de Saint-Germain pour son voyage de Brest; le roi lui donne deux relais de carrosse jusqu'à Orléans, où il s'embarquera pour descendre la Loire. Il ne mène avec lui que le duc de Berwick, son fils, et a prié le roi qu'on ne lui fît aucuns honneurs sur sa route. M. le duc de Chaulnes s'en retournera à son gouvernement de Bretagne, dès que le roi d'Angleterre sera revenu, et M. le maréchal d'Estrées, qui y commandoit, a son congé pour revenir à la cour; on croit qu'il commandera la flotte l'été prochain. — Le soir, il y eut appartement où le roi n'alla point.

Dimanche 16, à Versailles. — Le roi et Monseigneur furent au sermon du P. Bourdaloue, qui prêcha sur l'hypocrisie, et fit le plus beau sermon du monde. — M. Hennequin, qui avoit été nommé pour être premier président de Rouen, a eu des raisons de famille pour ne point finir cette affaire, et le roi a choisi, pour remplir cette place, M. de Montholon, conseiller au grand conseil, qui donne les 100,000 francs pour la famille de feu M. de Ris. — Le roi rappelle M. de Pommereuil de l'intendance de Bretagne, et y envoie M. de Nointel, qui étoit intendant en Champagne; il donne l'intendance de Champagne au fils de M. Larcher, qui étoit intendant à Rouen. Il donne l'intendance de Rouen à M. de la Berchère, qui étoit intendant à Montauban, et l'intendance de Montauban à M. d'Herbigny.

Lundi 17, *à Versailles.* — M. de Catinat mande au roi que M. de Bavière et M. de Savoie assemblent leur infanterie, à l'intention, disent-ils, de venir secourir Montmeillan; mais cela leur sera difficile : nous sommes maîtres du passage du mont Cenis. Le petit Saint-Bernard est impraticable en cette saison-ici, et il est presque impossible aussi de traverser le grand Saint-Bernard en hiver. Le siége de Montmeillan avance beaucoup; le passage du fossé est fait, etle mineur est attaché sous le bastion de Beauvoisin. — Le roi alla se promener l'après-dînée à Marly. — M. Pavillon fut reçu à l'Académie, à la place de M. de Benserade.

Mardi 18, *à Versailles.* — Le roi alla à la chasse à son ordinaire. — Monseigneur et Madame coururent le loup. — Le soir, il y eut appartement où le roi ne vint point. — Il a déjà passé à la Monnoie 385,000,000, et on a encore connoissance de plus de cinquante, sans compter les pièces de trois sols et demi qu'on va mettre à quatre sols. On fera aussi quelques changements pour les louis d'or et d'argent au mois de janvier, mais cela n'est pas encore réglé. — Le fonds pour les fortifications de l'année où nous allons entrer est fait; il est de **8,000,000**. On fortifie Grenoble, Briançon; on travaille au fort Barraux et à plusieurs autres petits postes en Provence et en Dauphiné.

Mercredi 19, *à Versailles.* — Le roi a eu des nouvelles de Montmeillan; on ne craint point que les ennemis puissent le secourir. — Le marquis de Braque, colonel du régiment de la Sarre, a été tué. Il avoit épousé la fille unique de Brissac, major des gardes du corps. — On a eu nouvelles par Gênes que madame la comtesse de Verrue, pour qui M. de Savoie avoit un grand attachement, étoit morte à Turin d'une maladie violente; elle étoit fille du duc de Luynes. On doute encore de cette nouvelle, car on n'en sait rien par Turin.

Jeudi 20, *à Versailles.* — Le roi alla se promener à Marly, et s'y amusa à faire planter. — Il y a en France cent quatre-vingt-dix commissaires des guerres, sans compter ceux de la maison du roi. C'étoient des emplois que donnoit le secrétaire d'État de la guerre. Le roi en fait des charges présentement, qui seront vendues 11,000 écus chacune, et il en viendra au roi plus de 6,000,000. — Les commissaires des guerres ont 100 écus par mois, outre leurs logements dans les villes, qu'on leur paye d'ordinaire en argent; le roi y attache outre cela 700 livres de gages. — Le roi a donné à M. de Barbezieux la pension de ministre, qui est de 20,000 francs, et il en sera payé du jour de la mort de M. de Louvois.

Vendredi 21, *à Versailles.* — Le soir, il y eut appartement où le roi n'alla point. — Le roi a donné à M. de Pomponne 20,000 écus de pension d'augmentation, dont il sera payé du jour qu'il est entré dans le ministère; il avoit déjà 20,000 francs de pension; il en a 80,000 présentement, comme M. Pelletier le ministre. La nouvelle de la mort de madame de Verrue ne s'est pas trouvée véritable. — On a eu nouvelle que le roi d'Espagne a donné le gouvernement des Pays-Bas à M. l'électeur de Bavière; ainsi le bruit qui avoit couru qu'il y avoit envoyé le duc de..... étoit faux.

Samedi 22, *à Versailles.* — Le roi alla à Saint-Germain voir la reine d'Angleterre. — Le soir, il y eut comédie. — Il est arrivé ces jours-ci un courrier de Rome; l'affaire des bulles ne s'avance point. Les cardinaux apportent toujours bien des difficultés à cette affaire-là, qui embarrassent le pape. — Madame de la Vauguyon est morte; elle avoit été fille d'honneur de la reine-mère; ensuite elle épousa M. du Broutay, et en secondes noces M. de Fromenteau: il prit le nom de sa femme, et s'appelle présentement la Vauguyon. — Les nouvelles d'Allemagne portent que les Turcs ont fait arrêter le comte Tekeli et le comte de Petrozzi, qu'ils ont soupçonné d'avoir intelligence avec l'empereur depuis que le général Heusler avoit été mis en liberté.

Dimanche 23, à Versailles. — L'après-dînée, il n'y eut point de sermon à la chapelle. Le roi alla à la chasse. Monseigneur s'accoutume à jouer les soirs chez lui, quand il n'y a ni comédie ni appartement. — Madame de la Fare mourut à Paris en couches. — Les nouvelles de Montmeillan portent que les assiégés nous ont tué quelques mineurs et soixante ou quatre-vingts soldats dans le fossé. Ils jettent beaucoup de feux d'artifice; mais présentement nous avons un mineur qui a fait son trou : ainsi on espère que l'affaire ira vite. — M. de Rebenac est parti de Gênes et s'en va à Livourne.

Lundi 24, à Versailles, veille de Noël. — Le roi fit ses dévotions et passa presque toute la journée à la chapelle. — Le roi a donné à l'abbé de Fleury [*], un de ses aumôniers, l'abbaye de la Rivour, en Champagne, qui vaut 8,000 livres de rente; elle étoit vacante par la mort du vieux abbé de Grace, qui mourut le mois passé. — Le roi a donné à l'abbé Bossuet, neveu de l'évêque de Meaux, l'abbaye de Savigny, près de Lyon, qui vaut aussi 8,000 livres de rente; elle étoit vacante par la mort de l'abbé d'Albon; il y avoit cent quatre-vingt-dix ans qu'elle étoit dans la maison de MM. d'Albon. Il y avoit un prieuré vacant en Franche-Comté, dépendant de Cluny, dont M. le cardinal de Bouillon croyoit pouvoir disposer; on a jugé que le roi devoit le donner comme étant aux droits du roi d'Espagne, qui disposoit de ces bénéfices-là, et S. M. l'a donné au neveu de l'archevêque de Besançon, frère des trois Gramont, colonel de dragons.

[*] Cet abbé Fleury est devenu évêque de Fréjus, précepteur de Louis XV, ministre d'État, cardinal et premier ministre au moins.

Mardi 25, *jour de Noël, à Versailles.* — Le roi a passé presque toute la journée à la chapelle en dévotion, et a été entendre le salut à la paroisse. — Ce matin, le roi, à son lever, a eu nouvelle que Montmeillan s'étoit rendu le 21 de ce mois. Une de nos bombes tomba dans une contre-mine que faisoient les assiégés, et renversa toute la muraille de ce côté-là; cela a hâté la reddition de la place de quelques jours. On a accordé une capitulation honorable au gouverneur, qui avoit encore un bon donjon à se défendre. On lui donne trois pièces de canon, et, comme il seroit malaisé de les mener de Montmeillan à Turin, on en prendra trois à Pignerol. — Les troupes que M. de Savoie et M. de Bavière assembloient pour secourir la place n'avoient pas fait encore beaucoup de chemin. Lappara, ingénieur, qui a conduit tous les travaux du siége, et y avoit été déjà blessé deux fois, l'a été pour la troisième d'un coup de mousquet au-dessous de l'œil.

Mercredi 26, *à Versailles.* — On a eu la confirmation que M. de Bavière étoit nommé gouverneur des Pays-Bas, et M. de Castanaga s'en retourne en Espagne; il a été nommé vice-roi du Mexique. — Le pape a enfin résolu d'envoyer deux nonces pour la paix; Tanara va à Vienne; on parle de Cavalierini pour venir en France; celui d'Espagne n'est pas, je pense, encore nommé. — Le roi a donné le régiment de la Sarre, vacant par la mort de M. de Braque, tué au siége de Montmeillan, à M. de Vaudré; c'est lui qui fut blessé de trente-deux coups à l'affaire de Coni. — Il devoit y avoir appartement ce soir, mais madame la princesse de Conty se trouva mal, et madame la Duchesse garde le lit, parce qu'elle est tombée. On la croit blessée; ainsi on attendra, pour recommencer les appartements, que Monsieur et Madame soient revenus de Paris.

Jeudi 27, *à Versailles.* — Le prince d'Orange a fait passer beaucoup de troupes angloises en Flandre et en Hollande. Par la liste qu'on en a, on croit que cela se monte à 30,000 hommes. Il a fait Ruvigny comte de Tyrconnel, et lui fait commander les réfugiés françois qui s'habitueront en Irlande. — Le roi d'Espagne avoit résolu de prendre tous les effets des marchands étrangers qui étoient sur les galions, mais l'affaire a été accommodée, moyennant un gros droit qu'on a consenti qu'il prît sur toute la flotte; ainsi on compte qu'il en reviendra bien de l'argent en France. — Le soir, il y eut comédie.

Vendredi 28, *à Versailles.* — M. de la Chaise, capitaine de la porte, et frère du P. de la Chaise, donne 50,000 écus à sa fille, et la marie au marquis de la Luzerne, qui a du moins 30,000 livres de rente ; il est lieutenant de roi de Normandie sous les lieutenants généraux de la province. — M. le vidame d'Emval, qui étoit ambassadeur du roi en Portugal, s'en va en la même qualité en Pologne en la place du marquis de Béthune. M. d'Emval passera tout droit à Dantzick sans revenir en France. — On n'a point encore nouvelles que M. de Béthune soit arrivé en Suède.

Samedi 29, *à Versailles.* — Le roi alla se promener à Marly, où il fit planter. — Monsieur et Madame revinrent de Paris. Le soir, il y eut appartement, où le roi ne vient plus. — M. de Bouillon ôta le service au marquis de Gesvres, gentilhomme de la chambre en année. M. de Bouillon a toujours prétendu que le grand chambellan pouvoit ôter le service aux premiers gentilshommes de la chambre, mais il y avoit plus de quinze ans qu'il ne l'avoit fait, et tous les premiers gentilshommes de la chambre ne convenoient pas qu'il le pût faire. La dispute qu'ils eurent avec lui ces jours passés sur le banc, à la comédie, a attiré cette affaire-là.

Dimanche 30, *à Versailles.* — On a su que M. de Chanlay étoit parti avant-hier en poste; le roi l'envoie en Savoie ; mais on ne sait pas encore pourquoi. — On assure que le mariage de M. le duc de Lesdiguières avec mademoiselle de la Trémouille est rompu par les oppositions qu'y a faites Canaples à la tête de toute la maison de Créqui et de Villeroy; M. le duc de la Trémouille s'est désisté. — Le roi n'alla point à la chasse; le vilain temps l'empêcha de sortir. — Monseigneur joua le soir chez lui.

Lundi 31, *à Versailles.* — Le roi, le matin, après son lever, a fait chevaliers de Saint-Michel MM. de Grignan, de Bissy et de Montbron; il les recevra demain chevaliers de l'ordre. — Le roi, après son dîner, alla à la chasse. Monseigneur donna à dîner à madame la princesse de Conty, qui est guérie, et joua chez lui l'après-dînée avec Monsieur. — Le soir, il y eut une dispute entre le grand maître de la garde-robe et le maître de la garde-robe qui va entrer en année. M. de la Rochefoucault prétend que M. de Souvré lui doit porter chez lui les robes de chambre qu'on a faites pour le roi, et M. de Souvré prétend que le maître de la garde-robe n'est point obligé à rendre ce devoir-là au grand maître de la garde-robe.

Durant toute cette année, le roi a toujours tenu ses conseils à l'ordinaire : le mardi et le samedi, conseil de finances; tous les quinze jours, le lundi, conseil de dépêches pour les affaires des provinces; le vendredi, conseil de conscience avec l'archevêque de Paris et le P. de la Chaise; et tous les autres jours, conseil d'Etat. Outre cela le roi travaille encore tous les soirs chez madame de Maintenon avec M. de Pontchartrain ou M. de Barbezieux. Il travaille aussi avec M. Pelletier, l'intendant, une après-dînée par semaine pour les fortifications, dont il est chargé depuis la mort de M. de Louvois.

FIN DU TOME TROISIÈME.

APPENDICE A L'ANNÉE 1691.

Nous avons publié, d'après la copie de la bibliothèque de l'Arsenal, quelques notes du duc de Luynes (Charles-Philippe d'Albert, né en 1695, mort en 1758) petit-fils de Dangeau. Ces notes se trouvent, en effet, écrites en marge du manuscrit original de Dangeau. Outre ces notes, il s'en trouve d'autres du duc de Luynes dans un volumineux extrait du journal de Dangeau, conservé en double au château de Dampierre. Ces dernières annotations ont beaucoup plus d'étendue, et résultent, en général, des lectures et des recherches faites par leur auteur dans divers ouvrages de généalogie et d'histoire.

M. le duc de Luynes a bien voulu nous communiquer cet extrait, et nous reproduirons toutes les notes qui nous paraîtront offrir de l'intérêt en rappelant les souvenirs personnels ou contemporains de Charles-Philippe d'Albert.

Telles sont les notes relatives à Louvois que nous publions en appendice, en y ajoutant un passage important d'un ouvrage de Dionis, chirurgien de Louvois.

21 *Mars* 1691.

Mons fut investi le 14 mars par M. de Boufflers ; c'étoit le prince de Berghes qui commandoit dans la place. Il faut admirer la prise d'une ville si importante par les précautions qu'il avoit fallu prendre pour faire vivre une armée dans une saison où la terre ne donne aucun secours. Cependant ce fut ce même siége qui commença la disgrâce de M. de Louvois, qui étoit déjà à charge au roi depuis longtemps. Sa Majesté n'avoit, dit-on, entrepris le siége de Mons que sur l'assurance que M. de Louvois lui avoit donnée que le prince d'Orange n'étoit pas en état de venir au secours de cette place. Cependant, soit que le siége fût plus long que ne l'avoit prévu ce ministre (et si il faut avouer qu'il fut bien servi), soit que le prince d'Orange eût fait un effort, on apprit qu'il s'avançoit et qu'il étoit à Hall. Le roi, qui craignit d'être obligé de lever le siége et peut-être le hasard d'une bataille, fut ému de cette nouvelle. M. de Louvois la traita de vision ; elle se trouva vraie. M. de Luxembourg, qui ne travailloit point avec le roi, fut admis en tiers avec Sa Majesté et le ministre. Il alla au-devant du prince d'Orange et heureusement Mons se rendit dans le moment. Mais le roi ne pardonna pas à M. de Louvois de l'avoir exposé à laisser voir sa surprise, en apprenant contre son attente que le prince d'Orange se préparoit à l'attaquer. Le roi s'exposa beaucoup à ce siége. (*Note du duc de Luynes.*)

8 *Juillet* 1691.

Je ne sais s'il faut ajouter foi à ce que j'ai entendu conter que Bulonde avoit levé le siége de Coni par ordre de M. de Louvois, qui craignoit que la guerre ne finît trop tôt, ou qui ne vouloit pas que cette conquête répandît un nouvel éclat sur M. de Catinat; que Bulonde montra l'ordre de M. de Louvois pour sa justification, et que ce fut une occasion au roi de maltraiter ce ministre. (*Note du duc de Luynes.*)

16 Juillet 1691.

Les uns disent que M. de Louvois fut empoisonné par les ordres d'un prince étranger que ce ministre avoit poussé à bout; d'autres disent qu'il prenoit des eaux, et qu'il fut saisi par des reproches que lui fit le roi. Ceux qui sont de ce dernier sentiment racontent ainsi la chose. Nous avons déjà vu ce qui s'étoit passé au siége de Mons, et le mauvais gré que le roi sut à M. de Louvois de trouver le prince d'Orange si près de lui. On prétendit aussi qu'il imputa à ce ministre la levée du siége de Coni. Ajoutez à cela le bombardement de Liége, auquel le roi s'étoit opposé parce que des ennemis de M. de Louvois ou de bons citoyens avoient fait entendre à Sa Majesté que son ministre entretenoit la haine de ses voisins par les cruautés qu'il faisoit exercer partout. Il avoit insisté sur le bombardement qui se fit le 4 de juin. Le roi avoit déclaré précisément qu'il n'en vouloit rien faire, et enfin ce ministre fut obligé d'avouer qu'il n'étoit plus temps de s'en dédire, parce que les ordres en étoient donnés. Cette explication se passoit chez madame de Maintenon; le roi, qui d'ailleurs étoit mal disposé par ce que nous venons de dire, et parce qu'en général toutes les choses violentes lui répugnoient, fut indigné de tant de précipitation et lui laissa voir son ressentiment. M. de Louvois, qui n'étoit pas accoutumé à être contredit, au lieu de chercher à se justifier, répondit au roi assez brusquement et jeta son portefeuille sur la table du roi. Le roi se leva et prit sa canne; madame de Maintenon, craignant l'effet de la colère de Sa Majesté, se mit entre elle et son ministre, mais le roi la rassura en lui disant qu'il n'avoit eu nulle intention. M. de Louvois se retira et le saisissement lui donna la mort. Toute cette histoire pourroit être vraie, sans que cela empêchât que M. de Louvois eût été empoisonné, comme il y a lieu de le croire par le rapport qui fut fait après l'ouverture de son corps. (*Note du duc de Luynes.*)

16 Juillet 1691.

La mort subite de Louvois, arrivant dans de pareilles circonstances, fit généralement croire à un empoisonnement. Saint-Simon, Dangeau, le duc de Luynes, tous croient à un empoisonnement. « La soudaineté du mal et de la mort de Louvois, dit Saint-Simon, fit tenir bien des discours, bien plus encore *quand on sut par l'ouverture de son corps qu'il avoit été empoisonné.* » Cette phrase déjà si positive est accompagnée d'une série d'anecdotes qui, débitées solennellement et avec citation des personnes qui les ont racontées, semblent ne devoir pas permettre le moindre doute sur l'empoisonnement du tout-puissant ministre, surtout, puisque l'on sut par l'ouverture de son corps que Louvois était bien mort du poison. Il n'y a plus qu'à chercher qui a commandé le crime, et certaines insinuations laissent deviner le fond de la pensée secrète de Saint-Simon.

Or, voici ce que M. Le Roi, conservateur de la Bibliothèque de la ville de Versailles, trouve dans un ouvrage de Dionis, chirurgien de Louvois, celui-là même qui fit l'ouverture du corps du ministre. Nous citons en entier la précieuse note dont nous devons la communication à la bienveillante amitié du savant bibliothécaire. « Dionis était le chirurgien de Louvois; c'était un chirurgien fort instruit; il publia plusieurs ouvrages encore recherchés aujourd'hui pour les observations curieuses qu'ils renferment. Dans l'un de ces ouvrages intitulé : *Dissertation sur la mort subite* (Paris, 1710, in-12), voici comment il raconte la mort de Louvois : « Le 16 juillet 1691, M. le marquis de Louvois, après avoir dîné chez lui et en bonne compagnie, alla au conseil. En lisant une lettre au roi, il fut obligé d'en cesser la lecture, parce qu'il *se sentoit fort oppressé*; il voulut en reprendre la lecture; mais, ne pouvant pas la continuer, il sortit du cabinet du roi, et, s'appuyant sur le bras d'un gentilhomme à lui, il prit le chemin de la surintendance où il étoit logé. En passant par la galerie qui conduit de chez le roi à son appartement, il dit à un de ses gens de me venir chercher au plutôt. J'arrivai dans sa chambre comme on le déshabilloit; il me dit : Saignez-moi vite, car j'étouffe. Je lui demandai s'il sentoit de la douleur plus dans un des côtés de la poitrine que dans l'autre; il me montra la région du cœur, en me disant : Voilà où est mon mal. Je lui fis une grande saignée en présence de M. Séron, son médecin. Un moment après il me dit : Saignez-moi encore, car je ne suis point soulagé. M. Daquin et M. Fagon arrivèrent, qui examinèrent l'état fâcheux où il étoit, le voyant souffrir avec des angoisses épouvantables; il sentit un mouvement dans le ventre comme s'il vouloit s'ouvrir, il demanda la chaise, et peu de temps après s'y être mis, il dit : Je me sens évanouir. Il se jeta en arrière, appuyé sur les bras d'un côté de M. Séron, et de l'autre d'un de ses valets de chambre. Il eut des râlements qui durèrent quelques minutes, et il mourut.

« On voulut que je lui appliquasse des ventouses avec scarifications, ce que je fis; on lui apporta et on lui envoya de l'eau apoplectique, des gouttes d'Angleterre, des eaux divines et générales; on lui fit avaler de tous ces remèdes qui furent inutiles, puisqu'il étoit mort, et en peu de temps; car il ne se passa pas une demi-heure depuis le moment qu'il fut attaqué de son mal jusqu'à sa mort. Le lendemain, M. Séron vint chez moi me dire que la famille souhaitoit que ce fût moi qui en fît l'ouverture; je la fis en présence de MM. Daquin, Fagon, Duchesne et Séron. »

« En faisant prendre le corps pour le porter dans l'antichambre, je vis son matelas tout baigné de sang ; il y en avoit plus d'une pinte, qui avoit distillé pendant vingt-quatre heures par les scarifications que je lui avois fait aux épaules ; et ce qui est de particulier, c'est qu'étant sur la table, je voulus lui ôter la bande qui étoit encore à son bras de la saignée du jour précédent, et que je fus obligé de la remettre, parce que le sang en couloit, ce qui gâtoit le drap sur lequel il étoit.

« Le cerveau étoit dans son état naturel et très-bien disposé ; *l'estomac étoit plein de tout ce qu'il avoit mangé à son dîner* ; il y avoit plusieurs petites pierres dans la vésicule du fiel ; *les poumons étoient gonflés et pleins de sang ;* le cœur étoit gros, flétri, mollasse et semblable à du linge mouillé, n'ayant pas une goutte de sang dans ses ventricules.

« On fit une relation de tout ce qu'on avoit trouvé, qui fut portée au roi, après avoir été signée par les quatre médecins que je viens de nommer, et par quatre chirurgiens, qui étoient MM. Félix, Gervais, Dutertre et moi.

« Le jugement certain qu'on peut faire de la cause de cette mort, est l'interception de la circulation du sang ; les poumons en étoient pleins, parce qu'il y étoit retenu, et il n'y en a point dans le cœur, parce qu'il n'y en pouvoit point entrer ; il falloit donc que ses mouvements cessassent, ne recevant point de sang pour les continuer ; c'est ce qui s'est fait aussi et ce qui a causé une mort si subite.

« Telle est l'opinion des hommes de l'art, ajoute M. Le Roi ; c'est à une apoplexie pulmonaire qu'ils attribuent avec juste raison la cause de la mort, et l'on ne voit nulle part qu'ils aient parlé d'empoisonnement, ainsi que l'affirme Saint-Simon. D'ailleurs Louvois étoit menacé depuis longtemps de cette affection ; il éprouvoit fréquemment des oppressions que les médecins cherchoient à combattre en lui donnant les eaux de Forges, qu'il alloit prendre tous les matins dans l'orangerie, « où le suivoient ses commis pour ne pas discontinuer son travail ordinaire. » (*Dionis.*)

Il résulte de ces faits que Louvois a été frappé d'une attaque d'apoplexie pulmonaire, et qu'il faut reléguer au rang des fables tous les bruits d'empoisonnement qui circulèrent au moment de sa mort.